EDIÇÕES BESTBOLSO

Berlim 1945
volume 2

Antony Beevor, escritor e historiador, estudou na Real Academia Militar de Sandhurst e é reconhecido por ter publicado livros de grande sucesso com temática de guerra. Suas obras têm boa carreira no Brasil, como *Creta, Stalingrado, Berlim 1945, Dia D* e *A Segunda Guerra Mundial.* Seu estilo aclamado e premiado tem como característica a descrição detalhada, a apresentação de dados factuais e a presença de testemunhos sobre os acontecimentos. O autor sofreu sérias críticas do governo russo após o lançamento deste livro, devido à exposição das atrocidades cometidas durante e após a tomada de Berlim.

ANTONY BEEVOR

BERLIM 1945

VOLUME 2

Tradução de
MARIA BEATRIZ DE MEDINA

1ª edição

EDIÇÕES
BestBolso

RIO DE JANEIRO – 2015

CIP-BRASIL. CATALOGAÇÃO NA FONTE
SINDICATO NACIONAL DOS EDITORES DE LIVROS, RJ

Beevor, Antony, 1946-
B362b Berlim 1945: a queda, volume 2 / Antony Beevor; tradução
v.2 Maria Beatriz de Medina. - 1ª ed. - Rio de Janeiro: BestBolso, 2015.
12 × 18 cm.

Tradução de: Berlin: the Downfall 1945
Inclui bibliografia
ISBN 978-85-7799-486-1

1. Berlim (Alemanha). 2. Guerra Mundial, 1939-1945. I. Título.

CDD: 940.5314
15-23322 CDU: 94(100)'1939/1945'

Berlim 1945: a queda - volume 2, de autoria de Antony Beevor.
Título número 399 das Edições BestBolso.
Primeira edição impressa em junho de 2015.
Texto revisado conforme o Acordo Ortográfico da Língua Portuguesa.

Título original inglês:
BERLIN: THE DOWNFALL 1945

www.edicoesbestbolso.com.br

Revisão técnica: Ricardo Bonalume Neto

Capa: adaptação de Mariana Tabuada da capa publicada pela Editora Record (Rio de Janeiro, 2004) com fotografia de Victor Tiomin, "Canhão soviético disparando em uma rua de Berlim".

Impresso no Brasil

ISBN 978-85-7799-486-1

Sumário

Livro 2

12
À espera do grande ataque

No início de abril, enquanto Berlim esperava o grande ataque final soviético pelo Oder, a atmosfera na cidade tornou-se uma mistura de exaustão febril, presságios terríveis e desespero.

"Ontem", contou o adido militar sueco a Estocolmo, "o bem-intencionado von Tippelskirch convidou-nos para outra noite em Mellensee, e fui mais por curiosidade que por qualquer outra razão. A expectativa de ouvir algo interessante não era grande, já que agora tudo acontece de uma hora para outra. A noite foi bastante trágica. A atmosfera era de desesperança. Em sua maioria, sequer fingiram manter as aparências, e mostravam a situação tal como era. Alguns ficaram chorosos, buscando conforto na garrafa."

A determinação fanática só existia naqueles nazistas que acreditavam que qualquer forma de rendição significava execução. Eles, como Hitler, estavam decididos a garantir que todos os outros partilhassem do mesmo destino que eles. Em setembro de 1944, quando os aliados ocidentais e o Exército Vermelho estavam avançando sobre o Reich com grande velocidade, os líderes nazistas queriam continuar lutando contra seus maiores inimigos, mesmo após a derrota. Decidiram criar um movimento de resistência, a ser conhecido pelo codinome *Werwolf*.

O nome *Werwolf* era inspirado num romance de Hermann Löns, nacionalista radical morto em 1914 e reverenciado pelos nazistas, passado na Guerra dos Trinta Anos. Em outubro de 1944, quando a ideia começou a ser posta em prática, o Obergruppenführer SS Hans Prützmann foi nomeado Generalinspekteur für Spezialabwehr – Inspetor-geral da Defesa Especial. Prützmann, que estudara as táticas guerrilheiras soviéticas durante seu período na Ucrânia, foi convocado para voltar de Königsberg e criar um quartel-general. Mas, como muitos projetos nazistas, cada facção rival queria criar seu próprio sistema ou manter os já existentes sob seu controle. Mesmo dentro das SS haveria duas organizações, a *Werwolf* e a *Jagdverbände* SS de Otto Skorzeny. O número sobe para três caso se inclua a versão desativada da Gestapo e da SD, conhecida pelo codinome *Bundschuh*.

Em tese, os programas de instrução incluíam sabotagem usando latas de sopa de rabada Heinz embrulhadas em plástico explosivo e com detonadores de tempo britânicos capturados. Um grande número de itens e até vestimentas feitas de explosivo Nipolit, inclusive capas de chuva com forro feito de explosivo, foram projetados. Os recrutas da *Werwolf* eram ensinados a matar sentinelas com garrotes de nó corrediço de cerca de 1 metro de comprimento ou com uma pistola Walther com silenciador. Os documentos capturados mostraram que sua senha seria: "Transformar dia em noite, noite em dia! Atingir o inimigo onde quer que se encontre. Seja esperto! Furte armas, munição e rações! Nossas auxiliares, apoiem a batalha da *Werwolf* no que puderem." Deviam operar em grupos de três a seis homens e receber rações para sessenta dias. "Deu-se ênfase especial à gasolina e aos suprimentos de petróleo" como alvos. As autoridades nazistas encomendaram 2 mil rádios e 5 mil conjuntos explosivos, mas poucos ficaram prontos a tempo. As bombas incendiárias americanas lançadas em ataques aéreos foram recolhidas e prisioneiros de campos de concentração forçados a verificá-las e extrair o material para ser reutilizado.

Em 1º de abril, às 8 horas da manhã, foi transmitido um apelo ao povo alemão para que se unisse à *Werwolf*. "Todo bolchevique, todo inglês, todo americano em nosso solo deve ser alvo de nosso movimento (...) Todo alemão, seja qual for sua profissão ou classe social, que se puser a serviço do inimigo e colaborar com ele sentirá o efeito de nossa mão vingadora (...) Só uma divisa nos resta: 'Vencer ou morrer.'" Alguns dias depois, Himmler deu nova ordem: "Todos os homens de uma casa onde apareça uma bandeira branca devem ser fuzilados. Não se deve desperdiçar um só instante na execução dessas medidas. Por homens deve-se entender aqueles considerados responsáveis por suas ações, ou seja, todos os que tiverem 14 anos ou mais."

O verdadeiro objetivo da *Werwolf*, como confirmou um documento de 4 de abril, vinha da obsessão nazista com 1918. "Conhecemos os planos do inimigo e sabemos que depois de uma derrota não haverá oportunidade para a Alemanha levantar-se outra vez, como após 1918." A ameaça de matar qualquer um que colaborasse com os aliados era para impedir a "Stresemann-Politik", referência à aceitação por Gustav Stresemann do Tratado de Versalhes, em 1919. O Partido Nazista tinha raízes na humilhação daquela derrota e trouxe-a de volta para a Alemanha, com juros terríveis.

Os meninos da Juventude Hitlerista eram enviados para suas áreas selecionadas, onde lhes mandavam enterrar seu explosivo e depois entrar em contato com o Kreisleiter nazista local para conseguir rações e acomodações. Todos recebiam missões únicas não muito explicadas e depois eram mandados para casa como se nada tivesse acontecido. Perto do fim, a instrução tornou-se muito apressada, de forma que vários deles tinham mais probabilidade de explodir a si mesmos que ao inimigo.

Em última instância, a *Werwolf* conseguiu muito pouco além de dois assassinatos – os prefeitos de Aachen e Krankenhagen – e a intimidação de civis. A Juventude Hitlerista rabiscava a giz nos muros frases como "Traidor, cuidado, a *Werwolf* está de olho." Tanto Skorzeny quanto Prützmann parecem ter se enamorado menos do projeto quando os aliados se aproximaram, se é que se pode acreditar no relato de Skorzeny em seu interrogatório. Prützmann cometeu suicídio depois de uma breve entrevista. De qualquer forma, Himmler também mudou de ideia em meados de abril, bem na época em que tinha em mente as negociações com a Suécia. Instruiu Prützmann a mudar a atividade da *Werwolf* "para aquela exclusivamente de propaganda". O único problema era que a emissora de rádio *Werwolfsender*, sob o controle de Goebbels, continuava a ordenar a ação guerrilheira.

Na Frente Oriental o avanço rápido do Exército Vermelho entre janeiro e março fez com que quase nenhum grupo fosse instruído ou equipado a tempo, e os únicos grupos que ficavam para trás eram, em geral, membros da Volkssturm que haviam sido isolados. A propaganda da *Werwolf* simplesmente emprestou à SMERSH e aos regimentos de infantaria do NKVD um foco urgente para sua costumeira paranoia. No Ocidente, os aliados descobriram que a *Werwolf* era um fiasco. Os *bunkers* preparados para as operações da *Werwolf* só tinham suprimentos "para dez a 15 dias", e o fanatismo dos membros capturados da Juventude Hitlerista tinha desaparecido inteiramente. Não passavam de "jovens assustados e infelizes". Poucos recorreram às pílulas de suicídio que haviam recebido "para fugir à tensão do interrogatório e, acima de tudo, à tentação de cometer traição". Muitos, quando enviados por seus organizadores para preparar atos terroristas, fugiram de volta para casa.

Alguns ressaltaram que todo o projeto da *Werwolf* não combinava com o caráter nacional. "Nós, alemães, não somos uma nação de guerrilheiros", escreveu uma berlinense anônima em seu diário. "Esperamos liderança, ordens." Ela viajara pela União Soviética logo antes de os nazistas chegarem ao poder e, durante longas discussões nos trens, os russos faziam piada da falta de espírito revolucionário alemão. "Os camaradas alemães só atacarão uma estação ferroviária", disse um deles, "se antes puderem comprar as passagens!"

Os relatórios também indicam que, embora não como parte do programa da *Werwolf*, membros da Gestapo haviam sido transferidos para a Kriminalpolizei com base em que os aliados ocidentais certamente os aproveitariam mais tarde, depois que se instalasse o governo militar. Conforme a realidade do colapso final ia sendo percebida, os seguidores supostamente fanáticos passavam rapidamente à autopreservação. Alguns membros das SS, para evitar perseguições, simplesmente surrupiavam para si mesmos os documentos falsos preparados para membros da *Werwolf*. Outros procuravam fardas da Wehrmacht e os recibos de soldo dos mortos para equipar-se com novas identidades. Os soldados alemães ficavam furiosos porque, enquanto as SS realizavam execuções a esmo por deserção, muitos de seus oficiais preparavam a própria fuga. Os prisioneiros de guerra alemães contaram a seus interrogadores americanos que alfaiates tinham recebido ordens de costurar um grande P nos casacos para que os homens das SS que tentavam ocultar-se pudessem fingir que eram trabalhadores poloneses.

Os líderes nazistas não contavam apenas com as "cortes marciais sumárias" e os pelotões de fuzilamento das SS para aterrorizar os soldados e fazê-los continuar lutando. As histórias de atrocidades do Ministério da Propaganda nunca acabavam. Casos de comissárias que tinham castrado soldados feridos, por exemplo, foram divulgados. O Ministério também tinha seus próprios pelotões, tanto em Berlim quanto perto da frente do Oder, pintando mensagens nos muros, como se fossem expressão espontânea da população civil, tais como "Acre-ditamos na vitória!", "Jamais nos renderemos!" e "Protejam nossas mulheres e crianças das feras vermelhas!". Havia, no entanto, um grupo que podia demonstrar seus sentimentos sobre a guerra sem medo de represálias.

Os alemães feridos que tinham perdido a mão ou o braço podiam dizer "*Heil Hitler!*" e "levantar seu toco com ostentação".

O HOMEM COM o serviço menos invejável na época era o general Reymann, oficial designado comandante da Área Ampliada de Defesa de Berlim. Enfrentou o ápice do caos organizativo dos nazistas. O general Halder, chefe do estado-maior do exército destituído em 1942, foi corrosivo a respeito. Tanto Hitler quanto Goebbels, comissário do Reich para a Defesa da capital, escreveu ele mais tarde, recusaram-se a dedicar "um só pensamento à defesa da cidade até que fosse tarde demais. Assim, a defesa da cidade ficou caracterizada apenas por uma massa de improvisos".

Reymann era a terceira pessoa a ocupar o cargo desde que Hitler declarara Berlim uma fortaleza, no início de fevereiro. Descobriu que tinha de lidar com Hitler, Goebbels, o Exército de Reserva comandado por Himmler, a Luftwaffe, o quartel-general do Grupo de Exércitos do Vístula, as SS, a Juventude Hitlerista e também a organização local do Partido Nazista, que controlava a Volkssturm. Hitler, depois de ordenar que Berlim se preparasse para a defesa, recusou-se a alocar quaisquer tropas para a tarefa. Simplesmente garantiu a Reymann que forças suficientes seriam fornecidas caso o inimigo alcançasse a capital. Nem Hitler nem Goebbels conseguiam enfrentar a realidade da derrota. Goebbels, em particular, convencera-se de que o Exército Vermelho seria detido no Oder.

A população de Berlim no início de abril contava com 3 a 3,5 milhões de pessoas, incluindo cerca de 120 mil bebês. Quando o general Reymann levantou o problema de alimentar essas crianças numa reunião no *bunker* da Chancelaria do Reich, Hitler encarou-o.

– Não há mais crianças dessa idade em Berlim – disse ele.

Reymann finalmente compreendeu que seu comandante supremo não tinha contato com a realidade humana. Goebbels, enquanto isso, insistia que havia grandes reservas de leite condensado e que, se a cidade fosse cercada, podiam levar vacas para o centro. Reymann perguntou com que alimentariam as vacas. Goebbels não tinha ideia. Para piorar as coisas, os depósitos de alimentos estavam todos situados nos arredores da cidade e eram vulneráveis à captura. Nada foi feito para transferir os suprimentos, quer da Wehrmacht, quer civis, mais para perto.

Reymann e seu chefe do estado-maior, o coronel Hans Refior, sabiam que Berlim não tinha esperanças de manter-se com as forças à disposição, e assim recomendaram a Goebbels que os civis, especialmente mulheres e crianças, tivessem permissão para partir.

– A evacuação – respondeu Goebbels – é mais bem-organizada pelas SS e pelo comandante de polícia da região do Spree. Darei a ordem de evacuação na hora certa.

Estava bem claro que nem por um momento ele pensara a sério nas consequências logísticas de evacuar tamanha massa de gente por rodovias e ferrovias, sem falar de alimentá-la. Não havia nem de longe trens suficientes ainda em funcionamento e eram poucos os veículos com combustível capazes de transportar os fracos e doentes. O grosso da população teria de andar. Suspeita-se que Goebbels, como Stalin no início da batalha de Stalingrado, não queria evacuar os civis na esperança de que isto forçasse os soldados a defender a cidade de forma mais desesperada.

Do quartel-general regional do distrito de Berlim, um prédio sólido no Hohenzollerndamm, Reymann e seu estado-maior tentavam descobrir com quantos soldados e armas podiam contar. O coronel Refior descobriu rapidamente que a "Área de Defesa de Berlim" não tinha significado. Era apenas mais uma expressão cunhada no quartel-general do Führer, como "fortaleza", que ainda supunham que seria defendida até a morte. Descobriu que lidar com tamanha "miopia, burocracia e sede de sangue era o bastante para deixar qualquer um de cabelo branco".

Para defender apenas o perímetro externo seriam necessárias dez divisões. Na verdade, a Área de Defesa de Berlim possuía, em tese, apenas uma divisão antiaérea, nove companhias do regimento de guarda *Grossdeutschland*, uns poucos batalhões de polícia, alguns batalhões de engenharia e vinte batalhões da Volkssturm, que haviam sido convocados mas não instruídos. Outros vinte seriam convocados caso a cidade fosse cercada. Mas, embora a Volkssturm de Berlim contasse com 60 mil homens no papel, incluía tanto a "Volkssturm I", que tinha algumas armas, quanto a "Volkssturm II, que não tinha arma alguma. Em muitos casos, os ex-oficiais regulares mandaram seus soldados desarmados da Volkssturm para casa quando o Exército Vermelho se aproximou da cidade, mas os comandantes funcionários do Partido raramente demonstravam a mais básica humanidade. Um dos Kreisleiters nazistas estava convencido de que a única coisa a fazer era manter os homens longe da influência das esposas, das "*Muttis*", que podiam minar sua vontade de resistir. Mas isto estava condenado ao fracasso. Não se haviam alocado rações para a Volkssturm, e assim seus membros tinham de ser alimentados pela família. De qualquer modo, os comandantes encarregados da defesa logo descobriram que só os veteranos da Primeira Guerra Mundial demonstravam "senso de dever". A maioria dos outros fugia sempre que havia oportunidade.

A força mais fortemente armada de Berlim era a Primeira Divisão Antiaérea, mas só ficou sob o comando de Reymann quanto a batalha começou. Com base em três enormes torres antiaéreas de concreto – a Zoobunker, no Tiergarten, a Humboldthain e a Friedrichshain –, esta divisão da Luftwaffe tinha um arsenal impressionante de canhões de 128mm, 88mm e 20mm, além da munição necessária para eles. Fora isso, a artilharia de Reymann consistia de canhões obsoletos de vários calibres tomados anteriormente, na guerra, dos franceses, belgas e iugoslavos. Raramente havia munição para mais de meia dúzia de tiros por canhão, em geral menos. A única diretriz para guiar a defesa da cidade era uma instrução de antes da guerra, que Refior descreveu como uma "obra-prima da arte burocrática alemã".

O Partido Nazista de Berlim falava em mobilizar exércitos de civis para trabalhar nas defesas - tanto um "anel de obstáculos" a 30 quilômetros quanto um anel perimetral. Mas o máximo de mão de obra que se chegou a conseguir num só dia foi de 70 mil pessoas; em média, não mais que 30 mil. O transporte e a escassez de ferramentas eram os principais problemas, fora o fato de que a maioria das fábricas e escritórios de Berlim continuava a funcionar como se não faltasse nada.

Reymann nomeou o coronel Lohbeck, oficial engenheiro, para assumir o caos das obras de defesa lideradas pelo partido e convocou a escola de engenharia militar de Karlshorst a fornecer equipes de demolição. Os oficiais do exército estavam nervosos com as tentativas de Speer de salvar as pontes dentro de Berlim. Não podiam esquecer a execução dos oficiais por causa da ponte de Remagen. Os sapadores de Reymann supervisionaram a Organização Todt e o Serviço de Mão de Obra do Reich, ambos os quais estavam muito mais bem-equipados que a corveia civil, mas consideraram impossível encontrar combustível e peças de reposição para as cavadoras mecânicas. A maioria dos 17 mil prisioneiros de guerra franceses do Stalag III D foram postos a trabalhar na cidade, montando barricadas e cavando trincheiras individuais nas calçadas e esquinas. No entanto, o que conseguiram fazer é uma questão em aberto, principalmente porque os prisioneiros franceses em torno de Berlim eram aqueles acusados com mais regularidade de serem "*Arbeitsunlustig*" - relutantes no trabalho - e de fugirem de seus campos, em geral para se encontrar com mulheres alemãs.

As tentativas de estabelecer ligações com os comandantes no campo de batalha, que supostamente forneceriam tropas para a defesa da cidade, ficaram longe de ter sucesso. Quando Refior foi visitar o chefe do estado-maior de Heinrici, tenente-general Kinzel, no quartel-general do Grupo de Exércitos do Vístula, Kinzel simplesmente deu uma vista d'olhos nos planos apresentados para a defesa de Berlim e disse:

– Esses malucos de Berlim deviam ferver em seu próprio caldo.

O chefe do estado-maior do Nono Exército, general Hölz, considerou os planos irrelevantes por outras razões.

– O Nono Exército – disse Hölz, de uma maneira que Refior achou teatral demais – permanece e fica no Oder. Se for necessário, cairemos ali, mas não recuaremos.

Nem Reymann nem Refior perceberam por completo, na época, que o general Heinrici e seu estado-maior no Grupo de Exércitos do Vístula tinham um plano muito diferente dos líderes nazistas. Esperavam impedir a defesa final dentro da capital, pelo bem da população civil. Albert Speer sugerira a Heinrici que o Nono Exército deveria retirar-se do Oder, desbordando Berlim inteiramente. Heinrici concordou em princípio. Em sua opinião, a melhor maneira de evitar o combate na cidade seria ordenar que Reymann enviasse suas tropas à Frente, para o Oder, no último momento, para privar Berlim de seus defensores.

OUTRA FORTE RAZÃO para evitar uma batalha na cidade era o recurso dos nazistas a garotos de até 14 anos como bucha de canhão. Tantas casas tinham na parede a fotografia emoldurada de um filho morto na Rússia que uma oração silenciosa se elevava para que o regime entrasse em colapso antes que essas crianças fossem enviadas à batalha. Alguns não se furtavam a chamar isto abertamente de infanticídio, falando tanto da exploração do fanatismo da iludida Juventude

Hitlerista quanto de forçar meninos assustados a vestir a farda com ameaças de execução. Os professores mais velhos das escolas arriscaram-se a serem denunciados ensinando seus alunos a evitar a convocação. O senso de amargura ficou ainda maior depois do discurso de Goebbels poucas semanas antes. "Certa vez o Führer cunhou a seguinte frase", lembrou-lhes: "Cada mãe que deu à luz um filho ajudou a promover o futuro de nosso povo." Mas agora ficava claro que Hitler e Goebbels estavam a ponto de jogar fora a vida daquelas crianças por uma causa que não tinha futuro possível.

Erich Schmidtke, de 14 anos, fora convocado em Prenzlauerberg como "auxiliar de artilharia antiaérea" para guarnecer os canhões e recebeu ordens de apresentar-se ao quartel de Hermann Göring em Reinickendorf. Sua mãe, cujo marido estava encurralado com o exército na Curlândia, ficou compreensivelmente nervosa e acompanhou-o até o quartel com sua malinha. Ele sentiu-se mais espantado que com medo. Depois de três dias no quartel, recebeu ordens de unir-se à divisão que estava sendo montada no Reichssportsfeld, no oeste da cidade, perto do estádio olímpico. Mas, a caminho dali, pensou nas palavras do pai quando saiu de licença da Frente Oriental, dizendo-lhe que agora era responsável pela família. Decidiu desertar e escondeu-se até a guerra acabar. A maioria dos seus contemporâneos que se uniram à divisão foi morta.

A chamada Divisão Juventude Hitlerista, formada pelo líder da Juventude do Reich, Artur Axmann, também estava sendo instruída no Reichssportsfeld sobre o uso do *panzerfaust*. Axmann falou-lhes sobre o heroísmo de Esparta e tentou inspirar ódio inabalável ao inimigo e lealdade inabalável a Adolf Hitler.

– Só existe vitória ou derrota – disse-lhes.

Alguns jovens acharam profundamente excitante a tarefa suicida que os esperava. Reinhard Appel pensou no *Cornet* de Rilke precipitando-se contra os turcos, assim como a geração perdida de 1914, quando se apresentou como voluntária. O fato de que um destacamento "*Blitzmädel*", ou de meninas, também fora enviado para o Reichssportsfeld aumentou, sem dúvida, o atrativo romântico.

Os líderes nazistas também estavam preparando, desta vez, um *Wehrmachthelferinnenkorps* de mulheres auxiliares militares. As jovens tinham de fazer um juramento de fidelidade que começava: "Juro que serei fiel e obediente a Adolf Hitler, o Führer e comandante em chefe da Wehrmacht." As palavras faz˙ .m com que parecesse um casamento em massa. Para alguém que talvez tenha desviado seu impulso sexual para a busca do poder, isto pode ter representado uma forma própria de fantasia substituta.

No distrito dos Ministérios da Wilhelmstrasse, funcionários do governo tentavam convencer todos os diplomatas que permaneciam na cidade que estavam "decifrando telegramas entre Roosevelt e Churchill duas horas depois de serem despachados". Enquanto isso, circulavam boatos de que tropas de choque comunistas vinham se formando na parte oriental e "vermelha" da cidade, para liquidar os membros do Partido Nazista. "Há um clima de desespero no topo", relatou a Estocolmo o adido militar sueco. "Uma determinação de vender caro a vida." Na verdade, os únicos grupos de sabotagem vieram do outro lado das linhas, quando membros da Freies Deutschland (Alemanha Livre), controlada pelos soviéticos, usando fardas da Wehrmacht, esgueiraram-se pelas posições alemãs e rumaram para Berlim. Cortaram cabos, mas pouco mais que isso. A Freies Deutschland mais tarde alegou que seu grupo de resistência Osthafen explodira um depósito de munições em Berlim, mas isto está longe de ser fato confirmado.

Em 9 de abril, vários oponentes conhecidos do regime foram massacrados pelas SS em vários campos de concentração. A ordem foi dada para garantir sua morte antes que o inimigo pudesse libertá-los. Em Dachau, Johann Georg Elser, o comunista que tentara assassinar Hitler no Bürgerbräukeller em 8 de novembro de 1939, foi morto. Dietrich Bonhoeffer, o almirante Canaris e o general Oster foram executados em Flossenbürg e Hans von Dohnanyi, em Sachsenhausen.

"A VINGANÇA ESTÁ chegando!" – "*Die Vergeltung kommt!*" – fora o lema da propaganda nazista das armas V. Mas agora era uma frase oca para os oficiais na frente do Oder que esperavam o massacre. Era a vingança soviética que estava chegando, e sabiam que não havia mais armas milagrosas para salvá-los. Muitos deles, sob forte pressão de cima, mentiram a seus homens ainda mais que antes de outras derrotas semelhantes, com promessas de armas milagrosas, de rixas na coalizão inimiga e de reforços. Isto iria contribuir para o colapso da disciplina no fim da batalha.

Até as Waffen SS começaram a sofrer de um ressentimento nunca visto entre soldados e oficiais. Eberhard Baumgart, o escrivão da Divisão SS *30 Januar*, voltou ao quartel-general para cuidar de um relatório, mas descobriu que os sentinelas não o deixariam entrar. Uma olhada pela janela logo explicou o porquê. "Pensei que estivesse sonhando", escreveu ele mais tarde. "Uniformes de gala faiscantes giravam com mulheres bem-vestidas (...) música, barulho, risos, gritinhos, fumaça de cigarros e o tinir dos copos." O estado de espírito de Baumgart não melhorou em nada no dia seguinte quando Georg, o intérprete alemão do Volga, mostrou-lhe uma charge do *Pravda* com Hitler, Goring e Goebbels numa orgia na Chancelaria do Reich. A legenda dizia: "Cada dia que o soldado alemão resiste prolonga nossa vida."

Em vez de armas milagrosas, muitas unidades improvisadas e da Volkssturm receberam armas inúteis, tais como a *Volkshandgranate 45*. Esta "granada de mão do povo" era simplesmente uma bola de concreto contendo uma pequena carga explosiva e um detonador nº 8. Era mais perigosa para o lançador do que para o alvo. Um destacamento de cadetes que enfrentava um Exército Blindado de Guardas recebeu fuzis capturados do Exército francês em 1940 com apenas cinco tiros cada. Era típico das fanfarronices coletivas nazistas continuarem a criar unidades de nome altissonante, fosse a *Sturmzug*, à qual faltavam armas para lançar alguma tempestade, ou a *Panzerjadgkompanie*, que supostamente deveria caçar blindados a pé.

Outra formação, que tinha mais razões que a maioria para temer as consequências da captura, era a Primeira Divisão do Exército Russo de Libertação, do general Vlasov. Fora ideia de Himmler deslocar a divisão Vlasov para a frente do Oder. Foi difícil convencer Hitler, que ainda não gostava da ideia de usar soldados eslavos. O Estado-Maior geral alemão apoiara, no início da guerra, a ideia de formar um exército ucraniano de 1 milhão de homens, mas Hitler vetou o plano, decidido a manter a separação entre "*Herrenmensch und das Sklavenvolk*" (os senhores e os escravos). E depois o tratamento terrível do povo ucraniano sob o domínio de Rosenberg e do Gauleiter Koch, na Ucrânia, dera fim às esperanças da Wehrmacht.

No início de abril, o general Vlasov, acompanhado de um oficial de ligação e um intérprete, chegou ao quartel-general do Grupo de Exércitos do Vístula para discutir o assunto com o general Heinrici. Vlasov era um homem alto e bastante magro, com "olhos espertos" num rosto sem cor, com um daqueles queixos que pareciam cinzentos mesmo se recém-barbeados. Depois de algumas expressões otimistas de Vlasov, Heinrici perguntou com rudeza como uma divisão formada tão recentemente se comportaria em combate. Os oficiais alemães temiam que esses voluntários russos se recusassem a lutar contra seus compatriotas no último momento. Agora que o Terceiro Reich estava condenado à destruição, havia pouco incentivo, além do desespero, para os voluntários de Vlasov.

Vlasov não tentou enganar Heinrici. Explicou que seu plano fora criar pelo menos seis divisões, se possível dez, com prisioneiros de guerra dos campos de concentração. O problema foi que as autoridades nazistas só se mostraram favoráveis à ideia quanto já era tarde demais. Estava consciente do risco da propaganda soviética dirigida a seus homens. Mas sentia que eles deviam ter permissão de provar-se num ataque a uma das cabeças de ponte do Oder.

O general Busse escolheu para eles um setor pouco importante em Erlenhof, ao sul de Frankfurt an der Oder. Grupos de reconhecimento soviéticos do 33º Exército identificaram sua presença quase imediatamente e uma barragem de atividade de alto-falantes começou. O avanço dos *Vlasovtsi* começou em 13 de abril. Durante um combate de duas horas e meia, a Primeira Divisão criou uma cunha de 500 metros de profundidade, mas o fogo da artilharia soviética era tão forte que tiveram de lançar-se ao chão. O general Buniachenko, seu comandante, não vendo sinal do apoio aéreo ou da artilharia que pensava que os alemães tinham prometido, recuou seus homens, desobedecendo à ordem de Busse. A divisão Vlasov perdeu 370 soldados, inclusive quatro oficiais. Busse ficou furioso e, por sua recomendação, o general Krebs ordenou que a divisão fosse retirada da Frente e privada de suas armas, que seriam usadas com "melhor propósito". Os *Vlasovtsi* ficaram muito amargurados. Culparam a falta de apoio de artilharia pelo seu revés, mas talvez ninguém lhes tivesse avisado que as baterias alemãs estavam reservando seus últimos tiros para o ataque principal.

Durante as duas primeiras semanas de abril, combates esporádicos continuaram nas cabeças de ponte. Os ataques soviéticos visavam a aprofundá-las. Detrás do Oder, a atividade era ainda mais intensa. No total, 28 exércitos soviéticos dedicavam-se a reagrupar-se e desdobrar-se em 15 dias. O comandante do 70º Exército, o general Popov, teve de dar ordens aos comandantes dos corpos antes mesmo de receber instruções finais de cima.

Vários exércitos tinham de cobrir grandes distâncias em pouquíssimo tempo. Segundo os regulamentos de campanha soviéticos, esperava-se que uma coluna mecanizada percorresse 150 quilômetros por dia, mas a 200ª Divisão de Infantaria do 49º Exército conseguiu vencer 358 quilômetros em apenas 24 horas. No Terceiro Exército de Choque, que fora transferido da operação na Pomerânia, os soldados temiam não conseguir chegar a tempo e "só estar em Berlim quando todos estivessem pegando o chapéu [para ir para casa]". Nenhum verdadeiro *frontoviki* queria perder o clímax da guerra. Sabiam da inveja que as formações da Primeira Frente Bielorrussa inspiravam no restante do Exército Vermelho.

Embora os verdadeiros *frontoviki* estivessem decididos a ver a vitória em Berlim, as deserções aumentaram quando a ofensiva se aproximou. A maioria dos que desapareceram eram conscritos das últimas convocações, em especial poloneses, ucranianos e romenos. O aumento das deserções também causou um nível crescente de banditismo, saques e violência contra a população civil. "Alguns desertores tomam veículos dos cidadãos locais, carregam-nos com todo tipo de propriedade e, fingindo serem veículos pertencentes ao exército, passam da zona da frente de batalha para as áreas da retaguarda."

Os regimentos de infantaria do NKVD atrás da Primeira Frente Ucraniana prenderam 355 desertores no início de abril. A Primeira Frente Bielorrussa estava ainda mais preocupada com a disciplina, como revela um relatório de 8 de abril. "Muitos soldados ainda perambulam em áreas da retaguarda e se dizem extraviados de suas unidades. Na verdade, são desertores. Realizam pilhagens, roubos e violência. Recentemente, cerca de 600 pessoas foram presas no setor do 61º Exército. Todas as estradas estão engarrafadas com veículos e carroças usadas pelo pessoal militar tanto em missões legítimas como em missões de pilhagem. Deixam seus veículos e carroças nas ruas e nos quintais e perambulam em volta de depósitos e apartamentos procurando coisas. Muitos oficiais e praças nem parecem mais membros do Exército Vermelho. Muitos desvios gravíssimos da farda padrão têm sido tolerados. Está ficando difícil distinguir um soldado de um oficial e os soldados dos civis. Casos perigosos de desobediência a oficiais superiores têm ocorrido."

Os regimentos de infantaria do NKVD e a SMERSH também continuavam seu trabalho de caçar suspeitos. Eram, na opinião de Beria, ao mesmo tempo, insuficientemente seletivos e zelosos em excesso. Despacharam 148.540 prisioneiros para os campos de concentração do NKVD na União Soviética, mas "menos da metade estava em condições de realizar trabalho braçal". Simplesmente haviam remetido "as pessoas presas como resultado da limpeza da retaguarda do Exército Vermelho". Algumas prioridades, no entanto, não mudaram. Os patriotas poloneses ainda eram considerados tão perigosos quanto os nazistas. E os regimentos do NKVD continuavam a encontrar pequenos grupos de soldados alemães extraviados tentando escapulir pelas linhas do Exército Vermelho depois da luta na Pomerânia e na Silésia. Esses grupinhos, muitas vezes, emboscavam um ou outro veículo no caminho, em busca de comida, e as autoridades militares soviéticas reagiam, assim como os próprios alemães tinham feito na União Soviética, destruindo a aldeia mais próxima e fuzilando civis.

O ESTADO DE ESPÍRITO de oficiais e soldados do Exército Vermelho estava tenso mas confiante. Piotr Mitrofanovich Sebelev, segundo no comando de uma brigada de engenharia, que acabara de ser promovido a tenente-coronel aos 22 anos, escreveu em 10 de abril:

> Olá papai, mamãe, Shura e Taia. No momento, há uma quietude incomum e, portanto, assustadora aqui. Estive num concerto ontem. É, não se surpreendam, num concerto! dado por artistas de Moscou. Isso nos alegrou. Não podemos deixar de pensar, ah, se a guerra acabasse o mais

cedo possível, mas acho que isso depende, principalmente, de nós. Ontem aconteceram dois casos que devo lhes contar. Fui até a linha de frente com um homem da retaguarda. Saímos da floresta e subimos num monte de areia, e nos deitamos. O Oder estava à nossa frente, com uma longa ponta de areia em destaque. A ponta estava ocupada por alemães. Detrás do Oder, a cidade de Küstrin, uma cidade comum. De repente, voou areia molhada à minha volta e no mesmo instante ouvi um tiro: os alemães tinham nos visto e começado a atirar de sua ponta.

Há duas horas, o pessoal do reconhecimento trouxe-me um cabo alemão capturado, que bateu os calcanhares e perguntou imediatamente, pelo intérprete:

– Onde estou, senhor oficial? Entre os soldados de Jukov ou no bando de Rokossovski?

Ri e disse ao alemão:

– Você está entre os soldados da Primeira Frente Bielorrussa, comandada pelo marechal Jukov. Mas por que chama as tropas do marechal Rokossovski de bando?

O cabo respondeu:

– Eles não seguem as regras quando lutam. É por isso que os soldados alemães dizem que são um bando.

Outra notícia. Meu ajudante de ordens, Kólia Kovalenko, foi ferido no braço mas fugiu do hospital. Repreendi-o por isso, ele praguejou e disse:

– O senhor está me privando da honra de ser um dos primeiros a entrar em Berlim com nossos garotos.

Até logo, beijos a todos. Seu Piotr.

Para a maioria verdadeiramente envolvida, a maior preocupação era o avanço rápido dos aliados ocidentais. No 69º Exército, o departamento político descreveu os soldados dizendo: "Nosso avanço é lento demais e os alemães vão entregar sua capital aos ingleses e americanos."

Os membros do Komsomol no Quarto Exército Blindado de Guardas prepararam-se para a ofensiva levando soldados experientes para falar aos recém-chegados sobre a realidade da batalha. Os membros do Komsomol também ajudavam os semianalfabetos a escrever cartas para casa. Orgulhavam-se particularmente de terem comprado um tanque T-34 com seu próprio dinheiro. Seu tanque "Komsomolets" já tinha "destruído alguns tanques inimigos e outros veículos blindados e esmagado muitos Fritzes com suas lagartas". Em reuniões do Partido, recordava-se aos filiados que "todos os comunistas têm o dever de falar contra a pilhagem e a bebida".

Os regimentos de artilharia, enquanto isso, davam "atenção especial à substituição de baixas". Previam que as perdas aumentariam muito assim que chegassem a Berlim, porque as guarnições dos canhões estariam disparando dentro do campo de visão. Portanto, os membros das guarnições tinham de treinar bastante as tarefas uns dos outros. E cada regimento preparava uma reserva de municiadores de canhões treinados, prontos a substituir os que caíssem.

Para preservar o segredo, "a população local foi enviada para uns 20 quilômetros atrás da linha de frente". Impôs-se o silêncio no rádio e colocaram-se cartazes ao lado de cada telefone de campanha: "Não fale sobre o que não deve ser falado."

Os PREPARATIVOS ALEMÃES, pelo contrário, enfatizavam as represálias que seriam praticadas contra todos os que falhassem em seu dever e suas famílias, fosse qual fosse seu posto. Foi anunciado que o general Lasch, comandante de Königsberg, fora condenado à morte por enforcamento *in absentia* e toda a sua família presa segundo a lei *Sippenhaft* (lei dos parentes) que autorizava a perseguir os parentes próximos de traidores da causa nazista.

A agonia da Prússia Oriental afetou o moral de Berlim quase tanto quanto a ameaça do Oder. Em 2 de abril, a artilharia soviética começou sua barragem de preparação no centro de Königsberg. O primeiro-tenente Inozemstev, oficial da artilharia soviética, registrou em seu diário, em 4 de abril, que sessenta granadas de sua bateria tinham reduzido um edifício fortificado a uma "pilha de pedras". O NKVD cuidava para que ninguém escapasse. "Os soldados cercados em Königsberg estão vestindo roupas civis para fugir. Os documentos devem ser verificados com mais cuidado na Prússia Oriental."

"A aviação é muito eficaz", escreveu Inozemstev em 7 de abril. Estamos usando lança-chamas em escala maciça. Se houver um único alemão em um prédio, ele é expulso pelo fogo. Não há combates por andares ou escadarias. Já está claro para todos agora que o ataque a Königsberg ficará registrado como exemplo clássico do bombardeio de uma cidade." No dia seguinte, quando seu camarada Safonov foi morto, o regimento disparou uma salva de saudação contra a cidadela.

A destruição foi terrível. Milhares de soldados e civis foram enterrados pelos bombardeios. Havia um "cheiro de morte no ar", escreveu Inozemstev, "literalmente, porque milhares de cadáveres estão se decompondo sob as ruínas". Quando os feridos encheram todos os porões utilizáveis, o general Lasch soube que não havia esperança. O 11º Exército de Guardas e o 43º Exército tinham aberto seu caminho diretamente até a cidade. Até o vice-Gauleiter de Koch insistiu no abandono da cidade, mas todas as ligações com a península de Samland tinham sido cortadas. Montou-se um contra-ataque para forçar uma saída, que desmoronou no caos da noite de 8 de abril. O bombardeio bloqueara muitas rotas que levavam à linha de partida. Os líderes locais do partido, sem contar a Lasch, avisaram aos civis que se preparassem para o rompimento, mas sua concentração atraiu a atenção de oficiais de observação da artilharia soviética e eles foram massacrados.

A cidade estava tão envolta em fumaça no dia seguinte que só as línguas de fogo dos foguetes Katiúcha eram visíveis. Qualquer civil ainda vivo pendurava lençóis na janela em sinal de rendição e tentava até tirar os fuzis dos soldados alemães.

Lasch soube que o fim chegara. Não podia esperar ajuda do Reich e não queria impor mais sofrimento inútil aos refugiados e moradores da cidade. Só as SS queriam continuar lutando, mas suas tentativas foram inúteis. Na manhã de 10 de abril, Lasch e outros oficiais alemães, atuando como negociadores, chegaram ao quartel-general do marechal Vasilievski. A guarnição sobrevivente de pouco mais de 30 mil soldados foi marchando para a prisão. Seus relógios e outros itens úteis foram prontamente tomados por soldados do Exército Vermelho, que tinham conseguido encontrar depósitos de bebida. O estupro de mulheres e moças aconteceu sem qualquer impedimento na cidade arruinada.

Inozemstev circulou pela capital fumegante da Prússia Oriental. "Um Bismarck de bronze observa com um olho só – parte de sua cabeça foi arrancada por uma granada – a moça soviética que controla o tráfego, os veículos do Exército Vermelho que passam e as patrulhas montadas. Parecia estar perguntando: 'Por que os russos estão aqui? Quem permitiu isso?'"

O fim da Prússia Oriental e da Pomerânia foi enfatizado de maneira terrível. Na noite de 16 de abril, o navio-hospital *Goya*, lotado com cerca de 7 mil refugiados, foi afundado por um submarino soviético. Só 165 pessoas se salvaram.

O ATAQUE A BERLIM era esperado a qualquer momento. Em 6 de abril, o quartel-general do Grupo de Exércitos do Vístula anotou no diário de guerra: "Na frente de batalha do Nono Exército, animada atividade inimiga – sons de motores e de lagartas de tanques tanto no setor de Reitwein, a sudoeste de Küstrin, quanto no nordeste, perto de Kienitz." Estimavam que o ataque viria em dois dias. Cinco dias depois, contudo, ainda estavam esperando. O general Krebs, em Zossen, comunicou a Heinrici em 11 de abril: "O Führer espera a ofensiva russa contra o Grupo de Exércitos do Vístula em 12 ou 13 de abril." No dia seguinte, Hitler disse a Krebs que telefonasse a Heinrici e insistisse que "o Führer está instintivamente convencido de que o ataque realmente virá em um ou dois dias, o mesmo que dizer em 13 ou 14 de abril". Hitler tentara prever a data exata da invasão da Normandia no ano anterior, mas falhara. Agora, novamente, queria espantar seus admiradores com uma demonstração de misteriosos poderes proféticos. Parecia ser uma das poucas formas que lhe restavam de demonstrar algum tipo de controle sobre os acontecimentos.

Na noite de 12 de abril, a Filarmônica de Berlim deu seu último concerto. Albert Speer, que o organizou, convidara o almirante Dönitz e também o ajudante de ordens de Hitler, coronel von Below. O salão foi adequadamente iluminado para a ocasião, apesar dos cortes de eletricidade. "O concerto nos levou de volta a outro mundo", escreveu Below. O programa incluía o Concerto para Violino de Beethoven, a Oitava Sinfonia de Bruckner (mais tarde Speer afirmou que este era o sinal de aviso para que a orquestra fugisse de Berlim imediatamente após o concerto, para evitar que os músicos fossem convocados para a Volkssturm) e o *finale* do *Götterdämmerung* ("Crepúsculo dos deuses"), de Wagner. Mesmo que Wagner não trouxesse a plateia de volta à realidade do presente, o momento de escapismo não durou muito. Dizem que, depois do concerto, o Partido Nazista colocara membros da Juventude Hitlerista de pé, fardados, com cestinhas de cápsulas de cianureto para oferecê-las aos espectadores quando fossem embora.

Em 14 de abril, como o ataque ainda não se materializara, Hitler deu a "Ordem do Dia" ao Grupo de Exércitos do Vístula. Previsivelmente, enfatizava que "quem não cumprir seu dever será tratado como traidor de nosso povo". Continuava com uma distorção tortuosa da história e uma referência à expulsão dos turcos diante de Viena: "Os bolcheviques, desta vez, sofrerão o antigo destino dos asiáticos." Viena, na verdade, já caíra frente às hordas orientais e não havia esperança de recuperá-la.

No dia seguinte, um berlinense de 16 anos, chamado Dieter Borkovsky, descreveu o que testemunhara num trem lotado da S-Bahn saído da Anhalter Bahnhof. "Havia terror no rosto das pessoas. Estavam cheias de raiva e desespero. Jamais ouvira tantas maldições antes. De repente, alguém gritou acima do barulho:

– Silêncio!

Vimos um soldadinho sujo com duas Cruzes de Ferro e a Cruz Alemã de Ouro. Na manga tinha uma divisa com quatro tanques de metal, o que significava que tinha destruído os quatro à queima-roupa.

– Tenho uma coisa a lhes dizer – gritou, e o vagão ficou em silêncio. – Mesmo que não queiram me ouvir, parem de se queixar. Temos de ganhar esta guerra. Não devemos perder nossa coragem. Se outros ganharem a guerra e nos fizerem só uma fração do que fizemos nos territórios ocupados, em poucas semanas não sobrará um único alemão.

Tudo ficou tão quieto no vagão que daria para ouvir um alfinete cair."

13
Os americanos no Elba

Enquanto os exércitos aliados aproximavam-se do coração da Alemanha, vindos de ambas as direções, os berlinenses afirmavam que os otimistas estavam "aprendendo inglês e os pessimistas, aprendendo russo". O ministro do Exterior nazista, Joachim von Ribbentrop, que não tinha senso de humor, anunciou em um jantar diplomático que "a Alemanha perdeu a guerra mas ainda está em seu poder decidir para quem". Era esta ideia que perturbava Stalin tão profundamente no início de abril.

Assim que o Grupo de Exércitos B, de Model, com mais de 300 mil homens, ficou cercado no Ruhr em 2 de abril, as divisões do Nono Exército americano de Simpson começaram a correr para o Elba, do outro lado de Berlim. Elas e seu comandante estavam convencidos de que o objetivo era a capital dos nazistas. Depois da rusga com os britânicos, Eisenhower deixara em aberto a captura de Berlim como uma possibilidade isolada. Na segunda parte das ordens a Simpson, o Nono Exército deveria "explorar qualquer oportunidade de tomar uma cabeça de ponte sobre o Elba e preparar-se para continuar o avanço rumo a Berlim ou ao nordeste".

Sua Segunda Divisão Blindada, apelidada de "Inferno sobre Rodas", era a mais forte do Exército dos Estados Unidos. Continha grande número de sulistas rijos que haviam se alistado durante a Depressão. O comandante, general Isaac D. White, planejara sua rota para Berlim com bastante antecedência. A ideia era cruzar o Elba perto de Magdeburg. O Nono Exército dos Estados Unidos usaria a *autobahn* para a capital como linha central. Seu rival mais próximo na corrida era a 83ª Divisão de Infantaria, conhecida como "Circo de Retalhos" por causa do extraordinário sortimento de veículos e equipamentos capturados, pintados de verde-oliva com uma estrela branca. Ambas as divisões chegaram ao rio Weser em 5 de abril.

Ao norte delas, a Quinta Divisão Blindada dirigia-se para Tangermünde e, na extrema esquerda da frente de Simpson, as 84ª e 102ª Divisões de Infantaria abriam caminho rumo ao Elba de cada lado de sua confluência com o Havel. O ímpeto do avanço foi momentaneamente retardado por bolsões de resistência, em geral destacamentos das SS, mas em sua maioria os soldados alemães rendiam-se aliviados. As guarnições americanas só paravam para reabastecer ou consertar seus veículos. Ficaram sujos e barbados. A adrenalina do avanço quase substituíra sua necessidade de sono. A 84ª Divisão foi detida quando recebeu ordens de tomar Hanover, mas 48 horas depois estava pronta para partir de novo. Eisenhower visitou seu comandante, o general Alexander Bolling, em Hanover, no domingo, 8 de abril.

– Alex, para onde você vai agora? – disse-lhe Eisenhower.

– General, vamos seguir em frente. Temos o caminho aberto para Berlim e nada pode nos deter.

– Vá em frente – disse-lhe o comandante supremo, pondo a mão em seu ombro. – Desejo-lhe toda a sorte do mundo e não deixe que ninguém o detenha. – Bolling entendeu isso como confirmação clara de que seu objetivo era Berlim.

À esquerda do Nono Exército dos Estados Unidos, o Segundo Exército britânico do general Dempsey chegara a Celle e estava a ponto de libertar o campo de concentração de Belsen. Enquanto isso, à direita de Simpson, o Primeiro Exército do general Hodges seguia para Dessau e Leipzig. O Terceiro Exército do general George Patton forçou ao máximo seu caminho à frente, pelas montanhas Harz, desbordando Leipzig ao sul. Na quinta-feira, 5 de abril, Martin Bormann rabiscou em seu diário: "Bolcheviques perto de Viena. Americanos em Thuringerwald." Não era preciso mais nenhum comentário sobre a desintegração da Grande Alemanha.

A rapidez do avanço de Patton teve um efeito colateral inesperado. As SS, em muitos casos ajudadas pela Volkssturm local, realizaram vários massacres de prisioneiros de campos de concentração e trabalhadores forçados. Na fábrica Thekla, que produzia asas de avião 3 quilômetros a nordeste de Leipzig, trezentos prisioneiros foram obrigados pelas SS e pelos ajudantes da Volkssturm a entrar em um prédio isolado. Todas as janelas foram trancadas e as SS lançaram lá dentro bombas incendiárias. Os que conseguiram escapar do prédio foram metralhados. Três franceses sobreviveram. Mais de cem prisioneiros aliados, principalmente prisioneiros políticos franceses, foram executados no pátio da prisão de Leipzig. E uma coluna de 6,5 mil mulheres de muitas nacionalidades, do grupo de fábricas HASAG, 2 quilômetros a nordeste de Leipzig, foram obrigadas a marchar rumo a Dresden. O reconhecimento aéreo aliado avistou-as em seu caminho. Prisioneiras fracas demais para marchar haviam sido fuziladas pelos guardas da SS e empurradas para a vala ao lado da estrada. As roupas listradas de azul e branco dos campos de concentração "marcavam a rota e o calvário dessas mulheres infelizes".

No sul da Alemanha, enquanto isso, o Sexto Grupo de Exércitos do general Devers, que consistia do Sétimo Exército do general Patch e do Primeiro Exército francês, comandado pelo general De Lattre de Tassigny, cruzava a Floresta Negra. Seu flanco esquerdo avançou pela Suábia. Depois da captura de Karlsruhe, partiram para Stuttgart. Eisenhower, ainda preocupado com uma Fortaleza Alpina, queria que os dois exércitos se dirigissem para sudeste rumo à região de Salzburgo e se encontrassem com as forças soviéticas no vale do Danúbio.

Os CIVIS ALEMÃES costumavam fitar espantados os soldados americanos. Os GIs montados em jipes, fumando ou mascando chiclete, não se pareciam em nada com a imagem alemã do soldado. Seus veículos pintados de verde-oliva, até mesmo os tanques, portavam nomes de garotas. Mas alguns hábitos soldadescos mostraram-se universais. As tropas da Wehrmacht, durante a retirada, tinham pilhado desavergonhadamente, e agora chegavam os libertadores.

A pilhagem das forças aliadas parece ter começado antes até que fosse cruzada a fronteira alemã. "Com base em descobertas", afirmava um relatório americano sobre as Ardenas, "pode-se afirmar sem erro que o saque de propriedade civil belga por soldados dos Estados Unidos assumiu, na verdade, escala considerável." Houve, aparentemente, o uso de bom volume de explosivos para abrir cofres. Conforme as forças dos Estados Unidos avançavam pelo centro e pelo sul da Alemanha, a polícia militar americana fixava letreiros na entrada das aldeias: "Sem correr, sem pilhar, sem confraternizar", mas, segundo todos os relatos, fizeram pouco efeito.

Mais para o norte um oficial da Guarda Escocesa, que mais tarde se tornou juiz, escreveu que o nome em código do cruzamento do Reno, Operação Saque, era muito adequado. Descreveu como as vitrines quebradas das lojas representavam "o paraíso do saqueador". "Não havia muito que se pudesse fazer além de restringir o saque a artigos pequenos. Os tanques saíram de lá o melhor que podiam, levando de tudo, de máquinas de escrever a aparelhos sem fio (...) Eu estava maldizendo meu pelotão por estarem saqueando em vez de limpando a casa quando descobri que eu mesmo estava usando um par de binóculos roubados!"

Os que agiam de forma independente, como as equipes da SAS britânica, puderam ser muito mais ambiciosos. Um oficial comentou que "Monty era muito rigoroso com a pilhagem". Parece que o marechal de campo Alexander fora "muito mais relaxado". Em alguns casos, algumas joias valiosíssimas foram tiradas de casas de campo alemãs na ponta da arma, em aventuras capazes de chocar até os mais lendários salteadores. Uma tropa da SAS encontrou, mais tarde, um monte de pinturas acumuladas pela esposa de Göring. O comandante do esquadrão insistiu em ser o primeiro a escolher e depois deixou seus oficiais fazerem sua seleção. As telas foram removidas das molduras, enroladas e guardadas em tubos de morteiro.

As atitudes frente à guerra variavam entre os exércitos. Os americanos e canadenses idealistas achavam que tinham o dever de salvar o Velho Mundo e depois voltar para casa o mais cedo possível. Seus camaradas mais cínicos tinham fortes interesses comerciais no mercado negro. Os oficiais regulares franceses, em particular, concentravam-se na vingança pelas humilhações de 1940 e na restauração do orgulho nacional.

Já no Exército britânico um oficial recém-chegado poderia acreditar que fora tomar parte de "uma luta de vida ou morte pela democracia e pela liberdade do mundo" e descobrir que, em vez disso, a guerra era "tratada como um incidente na história do regimento contra um oponente com razoável espírito esportivo". Nada, nem é preciso dizer, poderia estar mais longe da opinião russa.

O SÚBITO AVANÇO americano no centro despertou uma mistura de suspeita e ofensa moral no Kremlin. Os líderes soviéticos, depois de se queixarem com tanta frequência da lentidão dos aliados ocidentais para dar início a uma segunda frente, estavam agora estarrecidos com a ideia de que eles pudessem chegar primeiro a Berlim. A realidade do poder aéreo aliado, com os soldados alemães temendo muito mais os Typhoons e Mustangs que os Shturmoviks, foi considerada com total desdém em Moscou, talvez deliberadamente. Stalin, que nunca fora de procurar explicações naturais, achou difícil de engolir o fato de que os alemães preferiam render-se aos aliados ocidentais do que à União Soviética, que prometia e praticava a vingança em enorme escala.

"Os tanquistas americanos estão aproveitando a excursão nas belas montanhas Harz", escreveu Ilia Ehrenburg no *Krasnaya Zvezda*. Os alemães estão se rendendo, brincou amargurado, "com persistência fanática". Estavam se comportando frente aos americanos, afirmava, como se pertencessem a "algum estado neutro". A frase que mais irritou Averell Harriman foi seu comentário de que os americanos estavam "vencendo com câmeras".

Stalin, talvez julgando os outros por si mesmo, suspeitou que os aliados ocidentais, na esperança de chegar primeiro a Berlim, ficassem tentados a fazer um pacto com facções nazistas. Agarrou-se aos contatos entre Allen Dulles em Berna e o Obergruppenführer SS Wolff sobre uma rendição na

Itália como prova de seu jogo duplo. Dulles fora realmente contactado por um representante de Kaltenbrunner, que disse que as SS queriam lançar um golpe contra o Partido Nazista e os linhas-duras das próprias SS que desejavam continuar a guerra. Quando isto acontecesse, as SS poderiam "conseguir uma transferência ordeira das funções administrativas para as potências ocidentais". O homem de Kaltenbrunner também falou em abrir a Frente Ocidental aos americanos e britânicos enquanto as tropas alemãs seriam infletidas para leste – o cenário exato que Stalin temia. Felizmente Stalin só soube disso mais tarde, mas ouvira dizer que as forças aerotransportadas americanas e britânicas estavam prontas a lançar-se sobre Berlim caso o poder nazista entrasse subitamente em colapso. Na verdade, fora designado à 101ª Divisão Aerotransportada o aeródromo de Tempelhof como sua área de salto; a 82ª Aerotransportada saltaria no campo de pouso de Gatow e os britânicos em Oranienburg, mas desde a decisão de parar no Elba toda a operação estava em suspenso. De qualquer forma, tais planos contingenciais nada tinham a ver com quaisquer tentativas de paz dos alemães. Desde sua declaração na conferência de Casablanca insistindo na rendição incondicional da Alemanha, nem Roosevelt nem mesmo Churchill tinham pensado a sério em alguma negociação de bastidores com os líderes nazistas.

Todo o otimismo de Roosevelt e Eisenhower em fevereiro e março quanto a conquistar a confiança de Stalin mostrou-se intempestivo na primeira semana de abril. Como já mencionado, Eisenhower, em sua controvertida mensagem a Stalin de 28 de março, fez um esboço detalhado e exato de seus planos, mas não recebeu nada em troca. Na verdade, em 1º de abril Stalin enganara-o deliberadamente quando disse que Berlim tinha perdido a antiga importância estratégica. Naquela ocasião, Stalin afirmou que a ofensiva soviética aconteceria provavelmente na segunda metade de maio (em vez de meados de abril), que o Exército Vermelho concentraria seu ataque mais para o sul, para encontrá-lo, e que só "forças secundárias" seriam mandadas contra Berlim.

Eisenhower, sem saber que fora enganado, informou brevemente a Montgomery que Berlim tornara-se "nada além de um local geográfico". Também continuou, com forte apoio do general Marshall, a rejeitar os argumentos de Churchill de que os americanos e britânicos "deveriam apertar a mão dos russos o mais para o leste possível". Simplesmente não podia aceitar o ponto de vista de Churchill de que Berlim, enquanto estivesse sob a bandeira alemã, estava destinada a ser "o ponto mais decisivo da Alemanha". Eisenhower acreditava obstinadamente que o eixo Leipzig-Dresden, dividindo a Alemanha em duas, era mais importante e estava convencido de que Stalin também pensava assim.

Eisenhower também recusou-se a ser influenciado pelos truques de Stalin em relação à Polônia. Os piores temores de Churchill mostraram-se corretos quando 16 líderes de partidos democráticos poloneses, que haviam sido convidados para conferenciar com Jukov sob a proteção de um salvo-conduto, foram presos no final de março pelo NKVD e mandados para Moscou. Mas, ainda que Eisenhower tenha caído em suas mentiras, Stalin estava longe de sentir-se relaxado. Talvez acreditasse, com a verdadeira paranoia stalinista, que Eisenhower pudesse estar fazendo um blefe duplo. De qualquer forma, decidira-se claramente a fazer os americanos sentirem-se culpados. Em uma mensagem agressiva a Roosevelt em 7 de abril, Stalin, mais uma vez, exagerou as propostas alemãs feitas a Dulles na Suíça. Enfatizou também que o Exército Vermelho enfrentava muito mais divisões alemãs que os aliados ocidentais. "[Os alemães] continuam a lutar selvagemente contra os russos por alguma junção desconhecida na Tchecoslováquia, da qual precisam tanto quanto um morto precisa de cataplasmas", escreveu Stalin ao presidente, "mas entregam sem qualquer resistência cidades importantes do centro da Alemanha, como Osnabruck, Mannheim e Kassel. Não concorda que tal comportamento é mais do que estranho e incompreensível?"

Ironicamente, a decisão mal-avaliada de Hitler de manter o Sexto Exército Panzer SS perto de Viena enquanto Berlim era ameaçada parecia sustentar a teoria da Fortaleza Alpina. O comitê conjunto de informações do SHAEF reconheceu, em 10 de abril, que "não há provas que demonstrem que a estratégia do alto comando alemão esteja sendo conduzida com o objetivo de vir a ocupar o chamado Reduto Nacional". Mas, depois, prosseguiram dizendo que o objetivo do Reduto era arrastar a guerra até o próximo inverno, na esperança de que os aliados ocidentais e a União Soviética brigassem entre si. Só que, no mesmo dia, outro relatório deveria ter dado fim a esta ideia extraordinariamente enraizada. "O interrogatório de vários generais e oficiais superiores alemães recentemente capturados revela que nenhum deles ouviu falar do Reduto Nacional. Todos consideraram tal plano 'ridículo e inaplicável'."

Nem Stalin nem Churchill perceberam que o presidente americano não estava em condições de ler seus telegramas, que dirá respondê-los em pessoa. Na Sexta-feira Santa, 30 de março, Roosevelt fora levado de trem para Warm Springs, na Geórgia. Foi sua última viagem ainda vivo. Fora carregado quase inconsciente para a limusine que o esperava. Os que o viram ficaram profundamente chocados com seu estado. Em menos de duas semanas Roosevelt morreria e Harry Truman, seu vice-presidente, tornar-se-ia o próximo presidente dos Estados Unidos.

EM 11 DE ABRIL, os americanos chegaram a Magdeburg. No dia seguinte, cruzaram o Elba ao sul de Dessau. Foram feitos planos com a previsão de que poderiam chegar a Berlim em 48 horas. Não era uma estimativa improvável. Restavam poucas unidades SS no lado ocidental da capital.

No mesmo dia, os alemães ficaram abalados com a ferocidade de uma estação de rádio do governo francês que transmitia de Colônia. "*Deutschland, dein Lebensraum ist jetzt dein Sterbensraum*" – "Alemanha, seu espaço vital é agora seu espaço mortal." Era o tipo de observação que esperariam de Ilia Ehrenburg.

Ehrenburg, naquele dia, publicou seu último e mais controvertido artigo da guerra no *Krasnaya Zvezda*. Intitulava-se "*Hvatit*", ou "Basta". "A Alemanha morre miseravelmente, sem *pathos* nem dignidade", escreveu. "Vamos recordar os pomposos desfiles, o Sportpalast em Berlim, onde Hitler costumava rugir que ia conquistar o mundo. Onde está ele agora? Em que buraco? Levou a Alemanha a um precipício e agora prefere não se mostrar." No que dizia respeito a Ehrenburg, "a Alemanha não existe; há apenas uma gangue colossal".

Foi nesse mesmo artigo que Ehrenburg comparou amargamente a resistência alemã no leste com as rendições no oeste. Evocou "as terríveis feridas da Rússia", das quais os aliados ocidentais não queriam saber. Então mencionou o punhado de atrocidades alemãs na França, como o massacre de Oradour. "Há quatro aldeias como esta na França. E quantas existem na Bielorrússia? Deixem-me recordar-lhes as aldeias na região de Leningrado (...)"

A retórica inflamada de Ehrenburg, muitas vezes, não combinava com suas próprias opiniões. Em seu artigo, ele desculpa implicitamente a pilhagem – "Bem, as alemãs estão perdendo casacos de pele e colheres que foram roubadas" – quando, no jargão do Exército Vermelho, o saque muitas vezes incluía, de forma implícita, o estupro. Mas recentemente falara a oficiais da academia militar Frunze criticando os saques e a destruição do Exército Vermelho na Prússia Oriental e atribuindo-os ao nível de cultura "extremamente baixo" da tropa. Sua única referência ao estupro, contudo, foi para dizer que os soldados soviéticos "não estavam recusando 'os cumprimentos' das mulheres alemãs". Abakumov, chefe da SMERSH, descreveu as "opiniões incorretas" de Ehrenburg a Stalin, que considerou-as "politicamente prejudiciais". Isto, combinado ao relatório semelhante sobre a Prússia Oriental feito pelo conde von Einsiedel, do Comitê Nacional pela Alemanha Livre, controlado pelo NKVD, pôs em movimento uma sequência de eventos e discussões que deflagrou importante reavaliação da política soviética.

O tom e o conteúdo do artigo de Ehrenburg de 12 de abril não eram mais sedentos de sangue que as diatribes anteriores, mas, para espanto do escritor, ele foi atacado de cima, para assinalar uma mudança na linha do partido. Um amargurado Ehrenburg reconheceu mais tarde que seu papel de açoite dos alemães fez dele o sacrifício simbólico óbvio nas circunstâncias. Os líderes soviéticos, bem mais tarde naquele dia, perceberam finalmente que o horror inspirado pelo massacre da população civil pelo Exército Vermelho aumentava a resistência do inimigo e complicaria a ocupação soviética da Alemanha no pós-guerra. Nas palavras de Ehrenburg, queriam minar a vontade de lutar do inimigo "prometendo imunidade aos subordinados daqueles que tinham levado a cabo as ordens de Hitler".

Em 14 de abril, George Aleksandrov, principal ideólogo do Comitê Central e chefe da propaganda soviética, respondeu no *Pravda* com um artigo intitulado "O Camarada Ehrenburg simplifica demais". Em um texto visivelmente importante que, sem dúvida, fora revisado por Stalin ou mesmo praticamente ditado por ele, Aleksandrov rejeitava a explicação de Ehrenburg para a rendição rápida no oeste e sua descrição da Alemanha como "apenas uma gangue colossal". Embora alguns oficiais alemães "lutem pelo regime canibal, outros lançam bombas em Hitler e seu círculo [os conspiradores de julho] ou convencem os alemães a depor as armas [o general von Seydlitz e a Liga de Oficiais Alemães]. A caça aos opositores do regime pela Gestapo e os apelos aos alemães para que os denunciassem provavam que os alemães não eram todos iguais. Era o governo nazista que estava desesperado para recorrer à ideia de unidade nacional. A própria intensidade dos apelos pela unidade nacional provava, na verdade, como havia pouca unidade". Aleksandrov também citou a observação de Stalin: "Hitlers vêm e vão, mas a Alemanha e o povo alemão ficam", lema cunhado ainda em 23 de fevereiro de 1942, mas só usado de verdade em 1945.

A rádio de Moscou transmitiu o artigo de Aleksandrov e o *Krasnaya Zvezda* o republicou. Um Ehrenburg arrasado viu-se no limbo político. Sua carta a Stalin apelando contra a injustiça nunca foi respondida. Mas Ehrenburg provavelmente não percebeu que fora acusado de outras críticas ao Exército Vermelho e da incapacidade dos oficiais de controlar seus homens. Ele contara como, quando um general soviético repreendeu um soldado por cortar um pedaço de couro de um sofá, dizendo que poderia ser usado por alguma família na União Soviética, o soldado retorquira: "Sua esposa pode ganhá-lo, mas, definitivamente, não a minha", e continuou a atacar o sofá. A acusação mais grave de Abakumov, contudo, foi que Ehrenburg também dissera aos oficiais na academia Frunze que "os russos que voltam da 'escravidão' parecem estar bem. As moças estão bem-alimentadas e vestidas. Nossos artigos de jornal sobre a escravização das pessoas que foram levadas para a Alemanha não são convincentes". Se Ehrenburg não tivesse seguidores tão fanáticos no Exército Vermelho, poderia ter desaparecido facilmente em algum campo de concentração do Gulag.

Na frente de batalha, enquanto isso, os departamentos políticos estavam claramente inquietos com a situação. Contavam como alguns oficiais apoiavam Ehrenburg e ainda acreditavam "que devemos ser duros com os alemães e os aliados ocidentais que começam a flertar com os alemães". A linha do partido, no entanto, era clara. "Não estamos mais expulsando os alemães de nosso país, situação na qual o lema 'Mate um alemão sempre que avistar um' parecia inteiramente justo. Pelo contrário, chegou a hora de punir corretamente o inimigo por todos os seus feitos cruéis." Mas, ainda que os comissários políticos citassem o dito de Stalin de que "Hitlers vêm e vão...", isto não parecia ter muito peso junto aos soldados. "Muitos soldados me perguntaram", relatou um oficial político, "se Ehrenburg ainda continuava a escrever e disseram-me que procuravam seus artigos em todos os jornais que viam."

A mudança de política pouco antes da grande ofensiva veio tarde demais para os soldados imbuídos de ódio pessoal e gerado pela propaganda nos últimos três anos. Uma das observações mais reveladoras, embora não de forma intencional, foi feita por um dos comandantes divisionais de Jukov, o general Maslov. Ele descreveu crianças alemãs chorando enquanto procuravam desesperadamente seus pais em uma cidade em chamas. "O que surpreendia", escreveu Maslov, "era que choravam exatamente da mesma maneira como choram nossas crianças." Poucos soldados ou oficiais soviéticos tinham imaginado os alemães como seres humanos. Depois que a propaganda nazista desumanizara os eslavos como *Untermenschen*, a propaganda da vingança soviética convencera seus cidadãos de que todos os alemães eram feras de rapina.

AS AUTORIDADES SOVIÉTICAS tinham outra razão para preocupar-se com o avanço dos aliados ocidentais. Temiam que a maioria do Primeiro e do Segundo Exércitos poloneses quisesse unir-se às forças polonesas que prestavam lealdade ao governo exilado em Londres. Em 14 de abril, Beria passou a Stalin o relatório do general Serov, chefe do NKVD na Primeira Frente Bielorrussa de Jukov. "Em conexão com o avanço rápido dos aliados na Frente Ocidental", escreveu Serov, "surgiu um estado de espírito doentio nos soldados e oficiais do Primeiro Exército polonês." A SMERSH entrara em ação, realizando prisões em massa.

"Os órgãos de informações do Primeiro Exército polonês", relatou ele, "descobriram e puseram sob controle [*sic*] quase 2 mil ex-soldados do exército de Anders e membros do Armia Krajowa e soldados que tinham parentes próximos no exército de Anders." A "atitude hostil" desses poloneses para com a União Soviética era ressaltada pelo fato de que tinham ocultado seu endereço real das autoridades soviéticas para impedir represálias contra suas famílias. Serov também deixou de mencionar o fato de que, como 43 mil membros das forças comunistas polonesas tinham sido transferidos diretamente para os campos de concentração do Gulag, era muito pouco provável que seus sentimentos para com a União Soviética fossem inteiramente fraternais. E, na Polônia, membros do Armia Krajowa presos por soldados do NKVD tinham a opção de ir para um campo de trabalho na Sibéria ou de entrar para o Exército comunista – "*V Sibir ili v Armiju?*".

Os informantes da SMERSH tinham avisado a seus controladores que os soldados poloneses ouviam regularmente a "rádio de Londres". Informantes também contaram que os soldados poloneses estavam convencidos de que "o exército de Anders está vindo para Berlim do outro lado, com o Exército inglês".

– Quando as tropas polonesas se encontrarem – disse inadvertidamente um oficial a um informante –, a maioria de nossos soldados e oficiais vai passar para o exército de Anders. Já sofremos o bastante com os soviéticos na Sibéria.

– Depois da guerra, quando a Alemanha acabar – disse, ao que parece, o chefe do estado-maior de um batalhão a outro informante –, ainda estaremos combatendo a Rússia. Temos 3 milhões de homens de Anders com os ingleses.

– Eles estão empurrando sua "democracia" pela nossa goela – disse um comandante da Segunda Brigada de Artilharia. – Assim que nossos soldados se encontrarem com os homens de Anders, pode dizer adeus ao governo provisório [controlado pelos soviéticos]. O governo de Londres tomará o poder de novo e a Polônia será outra vez como era antes de 1939. A Inglaterra e os Estados Unidos vão ajudar a Polônia a se livrar dos russos.

Serov culpou os comandantes do Primeiro Exército polonês "por não fortalecerem seu trabalho político explicativo".

ENQUANTO O TERCEIRO e o Nono Exércitos americanos avançavam para o Elba, o Grupo de Exércitos B do marechal de campo Model no bolsão do Ruhr estava sendo detido, principalmente por ataques aéreos. Model era um dos pouquíssimos comandantes do exército a gozar da confiança completa de Hitler. Seus colegas generais, contudo, o consideravam "extremamente rude e inescrupuloso". Model era conhecido pelos soldados como "*der Katastrophengeneral*" (o general das catástrofes), por causa de seu hábito de aparecer em um setor quando as coisas iam muito mal. O Ruhr, de qualquer forma, foi a última catástrofe de Model. Ele recusou-se a fugir pelo ar. Em 21 de abril, quando seus soldados começaram a render-se *en masse*, matou-se com um tiro, exatamente o que Hitler esperava de seus comandantes.

Bem antes do fim, o coronel Günther Reichhelm, principal oficial de operações do Grupo de Exércitos B, fora enviado de avião para o cerco do Ruhr juntamente com mais pessoal importante. Das 17 aeronaves, só três chegaram a Jüterbog, campo de pouso ao sul de Berlim. Reichhelm foi levado ao quartel-general do OKH em Zossen, onde desmaiou de exaustão. Só acordou quando o ex-representante de Guderian, o general Wenck, sentou-se em sua cama. Wenck, levado de volta às operações antes que se recuperasse completamente do acidente automobilístico durante a Operação *Sonnenwende*, acabara de ser nomeado comandante em chefe do 12º Exército. Wenck suspeitou que esse novo exército existia mais no papel que na realidade, apesar de sua tarefa de manter a linha do Elba contra os americanos.

– Você chega como meu chefe de estado-maior – disse-lhe Wenck. Mas, antes de tudo, Reichhelm tinha de relatar a situação do Grupo de Exércitos B no bolsão do Ruhr. Jodl ordenou-lhe que fosse ao *bunker* da Chancelaria do Reich. Lá, encontrou Hitler com Göring e o almirante Dönitz. Disse a Hitler que o Grupo de Exércitos B não tinha mais munição e que os tanques que lhe restavam não podiam se mover porque não tinham mais combustível. Hitler ficou em silêncio por um bom tempo.

– O marechal de campo Model era meu melhor marechal de campo – disse, finalmente.

Reichhelm pensou que Hitler finalmente compreendera que estava tudo acabado, mas não. Hitler disse:

– Você será o chefe do estado-maior do 12º Exército. Deve livrar-se das diretrizes estúpidas do Estado-Maior geral. Precisa aprender com os russos, que pela pura força de vontade derrotaram os alemães que estavam diante de Moscou.

Hitler então continuou dizendo que o Exército alemão devia derrubar árvores nas montanhas Harz para deter o avanço de Patton e lançar ali uma guerra de guerrilhas. Exigiu mapas na escala de 1:25.000, do tipo que os comandantes de campanha usavam, para demonstrar sua opinião. Jodl tentou dissuadi-lo, mas Hitler insistiu que conhecia bem a região de Harz. Jodl, que de costume era muito controlado, replicou asperamente.

– Não conheço nada da região – disse –, mas conheço a situação.

Göring, notou Reichhelm enquanto isso, tinha adormecido em uma cadeira, com um mapa sobre o rosto. Conjeturou se ele estava drogado. Hitler finalmente disse a Reichhelm que se unisse ao 12º Exército, mas que, primeiro, devia passar pelo campo de Döberitz, onde poderia obter duzentos jipes Kübelwagen todo-terreno da Volkswagen para a nova unidade.

Reichhelm saiu com a sensação de alívio de fugir de um hospício. Em Döberitz só pôde pôr as mãos em uma dúzia de veículos. Encontrar Wenck e o quartel-general do 12º Exército foi ainda mais difícil. Finalmente encontrou-o, na escola de sapadores de Rosslau, na margem do Elba, do outro lado de Dessau. Para seu grande prazer viu que o principal oficial de operações era um velho amigo, o coronel barão Hubertus von Humboldt-Dachroeden. Soube que parte do 12º Exército constituía-se de "soldados jovens excepcionalmente dispostos instruídos durante seis meses em escolas de oficiais", assim como muitos cabos e sargentos com experiência na frente de batalha que tinham voltado do hospital. Ambos os oficiais admiravam muitíssimo o comandante de seu exército. Wenck era jovem, flexível e bom comandante de campanha, que "podia olhar os soldados nos olhos".

Embora o quartel-general fosse improvisado e tivesse poucos aparelhos de rádio, descobriram que podiam usar a rede telefônica local, que ainda funcionava bem. O exército estava mais bem-suprido que a maioria, graças ao arsenal do exército em Altengrabow e ao número de balsas e barcos à deriva no Havelsee. Wenck recusou-se a obedecer à ordem "Nero" de Hitler e impediu a destruição da usina elétrica de Golpa, a sudeste de Dessau, um dos principais pontos de fornecimento de energia de Berlim. Por ordem de Wenck, a Divisão de Infantaria *Hutten* forneceu guardas para impedir que algum fanático tentasse explodi-la.

A principal tarefa do 12º Exército era preparar-se para um ataque do Nono Exército americano "ao longo de ambos os lados da autoestrada Hanover Magdeburg". Esperava-se que os americanos obtivessem uma cabeça de ponte na margem leste do Elba e depois avançassem para Berlim. O primeiro ataque aconteceu antes do esperado. "Em 12 de abril chegou a primeira notícia de contato com o inimigo, que tentou cruzar o rio perto de Schönebeck e Barby." A Divisão de Infantaria *Scharnhorst* tentou contra-atacar com um batalhão e alguns canhões de assalto no dia seguinte. Ofereceram resistência feroz no primeiro dia, mas encontraram um inimigo, em especial a Força Aérea dos Estados Unidos, muito mais forte.

Reichhelm percebeu que se os americanos fossem cruzar o Elba em grande número, "não havia outra possibilidade senão render-se". O 12º Exército não poderia continuar a lutar "por mais que um ou dois dias". Humboldt tinha exatamente a mesma opinião. Os americanos cruzaram o Elba em vários pontos. No sábado, 14 de abril, registrou o SHAEF, "o Nono Exército ocupara Wittenberge, 100 quilômetros ao norte de Magdeburg. Três batalhões da 83ª Divisão de Infantaria cruzaram o Elba em Kameritz, a sudeste de Magdeburg". A Quinta Divisão Blindada, enquanto isso, alcançara o Elba numa frente de 25 quilômetros nos arredores de Tangermünde. Em 15 de abril o 12º Exército de Wenck montou um forte contra-ataque à 83ª Divisão de Infantaria, perto de Zerbst, mas foi repelido.

As CABEÇAS DE PONTE do Elba pareciam ser mais um problema do que uma vantagem para Eisenhower. Conversou com o general Bradley, comandante do grupo de exércitos, para pedir-lhe sua opinião sobre o avanço até Berlim. Queria saber como via as baixas que teriam de sofrer para tomar a cidade. Bradley estimou que isso podia envolver 100 mil baixas (número que, admitiu mais tarde, era alto demais). Depois acrescentou que seria um preço duro a pagar por um objetivo de prestígio, quando teriam de recuar de novo quando a Alemanha se rendesse. Isso coincidia claramente com o pensamento de Eisenhower, embora ele afirmasse mais tarde que "a futura divisão da Alemanha não influenciou nossos planos militares de conquista final do país".

Eisenhower também estava preocupado com suas extensas linhas de comunicação. O Segundo Exército britânico estava às portas de Bremen, o Primeiro Exército dos Estados Unidos aproximava-se de Leipzig e as unidades de vanguarda de Patton estavam próximas da fronteira da Tchecoslováquia.

As distâncias eram tão grandes que as unidades avançadas tinham de ser supridas por aviões Dakota. Civis em grande número, inclusive presidiários e detentos de campos de concentração, também tinham de ser alimentados. Eram necessários recursos consideráveis. Como muitos outros, Eisenhower estava totalmente despreparado para todo o horror dos campos de concentração. Ver em primeira mão sofrimento tão inacreditável afetou muita gente durante anos a fio, como uma versão da culpa do sobrevivente.

Os comandantes da Frente Ocidental tinham pouca ideia da situação na Frente Oriental. Não avaliaram até que ponto o Exército alemão estava disposto a permitir que os americanos entrassem em Berlim antes que o Exército Vermelho chegasse lá. "Os soldados e oficiais", observou o coronel de Maizière, do OKH, "acreditavam que era muito melhor ser derrotado pelo Ocidente. A Wehrmacht, exausta, lutou até o fim puramente para deixar aos russos o mínimo possível de território." O instinto de Simpson e dos comandantes de sua formação no Nono Exército mostrou-se muito mais acurado que o do comandante supremo. Estimaram que haveria bolsões de resistência mas que estes poderiam ser desbordados num ataque à capital do Reich, que estava a menos de 100 quilômetros.

A 83ª Divisão de Infantaria já construíra uma ponte capaz de aguentar os tanques da Segunda Divisão Blindada e, durante a noite de sábado, 14 de abril, os veículos cruzaram num fluxo constante. As forças na cabeça de ponte, que agora se estendia até Zerbst, começaram a aumentar rapidamente. A excitação dos soldados americanos era contagiante. Esperavam ansiosos as ordens de ir em frente. Mas no início da manhã de domingo, 15 de abril, seu comandante, o general Simpson, foi chamado pelo general Bradley ao quartel-general de seu grupo de exércitos em Wiesbaden. Bradley encontrou Simpson no campo de pouso. Apertaram as mãos enquanto ele saía do avião. Bradley, sem nenhum preâmbulo, disse-lhe que o Nono

Exército tinha de deter-se no Elba. Não devia avançar mais na direção de Berlim.

– Quem ordenou isso? – perguntou Simpson.

– Ike – respondeu Bradley.

Simpson, sentindo-se tonto e rejeitado, voou de volta a seu quartel-general, pensando em como contaria a seus comandantes e a seus homens.

ESSA ORDEM DE deter-se no Elba, vinda logo após a morte inesperada do presidente Roosevelt, constituiu um grande golpe no moral americano. Roosevelt morrera em 12 de abril, mas a notícia só foi dada no dia seguinte. Goebbels ficou extasiado quando soube, ao voltar de uma visita à linha de frente perto de Küstrin. Ligou imediatamente para Hitler, no *bunker* da Chancelaria do Reich.

– Meu Führer, congratulo-o! – disse. – Roosevelt está morto. Está escrito nas estrelas que a segunda metade de abril será o momento da nossa virada. Esta sexta-feira, 13 de abril. É o ponto da virada!

Apenas alguns dias antes, Goebbels estivera lendo em voz alta para Hitler a *História de Frederico II da Prússia*, de Carlyle, para aliviá-lo de sua depressão. O trecho era aquele em que Frederico, o Grande, frente ao desastre na Guerra de Sete Anos, pensou em tomar veneno. Mas, repentinamente, chegou a notícia da morte da tsarina Elizabeth. "O Milagre da Casa de Brandemburgo se realizou." Os olhos de Hitler encheram-se de lágrimas com estas palavras. Goebbels não acreditava em mapas astrológicos, mas estava disposto a usar qualquer coisa para reavivar o espírito enfraquecido do Führer e levou Hitler a um frenesi de otimismo. O recluso do *bunker* agora fitava amorosamente o retrato de Frederico, o Grande, que fora levado até ele. No dia seguinte, 14 de abril, em sua ordem do dia para o exército, Hitler parecia totalmente descontrolado. "No momento em que o Destino removeu desta Terra o maior criminoso de guerra de todos os tempos, o rumo dos acontecimentos neste embate será decisivo."

Houve outro evento simbólico envolvendo Frederico, o Grande, mas Hitler nunca o mencionou. Em um violento ataque aéreo naquela noite, os bombardeiros aliados lançaram-se sobre Potsdam. Um membro da Juventude Hitlerista, abrigado em um porão, sentiu as paredes à sua volta "balançando como um navio". As bombas destruíram boa parte da antiga cidade, inclusive o Garnisonkirche, lar espiritual da casta militar e da aristocracia prussianas. Ursula von Kardorff caiu em lágrimas na rua depois de ouvir a notícia. "Todo um mundo foi destruído com ele", escreveu em seu diário. Mas muitos oficiais ainda se recusavam a admitir a responsabilidade dos líderes militares alemães ao apoiarem Hitler. Era pouco provável que falar da honra dos oficiais alemães despertasse solidariedade, mesmo naqueles oponentes com mais espírito esportivo, quando a libertação dos campos de concentração revelava a natureza do regime pelo qual tinham lutado.

14
A véspera da batalha

O Exército Vermelho, apesar de todo o seu esforço e seu talento para a camuflagem, não podia ter esperanças de ocultar o enorme ataque prestes a ser lançado nas frentes do Oder e do Neisse. A Primeira Frente Bielorrussa de Jukov e a Primeira Frente Ucraniana de Konev deviam atacar em 16 de abril. Ao norte, a Segunda Frente Bielorrussa de Rokossovski seguiria logo após cruzar o baixo Oder. O efetivo soviético chegava a 2,5 milhões de homens. Eram apoiados por 41.600 canhões e morteiros pesados, além de 6.250 blindados e canhões autopropulsados e quatro exércitos aéreos. Era a maior concentração de poder de fogo já reunida.

Em 14 de abril, um reconhecimento em combate da cabeça de ponte de Küstrin mostrou-se muito bem-sucedido. O Oitavo Exército de Guardas de Tchuikov conseguiu empurrar de volta a 20ª Divisão Panzergrenadier de 2 a 5 quilômetros em alguns lugares. Dizem que Hitler ficou tão zangado que deu ordem de arrancar as medalhas de todos os membros da divisão até que recuperassem o terreno.

Este aumento da cabeça de ponte também ajudou a concentração de forças. Naquela noite, o Primeiro Exército Blindado de Guardas começou a movimentar suas brigadas pelo Oder sob o manto da escuridão. "Durante a noite havia um fluxo constante de tanques, canhões, Studebakers carregados de munição e colunas de soldados." As jovens controladoras do tráfego agitavam desesperadas seus discos, instando os tanques a seguir a linha marcada com fitas brancas. Música em alto volume e exortações propagandísticas reverberavam dos alto-falantes do Sétimo Departamento na tentativa de cobrir o barulho do motor dos tanques, mas os alemães sabiam o que estava acontecendo.

Durante todo o dia de 15 de abril, os soldados do Exército Vermelho vigiaram as posições alemãs "até os olhos arderem", caso trouxessem reforços de última hora ou houvesse alguma mudança. No Oderbruch, as flores de abril apareciam nos morrinhos, mas grandes pedaços de gelo ainda flutuavam pelo rio, assim como galhos e mato que se prendiam a uma ponte ferroviária arruinada. Nas florestas de pinheiros da margem oriental, "misteriosamente quietas" durante o dia, galhos cortados camuflavam milhares de veículos blindados e canhões.

Na frente do Neisse, ao sul, a Primeira Frente Ucraniana organizava incansável atividade política até o último momento. "Os membros ativos do Komsomol estão ensinando os jovens soldados a amar seus tanques e a usar todo o potencial desta arma poderosa." A mensagem de Aleksandrov, evidentemente, não fora digerida, nem mesmo pelos departamentos políticos. A mensagem de vingança estava clara no último grito de guerra: "Não haverá piedade. Eles semearam vento e agora vão colher tempestade."

A Primeira Frente Ucraniana estava mais preocupada com a pouca disciplina no rádio. Até os regimentos do NKVD tinham recentemente "transmitido às claras, usando códigos desatualizados e sem responder às senhas". Nenhuma subunidade teve permissão de usar o rádio: seus aparelhos tinham de ficar em modo de recepção, nunca de transmissão. A preocupação com as falhas de segurança ficou ainda maior na noite de 15 de abril, porque os novos comprimentos de onda e códigos a serem usados até o fim de maio de 1945 tinham sido entregues ao quartel-general.

Embora os oficiais tivessem sido instruídos a só dar ordens menos de três horas antes do ataque, a SMERSH tinha decidido que na última hora não deveria haver deserções de soldados do Exército Vermelho que pudessem alertar o inimigo. O representante da SMERSH na Primeira Frente Bielorrussa ordenou que todos os comissários políticos verificassem cada homem da linha de frente e identificassem os que parecessem suspeitos ou "instáveis moral e politicamente". Numa rodada anterior a SMERSH prendera os acusados de fazer comentários negativos sôbre as fazendas coletivas. Um cordão de isolamento especial foi instalado, "para que nossos homens não consigam fugir para o lado dos alemães" e para impedir que os alemães capturassem informantes. Mas todo esse esforço foi em vão. Em 15 de abril um soldado do Exército Vermelho, ao sul de Küstrin, disse a seus captores nazistas que a grande ofensiva começaria cedo na manhã seguinte.

Considerando a proximidade da derrota, os alemães tinham razões ainda mais fortes para temer que seus soldados desertassem ou se rendessem na primeira oportunidade. O Grupo de Exércitos do Vístula emitiu uma ordem assinada por Heinrici de que homens da mesma região deviam ser separados, porque raramente faziam alguma coisa para impedir que um conterrâneo desertasse. Um oficial do regimento de guardas *Grossdeutschland*, que comandava um batalhão heterogêneo, observou que seus jovens soldados tinham pouca intenção de lutar pelo nacional-socialismo. "Muitos queriam ser feridos, para que pudessem ser mandados de volta ao hospital de campanha." Ficavam em seus postos devido apenas a uma "obediência de cadáver", inspirada pelo medo da execução sumária. Depois que um alto-falante soviético transmitiu mensagens para o outro lado da linha de frente, os oficiais ficaram estarrecidos quando os soldados começaram a gritar de volta, pedindo detalhes. Seriam enviados para a Sibéria? Como os civis eram tratados nas áreas ocupadas da Alemanha?

Vários comandantes alemães do Quarto Exército Panzer, defronte da Primeira Frente Ucraniana de Konev, confiscaram lenços brancos, para impedir que seus homens os usassem como sinal de rendição. Soldados pegos tentando desertar eram, em alguns casos, obrigados a cavar trincheiras às claras na terra de ninguém. Muitos ansiavam escapulir para os bosques fechados, para render-se sem serem vistos e salvar a família da punição decretada na ordem de Hitler.

Os comandantes de companhias alemãs tentaram quase todos os meios para convencer seus soldados a resistir. Alguns informaram-nos da morte de Roosevelt na noite de 14 de abril. Isto significava, disseram, que os tanques americanos não atacariam mais. Na verdade, afirmavam, as relações entre os aliados ocidentais e a União Soviética ficaram tão ruins que os americanos e britânicos agora se uniriam à Alemanha para expulsar os russos. Os reservistas da 391ª Divisão de Segurança, perto de Guben, encontraram tropas SS da Divisão *30 Januar* indo para falar-lhes da conexão entre a morte de Roosevelt e o milagre que salvara Frederico, o Grande, como se isso fosse a Sagrada Escritura. Não estavam nem um pouco convencidos, mas muitos soldados alemães ainda resistiram, porque esperavam um contra-ataque maciço no dia do aniversário do Führer, 20 de abril, com novas e secretas "armas maravilhosas".

Alguns oficiais irritados e amargos conseguiram recordar aos veteranos os horrores da Frente Oriental e o que significaria os russos abrirem caminho rumo a Berlim. "Não dá para imaginar", escreveu um primeiro-tenente à esposa, "que ódio terrível se levantou aqui. Posso prometer-lhe que cuidaremos deles algum dia. Os estupradores de mulheres e crianças descobrirão uma nova experiência. É difícil acreditar no que esses animais fizeram. Fizemos o juramento de que cada homem tem de matar dez bolcheviques. Que Deus nos ajude a conseguir."

O grosso dos conscritos jovens e mal-treinados enviados recentemente à frente de batalha tinha muito menos probabilidade de ser convencido. Só queriam sobreviver. Na 303ª Divisão de Infantaria *Döberitz* um comandante de regimento deu a um de seus comandantes de batalhão alguns conselhos. "Temos de manter a frente a qualquer custo. Você é o responsável. Se alguns soldados começarem a fugir, deve matá-los. Caso veja muitos soldados fugindo e não possa detê-los, e a situação for desesperadora, então é melhor matar-se."

NOS MONTES SEELOW, além de alguns ataques de atrito, a situação era "quase pacífica pouco antes da tempestade". Os soldados alemães mandados de volta da linha de frente verificavam e limpavam as armas, comiam e se lavavam. Alguns ficavam sentados escrevendo, para o caso do Feldpost voltar a funcionar. Para muitos, seus lares já estavam ocupados pelo inimigo, e outros não sabiam onde estava a família.

O primeiro-tenente Wust enviou em grupos seus técnicos da Luftwaffe em treinamento para a cozinha de campanha, ou "*Gulaschkanone*" (canhão de ensopadinho), numa aldeia logo atrás da segunda linha de trincheiras. Ficou em uma trincheira com o primeiro-sargento de sua companhia, olhando sobre as árvores para o Oderbruch e as posições soviéticas de onde viria o ataque. Wust sentiu um arrepio repentino.

– Diga-me – disse ele, voltando-se para seu Kompanietruppführer. – Está com frio também?

– Não estamos com frio, Herr Oberleutnant – respondeu o homem. – Estamos com medo.

De volta a Berlim, em segurança atrás das linhas, Martin Bormann enviou uma mensagem de véspera de batalha aos Gauleiters. Ordenou-lhes que cuidassem dos que tinham "alma de coelho". No centro da cidade os bondes eram puxados a braço para o meio da rua e estavam cheios de tijolos e destroços como barricadas improvisadas. A Volkssturm foi convocada. Alguns tinham de usar capacetes e até fardas cinza-azuladas francesas. Era o que restava do butim das grandes vitórias alemãs de 1940 e 1941.

HITLER NÃO ERA o único que olhava para trás, para a Guerra dos Sete Anos. O *Pravda* já publicara um artigo gabando a entrada russa em Berlim, em 9 de outubro de 1760, com cinco regimentos cossacos na vanguarda. "As chaves da cidade foram levadas para São Petersburgo sob os cuidados permanentes da Catedral de Kazanski. Devemos recordar este exemplo histórico e cumprir a ordem da Pátria e do Camarada Stalin." O Oitavo Exército de Guardas do general Tchuikov recebera grandes chaves feitas de papel-cartão para recordar aos soldados este momento, enquanto se preparavam para lançar-se ao ataque.

Também foram distribuídos símbolos mais modernos, na forma de bandeiras vermelhas. Estas foram entregues às divisões atacantes. Deveriam ser desfraldadas em prédios importantes de Berlim, indicados numa grande maquete da cidade construída pelos engenheiros da Frente. Esperava-se que a "competição socialista" empurrasse os homens adiante, para um sacrifício ainda maior, e a grande glória seria daqueles que invadissem o Reichstag, objetivo que Stalin escolhera para representar a conquista total do "covil da fera fascista". Naquela noite, no que veio a ser um batismo secular em massa, mais de 2 mil soldados do Exército Vermelho da Primeira Frente Bielorrussa foram aceitos no Partido Comunista.

Ainda que os comandantes soviéticos não duvidassem que conseguiriam abrir caminho, estavam extremamente nervosos com a possibilidade de que os exércitos americanos e britânicos chegassem primeiro a Berlim. Esta possibilidade era considerada pior que uma humilhação. Berlim pertencia à União Soviética por direito de sofrimento, assim como por direito de conquista Cada comandante de exército não tinha dúvida alguma sobre o sentimento do *Verhovni*, seu comandante em chefe, que esperava impaciente no Kremlin. No entanto, não sabiam até que ponto Stalin estava perturbado. Notícias inexatas de órgãos de imprensa ocidentais afirmaram que algumas unidades americanas tinham chegado a Berlim na noite de 13 de abril, mas esses destacamentos haviam sido retirados depois de protestos de Moscou.

Só Jukov e Konev e alguns de seus colegas mais próximos sabiam que a estratégia de toda a operação Berlim fora pensada para cercar primeiro a cidade, de forma a manter de fora os americanos e britânicos. Mas nem os dois comandantes de frente tinham ideia da importância que Stalin e Beria davam, evidentemente, à tomada dos institutos de pesquisa nuclear, em especial o Instituto de Física Kaiser Wilhelm, em Dahlem.

Na véspera da batalha, Stalin, em Moscou, mantinha seu escudo de mentiras. O general Deane descreveu outra sessão no Kremlin em uma mensagem "só para os olhos de Eisenhower". Ao final de uma longa reunião sobre a "outra questão" (o desdobramento futuro das forças soviéticas no Extremo Oriente contra os japoneses), "Harriman mencionou que os alemães tinham anunciado que os russos planejavam uma renovação imediata de seu ataque dirigido contra Berlim. O marechal [Stalin] afirmou que na verdade iam começar uma ofensiva; que não sabia se seria bem-sucedida, mas que o golpe principal seria na direção de Dresden, como já dissera a Eisenhower."

Stalin e seu *entourage* devem ter escondido bem seu nervosismo. Nem Deane nem Harriman sentiram que estavam sendo enganados. Na noite anterior, em uma reunião com o *Stavka*, o general Antonov assenhoreou-se de uma linha da última mensagem de Eisenhower sobre evitar a confusão entre as forças ocidentais e o Exército Vermelho. Imediatamente, quis saber "se isto indicava alguma mudança da zona de ocupação previamente combinada". Quando lhe garantiram que a referência era a áreas táticas e que não envolvia mudanças nas zonas de ocupação, "Antonov requisitou que se obtivesse a confirmação de Eisenhower neste caso". O chefe do Estado-Maior soviético então quis verificar se "ao se completarem as ações táticas as forças anglo-americanas se retirariam da zona de ocupação soviética previamente acordada". Isto lhe foi novamente confirmado num telegrama de Eisenhower em 16 de abril.

PARA OS SOLDADOS do Exército Vermelho, sua maior prioridade era fazer a barba, para parecerem conquistadores apresentáveis. Enquanto havia suficiente luz do dia, os que não estavam de serviço raspavam-se com navalhas afiadas, tentando se ver em um pedaço quebrado de espelho. Poucos conseguiam dormir. "Alguns deles cobriram tochas com o casaco para escrever para casa", registrou um oficial do Terceiro Exército de Choque. Suas cartas tendiam a ser breves e pouco informativas. "Saudações da frente de batalha", dizia uma das mais típicas. "Estou vivo e com saúde. Não estamos longe de Berlim. Batalhas duras estão em andamento, mas logo virá a ordem e avançaremos rumo a Berlim. Teremos de atacá-la, e até lá verei se ainda estarei vivo."

Muitos não escreviam aos pais ou às noivas, mas a amigas por correspondência. Milhares de moças solitárias convocadas para trabalhar em fábricas de armamento nos Urais ou na Sibéria vinham escrevendo para soldados na frente de batalha. Trocavam-se fotografias em certo ponto do relacionamento, mas o sexo não era a força propulsora. Para os soldados, uma mulher em algum lugar da pátria era a única coisa que lhes restava para recordar que ainda podia existir uma vida normal. O sargento Vlasienko, da Primeira Frente Ucraniana, escreveu uma canção de amigo por correspondência em forma epistolar. Era cantada com a melodia inesquecível de "*Zemlianka*", a grande canção dos tempos de guerra que falava de um *bunker* congelado "a apenas quatro passos da morte".

A lâmpada de furacões afasta a escuridão,
E abre caminho para minha pena.
Tu e eu nos juntamos com esta carta.
Somos como irmão e irmã.

Tenho saudades de você aqui na frente
E vou encontrá-la quando findarem esses dias de luta
Lá longe na pátria
Se eu sobreviver.

E se o pior acontecer
Se meus dias estiverem contados
Lembre-se às vezes de mim
Com uma palavra gentil

Bem, até logo por enquanto.
É hora de atacar os alemães.
E quero levar seu nome comigo
Como meu grito de guerra: "Ura!"

"Espere por mim", uma das canções mais populares da guerra, baseava-se no poema que tornou famoso Konstantin Simonov em 1942. Evocava a superstição quase religiosa do Exército Vermelho de que, se a namorada permanecesse fiel, o soldado continuaria vivo. Só era permitida pelas autoridades porque fortalecia o patriotismo militar. Muitos soldados mantinham "Espere por mim" escrito em um pedaço de papel no bolso sobre o lado esquerdo do peito, e liam-no em silêncio para si mesmos como uma oração nos momentos antes de se lançar ao ataque.

A canção "Xale azul", sobre o adeus de uma garota fiel ao soldado seu amante, também produziu lealdade tão intensa que muitos soldados acrescentavam-na ao grito de batalha oficial, tornando-o "*Za Rodinu, za Stalina, za Sini Platotchek!*" – "Pela Pátria, por Stalin, pelo Xale Azul!". Membros do Komsomol, em grande número, ainda levavam recortes de jornal com uma fotografia de Zoia Kosmodemianskaia, a jovem guerrilheira do Komsomol "torturada até a morte pelos alemães". Muitos escreviam "por Zoia" em seus tanques e aviões.

Outro poema de Simonov, no entanto, foi condenado como "indecente", "vulgar" e "ruim para o moral". Era intitulado, ironicamente, "*Liritcheskoie*", ou "Lírico".

Eles recordam seu nome por uma hora.
As lembranças aqui não duram muito.
O homem diz "Guerra...", e sem carinho abraça a mulher.
É grato àquelas que, de modo tão fácil,
Sem exigir que as chamem de "querida",
Ocupam o lugar de outra que está distante.
Aqui ela era o mais solidária possível com os
  amados de outras,
E aquecia-os nas horas penosas com a generosidade
  de seu corpo livre.

E para os que esperam a hora do ataque,
Os que talvez nunca vivam para ver o amor,
É mais fácil quando recordam que ontem
Tinham pelo menos os braços de alguém em torno de si.

Por mais que as autoridades desaprovassem canções ou poemas sobre namoradas infiéis, os iconoclastas ainda criavam versões satíricas de músicas oficialmente aprovadas. A lacrimosa "Noite escura", sobre a esposa de um soldado ao lado do berço do filho "enxugando em segredo as lágrimas", foi transformada em "tomando em segredo seu estreptocida", remédio soviético da época da guerra para doenças venéreas.

As canções patrióticas oficiais nunca pegaram de verdade. A única exceção foi a "Canção do artilheiro", que vinha do filme *Às seis da tarde depois da guerra*. O filme foi passado para os soldados da frente logo antes da batalha de Berlim. Mostrava um oficial de artilharia que sobreviveu para encontrar seu verdadeiro amor em Moscou, durante a comemoração da vitória, mas, embora de certo modo isto pudesse ser bom para o moral, com certeza não ajudava soldados com o medo muito natural de arriscar-se a morrer quando a luta estava quase terminando.

Outras canções também olhavam para além do fim da guerra. Os soldados do Quarto Exército Blindado de Guardas compuseram uma continuação do sucesso da primavera de 1943, *Davai Zakunim*:

Logo voltaremos para casa.
As garotas vão nos encontrar
E as estrelas dos Urais brilharão por nós.
Algum dia lembraremos esses dias
Kamenets-Podolsk e os Cárpatos azuis.
O trovão da luta dos tanques.
Lvov e a estepe atrás do Vístula.

Você não vai esquecer este ano.
Vai falar dele a seus filhos.
Algum dia lembraremos esses dias.

Os soldados do Exército Vermelho sentiam uma urgência irresistível de terminar a guerra, mas quanto mais próximos estavam da vitória mais esperavam sobreviver. Ainda assim, os homens queriam desesperadamente uma medalha para levar para casa. Faria grande diferença em sua posição na comunidade e, em especial, em sua própria família. Mas havia uma coisa que temiam ainda mais que morrer nos últimos dias da guerra, depois de sobreviverem tanto tempo contra todas as probabilidades. Era perder pernas e braços. Um veterano sem membros, chamado de *samovar*, era tratado como um pária.

Depois do pôr do sol, na noite de 15 de abril, o coronel Kalashnik, chefe do departamento político do 47º Exército, enviou o capitão Vladimir Gall e o jovem tenente Konrad Wolf para a linha de frente, prontos a entrevistar os primeiros prisioneiros trazidos. Koni Wolf, alemão, era filho do dramaturgo comunista Friedrich Wolf, que participara da "emigração para Moscou" em 1933, quando os nazistas chegaram ao poder. O irmão mais velho de Koni, Misha, ficou famoso na Guerra Fria como Markus Wolf, chefe da espionagem da Alemanha Oriental.

Estava praticamente escuro quando os dois amigos, armados apenas de pistolas, seguiram pelo bosque até a margem do Oder. Tanques e homens estavam camuflados à sua volta. Enquanto os dois jovens oficiais caminhavam entre as árvores, podiam sentir que "imensas forças estavam concentradas ali" em torno deles, ainda que mal pudessem ver alguma coisa por causa da escuridão. "Parece uma grande mola a ponto de soltar-se", observou Gall.

Outros estavam envolvidos em trabalho muito mais perigoso. Os sapadores haviam escapulido ao anoitecer até a terra de ninguém para limpar as minas. "Avisamos a todo o efetivo da infantaria o que estávamos fazendo", disse o capitão Shota Sulhanishvili, do Terceiro Exército de Choque, "mas quando um dos meus sapadores estava voltando um infante lançou-lhe uma granada. Estava dormindo e entrou em pânico quando ouviu passos. Fiquei furioso e surrei-o quase até a morte. Para mim, todos os meus homens valiam ouro, especialmente os caça-minas."

Os que já tinham conseguido relógios queriam ver as horas para saber quantos minutos restavam antes do ataque. Mas as luzes não eram permitidas. Era difícil pensar em outra coisa.

15
Jukov no contraforte de Reitwein

O general Tchuikov, comandante do Oitavo Exército de Guardas, tinha a melhor visão do Oderbruch e das escarpas dos Seelow de seu posto de comando avançado no contraforte de Reitwein. Não gostou quando o marechal Jukov decidiu juntar-se a ele para observar o bombardeio inicial e o ataque. Tchuikov ordenou que o capitão Merejko, oficial de estado-maior que estava com ele desde Stalingrado, voltasse pelo Oder e conduzisse o comandante da Frente e seu séquito até o posto.

Para fúria de Tchuikov, o comboio de veículos de Jukov, aproximando-se com os faróis acesos, podia ser visto de grande distância. Tchuikov, quase com certeza, fazia restrições a Jukov desde o inverno de 1942. Parece ter sentido que o papel heroico do 62º Exército em Stalingrado era subestimado e que se dava atenção demasiada a Jukov. Muito mais recentemente, ressentira-se das observações feitas sobre o tempo que levara para capturar a fortaleza de Poznan. E seus próprios comentários sobre o fracasso do avanço direto sobre Berlim no início de fevereiro deixaram Jukov claramente irritado.

Abaixo deles, no Oderbruch, recordou um oficial, as trincheiras estavam animadas com o bater das panelas. Todos podiam sentir o cheiro da sopa servida pelos cozinheiros para alimentar os homens antes do ataque. Nas trincheiras avançadas, cavadas na terra encharcada e fria, os soldados bebericavam sua ração de vodca. Nos postos de comando, os telefones de campanha tocavam o tempo todo e estafetas iam e vinham.

Jukov chegou, acompanhado de um séquito que incluía o general Kazakov, seu comandante de artilharia, e o general Teleguin, líder do departamento político da frente. Foram levados por um caminho que contornava o flanco do contraforte e chegaram ao *bunker* cavado pelos engenheiros de Tchuikov do lado da pequena escarpa sob o posto de observação. "Os ponteiros do relógio nunca giraram tão devagar", recordou-se Jukov mais tarde. "Para preencher de algum modo os minutos restantes, decidimos tomar um chá quente e forte, que fora preparado ali mesmo no *bunker* por uma soldada. Lembro-me, por alguma razão, que seu nome não era russo, Margô. Tomamos o chá em silêncio, cada um ocupado com seus próprios pensamentos."

O general Kazakov tinha 8.983 peças de artilharia, com até 270 canhões por quilômetro nos setores de rompimento, o que significava um canhão de campanha a cada 4 metros, incluindo obuseiros de 152mm e 203mm, morteiros pesados e regimentos de lançadores de foguetes Katiúcha. A Primeira Frente Bielorrussa tinha um estoque de mais de 7 milhões de granadas, das quais 1.236.000 foram disparadas no primeiro dia. Este excesso de artilharia e a superioridade avassaladora de suas forças provocaram em Jukov a tentação de subestimar o tamanho do obstáculo que enfrentava.

Jukov costumava insistir em visitar em pessoa a linha de frente para estudar o terreno antes de uma ofensiva importante, mas desta vez, principalmente devido à pressão constante de Stalin, confiara mais no reconhecimento fotográfico. Esta imagem de cima deixara de revelar que os montes Seelow, que dominavam sua cabeça de ponte no Oderbruch, era um acidente geográfico muito mais formidável do que pensara. Jukov também estava namorando uma nova ideia. Cento e quarenta e três holofotes haviam sido levados à Frente, prontos para cegar os defensores alemães no momento do ataque.

Três minutos antes de começar a preparação da artilharia o marechal e seus generais saíram do *bunker*. Subiram o caminho estreito e íngreme até o posto de observação, oculto por redes de camuflagem, no topo da escarpa. O Oderbruch, abaixo deles, estava obscurecido pelo nevoeiro da madrugada. Jukov olhou para o relógio. Eram exatamente 5 da manhã pela hora de Moscou, que correspondia a 3 da manhã na hora de Berlim.

"Imediatamente, a área inteira foi iluminada por milhares de canhões, morteiros e nossos lendários Katiúchas." Nenhum bombardeio na guerra fora tão intenso. Os artilheiros do general Kazakov trabalhavam freneticamente. "Um trovão terrível abalou tudo em volta", escreveu o comandante de uma bateria do Terceiro Exército de Choque. "Talvez se imagine que nós, artilheiros, jamais nos assustaríamos com tamanha sinfonia, mas desta vez até eu quis tapar os ouvidos. Senti que meus tímpanos iam explodir." Os artilheiros tinham de lembrar-se de manter a boca aberta, para equalizar a pressão nos ouvidos.

No primeiro troar, alguns conscritos alemães em suas trincheiras acordaram, pensando que fosse apenas outro "*Morgenkonzert*",* como era chamado o fogo de atrito do início da manhã. Mas os soldados com experiência real na

*Concerto matutino. (*N. da T.*)

Frente Oriental tinham adquirido um "*Landserinstinkt*"* que lhes disse que este era o grande ataque. Cabos e sargentos gritavam ordens de tomar posição imediatamente: "*Alarm! sofort Stellung beziehen!*"** Os sobreviventes recordam a sensação nas entranhas e a boca seca. "Agora estamos fritos", murmuraram para si mesmos.

Os poucos presos nas trincheiras da área alvejada que conseguiram sobreviver ao terrível bombardeio só conseguiram descrever depois a experiência em termos de "inferno" ou "terremoto". Muitos perderam toda a audição. "Em questão de segundos", lembrou Gerd Wagner, do 27º Regimento de Paraquedistas, "todos os meus dez camaradas estavam mortos." Quando Wagner recobrou a consciência, viu-se deitado, ferido, em uma cratera fumegante de granada. Mal conseguiu arrastar-se de volta à segunda linha. Poucos escaparam vivos da barragem de artilharia, que esmagou trincheiras e enterrou seus ocupantes, vivos ou mortos. Ainda hoje se descobrem corpos, bem mais de meio século depois.

Os que estavam na retaguarda, que podiam sentir a terra tremer, pegaram seus binóculos ou periscópios de trincheira. O comandante do 502º Batalhão SS de Panzers Pesados olhou pelo periscópio de seu tanque Tigre. "No campo de visão, o céu a leste estava em chamas." Outro observador notou "casas de fazenda pegando fogo, aldeias, cortinas de fumaça até onde os olhos alcançavam". Um escrevente do quartel-general apenas murmurou: "Cristo, os pobres bastardos lá na frente."

Os dias do guerreiro alemão leal e entusiasmado – "*Krieg ist Krieg und Schnaps ist Schnaps*"*** – já estavam bem mortos. Muitas vezes os sobreviventes ficavam não só desorientados por completo como abalados emocional e psicologicamente.

---

*Instinto de soldado. (*N. da T.*)

**Atenção! Ocupar posições imediatamente! (*N. da T.*)

***Guerra é guerra e aguardente é aguardente. (*N. da T.*)

Depois do bombardeio, um correspondente de guerra em uma companhia SS de propaganda encontrou um soldado aturdido perambulando no bosque, depois de jogar fora a arma. Parece que esta era sua primeira experiência na Frente Oriental, tendo passado a maior parte da guerra "barbeando oficiais em Paris".

Ainda assim, embora quase todo metro quadrado das posições alemãs frente aos Seelow tivesse sido atingido pelo fogo das granadas, as baixas não foram tão altas como poderiam ter sido. O general Heinrici, auxiliado pelo interrogatório do soldado do Exército Vermelho ao sul de Küstrin, retirara o grosso das tropas do Nono Exército para a segunda linha de trincheiras. No setor sul de Frankfurt an der Oder, frente ao 33º Exército soviético, alguns foram menos afortunados. Destacamentos húngaros e da Volkssturm foram enviados para ocupar as posições avançadas da Divisão SS *30 Januar*. "Esses homens foram sacrificados pelo quartel-general como bucha de canhão", escreveu mais tarde o Obersturmführer Helmuth Schwarz, para preservar as unidades regulares. A maioria dos membros da Volkssturm era de veteranos da Primeira Guerra Mundial. Muitos deles não tinham fardas nem armas.

JUKOV FICOU TÃO encorajado com a falta de resistência demonstrada que supôs que os alemães estivessem esmagados. "Parecia não ter sobrado vivalma no campo inimigo depois de trinta minutos de bombardeio", escreveu mais tarde. Deu ordem para começar o ataque geral. "Milhares de foguetes de muitas cores foram disparados no ar." Este era o sinal para as jovens soldadas que operavam os 143 holofotes, um a cada 200 metros.

"Toda a extensão do horizonte ficou clara como dia", escreveu para casa, naquela noite, um coronel sapador russo. "Do lado alemão, tudo estava coberto de fumaça e grossas fontes de terra jorravam torrões. Havia imensos bandos de pássaros assustados voando pelo céu, um murmúrio constante, trovão, explosões. Tínhamos de tapar as orelhas para impedir que nossos tímpanos se rompessem. Então, os tanques começaram a rugir, os holofotes se acenderam ao longo de toda a linha de frente, para cegar os alemães. Aí as pessoas começaram a gritar por toda parte: '*Na Berlin!*'" [Para Berlim!]

Alguns soldados alemães, sem dúvida demasiadamente influenciados pela propaganda das *Wunderwaffen*, pensaram que os holofotes fossem uma nova arma para cegá-los. Do lado soviético, destacamentos atacantes podem até ter suspeitado por um momento que as luzes eram uma nova forma de bloqueio para impedir a retirada. O capitão Sulhanishvili, do Terceiro Exército de Choque, achou que "a luz era tão ofuscante que não se podia dar meia-volta, só ir em frente". Mas esta invenção, da qual Jukov tanto se orgulhava, mais desorientou os atacantes que ofuscou os defensores, porque a luz se refletia na fumaça e na poeira do bombardeio. Os comandantes das tropas avançadas passaram ordens para desligar a luz e depois uma contraordem ligou-as de novo, causando ainda mais cegueira noturna nos soldados. Mas Jukov cometera um erro ainda maior. Seu bombardeio intenso contra a primeira linha martelara trincheiras quase abandonadas. Ele não admite isso em suas memórias, nem que ficou desagradavelmente surpreso com a intensidade do fogo alemão assim que o avanço começou a sério. Deve ter sido duplamente irritante para ele, já que durante a principal conferência preparatória vários de seus altos oficiais tinham recomendado concentrar o fogo na segunda linha.

O avanço que partiu da principal cabeça de ponte de Küstrin começou com o Oitavo Exército de Guardas de Tchuikov à esquerda e o Quinto Exército de Choque de Berzarin à direita. Quatro dias antes, Jukov mudara o plano do *Stavka*, com permissão de Stalin, para manter o Primeiro Exército Blindado de Guardas de Katukov apoiando Tchuikov. Eles deveriam, então, abrir caminho pelos subúrbios ao sul de Berlim. À direita de Berzarin estava o Segundo Exército Blindado de Guardas, o Terceiro Exército de Choque e o 47º Exército.

No flanco da extrema direita de Jukov, o Primeiro Exército polonês e o 61º Exército pouco possuíam à guisa de cabeças de ponte. Tiveram de cruzar o Oder sob fogo. Seus batalhões avançados usaram veículos anfíbios - DUKWs americanos dirigidos por moças -, mas a maior parte da tropa cruzou o rio em barcos comuns. As baixas foram pesadas na travessia. Os barcos de assalto furaram e alguns afundaram, "causando perdas". A resistência alemã também foi forte. Quando um batalhão da 12ª Divisão de Infantaria de Guardas atravessou, "apenas oito homens chegaram à margem oeste do Oder". Pode-se deduzir que deve ter havido bom volume de pânico pelo comentário de que "alguns oficiais políticos mostraram indecisão na travessia do rio". A frase em código significa que poderiam ter usado mais as pistolas.

No flanco da extrema esquerda o 33º Exército, em sua cabeça de ponte ao sul de Frankfurt an der Oder, e o 69º Exército, ao norte da mesma cidade, deviam avançar para isolar a cidade com sua guarnição de fortaleza.

ASSIM QUE OS FOGUETES coloridos de sinalização riscaram o céu nublado, os infantes soviéticos ergueram-se do chão para avançar. Jukov, o menos sentimental dos generais, enviou a infantaria por campos minados que tinham de ser limpos antes que os exércitos blindados fossem mandados à Frente. "Oh, que coisa horrível é ver uma pessoa explodir com uma mina antitanque", recordou um capitão. Mas o avanço do Oitavo Exército de Guardas progrediu bem, de início. Os soldados foram encorajados pela falta de resistência. O ataque dos Shturmoviks do 16º Exército Aéreo voando baixo bradava sobre suas cabeças para atacar posições na escarpa e regimentos de bombardeiros mais pesados do 18º Exército Aéreo decolaram para atacar outros alvos e centros de comunicação mais para a retaguarda. Houve 6.500 surtidas naquele dia no setor da Primeira Frente Bielorrussa, mas a pouca visibilidade, com a névoa do rio, a fumaça espessa e o pó das explosões, ocultou seus alvos. Em consequência, pouco dano, comparativamente, foi causado às posições defensivas pelas bombas e rajadas de metralhadora. Infelizmente para o Nono Exército, cujo estoque de munição já era desastroso, um depósito importante de granadas em Alt Zeschdorf, a oeste de Lebus, foi atingido e explodiu.

As tropas em campo aberto eram, naturalmente, as mais vulneráveis. A companhia Volkssturm de Erich Schröder, quarentão convocado há apenas dez dias, foi enviada às pressas de caminhão para a Frente às 7 horas da manhã, quando recebeu a ordem de "Alerta Máximo". Não havia tempo de cavar antes que começassem os ataques aéreos. Ele recorda duas explosões de bombas quase simultâneas. Um estilhaço cortou-lhe um dedão do pé, outro penetrou na panturrilha esquerda e um terceiro empalou-o na parte baixa das costas. Ele tentou buscar proteção mancando. A maioria dos veículos nos quais tinham acabado de chegar estava em chamas e os *panzerfausts* ainda neles começaram a explodir. Finalmente, foi levado por um veículo sobrevivente até uma estação de primeiros-socorros em Fürstenwalde, mas naquela noite um pesado ataque de bombardeio soviético destruiu o prédio todo, com exceção do porão, no qual haviam se abrigado.

Os jovens conscritos e em treinamento alemães eram vítimas de pânico com o bombardeio e os holofotes. Apenas os soldados experimentados prepararam-se para abrir fogo, mas o problema era identificar o alvo na mistura praticamente impenetrável de névoa do rio, fumaça e poeira suspensas no ar pela explosão das granadas. Os defensores podiam ouvir os russos chamando-se uns aos outros enquanto avançavam, mas era impossível vê-los. Também podiam ouvir, a distância, os motores dos blindados russos sendo forçados. Até as lagartas grandes do T-34 tinham dificuldade de passar pela lama da planície de várzea cheia de água. Sobreviventes de posições avançadas que tinham abandonado suas armas correram de volta pela segunda linha, gritando "*Der Iwan kommt!*".* Um jovem soldado que corria de volta viu alguém à frente e gritou-lhe o aviso, mas a figura que se virou era um soldado do Exército Vermelho. Ambos pularam para proteger-se e começaram a disparar um no outro. O rapaz alemão, para seu espanto, matou o russo.

O SOLO TINHA sido tão despedaçado pelo bombardeio maciço que os canhões antitanque soviéticos e a artilharia divisionária acharam dificílimo seguir a infantaria. Isto era particularmente verdadeiro no caso das baterias de Katiúcha, montadas em carrocerias de caminhões. Ainda assim, os regimentos de morteiros da Guarda que disparavam os Katiúchas observaram com satisfação os primeiros prisioneiros alemães enviados para a retaguarda encolherem-se ao ver a arma que, dentre todas, provocara mais medo na Wehrmacht.

O que os prisioneiros podem ter visto também foram os imensos engarrafamentos de veículos na lama grossa, esperando que o Oitavo Exército de Guardas de Tchuikov e o Quinto Exército de Choque de Berzarin completassem o rompimento. Mas o progresso naquela manhã fora muito lento. Jukov, no posto de observação do contraforte de Reitwein, perdia a paciência, praguejando e ameaçando comandantes de destituição e de irem para uma companhia *shtraf*. Teve uma briga furiosa com o general Tchuikov na frente dos oficiais de estado-maior, porque o Oitavo Exército de Guardas estava atolado no Oderbruch, abaixo da escarpa.

No meio do dia Jukov, cada vez mais desesperado e sem dúvida temendo a próxima conversa pelo radiotelefone com

---

*O Ivan chegou! (*N. da T.*)

Stalin, decidiu mudar seu plano operacional. Os exércitos blindados não deveriam avançar antes que a infantaria rompesse a linha de defesa alemã e chegasse aos montes Seelow. Mas não podia esperar. Tchuikov ficou horrorizado, prevendo o caos que isso causaria, mas Jukov estava irredutível. Às 15 horas ligou para o *Stavka* para falar com Stalin. Stalin ouviu seu relatório.

– Então o senhor subestimou o inimigo no eixo de Berlim – disse ele. – Pensei que o senhor já estava nos arredores de Berlim, mas ainda está nos montes Seelow. As coisas começaram melhor para Konev.

Ele pareceu aceitar bem a mudança de planos de Jukov, mas este sabia muito bem que tudo dependia do resultado.

À tarde Katukov recebeu ordens de atacar com o Primeiro Exército Blindado de Guardas na direção de Seelow, enquanto o Segundo Exército Blindado de Guardas de Bogdanov foi enviado para atacar o setor de Neuhardenberg. Este movimento prematuro dos tanques significava que a artilharia de apoio próximo, que as divisões de infantaria vinham exigindo para cuidar de fortificações, não poderia avançar, devido ao estado do solo. Realmente houve caos, como Tchuikov previra, com milhares de veículos blindados acumulados na cabeça de ponte. Separar as diferentes formações e unidades foi um pesadelo para as controladoras do tráfego.

À direita, os tanques de Bogdanov sofreram muito, tanto com os canhões de 88mm enterrados abaixo de Neuhardenberg quanto com os ferozes contra-ataques de pequenos grupos com *panzerfausts*. Um pelotão de canhões de assalto, liderado pelo Wachtmeister Gernert, da 111ª Brigada de Instrução, surgiu de repente, saído da fumaça do Oderbruch, perto de Neutrebbin, e engajou uma massa de blindados soviéticos. Gernert, sozinho, cuidou de sete deles: seu placar pessoal subiu para 44 carros inimigos no dia seguinte. "Sua espantosa bravura e liderança taticamente inteligente salvaram o flanco da brigada", escreveu o general Heinrici, confirmando a outorga de uma Cruz de Cavaleiro. Mas quando assinou esta confirmação, em 28 de abril, a brigada e até o Nono Exército, enquanto formação reconhecível, tinham deixado de existir.

Finalmente, as brigadas avançadas dos exércitos blindados chegaram ao sopé dos montes Seelow e começaram a subida. Os motores começaram a gritar com o esforço. Em vários lugares o aclive era tão íngreme que os comandantes dos carros tinham de encontrar rotas alternativas. Muitas vezes isso os fazia tropeçar em fortificações alemãs.

As brigadas avançadas de Katukov, à esquerda, receberam o pior dos choques quando seguiam para a estrada Dolgelin-Friedersdorf, a sudeste de Seelow. Um engajamento blindado mortal começou ali quando encontraram quatro tanques Tigre do 502º Batalhão SS de Panzers Pesados defendendo a linha. As brigadas blindadas soviéticas foram detidas por poços profundos e sofreram pesadas baixas.

No Centro, enquanto isso, entre Seelow e Neuhardenberg, a afamada Nona Divisão de Paraquedistas de Göring se esfacelava sob o martelar. Quando o bombardeio começara naquela manhã, o 27º Regimento de Paraquedistas mudara seu quartel-general de Schloss Gusow, na encosta, de volta a um *bunker* nos bosques lá atrás. O Hauptmann Finkler manteve-se na casa senhorial, ligado pelo telefone de campanha. Pouco podia ver através da fumaça para contar pelo aparelho, mas o fluxo de jovens soldados da Luftwaffe correndo da frente de batalha depois de abandonar suas armas indicava o colapso que estava acontecendo. Finalmente, chegou um tenente com o aviso de que as tropas soviéticas já avançavam em direção aos limites da aldeia. O coronel Menke, comandante do regimento, ordenou um contra-ataque imediato. Finkler conseguiu juntar uns dez homens do quartel-general avançado, atacou e correu quase diretamente para o inimigo. Praticamente todos os paraquedistas foram fuzilados. Finkler e o tenente encontraram um blindado caça-tanques Hetzer abandonado e se abrigaram dentro dele.

No QUARTEL-GENERAL DA defesa de Berlim, no Hohenzollerndamm, o coronel Refior, chefe do estado-maior do general Reymann, "não se surpreendeu" quando foram acordados, naquela manhã, por "um trovão surdo e contínuo vindo do leste". A intensidade do bombardeio era tão grande que nos subúrbios orientais de Berlim, a 60 quilômetros da área-alvo, o efeito foi como o de um pequeno terremoto. As casas tremeram, os quadros caíram das paredes e os telefones tocaram sozinhos. "Começou", murmuraram entre si pessoas ansiosas nas ruas. Ninguém tinha ilusões sobre o que isso significava. Na luz cinzenta daquela manhã nublada, "mulheres e crianças ficavam por ali em grupos coesos, ouvindo apavoradas o som distante da frente de batalha". A pergunta feita com mais frequência era se os americanos chegariam a Berlim a tempo de salvá-las.

A confiança das autoridades na linha de defesa do Oder, declarada em altos brados, estava muito minada pelo frenesi da atividade na capital, pela construção de barricadas e a guarnição de pontos de defesa. Goebbels fez um discurso apaixonado mas pouco convincente sobre esta nova tempestade de mongóis esfacelando-se contra suas muralhas. A preocupação imediata dos berlinenses, contudo, era encher a despensa antes que começasse o sítio da cidade. As filas nas padarias e armazéns eram mais longas do que nunca.

Em meio à negação frenética da realidade na cúpula, alguém, naquela manhã, teve felizmente o bom senso de ordenar que o setor pediátrico do hospital de Potsdam se transferisse para mais longe da capital. O hospital de Potsdam fora quase inteiramente destruído no ataque aéreo aliado da noite de 14 de abril. A devastação fora aumentada quando, infelizmente, um trem de munições estacionado na estação foi atingido. As crianças doentes do setor pediátrico foram levadas, numa ambulância da Cruz Vermelha alemã, puxada muito lentamente por dois cavalos emaciados pelas ruas cheias de destroços, até o palácio Cecilienhof. O príncipe herdeiro da coroa, já bastante idoso, abandonara-o havia poucas semanas, mas vários antigos oficiais do velho exército prussiano e suas esposas continuavam a abrigar-se no porão. Não tinham ideia de que Potsdam estava destinada a fazer parte da zona de ocupação soviética.

Na manhã de 16 de abril as enfermeiras souberam que tinham de transferir as crianças para sudoeste, para Heilstätten, perto de Beelitz. Quase todos os hospitais de Berlim, inclusive o Charité, o Auguste-Viktoria e a clínica Robert-Koch, receberam acomodações ali num alojamento de pedra camuflado. Este complexo também servira de hospital durante a Primeira Guerra Mundial. Hitler passara dois meses ali no final de 1916, após ser ferido. Mas as crianças doentes ainda não estavam fora de perigo. Quando estavam sendo retiradas dos ônibus, houve um grito: "Protejam-se! Avião!" Um biplano soviético, o antiquado pulverizador de plantações Po-2 que os alemães chamavam de "moedor de café", apareceu na altura das árvores e abriu fogo.

No quartel-general subterrâneo em Zossen, os telefones tocavam sem parar. Um exausto general Krebs mantinha-se acordado com copos de vermute de uma garrafa guardada no cofre de seu escritório. Conforme a artilharia e a aviação soviéticas destruíam postos de comando e cortavam cabos telefônicos, logo havia muito menos quartéis-generais para mandar relatórios, mas as chamadas de ministros e do general Burgdorf, no *bunker* da Chancelaria do Reich, aumentavam. Todos no setor governamental de Berlim pediam notícias. O pensamento dos oficiais de estado-maior, contudo, estava nos soldados da frente de batalha, imaginando o que estariam passando.

Na conferência das 11 da manhã, os oficiais queriam saber quais eram os planos de evacuação. Todos sabiam que Zossen, em sua posição ao sul de Berlim, ficaria extremamente vulnerável assim que a Primeira Frente Ucraniana irrompesse no Neisse. Foram feitas duas ou três observações ácidas sobre a previsão de Hitler de que o ataque a Berlim era uma farsa e que o objetivo real do Exército Vermelho era Praga. Para horror de Heinrici, Hitler chegara a transferir três divisões Panzer para o comando do recém-promovido marechal de campo Schörner.

O general Busse, comandante do Nono Exército, precisava delas desesperadamente, como reserva para contra-ataques. Seus três corpos - o 101º Corpo de Exército à esquerda, o 56º Corpo Panzer do general Helmuth Weidling no centro e o 11º Corpo Panzer SS à direita - estavam visivelmente com falta de blindados. Estavam condenados a uma defesa estática até ceder. O Quinto Corpo SS de Montanha, ao sul de Frankfurt an der Oder, embora entre os dois principais avanços soviéticos, enfrentou o ataque do 69º Exército, que conseguiu deter.

No Oderbruch e nos montes Seelow, a batalha continuava de forma caótica. Devido à falta de visibilidade, boa parte da matança acontecia à queima-roupa. Um membro do regimento de guardas *Grossdeutschland* escreveu, mais tarde, que o alagado "não era um campo de morte, mas um abatedouro".

"Movemo-nos pelo terreno coberto de crateras de granadas", escreveu o oficial sapador soviético Piotr Sebelev, em sua carta para casa no fim daquela noite. "Por toda parte jazem canhões alemães atingidos, veículos, tanques em chamas e muitos cadáveres, que nossos homens arrastaram para serem enterrados em algum lugar. O tempo está nublado. Está chuviscando e nossos aviões de ataque de solo sobrevoam toda a linha de frente alemã de tempos em tempos. Muitos alemães se rendem. Não querem lutar e dar a vida por Hitler."

Outros oficiais do Exército Vermelho estavam mais exultantes. O capitão Klotchkov, do Terceiro Exército de Choque, descreveu o solo como "coberto de cadáveres dos guerreiros de Hitler, que tanto costumavam se gabar". Depois acrescentou: "Para espanto dos nossos soldados, alguns cadáveres põem-se de pé, trêmulos, no fundo das trincheiras, e levantam a mão." Mas esta descrição desdenhava suas próprias baixas. A Primeira Frente Bielorrussa perdeu quase três vezes mais homens que os defensores alemães.

Inquéritos subsequentes sobre aquele dia de combate verificaram numerosas falhas do lado soviético. O Quinto Exército de Choque, aparentemente, sofreu de "má organização". Faltava disciplina no rádio e as comunicações eram tão ruins que "os comandantes não sabiam o que estava acontecendo e davam informações falsas". Para piorar as coisas, o excesso de tráfego de mensagens codificadas fazia com que o quartel-general do exército não conseguisse dar conta de decifrá-las. Muitas mensagens urgentes foram, assim, retardadas. Os comandantes também afirmavam ter tomado objetivos que ainda não tinham alcançado. É difícil dizer se isto era confusão ou a pressão terrível do quartel-general superior pela obtenção de resultados. Isto vinha de Jukov a gritar em um telefone de campanha com o comandante de algum exército que, seguindo o comportamento comum soviético de macho dominante, passava a gritar de maneira ainda mais aterrorizante em seu telefone de campanha com o comandante do corpo ou da divisão. O general que comandava o 28° Corpo de Infantaria de Guardas foi longe demais. Informou ao general Berzarin que sua tropa tomara uma aldeia e avançara 2 quilômetros além dela, "quando isto não era verdade".

Na 248ª Divisão de Infantaria um comandante perdeu seu regimento. Em outra divisão, um batalhão foi enviado na direção errada e, como resultado, todo o regimento se atrasou no ataque. E depois que o avanço começou os regimentos perderam o contato uns com os outros na névoa e na fumaça. Também deixaram de perceber a colocação de canhões, que "continuavam a funcionar enquanto a infantaria avançava, e isto levou a pesadas perdas". Os comandantes também foram culpados por sua mentalidade. Só queriam ir em frente, quando deveriam concentrar-se na melhor maneira de destruir o inimigo. Este problema foi atribuído à falta de membros motivados do partido, em vez de à pressão incansável do alto comando.

Também houve, e não pela primeira vez, baixas causadas por sua própria artilharia de apoio. Em certa ocasião o problema foi atribuído ao fato de que "com muita frequência os comandantes são incapazes de manejar dispositivos técnicos diferentes", expressão que incluía, talvez, uma bússola prismática e um aparelho de rádio. No primeiro dia, 16 de abril, a 266ª Divisão de Infantaria foi pesadamente atingida por sua própria artilharia ao chegar à linha das árvores. No dia seguinte, tanto a 248ª quanto a 301ª Divisões de Infantaria sofreram o mesmo destino. Ainda assim, o Quinto Exército de Choque afirmou ter feito 33 mil prisioneiros, mas não especificou as próprias baixas.

O Oitavo Exército de Guardas, enquanto isso, sofria "desvantagens graves", eufemismo padronizado que significava incompetência a ponto de provocar um desastre. Mas o erro aqui foi de Jukov, não de Tchuikov. "O fogo de preparação funcionou bem na linha de frente do inimigo, permitindo à infantaria passar pela primeira linha, mas nossa artilharia não conseguiu destruir as posições de fogo inimigas, em especial nos montes Seelow, nem o uso da aviação compensou isso." Houve também casos de aeronaves soviéticas que bombardearam e castigaram seus próprios homens. Isto, em parte, deveu-se ao fato de que os batalhões de infantaria avançados não "sabiam que foguetes de sinalização usar para mostrar nossa linha de frente". Como o sinal era um foguete branco e um amarelo e pouquíssimos foguetes amarelos haviam sido distribuídos, tais erros não eram de surpreender.

O relatório também menciona que a artilharia não conseguiu adiantar-se para apoiar a linha de frente da infantaria, mas isto aconteceu porque os planejadores deixaram de prever que seu bombardeio maciço tornaria o solo alagado quase intransponível. Os serviços médicos ficaram claramente sobrecarregados e "em alguns regimentos a evacuação dos feridos do campo de batalha foi pessimamente organizada". Um metralhador passou 24 horas no chão sem ajuda. Os feridos da 27ª Divisão de Infantaria de Guardas foram deixados "sem nenhuma assistência médica durante quatro a cinco horas", e a estação de triagem de baixas só tinha quatro mesas de cirurgia.

Ao sul de Frankfurt an der Oder, o 33º Exército não avançou com facilidade contra o Quinto Corpo de Montanha SS. Parece que também sofriam de escassez de pessoal médico para cuidar de seus feridos. Os oficiais viram-se reduzidos a forçar os prisioneiros alemães, sob ameaça de morte, a carregar os feridos soviéticos para a retaguarda e trazer munição de volta. Isto estarreceu o departamento político do exército, que mais tarde criticou seus próprios oficiais políticos por não terem, eles mesmos, levado os prisioneiros alemães para doutriná-los "e depois enviá-los de volta a seus camaradas para desmoralizá-los". A prioridade dada a seus próprios feridos pelas autoridades do Exército Vermelho foi, na verdade, bem pouca. E fosse qual fosse a pressão do trabalho em um hospital de campanha, a SMERSH nunca deixou de tirar um médico de uma operação para examinar casos suspeitos de ferimentos autoinfligidos, já que, ao começar o combate, "tornavam-se muito mais frequentes".*

A batalha pelos montes Seelow, com certeza, não foi o melhor momento do marechal Jukov, mas, embora o planejamento e o comando da operação apresentassem falhas, a coragem, o ímpeto e o sacrifício pessoal da maioria dos sol-

---

*As equipes médicas sofreram tanto que uma enorme proporção desistiu da medicina no fim da guerra. (*N. do A.*)

dados e oficiais subalternos do Exército Vermelho não podem ser postos em dúvida nem por um momento. Tristemente, esse heroísmo genuíno, tão distinto da versão propagandística e sem vida a ser servido como lição moral às futuras gerações, pouco fez para reduzir a insensibilidade essencial dos comandantes superiores e dos líderes políticos soviéticos. As referências a soldados em linguagem velada durante conversas telefônicas eram reveladoras. Os comandantes costumavam dizer: "Quantos fósforos se queimaram?" ou "Quantos lápis se quebraram?", ao pedirem estimativas de baixas.

Do lado alemão, não se podia esperar que o general Heinrici, comandante em chefe do Grupo de Exércitos do Vístula, e o general Busse tivessem melhor desempenho naquelas circunstâncias. Os sobreviventes alemães da batalha ainda os abençoam por terem salvado vidas incontáveis ao recuar a maioria dos soldados das posições avançadas pouco antes do bombardeio. Mas alguns oficiais superiores ainda acreditavam em Adolf Hitler. Após o anoitecer de 16 de abril, o coronel Hans-Oscar Wöhlermann, comandante da artilharia do 56º Corpo Panzer, visitou seu comandante, o general Weidling, em Waldsieversdorf, a noroeste de Müncheberg. O quartel-general do corpo estava localizado na casa de veraneio de uma família de Berlim. Uma única vela iluminava a sala do andar térreo. Weidling, que não tinha ilusões quanto à condução que Hitler dava à guerra, disse o que pensava. Wöhlermann, com seu monóculo, ficou abalado. "Fiquei profundamente estarrecido", escreveu ele mais tarde, "ao descobrir que até este soldado dedicado e ousado, nosso velho 'Osso Duro de Roer', como era conhecido no regimento, perdera a fé em nosso maior líder."

Sua conversa foi abruptamente encerrada por um bombardeio. Então chegaram relatórios indicando que uma brecha se abrira entre eles e o 11º Corpo Panzer SS à sua direita, e que à esquerda se desenvolvia outra fenda, que ameaçava romper a ligação com o 101° Corpo do general Berlin. A ideia de Goebbels de uma muralha contra as hordas mongóis desintegrava-se rapidamente.

AQUELA NOITE DEVE ter sido uma das piores da vida de Jukov. Os olhos do exército e, mais agudamente, os olhos do Kremlin estavam fixos nos montes Seelow, que ele deixara de ocupar. Seus exércitos não conseguiriam agora cumprir a tarefa de tomar "Berlim no sexto dia da operação". Um dos regimentos de infantaria de Tchuikov chegara ao limite da cidade de Seelow e alguns tanques de Katukov estavam próximos da crista em certo ponto, mas, com certeza, isto não satisfaria Stalin.

O líder soviético, que parecera bastante relaxado durante a tarde estava visivelmente zangado quando Jukov comunicou, pelo radiotelefone, pouco antes da meia-noite, que os montes não estavam ocupados. Stalin culpou-o por ter mudado o plano do *Stavka*.

– Tem certeza de que vai capturar a linha de Seelow amanhã? – perguntou.

– No final do dia, amanhã, 17 de abril – respondeu Jukov, tentando mostrar-se calmo –, a defesa dos montes Seelow será quebrada. Estou convencido de que, quanto mais soldados o inimigo enviar contra nós aqui, mais fácil será capturar Berlim. É muito mais fácil destruir tropas em campo aberto do que em uma cidade fortificada.

Stalin não pareceu convencido. Talvez estivesse pensando mais nos americanos, que podiam vir do sudoeste, do que nas forças alemãs a leste da capital.

– Estamos pensando – disse Stalin – em ordenar a Konev que envie os exércitos blindados de Ribalko e Leliushenko em direção a Berlim pelo sul e dizer a Rokossovski que apresse a travessia e também ataque pelo norte.

Stalin desligou com um lacônico "*do svidaniya*".* Não demorou para o chefe do estado-maior de Jukov, general Malinin, descobrir que Stalin realmente dissera a Konev que enviasse seus exércitos blindados contra o flanco Sul de Berlim.

Os SOLDADOS RUSSOS, tanto em 1945 quanto em 1814, desdenhavam os rios da Europa Ocidental. Pareciam desprezíveis em comparação com os grandes rios da Pátria. Mas cada rio que cruzaram tinha significado especial, porque marcava o avanço de sua incansável luta contra o invasor.

- Mesmo quando fui ferido no Volga, perto de Stalingrado - disse o segundo-tenente Maslov -, estava convencido de que voltaria à frente de batalha e finalmente veria o maldito Spree.

O Neisse, entre Forst e Muskau, tinha apenas metade da largura do Oder, mas a travessia de um rio contra tropas inimigas em posições preparadas não era tarefa fácil. O marechal Konev decidiu que a melhor tática para sua Primeira Frente Ucraniana era manter o inimigo ocupado e cegá-lo enquanto suas unidades de vanguarda cruzavam o rio.

O bombardeio de artilharia começou às 6 da manhã, pela hora de Moscou, 4 da manhã pela hora de Berlim. Reunia 249 canhões por quilômetro, a maior concentração da guerra, e foi intensificado por pesado bombardeio do Segundo Exército Aéreo. "O zumbido das aeronaves e o troar dos canhões e das explosões das bombas eram tão altos que não se podia ouvir um camarada gritar a 1 metro de distância", recordou um oficial. Foi também uma barragem muito mais longa que a de Jukov, estendendo-se durante 145 minutos. "O deus da guerra troveja muito bem hoje", observou o comandante de uma bateria durante uma pausa. As guarnições dos canhões puseram-se ao trabalho com a alegria da vingança, encorajadas pelas ordens de seus comandantes: "Ao covil fascista - fogo!", "Ao

*Até a vista. (*N. da T.*)

demônio Hitler – fogo!", "Pelo sangue e pelo sofrimento de nosso povo – fogo!"

Konev, para assistir ao início da batalha, chegara do quartel-general de sua frente perto de Breslau, onde prosseguia o amargo sítio da capital da Silésia. Avançou até o posto de observação do 13º Exército do general Puhov. Este consistia de um espaldão e trincheiras na borda de uma floresta de pinheiros, em uma escarpa que se elevava sobre o rio. Por estarem ao alcance das armas leves das posições inimigas na margem Oeste do Neisse, observavam com telescópios de trincheira. Mas sua visão ampla dos eventos chegou ao fim com a segunda fase do bombardeio, quando os pilotos do general Krasovski, do Segundo Exército Aéreo, voaram velozmente a baixa altitude pela margem Oeste do rio, soltando bombas de fumaça. Essa cortina foi lançada numa extensão de 390 quilômetros, para impedir que os defensores do Quarto Exército Panzer identificassem com rapidez o ponto do principal ataque. Konev teve sorte. Um sopro de vento espalhou a cortina sem dispersá-la depressa demais.

As unidades avançadas moveram-se adiante, levando seus barcos de assalto, e lançaram-se na torrente, remando com fúria. "Os barcos de assalto foram lançados", relatou a Primeira Frente Ucraniana, "antes que os canhões silenciassem. Os ativistas do Partido Comunista e os membros do Komsomol tentaram ser os primeiros a entrar nos barcos e deram gritos de encorajamento a seus camaradas: 'Pela Pátria! Por Stalin!'" Quando os primeiros desembarques ocorreram, na margem Leste, bandeirolas vermelhas foram penduradas para encorajar a próxima onda. Alguns batalhões começaram a atravessar simplesmente a nado, ação que os veteranos haviam realizado várias vezes antes no avanço pela Ucrânia. Outros soldados conseguiram utilizar vaus previamente demarcados e vadearam o rio, segurando as armas acima da cabeça. Os sapadores responsáveis pela preparação das primeiras pontes de barcos e pontilhões pularam na água e partiram para a outra margem. Alguns canhões antitanque de 85mm logo seguiram os primeiros batalhões de infantaria e estabeleceram-se pequenas cabeças de ponte.

O bombardeio maciço fez com que poucos alemães das posições avançadas fossem capazes de resistência efetiva. Muitos ficaram em estado de choque.

– Não tínhamos onde nos esconder – disse o Obergefreiter Karl Pafflik a seus captores. – O ar estava cheio de assovios e explosões. Sofremos perdas inimagináveis. Os que sobreviveram corriam em círculos como loucos, nas trincheiras e *bunkers*, tentando salvar-se. Ficamos sem fala de tanto terror.

Muitos se aproveitaram da fumaça e do caos para render-se. Nada menos que 25 homens do 500º Regimento *Straf*, que tinham, mais do que ninguém, boas razões para desertar, entregaram-se de uma só vez. Os soldados alemães, sozinhos ou em lotes, levantavam as mãos, gritando em mau russo: "Ivan, não atire, somos prisioneiros." Um desertor do 500º Regimento *Straf* contou aos interrogadores a bem conhecida observação berlinense: "A única promessa que Hitler cumpriu foi a que fez antes de chegar ao poder. 'Deem-me dez anos e não serão capazes de reconhecer a Alemanha.'" Outros *Landsers* queixavam-se de terem sido enganados pelos oficiais, com promessas de foguetes V-3 e V-4.

Depois que os cabos foram presos acima do rio, as balsas transportaram os primeiros tanques T-34 para apoiar a infantaria. As formações de engenharia da Primeira Frente Ucraniana tinham planejado nada menos que 133 pontos de travessia nos principais setores do ataque. Eram responsáveis por todas as travessias do Neisse. Os engenheiros do Terceiro e Quarto Exércitos Blindados de Guardas tinham ordens de manter todo o equipamento pronto para o próximo rio, o Spree. Logo depois do meio-dia, com as primeiras pontes de 60 toneladas em posição na área do Quinto Exército de Guardas, os elementos avançados do Quarto Exército Blindado de Guardas de Leliushenko começaram a atravessar. Durante a tarde, o que restava do grosso das forças combatentes cruzou o rio e continuou o avanço. As brigadas blindadas, com ordem de seguir adiante a toda velocidade, estavam prontas para receber o contra-ataque do Quarto Exército Panzer, liderado pela 21ª Divisão Panzer. Na parte Sul do setor, o Segundo Exército polonês e o 52º Exército também tinham cruzado o rio com sucesso e estavam avançando. Suas ordens eram seguir para Dresden.

Konev tinha boas razões para estar satisfeito com o primeiro dia da ofensiva. Suas unidades avançadas estavam a meio caminho do rio Spree. A única falha posteriormente verificada foi que a evacuação dos feridos para os hospitais fora "insuportavelmente lenta" mas, como a maioria dos outros comandantes, Konev não pareceu assim tão perturbado. À meia-noite relatou a Stalin, pelo radiotelefone, que o avanço da Primeira Frente Ucraniana desenvolvia-se com sucesso.

– Jukov não está indo muito bem – disse Stalin, que acabara de falar com ele. – Mande Ribalko [Terceiro Exército Blindado de Guardas] e Leliushenko [Quarto Exército Blindado de Guardas] para Zehlendorf [o subúrbio mais a sudoeste de Berlim]. Lembre-se, como combinamos no *Stavka*.

Konev recordava muito bem a reunião e especialmente o momento em que Stalin apagara a fronteira entre ele e Jukov em Lübben, deixando aberta, assim, a possibilidade de que a Primeira Frente Ucraniana pudesse atacar Berlim pelo sul.

A escolha por Stalin de Zehlendorf como ponto de referência é interessantíssima. Evidentemente, queria espicaçar Konev até a extremidade sudoeste de Berlim o mais depressa possível, já que esta seria a linha óbvia de aproximação da cabeça de ponte americana em Zerbst. Talvez também não fosse coincidência que em Zehlendorf ficasse Dahlem, onde o Instituto Kaiser Wilhelm tinha suas instalações de pesquisa nuclear.

Três horas antes, na reunião das 21 horas no *Stavka*, o general Antonov, sem dúvida por instrução de Stalin, mais uma vez desorientou deliberadamente os americanos quando estes mencionaram relatos alemães de uma ofensiva total contra Berlim. "[Antonov] disse", afirmava a mensagem ao Departamento de Estado de Washington, "que na verdade os russos estão realizando um reconhecimento em grande escala do setor central da frente com o propósito de descobrir detalhes das defesas alemãs."

16
Seelow e o Spree

Depois das duas conversas telefônicas de Stalin à meia-noite de 16 de abril, a corrida de Jukov e Konev começou de verdade. Konev, incitado por Stalin, aceitou com entusiasmo o desafio. Jukov, embora desconcertado pelo revés dos montes Seelow, acreditava que Berlim era sua por direito.

O céu nublado e a chuva fina deram lugar a um tempo melhor na terça-feira, 17 de abril. Os Shturmoviks puderam atacar as posições alemãs remanescentes nos montes Seelow com muito mais exatidão. No Oderbruch e subindo as escarpas, pequenas cidades, vilas e fazendas isoladas ainda queimavam. A artilharia e a aviação soviéticas tinham alvejado todos os prédios que pudessem abrigar um posto de comando. Isto resultou em um cheiro arrasador de carne torrada; nas aldeias, principalmente de carne humana, nas fazendas, da criação. O bombardeio de prédios de fazenda como prováveis depósitos e quartéis-generais levou a uma terrível matança de animais, incapazes de escapar de serem queimados vivos.

Por trás das indistintas linhas alemãs, os postos de triagem estavam cheios de feridos, muito além da capacidade dos médicos. Um ferimento no estômago equivalia a uma sentença de morte no sistema de triagem, já que a cirurgia necessária era demorada demais. A prioridade de tratamento era dos capazes de continuar combatendo. Oficiais especialmente destacados vasculhavam hospitais de campanha atrás de feridos em condições de andar e capazes de disparar uma arma.

A Feldgendarmerie, em seus bloqueios improvisados nas estradas, estava sempre atrás de soldados desgarrados, saudáveis ou levemente feridos, que pudessem ser forçados a voltar a companhias organizadas às pressas. Assim que se reunia um número razoável, eram enviados à linha de frente. Os soldados chamavam a Feldgendarmerie não só de "cães de guarda" como também de "*Heldenklauen*"', ou "calcanhares heroicos", já que não viam combate algum mas prendiam todos os que recuavam.

Em seu violento zelo, a Feldgendarmerie costumava agarrar homens que estavam genuinamente tentando voltar a seus batalhões. Eles, então, viam-se misturados a soldados desgarrados e rapazes de 15 ou 16 anos da Juventude Hitlerista, alguns dos quais ainda de calças curtas. Um tamanho menor de capacete de aço havia sido fabricado para os meninos soldados, mas não em quantidade suficiente. Seus rostos tensos e pálidos mal podiam ser vistos sob capacetes que lhes caíam sobre as orelhas. Um grupo de sapadores soviéticos do Terceiro Exército de Choque, chamado à Frente para limpar um campo minado, foi surpreendido por uma dúzia de alemães que saíram de uma trincheira para render-se. De repente, um menino surgiu de um *bunker*. "Usava um sobretudo comprido e um bibico", relembra o capitão Sulhanishvili. "Disparou uma rajada com sua submetralhadora. Mas aí, vendo que eu não caíra, largou a arma e começou a soluçar.

Tentou gritar: *'Hitler kaputt, Stalin gut!'** Ri. Bati no rosto dele. Pobres garotos, tenho pena deles."

Os membros mais perigosos da Juventude Hitlerista costumavam ser aqueles cujos lares e famílias haviam sido esfacelados no Leste pelo Exército Vermelho. O único caminho para eles parecia ser a morte na batalha, levando consigo o máximo possível de odiados bolcheviques.

AS QUALIDADES COMBATIVAS do Exército alemão ainda não tinham desmoronado, como Jukov e suas tropas descobriram à própria custa. Outro bombardeio de artilharia e aviação na manhã de 17 de abril, seguido por novo avanço dos exércitos blindados de Katukov e Bogdanov, não conseguiu o sucesso que Jukov prometera a Stalin. Os canhões antiaéreos de 88mm e a infantaria antitanque com *panzerfausts* imobilizaram muitos blindados. Ao meio-dia, quase ao mesmo tempo em que as brigadas blindadas de Katukov penetravam em Dolgelin e Friedersdorf, enfrentaram um contra-ataque dos últimos tanques Pantera da Divisão Panzer *Kurmark*.

O 11º Corpo Blindado do general Iuschuk, no entanto, conseguiu cercar a cidade de Seelow propriamente dita, na Reichstrasse 1, antiga estrada prussiana que ia de Berlim a Königsberg, a capital agora destruída da Prússia Oriental. Mas os tanques de Iuschuk logo se viram sob o fogo da artilharia do vizinho Quinto Exército de Choque. Isto levou a uma briga "claramente pouco educada" com o quartel-general de Berzarin. Não fora apenas a tropa blindada que sofrera. "Na opinião da infantaria", afirmava com cuidado um relatório de combate, "a artilharia não está disparando sobre alvos exatos, mas numa área em geral."

Na luta confusa em torno de Seelow, os tanques de Iuschuk foram repetidamente atacados com *panzerfausts* disparados

---

*Hitler acabou, Stalin é bom! (*N. da T.*)

de perto. Seus soldados reagiram pegando colchões de mola nas casas próximas e amarrando-os a suas torretas e flancos. Esta armadura intermediária improvisada fazia a carga oca do *panzerfaust* detonar antes de atingir a couraça ou a torreta.

Os T-34 e os tanques de Stalin de ambos os Exércitos Blindados de Guardas "passavam a ferro" toda trincheira que encontravam, embora a maioria delas já tivesse sido abandonada. Na parte mais ao norte do Oderbruch o Terceiro Exército de Choque, apoiado pela direita pelo 47º Exército, empurrava para trás as unidades avançadas do 101º Corpo, do qual muitos regimentos compunham-se quase inteiramente de jovens em instrução e aspirantes a oficial. O Regimento "Potsdam", que se reunira perto de Neutrebbin, retirara-se bem para trás das margens pantanosas do Alte Oder, que tinha quase 10 metros de largura naquele ponto. Havia apenas 34 garotos ainda de pé.

Mais uma vez, ouviram o barulho dos motores dos tanques. "Nós, da infantaria, éramos novamente os idiotas. Queriam que detivéssemos o avanço russo enquanto todas as outras armas estavam recuando para oeste." Só foram deixados alguns canhões de assalto autopropulsados para enfrentar os blindados soviéticos. A artilharia divisionária, depois de disparar os últimos tiros de sua pequena reserva de munição, explodira os canhões e partira. Não surpreende que muitos infantes tivessem escapulido com os que recuavam. A disciplina começava a desintegrar-se, acelerada por rumores febris de que um cessar-fogo com os aliados ocidentais já começara.

No centro, a Nona Divisão de Paraquedistas desmoronara completamente. Seu humilhado comandante era o general Bruno Bräuer, que liderara o ataque aerotransportado a Heraklion, em Creta. Bräuer, homem elegante que usava uma piteira, tornara-se mais tarde comandante da guarnição de Creta. Mas, apesar de todas as bravatas absurdas de Göring sobre seus super-homens guerreiros, convenientemente equipados para exibir o capacete sem abas dos paraquedistas,

Bräuer, na verdade, comandava pessoal de terra da Luftwaffe. A maioria jamais saltara de um avião na vida, muito menos vira um combate de perto. Quando o bombardeio e o ataque começaram, os oficiais foram incapazes de controlar os homens tomados de pânico, ainda mais quando sujeitos a um ataque de foguetes Katiúcha.

O coronel Menke, comandante do 27º Regimento de Paraquedistas, fora morto quando os T-34 irromperam perto de seu quartel-general. Só no fim da manhã de 17 de abril a divisão recuperou-se um pouco, quando chegou apoio blindado na forma de Panteras, Panzers IV e meias-lagartas. Mas o colapso recomeçou pouco depois. Wöhlermann, comandante de artilharia do 56º Corpo, foi até Bräuer e encontrou-o "completamente abalado pela fuga de seus homens". O pressionado Bräuer sofrera um colapso nervoso e foi destituído do comando. Era um homem realmente de pouca sorte. Pouco depois da guerra foi julgado e condenado em Atenas por atrocidades cometidas por outro general em Creta, e executado em 1947.

Às 6h30 da manhã, Ribbentrop chegou sem avisar ao quartel-general de Weidling, exigindo receber um resumo da situação. Wöhlermann chegou por acaso naquele momento.

– Este é meu comandante de artilharia, que acaba de chegar da Frente – disse Weidling.

Wöhlermann recebeu um frouxo aperto de mão do ministro do Exterior.

– Ele pode descrever a situação – acrescentou Weidling.

Então, depois de indicar que seu subordinado não devia ocultar nada, Weidling sentou-se junto a Ribbentrop para ouvir. O relatório de Wöhlermann "teve efeito devastador sobre o ministro do Exterior". Ribbentrop fez uma ou duas perguntas numa voz rouca, quase inaudível. Tudo o que conseguiu foi fazer referências evasivas a uma possível mudança da situação "na décima primeira hora" e insinuar negociações com americanos e britânicos. Talvez tenha sido esta afirmativa que levou o general Busse a enviar a mensagem: "Aguentem mais dois dias e depois tudo se resolverá." Esta insinuação de um acordo com os aliados ocidentais foi a maior mentira dos líderes nazistas.

Soldados desgarrados na várzea do Oder abrigaram-se nos bosques da encosta íngreme de Seelow, muitas vezes para encontrar a infantaria e as formações blindadas soviéticas à sua frente. Grupos de soldados nervosos muitas vezes dispararam contra seu próprio lado e tanto a artilharia quanto a aviação soviéticas continuaram a bombardear os alemães e seus próprios homens. A Luftwaffe preparou o máximo de caças Focke-Wulf que conseguiu para opor-se ao grande ataque e, ao anoitecer, as aeronaves alemãs atacaram os pontilhões sobre o Oder, mas em vão. Um relatório de fonte não identificada afirmou que "os pilotos alemães lançam-se muitas vezes sobre os bombardeiros russos, fazendo com que ambos mergulhem em chamas para o solo". Se for verdade, isto significaria uma reversão notável dos papéis de 1941, quando pilotos soviéticos, desesperadamente bravos, colidiam com seus atacantes da Luftwaffe no primeiro dia da Operação Barbarossa.

O que é ainda mais notável é a descrição do uso de uma esquadrilha *kamikaze* contra as pontes soviéticas do Oder. Parece que a Luftwaffe inventou seu próprio nome, *Selbstopfereinsatz*, ou "missão de autossacrifício". Os pilotos da esquadrilha *Leonidas*, com base em Jüterbog e comandada pelo tenente-coronel Heiner Lange, assinaram, supostamente, uma declaração que terminava com as palavras "Estou informado, acima de tudo, de que a missão terminará com minha morte". Na noite de 16 de abril, houve um baile de despedida para os pilotos na base, com moças da unidade de sinalização da Luftwaffe dali. O baile terminou com uma última canção. O general Fuchs, comandante-geral, "combatia as lágrimas".

Na manhã seguinte, a primeira das chamadas "missões totais" foi realizada contra as 32 "pontes acima da água e submersas" consertadas ou construídas por engenheiros soviéticos. Os alemães usaram várias aeronaves, Focke-Wulf 190, Messerschmitt 109 e Junkers 88, tudo o que estivesse disponível. Um dos "pilotos de autossacrifício" a voar no dia seguinte foi Ernst Beichl, em um Focke-Wulf, com uma bomba de 500 quilos. Seu alvo era o pontilhão perto de Zellin. O reconhecimento aéreo mais tarde deu-a como destruída, mas a afirmação de que um total de 17 pontes foi derrubado no decorrer de três dias parece muito exagerada. A única que parece realmente ter sido atingida foi a ponte ferroviária de Küstrin. Trinta e cinco pilotos e aeronaves eram um preço alto a pagar por um sucesso tão limitado e temporário. Isto não impediu que o general Fuchs enviasse seus nomes numa mensagem especial de aniversário "ao Führer em seu próximo 56º natalício". Era exatamente o tipo de presente que ele mais apreciava.

A operação toda teve de ser subitamente abandonada porque os exércitos blindados do marechal Konev, avançando inesperadamente rumo a Berlim pelo sudeste, ameaçaram a base de Jüterbog.

A FORTUNA DA GUERRA ainda favorecia a Primeira Frente Ucraniana de Konev depois de seu ataque pelo Neisse. O 13º Exército e o Quinto Exército de Guardas tinham rompido a segunda linha da defesa alemã. Enquanto combates violentos ainda prosseguiam de ambos os lados, Konev enviou suas brigadas blindadas avançadas rapidamente ao rio Spree, entre Cottbus e Spremberg. Grandes trechos de floresta de pinheiros queimavam ferozmente com os novos bombardeios, tanto da artilharia quanto dos Shturmoviks em ataque ao solo. Esses incêndios eram perigosos para os tanques, que levavam sua reserva de combustível em tambores presos à traseira. Mas a velocidade era vital, porque tinham a possibilidade de romper a barreira do Spree antes que o Quarto Exército Panzer pudesse reorganizar nova linha de defesa. Os soldados de Konev farejavam a vitória. Havia a sensação, no Quarto Exército Blindado de Guardas, de que, "se os alemães não conseguiram manter o Neisse, não podem fazer mais nada agora". Os comandantes realizaram uma inspeção das armas antes do ataque. Descobriram um jovem comunista com uma arma enferrujada.

– Como vai dispará-la? – gritou-lhe o oficial. – Você devia ser um exemplo para todos, mas sua própria arma está suja!

Um avanço blindado rumo a Berlim arriscava-se a um contragolpe alemão em suas linhas de comunicação. Portanto, Konev infletiu o Quinto Exército de Guardas de Jadov para a esquerda, na direção de Spremberg, e o Terceiro Exército de Guardas para a direita, para forçar os alemães a voltarem para Cottbus.

Naquela noite, quando as brigadas avançadas do Terceiro Exército Blindado de Guardas alcançaram o Spree, o general Ribalko, comandante do exército, que se orgulhava de liderar na linha de frente, não esperou que o equipamento de pontes chegasse. Escolheu um ponto que parecia não muito profundo e enviou um tanque diretamente para o rio, que tinha uns 50 metros de largura nesse ponto. A água subiu acima das lagartas, mas foi só. A brigada blindada seguiu em fila, vadeando o rio como a cavalaria. Diversamente da cavalaria, contudo, podiam ignorar as metralhadoras alemãs que disparavam sobre eles da outra margem. O grosso de ambos os exércitos blindados conseguiu cruzar o Spree durante a noite.

Konev sabia que seus tanques achariam difíceis os lagos, charcos, cursos d'água e florestas de pinheiros da região de Lausitz, mas, se fossem rápidos, as estradas para Berlim estariam maldefendidas. O Quarto Exército Panzer alemão já engajara sua reserva operacional na tentativa de manter a segunda linha, enquanto os comandantes de Berlim estavam mais preocupados com a ameaça dos exércitos de Jukov.

Konev chegara a uma conclusão semelhante à de Jukov, de que seria mais fácil dobrar o inimigo cedo, em campo aberto, do que mais tarde em Berlim. Mas não mencionou isto quando falou com Stalin naquela noite, no radiotelefone de seu posto de comando avançado, um castelo pendurado em um monte com vista para o topo das florestas de pinheiros circundantes.

Konev quase terminara seu relatório quando Stalin subitamente o interrompeu.

– Com Jukov as coisas não estão indo tão bem. Ele ainda está tentando romper as defesas inimigas.

Seguiu-se uma longa pausa, que Konev decidiu não interromper.

– Não poderíamos – continuou Stalin – desdobrar as tropas móveis de Jukov e enviá-las contra Berlim pela brecha formada no setor da sua frente?

Provavelmente, esta não era uma proposta séria, mas uma isca para fazer Konev apresentar seu próprio plano.

– Camarada Stalin – respondeu –, isto levará muito tempo e causará considerável confusão (...) A situação de nossa frente está se desenvolvendo de forma favorável, temos forças suficientes e podemos infletir ambos os exércitos blindados contra Berlim.

Konev disse então que avançaria por Zossen, que, ambos sabiam, era o quartel-general do OKH.

– Muito bom – respondeu Stalin. – Concordo. Lance os exércitos blindados rumo a Berlim.

No QUARTEIRÃO GOVERNAMENTAL de Berlim, em 17 de abril, ninguém sabia realmente o que fazer, exceto esboçar declarações inflamadas combinadas a mais ameaças de execução. "Nenhuma cidade alemã será declarada cidade aberta", dizia a ordem enviada por Himmler a todos os comandantes militares. "Cada aldeia e cada cidade será defendida com todos os meios possíveis. Qualquer alemão que violar este dever por si só evidente para com a nação perderá a vida e também a honra." Ele ignorava o fato de que a artilharia alemã estava praticamente sem munição, que os blindados já estavam sendo abandonados por falta de combustível e que os próprios soldados estavam sem comida.

A burocracia nazista, mesmo em seu nível mais baixo, não mudou em face da aniquilação. A cidadezinha de Woltersdorf, logo ao sul da Reichstrasse 1 para Berlim, viu-se inundada de refugiados em 17 de abril. Mas as autoridades locais permitiram que seus "[habitantes] desempregados e incapazes para o serviço na Volkssturm" partissem somente se tivessem "confirmação escrita do local que os receberia", de que havia abrigos disponíveis. Além disso, cada pessoa tinha de buscar a permissão do Kreisabschnittsleiter, chefe nazista do distrito. O espírito local de resistência, no entanto, estava longe de ser fanático. O pelotão de emergência da Volkssturm da cidade pediu permissão para eximir-se de novas missões.

As forças de Konev estavam agora a menos de 80 quilômetros a sudeste dos centros de comando do OKH e do OKW em Zossen. Mas nem o Quarto Exército Panzer nem o Grupo de Exércitos Centro do marechal de campo Schörner tinham relatado que o Terceiro e o Quarto Exércitos Blindados de Guardas soviéticos cruzavam o Spree em grande número e que não havia mais reservas para detê-los. A atenção dos oficiais do estado-maior em Zossen fixava-se, em primeiro lugar, na luta pelos montes Seelow.

O general Heinrici já enviara a maior parte da reserva de seu grupo de exércitos – o Terceiro Corpo Panzer *Germanische*, de Steiner – para apoiar o sitiado Nono Exército de Busse. A 11ª Divisão SS *Nordland* recebeu ordens, ao meio-dia de 17 de abril, para dirigir-se para o sul, rumo a Seelow. A *Nordland* contava principalmente com dinamarqueses e noruegueses, mas também com suecos, finlandeses e estonianos. Alguns sugeriram que havia até um punhado de britânicos em suas fileiras, mas isto parece mais que duvidoso. Comandada pelo Brigadeführer SS Joachim Ziegler, tinha cerca de cinquenta veículos blindados, principalmente em seu batalhão de reconhecimento e no Batalhão Panzer Hermann von Salza. O grosso do efetivo remanescente pertencia aos regimentos *panzergrenadier* "Danmark" e "Norge" e a um batalhão de sapadores. A *Nordland*, que fora evacuada do sítio da Curlândia e depois lançada ao violento combate pelo estuário do Oder a leste de Stettin, sofrera pouco menos de 15 mil baixas desde o início do ano, com 4.500 mortos ou desaparecidos.

Heinrici enviou outra formação de Waffen SS estrangeiras, a Divisão *Nederland*, ainda mais para o sul. Seu destino era o sudoeste de Frankfurt an der Oder e Müllrose, onde ficaria sob o comando do Quinto Corpo de Montanha SS. As relações entre as SS e a Wehrmacht estavam inflamadas. Himmler ficara furioso por Heinrici privar o Corpo SS de Steiner de suas divisões mais fortes. E a própria *Nordland*, demonstrando grande relutância de servir sob um comandante do exército, não se apressou tanto assim a unir-se à sua nova formação.

A AURORA DA QUARTA-FEIRA, 18 de abril, deixou o céu vermelho no horizonte a leste. Os que ainda lutavam para agarrar-se aos montes Seelow estavam cheios de pressentimentos. Não demorou para que ouvissem o ruído profundo e áspero dos motores dos tanques e do bater das lagartas. Os ataques aéreos começaram pouco depois. Os Shturmoviks fizeram novos bombardeios de mergulho sobre a coluna *Nordland* enquanto esta ainda estava a alguma distância da linha de frente, e os *panzergrenadiers* SS nos caminhões abertos ficaram cobertos de terra. Ziegler adiantara-se até o quartel-general de Weidling para informá-lo de que seus veículos estavam sem combustível e que por isso a divisão estava demorando tanto para chegar. Weidling ficou furioso.

Jukov também estava de péssimo humor aquela manhã. Sabia, agora, que os exércitos blindados de Konev tinham recebido permissão de infletir para o norte, rumo a Berlim. Stalin também levantara a possibilidade, durante a conversa noturna, de dirigir a Segunda Frente Bielorrussa de Rokossovski na direção de Berlim depois que cruzasse o Oder, ao norte. O *Verhovni* o espicaçara ainda mais ao oferecer-lhe conselhos do *Stavka* sobre como comandar sua frente. As ordens de Jukov a seus comandantes de exército naquela manhã foram inflexíveis. Deviam fazer pessoalmente o reconhecimento da frente de batalha e relatar a situação exata. A artilharia devia ser adiantada para tomar os pontos fortes alemães à vista. O avanço devia ser acelerado e constante, dia e noite. Mais uma vez, os soldados pagariam com a vida os erros cometidos por um comandante orgulhoso sob pressão de cima.

Depois de outra pesada barragem e bombardeios aéreos, os exércitos exaustos de Jukov voltaram ao ataque no início daquela manhã. À direita, o 47º Exército atacou Wriezen. O Terceiro Exército de Choque avançou até a estrada Wriezen-Seelow, mas encontrou forte resistência em torno de Kunersdorf. O Quinto Exército de Choque e o Segundo Exército Blindado de Guardas conseguiram avançar e cruzar a estrada ao norte de Neuhardenberg, mas também foram detidos. O Oitavo Exército de Guardas de Tchuikov e o Primeiro Exército Blindado de Guardas de Katukov, enquanto isso, continuavam a martelar a cidade de Seelow propriamente dita e o setor Friedersdorf-Dolgelin. Tchuikov estava furioso porque o vizinho 69º Exército, à sua esquerda, mal avançara. Isto expunha perigosamente seu flanco. Mas, felizmente para ele, todas as forças de Busse já estavam fortemente engajadas.

Na verdade, ambos os flancos extremos de Jukov tinham obtido pouco sucesso. Ao sul de Frankfurt, o 33º Exército ainda se atritava com as defesas da Divisão SS *30 Januar*, no Quinto Corpo de Montanha SS. E na extremidade norte do

Oderbruch, o 61º Exército e o Primeiro Exército polonês só conseguiram avançar depois da tomada de Wriezen.

O rompimento veio de repente, logo atrás de Seelow, na Reichstrasse 1. Às 9h40 da manhã de 18 de abril, o coronel Eismann, no quartel-general do Grupo de Exércitos do Vístula, recebeu uma mensagem dizendo que "grupos blindados avançados do inimigo romperam a linha em Diedersdorf". Estavam se dirigindo para Müncheberg, pela Reichstrasse 1. A infantaria estava fugindo. Vinte minutos depois, por insistência de Heinrici, Eismann ligava para o coronel de Maizière, no OKH, para descobrir o que acontecera à Sétima Divisão Panzer, da qual precisava para fechar a brecha entre a esquerda do Nono Exército e o flanco direito do Terceiro Exército Panzer.

Ao meio-dia, Busse ligou para Heinrici.

– Hoje é o momento da crise – disse ele.

Os dois principais avanços vinham do sudoeste de Wriezen e pela Reichstrasse 1. Busse viu que seu exército estava sendo despedaçado. O Terceiro e o Quinto Exércitos de Choque estavam dividindo a frente entre Wriezen e Seelow. Meia dúzia de quilômetros a oeste de Seelow, perto da aldeia de Alt Rosenthal, os alemães lançaram um contra-ataque com infantaria e blindados. O major Andreiev, da 248ª Divisão de Infantaria do Quinto Exército de Choque, deixou duas companhias suas para segurar o avanço enquanto levava outra companhia a fazer o contorno para atacar os alemães pela retaguarda. "Seu batalhão liquidou 153 soldados e oficiais e dois tanques."

Foi uma batalha impiedosa. Em Hermersdorf, a sudoeste de Neuhardenberg, a infantaria soviética ultrapassou um T-34 ainda em chamas devido a um *panzerfaust*. Um soldado alemão, numa toca de um só homem, gritou pedindo ajuda. Uma granada caída no buraco explodira seus pés, e ele não tinha forças para sair dali. Mas os soldados do Exército Vermelho o abandonaram, apesar de seus gritos, como vingança pela guarnição queimada.

Às 16h20, Göring, furioso com o colapso da Nona Divisão de Paraquedistas, ligou para o quartel-general do Grupo de Exércitos do Vístula para ordenar que o general Bräuer fosse destituído imediatamente do comando. Às 18h45, o general Busse ligou para Heinrici. A brecha em seu exército era inevitável.

– Que setor – perguntou ele – é mais importante do ponto de vista do comando, o norte ou o sul?

Às 19h50, o oficial de ligação da Luftwaffe informou ao estado-maior de operações do Grupo de Exércitos do Vístula que suas aeronaves tinham destruído 53 aviões inimigos, 43 blindados e outros 19 "prováveis". Alguém no estado-maior acrescentou a lápis dois pontos de exclamação no diário de guerra para demonstrar seu ceticismo com estas afirmações. O combate foi violento, mas as afirmações alemãs sobre as perdas do Exército Vermelho estavam muito infladas. O jornal nazista *Der Angriff* afirmou que "426 blindados soviéticos" tinham sido destruídos somente naquele dia. Ainda assim, as baixas soviéticas foram mesmo muito mais pesadas que as perdas alemãs. Jukov, em seu desespero para capturar os montes Seelow, tivera pouco mais de 30 mil mortos, enquanto os alemães perderam 12 mil homens na batalha.

Os PRISIONEIROS ALEMÃES enviados para a retaguarda ficaram impressionadíssimos com as colunas intermináveis de blindados, canhões autopropulsados e outros veículos de lagartas movendo-se para a Frente. "E este é o exército", pensaram alguns deles, "que em 1941 diziam que estava no último suspiro." Os infantes soviéticos que passavam do outro lado da estrada saudavam-nos com gritos de "*Guitler kapuuutt!*",* acompanhados pelo gesto de cortar a garganta.

Um dos prisioneiros alemães estava convencido de que vários mortos que avistaram ao passar eram "soldados soviéticos

*Hitler acabou! (*N. da T.*)

esmagados por seus próprios tanques". Também viu soldados russos experimentando alguns *panzerfausts* capturados, disparando-os contra a parede de uma casa meio em ruínas. Outros arrancavam sobretudos de seus próprios mortos e, em uma aldeia, viram-se dois soldados atirando a esmo em cegonhas nos ninhos. A prática de tiro ao alvo parecia compulsiva, mesmo depois da batalha. Alguns prisioneiros, levados ao magnífico castelo de Neuhardenberg, ficaram alarmados quando um soldado da escolta, ao ver um "soberbo candelabro", levantou a submetralhadora e disparou uma rajada nele. Um oficial superior repreendeu-o, "mas parece ter causado pouca impressão".

"Na cidade de Gusow", relatou um destacamento do Quinto Exército de Choque, "libertamos 16 mulheres soviéticas. O soldado Tsinbaluk reconheceu uma moça que conhecia de casa. Seu nome era Tatiana Shesteriakova. As mulheres contaram aos soldados seu terrível sofrimento durante a escravidão. Também mencionaram que, antes de fugir, sua ex-proprietária, Frau Fischke, disse: 'Para nós, os russos são piores que a morte.'" Os departamentos políticos afirmaram que os soldados do Exército Vermelho ficaram ofendidos com os slogans da "propaganda fascista", rabiscados nas paredes, sobre defender as mulheres alemãs dos bolcheviques.

Ao sul de Berlim, Konev teve um momento desconfortável em 18 de abril. O marechal de campo Schörner, comandante em chefe do Grupo de Exércitos Centro, alarmado com o rompimento no Spree, lançou um contra-ataque perto de Görlitz contra o flanco do 52º Exército, que se dirigia para Dresden. Mas o fracasso de Schörner na concentração de suas forças – na pressa, enviou-as ao ataque aos pouquinhos – tornou comparativamente fácil, para o 52º Exército, derrotá-las. O Segundo Exército polonês, de início, não teve de interromper seu avanço. Mas ataques repetidos nos dias seguintes retardaram-no consideravelmente.

Konev continuou avançando o 13º Exército pelo Spree, atrás de seus dois exércitos blindados. Durante todo esse tempo o Terceiro Exército de Guardas de Gordov manteve a pressão sobre os alemães em torno de Cottbus e o Quinto Exército de Guardas de Jadov continuou a atacar Spremberg, mantendo, assim, a brecha. Konev também instruiu seu estado-maior a reunir todos os caminhões que pudesse. As formações avançadas do 28º Exército, chegando como reforço, estavam agora do outro lado do Neisse, e ele queria levá-las rapidamente adiante para apoiar as forças blindadas que se dirigiam a Berlim. No final daquele dia, o Terceiro Exército Blindado de Guardas de Ribalko avançara 35 quilômetros além do Spree, enquanto Leliushenko, que encontrou menos resistência, movera-se 45.

À TARDE, O GENERAL Reymann, comandante da Área de Defesa de Berlim, recebera a ordem de mandar todas as unidades da Volkssturm da cidade para o Nono Exército, a fim de fortalecer uma nova linha. Reymann ficou alarmado de privar a cidade de sua defesa. Quando Goebbels, como comissário de defesa do Reich para Berlim, confirmou a ordem, Reymann avisou-lhe que "a defesa da capital do Reich é, agora, impensável". Reymann não percebera que era exatamente isto que Speer e Heinrici tinham desejado, para salvar Berlim. Na ocasião, menos de dez batalhões e alguns canhões antiaéreos foram enviados para leste. Saíram da cidade nas primeiras horas da manhã seguinte. A notícia desta ordem, segundo Speer, criou a suposição generalizada de que "Berlim será, de fato, uma cidade aberta".

O general Weidling, para sua exasperação, descobriu que tinha outra arrogante visita de Berlim. Desta vez era Artur Axmann, líder da Juventude Hitlerista. Weidling tentou convencê-lo de que era futilidade lançar na batalha garotos de 15 e 16 anos armados com *panzerfausts*. Era "o sacrifício de crianças por uma causa já fadada ao fracasso". Axmann só se dispunha a admitir "que seus jovens não tinham recebido instrução suficiente". Apesar da garantia dada a Weidling de que não os usaria, claramente não fez nada para retirá-los do combate. Uma medida de desespero nazista ainda mais assustadora naquele dia foi a degola de trinta presos políticos na prisão de Plötzensee.

No flanco Norte do Nono Exército, o 101º Corpo recuara menos, em 18 de abril, que seus vizinhos. Mas isto significava que muitos de seus regimentos logo descobriram que as tropas soviéticas já estavam bem à sua retaguarda. Um destacamento, que sobrara de um regimento de cadetes, enviou alguns camaradas seus de volta ao quartel-general naquela noite para descobrir o que acontecera com as rações. Os dois voltaram sem fôlego e abalados. "Os russos estão comendo nosso jantar bem agora", disseram. Ninguém tinha ideia de onde o inimigo abrira a brecha e onde estava agora a linha de frente. Agarraram seu equipamento e marcharam de volta pela escuridão, passando por uma aldeia em chamas. As onduladas nuvens negras refletiam o brilho claro e vermelho do fogo.

Naquela noite, um ataque maciço de Katiúchas destruiu e iluminou a aldeia de Wulkow, atrás de Neuhardenberg. Quase todas as casas estavam lotadas de soldados alemães exaustos, que tinham adormecido. O estado dos sobreviventes queimados e em pânico era terrível. O batalhão de reconhecimento da *Nordland* também sofreu um ataque de Katiúchas. Perderam mais homens em poucos momentos do que em todo o difícil combate em torno de Stettin, algumas semanas antes.

Em 19 de abril, o Nono Exército começou a dividir-se em três direções principais, como temera o general Busse. A captura de Wriezen pelo Exército Vermelho e o avanço do terceiro Exército de Choque mais para oeste, pelo platô atrás de Neuhardenberg, forçou o 101º Corpo a recuar para Eberswalde e para o campo ao norte de Berlim. O 56º Corpo Panzer de

Weidling, no centro, começou a retirada para oeste, rumo a Berlim. E à direita o 11º Corpo Panzer SS começou a recuar para sudoeste, rumo a Fürstenwalde. A Divisão *Kurmark* estava com menos de 12 tanques Pantera.

Naquele dia, o Primeiro Exército Blindado de Guardas e o Oitavo Exército de Guardas de Tchuikov avançaram a partir de Seelow pela Reichstrasse 1, rumo à importante cidade de Müncheberg. Os remanescentes da Nona Divisão de Paraquedistas, que se haviam reunido no dia anterior, fugiram novamente em pânico, gritando "*Der Iwan kommt!*" O batalhão de reconhecimento da Divisão SS *Nordland*, que finalmente chegara à Frente, cercou alguns dos paraquedistas, deu-lhes munição e trouxe-os de volta à batalha em um contra-ataque temporariamente bem-sucedido.

A retirada pela Reichstrasse 1 e por uma boa distância de cada lado logo transformou-se em caos e sofrimento. "Você é o último?", todos perguntavam. E a resposta sempre parecia ser: "Os russos estão logo atrás de nós." Soldados de todas as armas e serviços estavam misturados, tanto da Wehrmacht quanto das Waffen SS. Os mais exaustos deixavam-se cair sob uma árvore e esticavam as pernas. A população local, ao saber que a Frente desmoronara, inundou as estradas para buscar abrigo em Berlim. Os soldados passavam por refugiados com as carroças detidas por um eixo ou roda quebrados, muitas vezes impedindo o tráfego militar. Os oficiais ficavam em seus veículos Kübelwagen, gritando para que os infelizes empurrassem a obstrução para fora da estrada ou para ordenar que um grupo de soldados em repouso o fizesse. Na retirada, os oficiais descobriram que tinham, cada vez mais, de puxar a pistola para que suas ordens fossem obedecidas.

Os grupos da Feldgendarmerie e das SS continuavam a procurar desertores. Não se mantiveram registros das execuções à beira da estrada, mas indícios factuais sugerem que, no setor do 11º Corpo SS, muitos, inclusive vários membros da

Juventude Hitlerista, foram enforcados nas árvores com provas fragilíssimas. Isto não ficava longe de assassinato. As fontes soviéticas afirmam que 26 mil soldados e oficiais alemães foram executados sumariamente por covardia em 1945. Este número é, quase com certeza, alto demais, mas é improvável que tenha sido menor que 10 mil.

As execuções das SS eram ainda mais imperdoáveis, já que havia o boato nas formações SS de que deveriam recuar "com ordens de reunir-se em Schleswig-Holstein", perto da fronteira dinamarquesa, que não era exatamente o melhor lugar para combater os russos. Parece que não sabiam que o Segundo Exército britânico alcançara o Elba em Lauenburg naquele dia, a sudeste de Hamburgo.

DEZENOVE DE ABRIL foi outro lindo dia de primavera, que permitiu à aviação soviética visibilidade perfeita. Cada vez que os Shturmoviks chegavam, metralhando e bombardeando, a estrada se esvaziava, com as pessoas jogando-se nas valas. Mulheres e moças das aldeias próximas, com pavor do Exército Vermelho, imploravam a grupos de soldados que as levassem com eles: "*Nehmt uns mit, nehmt uns bitte, bitte mit!*"* Mas algumas pessoas que moravam bem perto da frente de batalha pareciam incapazes de avaliar a escala do desastre iminente. Um certo Herr Saalborn escreveu ao burgomestre de Woltersdorf, em 19 de abril, exigindo a confirmação de que, de acordo com o Artigo 15 do *Reichsleitungsgesetz* (versão de 1º de setembro de 1939), ele recuperaria sua bicicleta, que fora requisitada pela Volkssturm.

O resto dos batalhões de soldados em instrução e cadetes do 101º Corpo viram-se recuando "de aldeia em aldeia" para oeste, até Bernau, logo ao norte de Berlim. A maioria perdera quase 75 por cento de seu efetivo. Estavam exaustos, famintos

*Levem-nos com vocês, levem-nos, por favor! Levem-nos! (*N. da T.*)

e totalmente confusos. Assim que paravam para descansar, todos caíam em sono profundo e os oficiais tinham de chutá-los várias vezes para acordá-los quando era necessário prosseguir. Ninguém sabia o que estava acontecendo de cada lado, nem mesmo na frente ou na retaguarda. Os rádios e telefones de campanha tinham sido abandonados. Também não havia esperança de restabelecer uma linha de frente efetiva, apesar dos "maiores esforços dos oficiais mais experientes, que agarravam quaisquer soldados extraviados de outras unidades e incorporavam-nos a seus próprios pequenos comandos".

A ATENÇÃO DO general Heinrici tinha agora de concentrar-se na parte Norte da linha de defesa do Oder, entre o litoral do Báltico e o canal Hohenzollern, na parte superior do Oderbruch. O general von Manteuffel, que estivera voando numa aeronave leve de reconhecimento sobre as áreas avançadas dos exércitos de Rokossovski, não teve dificuldade de perceber os preparativos do inimigo. A Segunda Frente Bielorrussa enfrentava uma tarefa formidável. Ao norte de Schwedt, o Oder seguia por dois canais, com terreno pantanoso de cada lado e entre eles. Naquela noite de 19 de abril, Rokossovski contou a Stalin que a ofensiva começaria às primeiras luzes da manhã seguinte, precedida por ataques intensos de bombardeio aéreo e da artilharia.

Rokossovski enfrentara as maiores dificuldades dentre todos os comandantes de Frente, desdobrando suas tropas desde Dantzig e o estuário do Vístula. Este enorme problema logístico levara Jukov a alertar Stalin, em 29 de março, para o que estava em jogo.

– Bem, teremos de iniciar a operação sem esperar pela frente de Rokossovski – respondera ele. – Caso se atrase alguns dias, não será um problema muito grande.

É claro que na época Stalin não se inquietara. Mas, agora que os exércitos de Rokossovski talvez fossem necessários em Berlim, estava muito mais preocupado.

17
O último aniversário do Führer

A sexta-feira 20 de abril foi o quarto dia bonito seguido. Era o 56º aniversário de Adolf Hitler. Um belo dia nesta data costumava provocar conversas entre estranhos nas ruas sobre o "clima do Führer" e o milagre envolvido nisso. Agora, só os nazistas mais arrebatados conseguiriam sugerir o poder sobrenatural de Hitler. No entanto, ainda sobravam linhas-duras suficientes para tentar comemorar o evento. Bandeiras nazistas foram hasteadas em prédios em ruínas e cartazes proclamavam: "*Die Kriegsstadt Berlin grüsst den Führer!*"*

No passado, uma massa de mensagens de aniversário inundava a Chancelaria do Reich no aniversário do Führer. Seis anos antes, o professor doutor Lutz Heck, do Jardim Zoológico de Berlim, enviara ao Führer, "com as mais sinceras congratulações", um ovo de avestruz pesando 1.230 gramas, para fazer ovos mexidos. Mas em 1945 houve pouquíssimas cartas e pacotes, e não só porque o sistema postal desmoronara. O Zoológico de Berlim também estava meio destruído e muitos de seus animais passavam fome.

As unidades de bombardeio americanas e britânicas sabiam muito bem da data. As sirenes tocaram de manhã quando esquadrilhas compactas aproximaram-se para saudar o aniversário do Führer com um ataque especialmente pesado. Foi quase uma comemoração dupla para a tripulação dos bombardeiros da USAAF e da RAF. Com as forças soviéticas se aproximando de Berlim, este seria seu penúltimo ataque à capital do Reich.

Göring acordara naquela manhã em Karinhall, sua casa de campo ao norte de Berlim, com o bombardeio preparatório

*Berlim em guerra saúda o Führer! (*N. da T.*)

da ofensiva de Rokossovski. Um comboio de caminhões da Luftwaffe, embora desesperadamente necessários em tarefas mais urgentes, estava pronto, carregado de tesouros saqueados. Um destacamento de motociclistas iria escoltá-los para o sul. Göring falou rapidamente aos homens e viu-os partir. O oficial de engenharia que instalara os explosivos para destruir Karinhall escoltou o Reichsmarschall até onde o detonador fora preparado. Göring insistira em destruir ele mesmo o lugar. A explosão lançou longe vastas nuvens de poeira, e então esse desmesurado monumento à vaidade veio abaixo. Göring, aparentemente sem olhar para trás, caminhou até sua enorme limusine para ser levado a Berlim. Precisava estar na Chancelaria do Reich ao meio-dia para congratular o Führer pelo seu aniversário.

Himmler voltara ao sanatório de Hohenlychen na noite anterior e pedira champanhe à meia-noite, para brindar ao aniversário do Führer. Acabara de marcar reuniões separadas com o conde Folke Bernadotte, da Cruz Vermelha, e Norbert Masur, representante do Congresso Mundial Judaico, que voara secretamente até o aeródromo de Tempelhof mais cedo naquele dia. Bernadotte e Masur supuseram que ele desejava discutir a possível libertação de prisioneiros, mas para Himmler o objetivo era estabelecer uma linha de comunicação com os aliados ocidentais. O Reichsführer SS, embora ainda convencido de sua própria lealdade a Hitler, sentia que só ele poderia substituir o Führer. Tornar-se-ia o líder com quem os aliados ocidentais poderiam negociar. O que tinha a fazer era convencer os judeus de que a Solução Final era algo que ambos os lados precisavam deixar para trás.

Goebbels, único líder nazista que planejava ficar em Berlim com Hitler até o amargo fim, transmitiu um discurso de aniversário aquela manhã. Convocou todos os alemães a confiarem cegamente no Führer, que os guiaria para longe de suas dificuldades. "Fiquei em dúvida se ele estava louco", escreveu

Ursula von Kardorff em seu diário, "ou se fazia algum tipo de brincadeira a sangue-frio."

Göring, Ribbentrop, Dönitz, Himmler, Kaltenbrunner, Speer, Keitel, Jodl e Krebs chegaram à Chancelaria do Reich antes do meio-dia. Ali, marcharam pelos imensos salões de mármore polido, com portas que iam quase até o teto. Este monumento quase cinematográfico à visibilidade do poder parecia agora decadente em seu estado semidestruído, mas continuava profundamente sinistro.

Muitos convivas que ofereceram seus votos natalícios naquele dia acharam que Hitler parecia pelo menos vinte anos mais velho. Insistiram para que seu líder tomasse a estrada para a Baviera enquanto ainda havia tempo. Hitler afirmou com convicção que os russos estavam a ponto de sofrer sua derrota mais sangrenta diante de Berlim. Dönitz, a quem Hitler ordenara que assumisse o comando no norte da Alemanha, teve uma despedida afetuosa. Mas Göring, que afirmara que organizaria a resistência na Baviera, foi tratado com frieza. Hitler, observou Speer a seus interrogadores americanos menos de um mês depois, estava "desapontado com a covardia de Göring e dos outros". Sempre se persuadira de que seus seguidores mais íntimos eram homens de coragem.

Naquele dia, durante a conferência sobre a situação, a questão principal era quando o Reich seria cortado em dois ao sul de Berlim. O território ainda não ocupado diminuía a cada dia. Os britânicos estavam na Charneca de Luneburg, avançando para Hamburgo. Os americanos estavam no médio Elba, na fronteira da Tchecoslováquia, e aproximavam-se da Baviera. O Primeiro Exército francês avançava para o sul da Alemanha. A sudeste, o Exército Vermelho estava a oeste de Viena, e os aliados, na Itália, moviam-se para o norte pelo vale do Pó. Novamente o assunto da hierarquia nazista abandonando Berlim veio à tona. "Para surpresa de quase todos os presentes", afirmou Speer, "Hitler anunciou que ficaria em

Berlim até o último minuto e só então fugiria para o sul." Seu *entourage* surpreendeu-se porque "a discussão sobre a evacuação fora generalizada". Depois da reunião, o restante dos líderes começaram a inventar "todo tipo de desculpa" para abandonar Berlim em missão oficial. Himmler, Ribbentrop e Kaltenbrunner partiram em direções diferentes. Alguns membros do estado-maior da Chancelaria do Reich foram destacados para partir para Berghof no dia seguinte. "Aniversário do Führer mas infelizmente sem clima para comemoração", anotou Bormann em seu diário. "O grupo avançado recebeu ordens de voar para Salzburgo."

Naquela tarde, no jardim das ruínas da Chancelaria do Reich, o Führer caminhou lentamente por uma fila de membros da Juventude Hitlerista, alguns dos quais tinham recebido a Cruz de Ferro por atacarem tanques soviéticos. Hitler não entregaria nenhuma medalha pessoalmente. Para impedir que seu braço esquerdo tremesse de forma óbvia demais, caminhava segurando-o nas costas com a mão direita. Por alguns momentos, conseguia soltá-lo. Com intensidade parecida à de um pedófilo reprimido, demorava-se ao acariciar uma bochecha e beliscar uma orelha, inconsciente de seu sorriso lascivo.

Depois de receber membros do círculo mais íntimo aquela noite, na minúscula sala de estar do *bunker*, Hitler foi deitar-se muito mais cedo que de costume. Eva Braun levou os outros à Chancelaria do Reich. Com Bormann e o Dr. Morell entre eles, era um grupo estranho e pouco auspicioso para uma festa. Uma das grandes mesas redondas projetadas por Speer estava coberta de comida e bebida. Tomaram champanhe e fizeram uma tentativa de dançar, mas só havia um disco para o gramofone: "Rosas de sangue falam de felicidade." Segundo a secretária de Hitler, Traudl Junge, houve muito riso histérico. "Foi horrível; logo não aguentei mais e fui dormir."

A QUESTÃO DA EVACUAÇÃO era extremamente explosiva. No domingo, 15 de abril, Eva Braun mencionara a Hitler que o Dr. Karl Brandt, que fora seu cirurgião pessoal, estava se mudando com a família para a Turíngia. Para seu horror, Hitler explodiu de raiva, dizendo que escolhera um lugar a ponto de ser tomado pelos aliados ocidentais. Isto era traição. Bormann recebeu ordens de investigar o caso e entrevistar "Eva Braun e o Dr. Stumpfegger", dedicado cirurgião das SS que substituíra Brandt. Eva Braun descreveu o caso como um "truque muito sujo" em uma carta à melhor amiga, Herta Ostermayr. Embora fisicamente no centro do poder, ela não compreendia a realidade nacional-socialista.

Brandt foi acusado de derrotismo no dia seguinte. Axmann presidiu o tribunal e Brandt foi condenado à morte. Mas a execução da sentença parece ter sido adiada por inimigos de Bormann, inclusive Himmler, que finalmente percebera que Bormann denegrira seu nome no tribunal. Brandt escapou da execução pelos nazistas, mas mais tarde foi condenado à morte pelos aliados.*

Brandt, ex-membro íntimo do círculo de Obersalzburg, escreveu um artigo divertido e inteligente sobre "As mulheres à volta de Hitler" para seus captores americanos, no centro de interrogatório "Ashcan". Hitler, escreveu ele, jamais se casara, porque queria "manter viva no coração do povo alemão a lenda mística segundo a qual enquanto continuasse solteiro haveria sempre a chance de que qualquer uma das milhões de alemãs pudesse conquistar a elevada honra de estar a seu lado". Aparentemente, Hitler falou disso até na frente de Eva Braun.

*Em outubro de 1944, depois que Brandt acusou o Dr. Morell de fornecer a Hitler drogas perigosas, a disputa fora resolvida tornando Brandt comissário do Reich para Saúde e Saneamento. Os aliados depois o responsabilizaram por atos de eutanásia e experiências médicas em prisioneiros e rejeitaram sua defesa de que não tinha controle sobre os estabelecimentos onde isso ocorrera. (*N. do A.*)

Em 1934, ele também anunciara na presença dela: "Quanto maior o homem, mais insignificante deve ser a mulher."

Brandt acreditava que a relação entre os dois tinha um elemento pai-filha mais forte que mestre-discípula. Mas, quer estivesse certo ou não a este respeito, uma coisa era indiscutível: *a maîtresse sans titre* do Führer era o oposto de Madame Pompadour. Jamais tramou a favor ou contra pessoas da corte. Mas, depois de esconder-se durante anos como uma criada para preservar para a Alemanha o mito do celibato do Führer, não surpreende que de vez em quando ela tentasse representar o papel de grande dama. Segundo Brandt, tratava sua impressionável irmã caçula, Gretl, que casara com Fegelein, "quase como criada particular".

A questão da sexualidade de Hitler foi recentemente alvo de muita atenção especulativa. No entanto, há poucas dúvidas de que ele reprimiu seu lado homoerótico em prol da imagem viril do Führer. Esta repressão explica boa parte de sua energia maníaca e da fabricação de mitos. Alguns membros de seu círculo doméstico insistem que nunca fazia amor com Eva Braun, mas a criada dela está convencida de que faziam sim, pois ela usava pílulas para suprimir o ciclo menstrual quando ele chegava a Berghof. Sua aterradora halitose no fim da vida deve tê-lo tornado fisicamente ainda menos atraente do que antes, mas Eva Braun, como várias outras amigas íntimas, era, claramente, obcecada por ele. Não há provas, mas o beijo apaixonado que Hitler lhe deu mais tarde quando ela recusou-se a trocar o *bunker* pela segurança da Baviera enfraquece a teoria de que nunca houve nenhum tipo de contato sexual entre eles.

Eva Braun, como o próprio Hitler, sempre fora fascinada pelo glamour do cinema. Os filmes parecem ter sido um importante assunto de conversa entre eles. Uma das maiores frustrações de sua reclusão era sua incapacidade de participar das recepções de estado com as estrelas de cinema convidadas por Goebbels para dar um toque de sofisticação à costumeira coleção de esposas nazistas. Talvez Eva Braun visse seu destino com Hitler em termos de um final cinematográfico. Suas últimas cartas estão livres de melodrama, mas ainda assim ela encontrou um papel magnífico – o da heroína que, depois de sofrer anos de humilhação e negligência à sombra do homem que ama, vence no final, quando sua devoção é finalmente reconhecida.

Seus móveis foram levados para um quarto junto ao de Hitler, no subsolo da Chancelaria do Reich, em 15 de abril, e daí em diante ela também dormiu ali. "Estava sempre imaculadamente vestida", escreveu o adido da Luftwaffe junto a Hitler, Nicolaus von Below. "Era encantadora e amável e não mostrou fraqueza alguma até o último instante." A ameaça de serem capturadas vivas por soldados russos estimulou as secretárias dela e de Hitler a praticar o tiro de pistola no pátio em ruínas do Ministério de Relações Exteriores. Orgulhavam-se de sua pontaria e desafiavam oficiais do *bunker* para uma competição.

"Já podemos ouvir os tiros da linha de frente", escreveu Eva Braun a Herta Ostermayr. "Toda a minha vida se passa no *bunker*. Como pode imaginar, estamos terrivelmente privados de sono. Mas estou tão feliz, ainda mais neste momento, por estar perto dele (...) Ontem, telefonei para Gretl, é provável que pela última vez. A partir de hoje, não há como fazer contato. Mas tenho fé inabalável de que tudo dará certo e ele está, como nunca, cheio de esperanças."

NAQUELA MANHÃ, AS mulheres comuns de Berlim saíram para as filas de mantimentos depois do ataque aéreo. O som do fogo de artilharia a distância confirmou seus temores de que esta seria a última oportunidade para estocar comida. A luz do sol animou o espírito de muitas. "De repente, a gente lembra que é primavera", escreveu uma moça naquela tarde. "Pelas ruínas enegrecidas pelo fogo, o perfume dos lilases vem em ondas dos jardins sem dono."

O desespero de todos atrás de notícias fazia com que uma pequena multidão já estivesse à espera na banca quando chegava o garoto dos jornais. Os "jornais" de então não passavam de uma única folha impressa dos dois lados e continham muito mais propaganda que informações. A única seção útil era o comunicado diário da Wehrmacht, que, apesar de seus circunlóquios evasivos, indicava, pelas cidades que citava, até onde o inimigo avançara. A menção de Müncheberg naquele dia, 17 quilômetros a oeste de Seelow pela Reichstrasse 1, significava que os russos, definitivamente, tinham conseguido passar.

Por enquanto, contudo, a obsessão com a comida era o que importava. Haviam chegado boatos a Berlim de que seus compatriotas sitiados na Silésia tinham sido forçados a comer raízes e capim. Os russos, diziam na fila do armazém, também os fariam passar fome. As prioridades tornaram-se rígidas. Apenas coisas que pudessem ser comidas ou bebidas ou objetos que pudessem ser trocados por alimentos tinham alguma utilidade. E a partir deste dia os berlinenses deveriam passar a receber "rações de crise", o que significava alguma linguiça ou bacon, arroz, ervilhas secas, feijões ou lentilhas, algum açúcar e um pouco de gordura. Era o reconhecimento indireto pelas autoridades de que a cidade estava sitiada e pronta para a luta.

Com água, gasolina e eletricidade reduzidas ou cortadas, de repente os berlinenses tiveram de enfrentar uma existência primitiva. Muitos deles já tinham sido obrigados a cozinhar batatas meio podres em um fogo minúsculo cercado por três tijolos no chão da varanda. Donas de casa previdentes começaram a encher as malas de provisões essenciais para levar até o porão e sobreviver à batalha que estava por vir. E isso depois de 83 ataques aéreos desde o início de fevereiro. A firme fachada de vida normal, com gente ainda comparecendo todo dia aos escritórios destruídos pelas bombas, cessou de repente.

O MARECHAL JUKOV recordou que, naquela tarde de 20 de abril, "a artilharia de longa distância do 79º Corpo de Infantaria do Terceiro Exército de Choque abriu fogo contra Berlim". Mas, na verdade, pouca gente na cidade tomou consciência do fato. Jukov parecia não fazer ideia de que era o aniversário de Hitler. Estava desesperado para encontrar algo para mostrar que atacara Berlim antes de Konev. Os canhões disparavam no alcance máximo e apenas os subúrbios do nordeste foram afetados.

Quando Jukov soube ao certo do exército blindado de Konev que avançava para Berlim vindo do sul, enviou, naquela noite, uma ordem urgente a Katukov e Bogdanov, comandantes do Primeiro e do Segundo Exércitos Blindados de Guardas. Deu-lhes "uma missão histórica: entrar em Berlim primeiro e hastear a bandeira da vitória". Deveriam enviar a melhor brigada de cada corpo para penetrar nos arredores de Berlim às 4 horas da manhã do dia seguinte e avisar na mesma hora, para que Stalin pudesse ser informado imediatamente e o fato pudesse ser transmitido à imprensa. Na verdade, a primeira de suas brigadas blindadas só chegou aos arredores da cidade na noite de 21 de abril.

A sudeste de Berlim, enquanto isso, o marechal Konev chicoteava seus dois exércitos blindados pelo Spreewald. Seu principal interesse era o Terceiro Exército Blindado de Guardas, que se dirigia ao flanco sul de Berlim. O corpo blindado avançado de Ribalko tentou, ao meio-dia, invadir a cidade de Baruth, 20 quilômetros ao sul de Zossen, mas fracassou na primeira tentativa. "O Camarada Ribalko", comunicou-lhe Konev, "está se movendo novamente como uma lesma. Uma brigada luta enquanto o exército inteiro está preso. Ordeno-lhe que cruze a linha Baruth-Luckenwalde pelo pântano, usando várias rotas, numa ordem de batalha ampliada. Informe-me do cumprimento." A cidade foi tomada em duas horas.

O Quarto Exército Blindado de Guardas de Leliushenko, mais para o sul e para o oeste, encaminhava-se numa linha mais ou menos paralela para Jüterbog e, depois, Potsdam. Stalin ainda estava preocupado que os americanos pudessem, de repente, avançar de novo. O *Stavka*, naquele dia, avisou Jukov, Konev e o marechal Rokossovski da possibilidade de encontrar os aliados ocidentais e passou as senhas de reconhecimento. Mas o que nem Konev nem o *Stavka* parecem ter avaliado totalmente foi que a Primeira Frente Ucraniana, que avançava pelo sudeste, cruzaria com o Nono Exército de Busse, que tentava recuar em torno do lado sul de Berlim. Konev, como Jukov, estava obcecado com Berlim. Naquela noite, despachou mensagens para seus dois comandantes de exércitos blindados. "Pessoal aos camaradas Ribalko e Leliushenko. Ordeno categoricamente que penetrem em Berlim esta noite. Comuniquem a execução. Konev."

A RETIRADA ALEMÃ dos montes Seelow entre 19 e 20 de abril não teve linha de frente. Soldados desgarrados e exaustos arrastavam-se o melhor que podiam e grupos de combate improvisados lutavam em engajamentos ferozes sempre que ameaçados. O quartel-general do Nono Exército informou a Heinrici seu "*Auffanglinien*", ou "linhas mantidas", mas estas eram pouco mais que marcas a tinta no mapa – a tentativa de um oficial do estado-maior de impor ao caos alguma aparência de ordem.

O Quinto Exército de Choque de Berzarin chegara aos limites de Strausberg na noite de 19 de abril. Para piorar as coisas para as forças alemãs em retirada, todas as estradas que seguiam para oeste estavam bloqueadas com cada vez mais refugiados em pânico. Quando os T-34 chegaram ao campo de pouso de Werneuchen, a bateria de defesa antiaérea baixou seus canhões de 88mm para visar alvos em solo. Mas em todos esses combates a leste de Berlim "estava claro para nós, soldados", escreveu um participante, "que a batalha não duraria muito".

Na manhã de 19 de abril, a Divisão *Nordland* lutava na área a noroeste de Müncheberg, de onde o quartel-general de Weidling acabara de ser obrigado a bater rapidamente em retirada. O Regimento "Norge" recuava de Pritzhagen, enquanto o "Danmark", ao sul, na floresta de Buckow, misturava-se a membros da Juventude Hitlerista e remanescentes da 18ª Divisão *Panzergrenadier.*

Weidling ordenou-lhes que contra-atacassem na floresta de Buckow, mas isto fracassou. O batalhão de reconhecimento da *Nordland* estava quase cercado e muito castigado. O destacamento da Juventude Hitlerista sofreu destino ainda pior, isolado do restante numa parte da floresta que pegou fogo. Os blindados soviéticos ficaram, cuidadosamente, fora do alcance dos *panzerfausts.* "Então os tanques começaram a disparar no topo das árvores", relatou o Sturmmann Becker, "e os estilhaços caídos de cima começaram a atingir nossas posições embaixo."

Os sobreviventes foram forçados a recuar para Strausberg, por estradas estreitas entre os pinheiros. A infantaria russa seguiu rapidamente pelas valas, com os blindados vindo atrás para dar-lhes fogo de cobertura. As Waffen SS escandinavas tinham apenas armas de infantaria e alguns morteiros. Um único canhão de assalto alemão apareceu e tentou atacar os T-34. Foi imediatamente destruído. Então, um solitário tanque Tigre Rei surgiu entre as árvores. Explodiu os dois T-34 e salvou a situação.

Os remanescentes do batalhão de reconhecimento reuniram-se em um bosque perto de Strausberg. Cuidaram dos ferimentos, remendaram os veículos e limparam as armas. A cena desoladora não impediu que o Sturmbannführer Saalbach fizesse um discurso sobre o aniversário do Führer e o significado da batalha contra o bolchevismo na qual estavam engajados.

O Obersturmbannführer Langendorf, que fora ferido, foi levado de volta ao hospital de campanha das SS. Ouviu o discurso de Goebbels sobre o aniversário de Hitler enquanto o cirurgião trabalhava nele. O cirurgião das SS murmurou: “Agora será a vez deles.” As enfermeiras eram voluntárias da Holanda, de Flandres, da Dinamarca e, principalmente, da Noruega. Uma das jovens enfermeiras norueguesas, notou Langendorf, encontrara seu amante das Waffen SS entre os feridos graves que acabavam de chegar. “Ela o abraçou, deitou a cabeça dele em seu colo e ficou a seu lado até ele morrer de um ferimento feio na cabeça.” Como todos os fascistas e nacional-socialistas estrangeiros que haviam se apresentado como voluntários nas SS, tinham perdido seu país e agora perdiam sua causa. Isto, combinado ao ódio visceral ao bolchevismo, fazia deles combatentes formidáveis na batalha de Berlim.

Durante a maior parte daquele dia, os regimentos “Danmark” e “Norge” aguentaram-se no campo de pouso de Strausberg, defendendo-o contra os tanques de Katukov. O Obersturmbannführer Klotz, comandante do regimento “Danmark”, foi morto quando seu veículo recebeu um tiro direto. Foi colocado por seus homens na capelinha de um cemitério próximo. Não havia tempo de enterrá-lo. Logo tiveram de recuar mais, para sudoeste, rumo ao anel viário de Berlim.

A *Nordland* evitou as estradas principais em sua retirada. A Reichstrasse 1 estava um caos, especialmente na seção perto de Rüdersdorf, com centenas de veículos dirigindo-se para oeste, bloqueados muitas vezes por carroças cheias de refugiados metralhados por aviões Shturmovik em ataque ao solo. Os soldados, que não recebiam rações há cinco dias, invadiam casas abandonadas pelos donos. Alguns estavam tão exaustos que, depois de comer o que conseguiam encontrar, desmoronavam numa cama, a farda ainda coberta de lama das trincheiras. Então dormiam tanto que, em alguns casos, só acordavam com a chegada do inimigo. Um rapaz da Juventude Hitlerista estava tão exausto que, depois de um sono longo e profundo, acordou de repente e descobriu que havia uma batalha à sua volta.

Os oficiais tentavam restaurar a ordem no cano da pistola. Um major deteve um canhão antiaéreo autopropulsado que transportava feridos para a retaguarda. Ordenou ao motorista que levasse a arma de volta na direção do inimigo. A guarnição lhe disse que os tubos tinham sido atingidos e estavam inúteis. O major ainda insistiu e ordenou-lhes que descessem os feridos. Alguns homens da Volkssturm ali perto gritaram: "Atirem nele! Atirem nele!" O major recuou. A autoridade de um oficial, a menos que apoiada pelas submetralhadoras da Feldgendarmerie, tinha pouco peso numa retirada como essa.

O caos nas estradas aumentava ainda mais com os boatos e o pânico. Houve gritos falsos de "*Der Iwan Kommt!*" e outras ocasiões em que os tanques soviéticos realmente apareceram e os ultrapassaram. Os soldados alemães afirmavam que um "traidor de Seydlitz" passara pelas tropas em retirada dando ordens de recuar até Potsdam, no lado mais distante de Berlim. Isto bem pode ter sido verdade, já que o Sétimo Departamento do Exército Vermelho vinha forçando seus prisioneiros "antifascistas" a correr quase qualquer risco.

Os soldados do Exército Vermelho sentiam-se claramente em casa lutando na floresta de pinheiros a leste da capital, ainda que o clima quente deixasse os que ainda usavam uma *ushanka* de pele e gandola acolchoada com inveja dos que já portavam fardas de verão. "Quanto mais perto se chega de Berlim", observou um russo, "mais a região se parece com o campo em torno de Moscou." Mas alguns hábitos do Exército Vermelho não apressavam seu avanço. Em 20 de abril, Müncheberg foi pesadamente pilhada, "principalmente por oficiais e homens dos regimentos especiais [isto é, blindados e artilharia] (...) Mais de cinquenta soldados foram presos em um dia. Alguns foram enviados para companhias de infantaria. Estavam roubando roupas, sapatos e outras coisas em plena vista da população local. Esses homens explicaram que estavam saqueando porque desejavam mandar coisas para casa".

ENQUANTO O 56º Corpo Panzer de Weidling era empurrado de volta para os subúrbios a oeste de Berlim, o restante do 101º Corpo se retirara para o norte. Parte dele recuara para a área de Bernau durante a noite de 19 de abril. Os feridos tinham sido abandonados ao lado da estrada, porque havia pouquíssimos veículos ainda com combustível. Muitos, aparentemente, foram mortos ali mesmo por novas granadas.

Em sua maioria, os soldados em Bernau eram cadetes e técnicos de regimentos improvisados. Assim que se aquartelavam em escolas e casas, simplesmente desmoronavam e adormeciam. Um grupo de aprendizes de sinaleiros encontrou um quartel abandonado. Mas nas primeiras horas de 20 de abril, quando o 125º Corpo de Infantaria do 47º Exército atacou, um sargento teve de fazer a ronda, chutando-os para acordá-los e forçá-los a sair e defender a cidade. "Era tudo sem sentido", comentou um dos comandantes anos depois, mas na época a Wehrmacht lutava porque ninguém lhe dissera que podia parar.

O combate de Bernau, última verdadeira ação defensiva antes que a batalha de Berlim começasse a sério, foi caótico e breve. Os oficiais alemães que comandavam os jovens em instrução logo perceberam que não podiam mais evitar a desintegração total. Muitos fugiram, evadindo-se sozinhos ou em pequenos grupos. Quando o 47º Exército capturou Bernau, uma bateria da 30ª Brigada de Artilharia de Guardas disparou uma saudação de vitória na direção de Berlim. Enquanto isso, o Segundo Exército Blindado de Guardas de Bogdanov prosseguia, passando pelos subúrbios a nordeste da cidade, do lado de fora do anel viário. Muitos soldados soviéticos tinham ouvido falar dele como grande feito da engenharia, mas os que já conheciam as obras stalinistas de ostentação mostraram desdém.

O Sétimo Departamento usava cada vez mais prisioneiros como agentes para encorajar a deserção. Na frente do Terceiro Exército de Choque, cinco soldados de um batalhão da Volkssturm foram enviados de volta a seus camaradas em 20 de abril. "Retornaram no dia seguinte com o batalhão quase todo." Mas, apesar das promessas do departamento político, muitos soldados russos pareciam obcecados por encontrar soldados das Waffen SS dos quais pudessem vingar-se. "*Du SS!*",* gritavam acusadoramente. Os soldados que riam espantados corriam grave risco de serem fuzilados na mesma hora. Alguns capturados pelos soldados do NKVD e acusados pela SMERSH de serem membros da *Werwolf* foram forçados a confessar que "receberam substâncias químicas para envenenar poços e rios".

O GENERAL BUSSE, com a maior parte do Nono Exército – o 11º Corpo Panzer SS, o Quinto Corpo de Montanha SS e a guarnição de Frankfurt an der Oder –, logo começou a retirada para sudoeste, rumo ao Spreewald, apesar das ordens do *bunker* do Führer de que a linha de defesa do Oder jamais deveria ser abandonada.

A compulsão do Führer de lançar contra-ataques a esmo voltou na noite de 20 de abril, bem quando Jukov e Konev forçavam seus próprios comandantes de exércitos blindados a avançar mais depressa. Hitler disse ao general Krebs que lançasse um ataque partindo do oeste de Berlim contra os exércitos de Konev para evitar o cerco. A força que deveria "rechaçar" o Terceiro e o Quarto Exércitos Blindados de Guardas consistia da Divisão *Friedrich Ludwig Jahn*, formada de meninos dos destacamentos do Serviço de Mão de Obra do Reich, e da chamada "formação Panzer Wünsdorf", um grupo de meia dúzia de tanques da escola de instrução militar dali.

Um batalhão da polícia foi enviado para a área de Strausberg naquele dia "para pegar desertores e executá-los, e fuzilar quaisquer soldados encontrados recuando sem ordem". Mas até aqueles destacados como executores começaram a desertar no caminho para a frente. Um dos que se entregaram aos russos contou a seu interrogador soviético que "cerca de 40 mil desertores estão

*Você é da SS! (*N. da T.*)

escondidos em Berlim, já antes do avanço russo. Agora este número aumenta rapidamente". Prosseguiu dizendo que a polícia e a Gestapo não podiam controlar a situação.

18
A revoada dos faisões dourados

Na manhã de sábado, 21 de abril, logo depois que o último ataque aéreo aliado terminou, o quartel-general do general Reymann, no Hohenzollerndamm, encheu-se de fardas marrons. Altos funcionários do Partido Nazista haviam corrido para lá para obter a autorização necessária para deixar Berlim. Desta vez, os "Faisões Dourados" tiveram de pedir permissão ao exército. Goebbels, como comissário do Reich para Berlim, ordenara que "nenhum homem capaz de portar armas pode sair da cidade". Só o quartel-general da Defesa de Berlim poderia emitir uma dispensa.

"Os ratos estão abandonando o navio que afunda", foi a reação inevitável do coronel von Refior, chefe do estado-maior de Reymann. Reymann e seus oficiais do estado-maior sentiram uma satisfação fugaz com a cena. Mais de 2 mil passes foram assinados para os "guerreiros de gabinete" do partido, sempre tão prontos a condenar as retiradas do exército. Reymann disse abertamente que estava contente por assiná-los, já que era melhor para a defesa da cidade livrar-se de tais covardes.

Esta ideia repercutiu fortemente dois dias depois na *Werwolfsender*, a emissora especial de Goebbels em Königs Wusterhausen, que lançou apelos à "*Werwölfe* de Berlim e Brandemburgo" para que se levantasse contra o inimigo. Afirmava que todos os covardes e traidores tinham partido de Berlim. "O Führer não fugiu para o sul da Alemanha. Permanece em Berlim, e com ele estão todos os que considerou dignos de lutar a seu lado neste momento histórico (...) Agora, soldados e oficiais da linha de frente, vocês não só travam a batalha final e a mais decisiva do Reich como, com sua luta, também completam a revolução nacional-socialista. Só os combatentes revolucionários mais inabaláveis permaneceram." Isto ignorava deliberadamente o número muito maior de hesitantes conscritos da Volkssturm, forçados a continuar lutando pela ameaça de forca ou pelotão de fuzilamento.

Um intenso bombardeio de artilharia sobre Berlim começou às 9h30 da manhã, poucas horas após o fim do último ataque aéreo aliado. O ajudante de ordens SS de Hitler, Otto Günsche, relatou que o Führer, poucos minutos depois de acordar, surgiu zangado e ainda sem fazer a barba no corredor do *bunker*, que servia de antessala.

– O que está acontecendo? – gritou para o general Burgdorf, o coronel von Below e Günsche. – De onde vêm esses disparos?

Burgdorf respondeu que o centro de Berlim estava sob o fogo da artilharia pesada soviética.

– Os russos já estão tão perto? – perguntou Hitler, claramente abalado.

O general Kazakov avançara suas divisões de artilharia de ruptura e todas as outras baterias de canhões pesados com obuseiros de 152mm e 203mm. Mais mensagens tinham sido rabiscadas nas granadas – "Pelo rato do Goebbels", "Por Stalingrado", "Pela barriga gorda de Göring" e "Pelos órfãos e viúvas!". As guarnições dos canhões foram encorajadas pelos oficiais políticos a imprimir um ritmo frenético de fogo. Oficiais superiores da artilharia sentiram-se especialmente orgulhosos e fizeram observações satisfeitas sobre "o deus sangrento da guerra", que se tornara um eufemismo quase universal para os canhões soviéticos. Daquela manhã até 2 de maio, disparariam 1,8 milhão de granadas no ataque à cidade.

As baixas, em especial entre as mulheres, foram pesadas, já que ainda faziam fila sob a chuva fina, esperando sua "ração de crise". Corpos mutilados foram lançados do outro lado da Hermannplatz, no Sudoeste de Berlim, enquanto as pessoas esperavam fora da loja de departamentos Karstadt. Muitos outros foram mortos na fila das bombas de água. Atravessar a rua se transformou em uma corrida entre um abrigo inseguro e outro. A maioria desistiu e voltou aos porões. Alguns, contudo, aproveitaram a oportunidade que parecia ser a última para enterrar a prataria e outros itens de valor no jardim ou em um lote próximo. Mas a impiedade do bombardeio e a queda aleatória das granadas logo obrigou a maioria da população a voltar aos subterrâneos.

Nos porões e nos abrigos antiaéreos, subculturas distintas haviam se desenvolvido durante dois anos dos pesados ataques aéreos de "*die Amis*" durante o dia e "*die Tommys*" à noite.* A "tribo do porão", como um jornalista chamou este curioso microcosmo da sociedade, produziu grande variedade de personagens, quer nos distritos marcadamente ricos, quer nos pobres. Todo porão parecia ter sempre pelo menos um chato de galochas, em geral um nazista que tentava justificar sua crença no Führer e na vitória final. Alguns berlinenses, por uma ou outra razão, tinham começado, de repente, a referir-se a Hitler como "aquele sujeito", e esta não era, necessariamente, uma expressão ofensiva.

As pessoas agarravam-se a amuletos da sorte ou talismas. Uma mãe carregava consigo a perna artificial sobressalente de um filho ainda preso no sítio de Breslau. Muitas tribos de porão alimentaram sua superstição ou teoria de sobrevivência particular. Por exemplo, alguns acreditavam que sobreviveriam a um choque quase direto enrolando uma toalha na cabeça. Outros estavam convencidos de que, caso se inclinassem à

*Os americanos (*amis*) atacavam a capital alemã durante o dia e os britânicos (*tommys*), à noite. (*N. da T.*)

frente na primeira explosão, isto impediria que seus pulmões se rompessem. Cada excentricidade da hipocondria alemã parece ter se revelado por completo. Quando soava o aviso do fim do bombardeio, os porões e abrigos ecoavam com risos histéricos e piadas compulsivas. Uma das favoritas entre as mulheres mais velhas e extrovertidas era: "Melhor um *russki* na barriga que um *ami* na cabeça."

No decorrer do dia, enquanto abaladas unidades alemãs e soldados extraviados recuavam, Hitler ainda insistia com Busse para que mantivesse uma linha que vinha se desintegrando há dois dias. O remanescente da ala esquerda de Busse, o 101° Corpo, fora expulso da área de Bernau. Wolfram Kertz, do Regimento de Guarda *Grossdeutschland*, foi ferido perto do entroncamento da autoestrada de Blumberg, a nordeste de Berlim. Dos mil e tantos homens do Regimento de Guarda, só quarenta chegaram a Berlim. Muita coisa dependia da "*Soldatenglück*", ou "sorte de soldado". Kertz estava encostado na parede de uma igreja quando os soldados russos o encontraram. Viram a Cruz de Cavaleiro em seu pescoço. "*Du General?*", perguntaram. Chamaram uma carroça puxada a cavalo e o levaram para um quartel-general para ser interrogado. Um oficial superior perguntou-lhe se Hitler ainda estava vivo e o que sabia sobre planos de um contragolpe alemão com os americanos contra o Exército Vermelho.

Isto, sem dúvida, refletia a paranoia do Kremlin. Na verdade, os americanos ainda combatiam os alemães por toda parte, inclusive no eixo de Berlim. Suas tropas terrestres e os Mustangs da Força Aérea dos Estados Unidos lançavam ataques contínuos contra a Divisão *Scharnhorst* do 12° Exército, ao norte de Dessau. Era uma reação aos ataques inesperados da Luftwaffe contra a travessia e as cabeças de ponte do Elba. A Peter Rettich, que comandava um batalhão da *Scharnhorst*, só restavam cinquenta homens em 21 de abril.

No centro do Nono Exército, os remanescentes do 56º Corpo Panzer de Weidling também foram empurrados para trás, cruzando o lado leste do anel viário de Berlim. Os cadáveres jaziam nas valas de cada lado das estradas mais visíveis. Em sua maioria, eram vítimas dos ataques de metralha dos Shturmovik que voavam baixo.

Tanto as estradas laterais quanto as principais estavam entulhadas de civis com carrinhos de mão, carrinhos de bebê e parelhas de cavalos de fazenda. Os soldados eram cercados por civis desesperados atrás de notícias sobre o avanço do inimigo, mas muitas vezes nem eles tinham uma ideia clara. Piquetes da Feldgendarmerie, em cada cruzamento, agarravam soldados extraviados para formar companhias improvisadas. Também havia homens enforcados nas árvores ao lado das estradas, com um cartaz no peito dizendo "Fui um covarde". Os soldados enviados para defender as casas dos dois lados da estrada eram os mais afortunados. Os habitantes lhes davam comida e alguma água quente para que se lavassem e barbeassem, pela primeira vez em muitos dias.

Em Petershagen, uma companhia da *Nordland* sob o comando do Sturmbannführer Lorenz, apoiada por alguns veículos de reconhecimento, preparou-se para tentar deter o Oitavo Exército de Guardas, mas foi subitamente devastada por um ataque maciço de Katiúchas. Um relato afirma que os soldados soviéticos tinham enchido as ogivas com *napalm* improvisado. Parece que os veículos de reconhecimento pegaram fogo e, em alguns casos, explodiram. Os sobreviventes em pânico pularam nos veículos ainda incólumes e fugiram, deixando os feridos, muitos com queimaduras terríveis, à sua própria sorte. Só Lorenz e seu operador de rádio ficaram para cuidar deles. Colocaram os que tinham maior probabilidade de sobreviver no único meia-lagarta que sobrara e os levaram de volta ao posto de triagem. Este fora montado em um celeiro dentro de uma ravina, perto de um posto de comando. Lorenz estava com "uma sensação péssima". Poucos momentos depois a artilharia da guarda soviética lançou outro disparo preciso de Katiúcha. Dificilmente alguém sobreviveu ileso. O próprio Lorenz foi atingido por *shrapnel* no ombro direito.

Ali perto, Gerhard Tillery, um dos sobreviventes de um batalhão de cadetes, viu um coronel de sua divisão fora de um estábulo de cavalos de corrida em Hoppegarten, "Cuide para que todos vocês cheguem em casa sãos e salvos", disse o coronel ao soldado surpreso. "Nada disso tem mais nenhum sentido." Mas Tillery não conseguiu seguir este conselho imediatamente. Sua nova companhia improvisada era comandada por um jovem oficial de artilharia muito decidido, sem nenhuma experiência de infantaria. Ele recuou até Mahlsdorf, onde assumiram posições defensivas em um cemitério. Na trégua antes que o combate recomeçasse, Tillery e alguns outros foram enviados para recolher a comida oferecida pelos civis locais. Trouxeram-na dentro de batedeiras de leite. Tillery viu que havia alguns membros da Volkssturm e um batalhão de polícia à sua direita. Todos sabiam que não ia demorar para os russos aparecerem, tateando o caminho à frente e disparando morteiros contra qualquer provável posição defensiva.

Lá, do lado leste de Berlim, os remanescentes alemães do Nono Exército enfrentavam o Quinto Exército de Choque e o Oitavo Exército de Guardas de Tchuikov. Então Jukov enviou o Oitavo Exército de Guardas mais para o sul, rumo ao Spree. Queria que Tchuikov e o Segundo Exército Blindado de Guardas de Katukov, que ainda trabalhavam juntos, entrassem em Berlim pelo sudoeste. Isto, esperava, impediria a tentativa de Konev de atacar Berlim daquela direção. Em 21 de abril, algumas brigadas blindadas de Katukov avançaram com a infantaria do Oitavo Exército de Guardas e capturaram Erkner, logo ao sul de Rüdersdorf.

Para cercar o flanco norte de Berlim, Jukov enviara o 47º Exército rumo a Spandau e o Segundo Exército Blindado de Guardas para Oranienburg. A pressão de Stalin provocou a mensagem: "Devido à lentidão de nosso avanço, os aliados aproximam-se de Berlim e logo a tomarão." As brigadas blindadas avançadas, que deveriam ter chegado à cidade na noite anterior, ainda estavam pelos arredores na noite de 21 de abril. Jukov recusou-se a admitir que um avanço direto com os blindados num ambiente como aquele envolveria pesadas perdas. Todas as casas do lado da estrada, todos os lotes ou jardins, quase todos os arbustos podiam conter um membro da Juventude Hitlerista ou da Volkssturm armado com um *panzerfaust*. Os regimentos de infantaria do Terceiro e do Quinto Exércitos de Choque também alcançaram os subúrbios Malchow e Hohenschönhausen, a nordeste, naquela noite.

Vinte quilômetros ao sul de Berlim, no enorme quartel-general subterrâneo de Zossen, havia um clima de profunda ansiedade. No dia anterior, quando surgira a ameaça dos tanques soviéticos que vinham do sul, o general Krebs enviara o pequeno destacamento de defesa do OKH em veículos de reconhecimento para investigar. Às 6 horas da manhã de 21 de abril, o segundo ajudante de ordens de Krebs, o capitão Boldt, foi acordado por um telefonema. O primeiro-tenente Kränkel, que comandava o destacamento de defesa, acabara de ver quarenta tanques soviéticos vindo pela estrada de Baruth na direção de Zossen. Estava a ponto de engajar-se em combate com eles. Boldt sabia que os blindados leves de Kränkel não teriam chance contra os T-34. Informou a Krebs, que ligou para a Chancelaria do Reich para pedir permissão de mudar o quartel-general de lugar. Hitler recusou. Pouco antes da conferência das 11 horas da manhã sobre a situação, os canhões dos tanques podiam ser claramente ouvidos a distância. Um oficial do estado-maior observou que os russos podiam chegar a Zossen em meia hora. Chegou outra mensagem de Kränkel.

Seu ataque falhara, com pesadas baixas. Não havia mais nada para deter os inimigos blindados.

O general Krebs saiu de seu gabinete. "Se estiverem prontos, senhores", disse ele, e assim começou a última reunião dos oficiais do Estado-Maior Geral alemão. Era difícil manter os pensamentos longe de sua iminente captura pelas forças blindadas soviéticas e dos campos de prisioneiros que os esperavam na Rússia. Mas não houve mais tiros. Os tanques tinham parado ao norte de Baruth porque estavam sem diesel. Finalmente, às 13 horas, o general Burgdorf ligou da Chancelaria do Reich. O OKH devia mudar seu quartel-general para uma base da Luftwaffe em Eiche, perto de Potsdam. Seus companheiros do sistema anexo de *bunkers* do OKW deveriam mudar-se para a base de blindados próxima, em Krampnitz. A decisão foi tomada na última hora.

Um comboio maior de veículos e pessoal não essencial partiu de Zossen em uma viagem arriscada para sudoeste, descendo depois para a Baviera. Nada sabiam das brigadas blindadas de Leliushenko que cruzavam seu caminho à frente, mas foram atingidos por uma das últimas surtidas da Luftwaffe. Os pilotos alemães identificaram erradamente seus veículos. O grupo menor, enquanto isso, seguiu para Potsdam, numa rota paralela aos blindados de Leliushenko.

Mais tarde, antes do anoitecer, soldados soviéticos entraram no campo oculto de Zossen com cuidado e espanto. Os dois complexos, conhecidos como Maybach I e Maybach II, ficavam lado a lado, ocultos sob árvores e redes de camuflagem. Não foi a massa de papéis voando dentro dos prédios baixos de concreto, pintados em zigue-zague, que os surpreendeu, mas a visita guiada pelo zelador residente. Ele os levou por um labirinto de galerias de *bunkers* subterrâneos, com geradores, mapas, mesas telefônicas e teletipos. A maior maravilha era o sistema telefônico, que ligara os dois quartéis-generais supremos com as unidades da Wehrmacht nos dias em que o

Terceiro Reich estendera-se do Volga aos Pireneus e do cabo Norte ao Saara. Além do zelador, os únicos defensores deixados para trás foram quatro soldados. Três deles renderam-se imediatamente. O quarto não conseguiu, porque estava completamente bêbado.

Um telefone tocou de repente. Um dos soldados russos atendeu. O interlocutor era, evidentemente, um oficial superior alemão perguntando o que estava acontecendo. "Ivan está aqui", respondeu o soldado em russo, e mandou-o para o inferno.

Enquanto os oficiais do estado-maior de Krebs transferiam-se com pressa indecente para o lado oeste de Berlim, surgiu o boato de que o general Weidling também deslocara seu quartel-general para Döberitz, logo ao norte de Potsdam. Isto provocaria uma comédia de humor negro dois dias depois, quando Hitler, primeiro, quis executar Weidling por traição e covardia e, depois, nomeou-o comandante da defesa de Berlim.

Hitler considerou o bombardeio soviético de Berlim uma afronta pessoal, o que, levando em conta as frases rabiscadas nas granadas soviéticas, era mesmo. Sua reação instintiva foi culpar a Luftwaffe por permitir que isso acontecesse. Ameaçou o general Koller de execução, não pela primeira vez. O fato de que a Luftwaffe tinha poucas aeronaves em funcionamento e ainda menos combustível de aviação não o preocupava. A raiva, estava convencido, dava-lhe inspiração. A tentativa dos soviéticos de cercar a cidade pelo norte expôs-lhes o flanco direito. Ele ordenaria um contra-ataque e os deixaria em frangalhos. Recordava-se de ter visto em um mapa da situação o Terceiro Corpo SS *Germanische*, comandado pelo Obergruppenführer Felix Steiner, a noroeste de Eberswalde. Hitler recusou-se a aceitar que Heinrici já alocara a maior parte de suas divisões para ajudar o Nono Exército. O corpo de Steiner, segundo o quartel-general do Grupo de Exércitos do Vístula, consistia apenas de "três batalhões e alguns blindados".

Hitler, ausente da realidade, começou a falar do "Destacamento do Exército Steiner", exagero grandioso demais até mesmo para seu próprio padrão. Afirmou que, de qualquer forma, poderia ser reforçado com todas as unidades do 101º Corpo que havia recuado para o norte de Berlim. Pensou até na guarda pessoal da Luftwaffe de Göring, em Karinhall, mas ela já havia partido. Cada soldado, marinheiro ou aviador que se conseguisse encontrar seria lançado à batalha e qualquer comandante que retivesse seus homens enfrentaria execução em cinco horas. Hitler já adotara como palavras divinas a observação de Frederico, o Grande: "Quem lançar seu último batalhão na luta será o vencedor." Isto intensificava sua fantasia de que o jogo impiedoso com a vida dos outros era a marca da grandeza.

Steiner, quando recebeu o telefonema do *bunker* do Führer, ficou perplexo com a ordem de Hitler de atacar. Depois de refazer as ideias, ligou para Krebs para lembrá-lo da situação real, mas Krebs mantinha quase a mesma posição que Hitler. Mas já era tarde demais. Steiner recebeu a ordem oficial de lançar um contra-ataque ao flanco direito da Primeira Frente Bielorrussa. Ele e seus oficiais também foram ameaçados de execução caso deixassem de obedecer. Quando Heinrici foi informado pouco depois, ligou para a Chancelaria do Reich para protestar contra esta loucura. Krebs disse-lhe que a decisão fora tomada e que não podia falar com o Führer, que estava ocupado demais para conversar com ele.

Hitler, durante aquela noite de loucura, também destituiu o general Reymann do comando da defesa de Berlim. O general Burgdorf convencera Hitler de que ele não servia. E Goebbels se opusera a ele desde que recusara mudar seu quartel-general para o *bunker* do Zoológico, junto do dele, como comissário do Reich para a defesa de Berlim. Reymann foi nomeado comandante de uma divisão fraca em Potsdam, que recebeu o título de Grupo de Exércitos do Spree. Dois substitutos foram avaliados e rejeitados. Hitler então escolheu um certo coronel Käther, cuja principal qualificação para a tarefa era ter sido o principal *Führungsoffizier* nacional-socialista, a cópia nazista do comissário militar soviético. Käther foi promovido a general-de-divisão e depois a general comandante de corpo, mas a nomeação foi cancelada no dia seguinte. Berlim estava sem um comandante bem na hora em que o Exército Vermelho invadia seus subúrbios.

PARA JUKOV, o ritmo do avanço ainda era lento demais. O domingo, 22 de abril, fora a data marcada para a captura de Berlim, mas suas divisões avançadas ainda estavam na periferia. Naquela manhã, avisou aos comandantes de seus exércitos: "A defesa de Berlim está fracamente organizada, mas a operação de nossas tropas progride muito lentamente." Ordenou um "avanço de 24 horas por dia". Mas o fato de ser o aniversário de Lênin ainda encorajou os departamentos políticos a distribuir mais bandeiras vermelhas simbólicas a serem hasteadas em edifícios importantes.

Os russos não ficaram impressionados com o Spree. Um oficial descreveu-o como um "riozinho sujo e pantanoso". Mas, assim como Jukov subestimara a força defensiva dos montes Seelow, também desdenhara a rede de rios, canais e lagos desta área florestada de Brandemburgo. Foi graças apenas à grande experiência das companhias de reconhecimento em ataques a nado cruzando rios durante os dois anos de avanço e a habilidade e a bravura dos sapadores soviéticos na construção de pontes que o avanço não levou ainda mais tempo. O Primeiro Exército Blindado de Guardas preparou-se para construir um pontilhão no Spree perto de Köpenick, ainda que um pouco fora do caminho.

O Oitavo Exército de Guardas, trabalhando com os blindados, estava forçando o 56º Corpo de Weidling a voltar para a cidade sem perceber. À sua direita, o Quinto Exército de Choque avançou pelos subúrbios de leste e, mais adiante, o Terceiro Exército de Choque recebeu ordens de avançar pelos subúrbios centrais do norte e depois descer rumo ao centro da cidade. À sua direita, o Segundo Exército Blindado de Guardas devia entrar na cidade por Siemensstadt e dirigir-se para Charlottenburg. Finalmente, o 47º Exército, depois de assustar os prisioneiros de guerra franceses em Oranienburg com suas carroças e reservas de combustível puxadas por camelos, prosseguiu rumo a oeste para terminar o cerco da metade norte da cidade.

No início daquela manhã de domingo, o general Weidling convocou seus comandantes divisionários para discutir com eles a situação. Todos, com uma exceção, queriam abrir caminho para o sul e juntar-se ao general Busse e aos outros dois corpos do Nono Exército. A exceção era o Brigadeführer Ziegler, da Divisão SS *Nordland*, que, para fúria de Weidling, não fez segredo de querer unir-se a Steiner. Ninguém sabia se isto fora provocado inteiramente pelo tribalismo das SS ou se era também uma forma de levar seus voluntários escandinavos de volta a um ponto forte das SS perto da fronteira dinamarquesa.

A *Nordland* continuou a defender Mahlsdorf e a entrada de Berlim pela Reichstrasse 1. Em Friedrichsfelde, um de seus destacamentos cercou prisioneiros de guerra franceses e obrigou-os a cavar trincheiras sob a mira das armas. Depois de pesados ataques no meio do dia, a divisão recuou para Karlshorst. Um de seus destacamentos cavou a pista de corrida, estabelecendo posições de morteiros. Mas não demorou para que ficassem sob fogo pesado, com "granadas soviéticas explodindo nas plataformas e nos estábulos".

Já se passava quase uma semana desde que os soldados viram a última de suas rações de emergência, que costumavam consistir apenas de uma lata de queijo industrializado, um

Dauerbrot, ou pão de longa vida, e um cantil cheio de café ou chá. Agora, o melhor que podiam esperar era uma lata de carne de porco esquecida na prateleira de alguma casa abandonada, que abriam com a baioneta. Estavam imundos, barbados e com olhos injetados.

As condições de vida do grosso do Nono Exército, a sudeste, eram ainda piores. A ordem de Hitler de segurar a linha do Oder não fazia sentido. Os remanescentes do 11º Corpo Panzer SS, do Quinto Corpo de Montanha SS e a guarnição de Frankfurt começaram a recuar para o Spreewald, vindos de diferentes direções. Os homens deslocavam-se sozinhos ou em grupos. Sobravam poucas unidades formadas e dificilmente alguma capaz de obedecer às ordens do quartel-general de Busse. Os veículos eram abandonados pelo caminho quando ficavam sem combustível.

Os destacamentos desfalcados eram deixados para trás como força de cobertura, mas sua resistência não durava. Reinhard Appel, um dos membros da Juventude Hitlerista treinados no Estádio Olímpico, fazia parte de um grupo destacado para substituir soldados das SS na Divisão *30 Januar*, não muito longe de Müllrose. Sua vida foi salva por um velho sargento, muito condecorado na Frente Oriental. Quando os soldados soviéticos avançaram, Appel, numa tentativa desesperada de vender caro a vida, levantou-se pronto a lançar uma granada. O sargento agarrou-lhe o braço e tomou-lhe a granada da mão. Gritou com o garoto que era loucura tentar ser corajoso numa posição sem esperanças. Os russos simplesmente varreriam quem quer que estivesse no *bunker*. Tinha um lenço branco amarrado num galho e levantou os braços em rendição quando os soldados soviéticos apareceram com suas submetralhadoras. Com gritos de "*Vainá kaputt!*" ("A guerra acabou!") e "*Guitler kaputt!*", os russos correram à frente para tirar dos jovens soldados suas armas, que jogaram para o lado, e depois arrancar-lhes os relógios de pulso. Os garotos e o velho sargento receberam ordem de marchar para leste, rumo ao Oder.

A 80 QUILÔMETROS na retaguarda, os destacamentos de reconhecimento do Terceiro Exército Blindado de Guardas tinham chegado a Königs Wusterhausen na noite anterior. Isto representava um avanço de 174 quilômetros desde o Neisse em menos de seis dias. Estavam separados do Oitavo Exército de Guardas de Tchuikov, na margem norte do Müggelsee, por uma rede de lagos e hidrovias. Os dois exércitos soviéticos e esta barreira significavam, com efeito, que a porção remanescente do Nono Exército de Busse estava agora cercada.

O marechal Konev, avisado pelo reconhecimento aéreo da massa de soldados inimigos no Spreewald à sua direita, apressou o avanço dos caminhões do 28º Exército. Essas divisões deviam selar a brecha entre o Terceiro Exército de Guardas de Gordov, que destruía as forças alemãs em torno de Cottbus, e o Terceiro Exército Blindado de Guardas, que avançava sobre Berlim. Konev decidira reforçar o exército blindado de Ribalko com um corpo de artilharia avançada – "um martelo poderoso" – e uma divisão antiaérea.

Na noite de 22 de abril, os três corpos de Ribalko haviam atingido o canal Teltow, limite sul da linha de defesa perimetral de Berlim. Os defensores alemães ficaram "completamente surpresos ao ver-se face a face com tanques russos". Um relatório do Terceiro Exército Blindado de Guardas, numa frase extraordinariamente poética, descreveu sua chegada como tão inesperada "quanto neve em pleno verão".

A comunicação alemã era tão ruim que nem o quartel-general do Grupo de Exércitos do Vístula sabia deste avanço. E "nenhum passo foi dado para remover os suprimentos" de um grande depósito de rações da Wehrmacht no lado sul do canal. "Pelo contrário, nem quando o primeiro tanque russo estava a poucas centenas de metros de distância o administrador permitiu que as rações fossem distribuídas pelos soldados da Volkssturm na margem norte do canal, porque um formulário regulamentar não tinha sido preenchido." Em vez disso, pôs fogo nas provisões.

O Nono Corpo Mecanizado avançara por Lichtenrade, o Sexto Corpo Blindado de Guardas capturara Teltow e, bem à sua esquerda, o Sétimo Corpo Blindado de Guardas tomara Stahnsdorf. Mais para oeste, parte do Quarto Exército Blindado de Guardas de Leliushenko estava a 10 quilômetros de Potsdam. Mais além, dois outros corpos seus esgueiravam-se pela extremidade ocidental de Berlim e estavam a menos de 40 quilômetros do 47º Exército de Jukov, que vinha do norte.

Os prisioneiros franceses do Stalag III, perto do canal Teltow, aproveitavam um momento de calor primaveril quando houve uma correria para a cerca de arame farpado. "Pelas cinco da tarde", recordou um deles, "o primeiro soldado russo apareceu. Estava andando descuidadamente, bem ereto, com a submetralhadora no peito, pronta para disparar. Caminhava pela vala ao lado da estrada. Nem sequer olhou para o nosso campo." Pouco depois, contudo, oficiais soviéticos invadiram o campo. Os prisioneiros russos tiveram ordens de se apresentar. Receberam um fuzil ou uma submetralhadora e foram enviados diretamente para a ação.

Outro prisioneiro de guerra francês, no lado sudeste da cidade, pôde ver "um membro da Juventude Hitlerista, de 13 ou 14 anos, com rosto de criança apesar do capacete, em uma cova de um só homem, agarrando desajeitado um *panzerfaust*". O garoto parecia não ter dúvidas de que o buraco no chão se tornaria seu túmulo no dia seguinte.

EM SEU PROGRESSO rápido para o norte, as brigadas blindadas de Konev ultrapassaram as carroças cheias de civis, alguns dos quais, num exame mais cuidadoso, revelaram-se soldados alemães que tinham escondido as fardas. Os soldados que conseguiram escapar para oeste pela retaguarda do Quarto Exército Blindado de Guardas de Leliushenko espalharam a notícia de seu avanço. Além dos três corpos que cercavam Berlim pelo oeste, o Quinto Corpo Mecanizado de Guardas dirigia-se para o Elba, pronto a bloquear qualquer tentativa do 12º Exército de Wenck de unir-se ao Nono Exército de Busse.

No complexo hospitalar improvisado no quartel perto de Beelitz-Heilstätten, a irmã Ruth Schwarz, que ajudara a evacuar as crianças doentes de Potsdam, ficou horrorizada ao saber, em 21 de abril, que os russos já estavam em Jüterbog. Era uma distância de menos de 40 quilômetros. As rações de emergência de chocolate, linguiça seca e torrada foram distribuídas às várias enfermarias. As enfermeiras dormiam pelo menos quatro no mesmo quarto, esperando que isso as protegesse quando chegassem os soldados russos. Seus "corações dispararam de medo" com a notícia do avanço soviético.

Em 22 de abril, souberam que o Exército Vermelho chegara a Schönefeld, a apenas 10 quilômetros. A madre superiora Elisabeth von Cleve, que chegara com parte do pessoal e dos pacientes adultos de Potsdam, montou um altar com velas e levou centenas de pacientes para um serviço religioso improvisado para lhes dar consolo. Quando cantaram "*Ein feste Burg ist unser Gott*",* as lágrimas correram pelas faces. Sua única esperança parecia ser o boato de que Beelitz-Heilstätten fora declarada zona internacional, sob supervisão suíça. Mas isto se evaporou na manhã seguinte, quando souberam que os soldados soviéticos tinham chegado a Beelitz e estavam "pilhando, queimando e estuprando". "Imediatamente, peguei minha tesourinha de unhas para qualquer emergência", recordou a irmã Ruth Schwarz, e as enfermeiras continuaram seu trabalho.

*Nosso Deus é uma praça-forte. (*N. da T.*)

As AUTORIDADES MILITARES soviéticas tinham seus próprios problemas na retaguarda. Grupos de oficiais e soldados alemães, deixados para trás nos montes Seelow, tentavam escapulir de volta para o oeste. Desesperados atrás de comida, emboscavam as carroças de suprimentos puxadas a cavalo e até mesmo soldados isolados do Exército Vermelho, para tomar-lhes o embornal.

Agora que se aproximava o clímax da guerra, os regimentos de infantaria do NKVD continuavam a reagir com a suspeita e a falta de proporção costumeiras. "Em 22 de abril", relatou um regimento, "uma cozinheira do Exército Vermelho, Maria Mazurkevich, encontrou oficiais de uma divisão na qual trabalhara anteriormente e foi-se com eles de carro. Isto significa que ela desertou. Estamos dando todos os passos para encontrá-la." Isto numa época em que não se dava praticamente nenhum passo para impedir estupros ou saques, nem mesmo assassinatos.

Vasili Grossman, que voltava de Moscou para a Primeira Frente Bielorrussa, chegou passando pelo quartel-general da retaguarda de Jukov, em Landsberg. "Crianças brincam de soldado em uma laje", escreveu em seu caderno. "Isto no mesmo momento em que o imperialismo alemão está sendo exterminado em Berlim, e aqui os meninos com espadas de madeira e bastões e pernas compridas, as franjas louras e o cabelo cortado curto atrás da cabeça, gritam, pulam, saltam e espetam-se uns aos outros (...) É eterno. Jamais será eliminado da humanidade." Mas este estado de espírito pessimista não durou muito. Ele encontrou Brandemburgo banhada em sol e ficou admirado com as *dachas* mais próximas de Berlim. "Tudo", anotou, "está coberto de flores, tulipas, lilases, macieiras, ameixeiras. Os pássaros cantam: a natureza não sente piedade dos últimos dias do fascismo." Observou uma coluna de ex-prisioneiros de guerra deslocando-se em carroças, a pé, mancando, com a ajuda de bengalas, empurrando carrinhos de bebê e de mão. Também exibiam bandeiras nacionais improvisadas. "Os *poilus** franceses conseguiram manter seus cachimbos", observou.

Um dos sinais da queda do fascismo foi o colapso acelerado dos serviços alemães de propaganda. Em 21 de abril, a Agência de Notícias Transoceânica ficou em silêncio, assim como a Reichssender Berlim. No dia seguinte, os nacionalistas irlandeses pró-nazistas na Irland-Redaktion culparam os britânicos e americanos por reduzirem a Europa a uma zona de influência soviética. Foi sua penúltima transmissão. A emissora, em Nauen, foi capturada dois dias depois.

Cada vez mais berlinenses assumiam o risco de escutar a BBC e chegavam a ousar discutir as notícias. Mas os cortes de energia criavam agora uma censura mais eficaz das transmissões estrangeiras do que aquela jamais conseguida pelo estado policial. Londres tinha pouca ideia da grande ofensiva soviética, mas o anúncio de que o campo de concentração de Sachsenhausen-Oranienburg tinha sido libertado logo ao norte de Berlim deu uma boa ideia do progresso do Exército Vermelho e de sua intenção de cercar a cidade. A revelação dos horrores ali encontrados foi também outro lembrete da vingança que Berlim enfrentaria. Isto não impediu que a maioria dos berlinenses se convencesse de que as histórias dos campos de concentração deviam ser propaganda inimiga.

Além das transmissões ouvidas em rádios que funcionavam a bateria e alguns anúncios em cartazes sobre rações, a maioria das notícias vinha agora do boca a boca. Ficava ainda mais difícil desembaralhar boatos e fatos. Uma sensação de irrealidade, de pesadelo, cruzava a cidade, que esperava seu destino naquele dia de primavera, de sol claro e fortes chuvaradas. As comparações com sua recente condição de capital imperial

---

*Apelido do soldado de infantaria francês. (*N. da T.*)

da Europa ocupada eram inevitáveis. Edifícios outrora grandiosos estavam reduzidos a meras fachadas, com o céu visível pelas janelas de cima. E o declínio do poderio militar mecanizado era ressaltado pela visão de soldados alemães dirigindo carroças de feno puxadas por cavalinhos poloneses.

O cenário constante do bombardeio da artilharia de Kazakov deixava os nervos em frangalhos. As pessoas descobriram que a expressão "o trovejar dos canhões" não era um daqueles clichês bombásticos da guerra, mas uma descrição totalmente precisa. O som rolava e ecoava, especialmente nos pátios entre os prédios, exatamente como uma tempestade. Todos estavam com medo, mas as mulheres tinham mais a temer. Uma diarista anônima registrou que, embora as mulheres nas filas de rações discutissem cada avanço do inimigo, havia um acordo tácito. "Nem uma só mulher falava daquilo."

"Esta é uma época estranha", acrescentou, no grande livro-razão que usava como diário. "Vivemos a história que está sendo feita, coisas que algum dia encherão os livros de História. Mas, enquanto a vivemos, tudo se dissolve em preocupações e medos mesquinhos. A história é muito cansativa. Amanhã vou procurar urtigas e tentar achar carvão."

HITLER, PELO CONTRÁRIO, já percebera então que a História era tudo o que lhe restava – só que sua noção de História estava fatalmente dominada pelo desejo obsessivo de imortalidade. Diversamente de Himmler, não tentou mudar sua imagem com concessões. No mínimo, seu apego ao derramamento de sangue e à destruição intensificou-se. Uma das principais razões de sua decisão de ficar em Berlim era muito simples. A Queda do Berchtesgaden não soava tão bem quanto a Queda de Berlim. Nem oferecia as mesmas imagens espetaculares de monumentos esmagados e prédios em chamas.

Durante a noite de 21 de abril, Hitler quase entrou em colapso depois de ordenar o contra-ataque de Steiner. Morell, seu médico, achou-o tão deprimido que sugeriu uma injeção para reanimá-lo. Hitler entrou em frenesi. Estava convencido de que os generais queriam drogá-lo com morfina e colocá-lo num avião para Salzburgo. Parece que, quando não estava nas conferências sobre a situação, passava a maior parte de seus dias e noites no *bunker* sentado no quarto, perdido em pensamentos, muitas vezes fitando o retrato de Frederico, o Grande. Ele se tornara seu ícone.

Durante quase toda a manhã de 22 de abril, Hitler exigiu febrilmente notícias do ataque de Steiner ao norte. Disse ao general Koller, chefe do estado-maior da Luftwaffe, que enviasse aeronaves para ver se as tropas de Steiner já tinham começado a deslocar-se. Entrou em contato com Himmler para pedir-lhe a mesma coisa. O Reichsführer SS não tinha a menor ideia do que estava acontecendo. Ele e sua camaleônica eminência, o Gruppenführer Walter Schellenberg, ainda estavam preocupados com a ideia de contatos secretos com os aliados ocidentais através do conde Bernadotte. Himmler deu apenas uma resposta cuidadosamente otimista, à qual Hitler se agarrou como se fosse um fato.

Na conferência do meio-dia sobre a situação, contudo, Hitler soube com certeza que Steiner não avançara. As forças soviéticas também tinham rompido o anel de defesa perimetral ao norte da cidade. Começou a gritar e berrar. Agora as SS o estavam traindo, assim como o Exército. Sua raiva foi muito pior que qualquer uma das brigas com Guderian. Acabou deixando-se cair sobre uma poltrona, exausto e choroso. Disse bem abertamente, pela primeira vez, que a guerra estava perdida. Keitel, Jodl, Krebs e Burgdorf ficaram abalados. Hitler prosseguiu dizendo que, como não podia morrer lutando por ser fraco demais, simplesmente daria um tiro em si mesmo para evitar que caísse nas mãos do inimigo. Tentaram convencê-lo a partir para Berchtesgaden, mas estava claro que ele já se decidira. Ordenou a Keitel, Jodl e Bormann que partissem para o sul, mas eles se recusaram. Quem mais quisesse poderia ir, disse-lhes, mas ele ficaria em Berlim até o final. Queria que fosse feito um anúncio a respeito.

Goebbels foi chamado à Chancelaria do Reich para ajudar a convencê-lo a partir, mas foi a pior opção, uma vez que também tinha decidido ficar. Conversou sozinho com Hitler em seu quarto por algum tempo, tentando acalmá-lo. Quando Goebbels saiu, disse aos que esperavam do lado de fora que o Führer pedira-lhe que trouxesse sua família para o *bunker*. Parecia que Goebbels dissera a Hitler durante sua conversa que ele e a esposa, Magda, já tinham decidido matar os seis filhos e depois a si mesmos.

Hitler, para surpresa de seu perturbado círculo, ressurgiu mais calmo. Jodl sugerira que o 12º Exército do general Wenck poderia ser infletido e, em vez de enfrentar os americanos no Elba, receber ordens de socorrer Berlim. Hitler agarrou-se a esta ideia. "O marechal de campo, general Keitel", escreveu Jodl, "recebeu ordem de coordenar as ações do 12º Exército e do Nono, que estava rompendo seu cerco." Keitel ofereceu-se para partir imediatamente, mas Hitler insistiu que antes se sentasse enquanto os criados traziam-lhe uma refeição, além de sanduíches para a viagem, e meia garrafa de conhaque e chocolate como ração de emergência. Keitel, então, partiu para o quartel-general de Wenck e Jodl para a nova base do OKW em Krampnitz, ao norte de Potsdam.

A discussão sobre o grau de sanidade ou loucura de Hitler talvez nunca se resolva. Mas o coronel de Maizière, que estava lá naquela noite de domingo, 22 de abril, e que o observara de perto durante numerosas conferências sobre a situação, estava convencido de que "sua doença mental consistia de uma autoidentificação hipertrofiada com o povo alemão". Isso pode explicar por que sentia que a população de Berlim devia partilhar de seu suicídio. Mas ele também parecia sentir verdadeiro prazer com as baixas de seus próprios homens, assim como com as do inimigo. "As perdas nunca são altas demais!", exclamara ao marechal de campo von Reichenau em 1942, quando informado das pesadas baixas da SS *Leibstandarte Adolf Hitler*. "Elas plantam as sementes da glória futura."

A OPERAÇÃO SERAGLIO, ou evacuação para Berchtesgaden, foi acelerada. Um grupo preparou-se para partir bem cedo no dia seguinte. O almirante von Puttkammer, assessor naval de Hitler, recebera a tarefa de destruir todos os documentos públicos de Hitler no Berghof. Julius Schaub, ajudante de ordens pessoal de Hitler, que cuidava de todos os documentos da Chancelaria do Reich e do *bunker*, destruiria toda a sua correspondência particular. Duas das quatro secretárias já tinham sido enviadas para o sul. O Dr. Morell, que aparentemente tremia de medo, conseguiu unir-se ao grupo. Levou consigo um baú militar do Exército alemão cheio de fichas médicas de Hitler.

Os serviços de inteligência dos aliados ouviram boatos muito mais extravagantes sobre a fuga de Berlim. O Departamento de Estado em Washington D.C. foi avisado, por sua embaixada em Madri, que "os líderes planejam ir para o Japão pela Noruega. Aviões Heinkel 177 os levarão à Noruega e ali, já esperando, há outros aparelhos, provavelmente Vikings, para o voo sem escalas até o Japão". Sem dúvida, este era o desejo dos nazistas da Espanha, que também falaram de submarinos carregados para levar alimentos para a Alemanha e, talvez, para trazer líderes nazistas. "Existem na Suíça vários hospitais onde, sob o disfarce de ferimentos ou doenças, há alemães internados. Na verdade, são personalidades importantes a serem salvas." A afirmação de que "aviões alemães camuflados continuam a trazer notáveis [para a Espanha]" estava, no entanto, muito mais próxima da verdade. Pierre Laval, ex-primeiro-ministro da França de Vichy, estava entre os que fugiram da Alemanha para Barcelona em aviões Junkers de transporte, sem identificação. Franco sentiu-se obrigado a devolver Laval à França, mas alguns nazistas foram protegidos.

O êxodo fez com que cômodos do *bunker* e da Chancelaria do Reich fossem liberados. O major Freytag von Loringhoven, que se mudara para o *bunker* com o general Krebs, descobriu que o sistema de ventilação funcionava bem. Mas, na minúscula sala de reuniões, com 15 ou vinte pessoas ali dentro, o ar ficava quase irrespirável. Hitler era o único a sentar-se. Os outros quase dormiam de pé. O bombardeio e a queda de granadas começavam a criar rachaduras nas paredes, e havia poeira no ar. Como o fumo era terminantemente proibido no *bunker* inferior do Führer, os que ficavam loucos por um cigarro tinham de se esgueirar andar acima para a parte superior. Apesar desses inconvenientes, o *bunker* e os porões da Chancelaria do Reich estavam "soberbamente providos" de alimentos e álcool. O suprimento generoso de bebidas não contribuía para o raciocínio claro. "No *bunker*", observou o coronel de Maizière, "reinava um clima de desintegração. Viam-se bebedeiras e depressão, mas também homens de todos os postos agindo de forma frenética. A disciplina deixara de existir." Esta dissipação parecia formar um espantoso contraste com a noção nazista de valores da família quando chegou Frau Goebbels, trazendo seus seis filhos. Ainda assim, ambas continham exatamente os mesmos componentes de sentimentalismo, autopiedade e brutalidade.

Freytag von Loringhoven estava no pé da escada quando, de repente, viu Magda Goebbels descendo os degraus de concreto, seguida pelo filhos. Ela parecia "*sehr damenhaft*" – "muito senhorial". As seis crianças tinham de 12 a 5 anos de idade: Helga, Hilde, Helmut, Holde, Hedda e Heide. Seus nomes, todos começados com a mesma letra, não tinham sido escolhidos como uma linha de navios de guerra, mas para homenagear o lugar do alfabeto marcado pelo nome do Führer. Desciam as escadas como uma fila de escolares. Os rostos pálidos destacavam-se contra os casacos escuros. Helga, a mais velha, parecia muito triste, mas não chorava. Hitler conhecia e aprovava a decisão de Joseph e Magda Goebbels de matar os filhos antes de suicidar-se. Esta prova de lealdade total levou-o a presenteá-la com sua própria insígnia de ouro do Partido Nazista, que sempre usava em sua túnica. A chegada das crianças no *bunker* causou um efeito momentâneo de sobriedade. Todos os que os viram entrar sabiam que seriam mortos pelos pais como parte do Führerdämmerung.*

DEPOIS DE SUA terrível tempestade emocional no início da tarde, Hitler descansou em sua salinha de estar do *bunker* com Eva Braun. Convocou as duas secretárias restantes, Gerda Christian e Traudl Junge, sua nutricionista austríaca, Constanze Manzialy, e a secretária de Bormann, Elsa Krüger. Disse às mulheres que deviam aprontar-se para partir para Berghof, como os outros. Eva Braun sorriu e aproximou-se dele.

– Você sabe que eu nunca o deixarei – disse. – Ficarei a seu lado.

Ele puxou a cabeça dela até ele e, na frente de todos, beijou-a nos lábios. Este ato espantou todos os que o conheciam. Traudl Junge e Gerda Christian disseram que também ficariam. Hitler olhou carinhosamente para elas.

– Ah, se meus generais fossem tão bravos quanto vocês – disse. Entregou-lhes pílulas de cianureto como presente de despedida.

Provavelmente, foi pouco depois disso que Eva Braun datilografou uma última carta à melhor amiga, Herta Ostermayr. A carta devia acompanhar todas as suas joias. Um dos homens prestes a voar para o sul esperava para levar o pacote. Na carta, disse a Herta que as joias deveriam ser distribuídas segundo sua vontade. Seu valor ajudaria os amigos e a família

*O crepúsculo do Führer. (*N. da T.*)

a manterem a cabeça "acima d'água" nos dias que viriam. "Perdoe-me se isto é um pouco confuso", escreveu, "mas estou cercada pelos seis filhos de Goebbels e eles não param quietos. O que devo dizer-lhe? Não entendo como tudo chegou a este ponto, mas é impossível continuar acreditando em Deus."

19
A cidade bombardeada

Em 23 de abril, a estação de rádio controlada pelos nazistas em Praga afirmou que a decisão do Führer de ficar na capital do Reich dava "à batalha um significado europeu". Na mesma manhã, a manchete do jornal do Terceiro Exército de Choque dizia: "Pátria, alegra-te! Estamos nas ruas de Berlim!" O nacional-socialismo reivindicava uma causa internacional, enquanto o comunismo internacional tornara-se desavergonhadamente patriótico.

Para os civis de Berlim, as causas ideológicas não faziam mais muita diferença. A sobrevivência era o que contava sob o bombardeio. O pior estava por vir. O general Kazakov trazia canhões de sítio de 600mm em lagartas especialmente largas pela linha que seguia para a Schlesicher Bahnhof, a leste da cidade. Cada granada pesava meia tonelada.

Além das três torres antiaéreas, um dos maiores refúgios de Berlim era o *bunker* da Anhalter Bahnhof, perto da estação principal. Construído com concreto armado, com três andares acima do solo e dois abaixo, suas paredes tinham até 4,5m de espessura. Bancos e mesas de pinho haviam sido fornecidos pelas autoridades, assim como suprimentos de emergência de sardinha em lata, mas nada durava muito quando havia tanta escassez de combustível e comida. A maior vantagem do *bunker* da Anhalter era sua ligação direta com os túneis do metrô, ainda que os trens não estivessem circulando. As pessoas podiam caminhar 5 quilômetros até a Nordbahnhof, sem sequer se exporem a riscos.

As condições de vida no *bunker* ficaram aterradoras, com quase 12 mil pessoas amontoadas em 3.600 metros quadrados. O aperto era tão grande que ninguém conseguia chegar ao lavatório, mesmo que estivesse aberto. Uma mulher descreveu como passou seis dias no mesmo degrau. Para os higiênicos alemães, isso era um sofrimento enorme, mas, com o fornecimento de água cortado, a água para beber era prioridade muito maior. Havia uma bomba que ainda funcionava do lado de fora da estação, e as moças perto da entrada arriscavam-se a correr com um balde para buscar água. Muitas foram mortas, porque a estação era um excelente alvo para a artilharia soviética. Mas as que voltavam vivas conquistavam a gratidão eterna dos que estavam fracos demais para buscá-la, ou trocavam goles por comida com aqueles a quem faltava coragem para correr até a torneira.

Nas barreiras antitanques montadas nos principais cruzamentos, a Feldgendarmerie verificava documentos, pronta a prender e executar qualquer desertor. Nos porões, oficiais e soldados alemães, num crescente pinga-pinga, começaram a aparecer em trajes civis. "A deserção, de repente, começou a parecer bastante natural, quase respeitável", anotou uma mulher em seu diário naquela manhã de segunda-feira, 23 de abril. Ela pensou nos trezentos espartanos de Leônidas nas Termópilas, sobre quem tanto ouvira falar na escola. "Talvez aqui e lá trezentos soldados alemães se comportassem da mesma forma; três milhões, não. Quanto maior a multidão, menor a probabilidade de heroísmo de livro didático. Por natureza, nós, mulheres, também não o apreciamos muito. Somos sensatas, práticas, oportunistas. Preferimos os homens vivos."

Quando, mais tarde, naquela manhã, ela foi procurar carvão ao longo dos trilhos da S-Bahn, descobriu que o túnel para o sul já estava bloqueado contra os russos, no limite meridional da cidade. Soube por transeuntes que um homem acusado de deserção fora enforcado na outra ponta do túnel. Parece que fora enforcado com os pés não muito longe do chão, e alguns garotos se divertiram torcendo o cadáver e fazendo-o girar.

No caminho para casa, ficou horrorizada com a visão de "crianças de rosto suave sob imensos capacetes de aço (...) tão miúdas e magras em fardas grandes demais para elas". Pensou por que ficava tão ultrajada com esta "agressão a crianças", já que, se tivessem apenas uns poucos anos a mais, ela se irritaria bem menos. Concluiu que alguma regra da natureza, que protegia a sobrevivência das espécies, estava sendo quebrada ao se lançarem seres humanos imaturos na batalha. Dar este passo era "um sintoma de loucura".

TALVEZ, COMO EFEITO colateral dessa lei que ligava a morte à maturidade sexual, a chegada do inimigo nos limites da cidade deixou os jovens soldados desesperados para perder a virgindade. As mocinhas, bem conscientes do elevado risco de estupro, preferiam entregar-se pela primeira vez a um garoto alemão qualquer que a um soldado soviético bêbado e, provavelmente, violento. No centro de transmissões da Grossdeutscher Rundfunk, na Masurenallee, dois terços do efetivo de quinhentos funcionários eram moças, muitas com pouco mais de 18 anos. Lá, na última semana de abril, "um sentimento real de desintegração" se espalhou, com muita bebida e cópulas indiscriminadas entre as pilhas de arquivos sonoros. Houve também muita atividade sexual entre pessoas de várias idades em porões e *bunkers* sem iluminação. O efeito afrodisíaco do perigo mortal não é um fenômeno histórico desconhecido.

Um jornalista norueguês, ao descrever o clima da cidade, afirmou que rapazes e moças fardados simplesmente cediam "a seus impulsos", numa "busca caótica de prazer". Mas isso mostrava falta de compreensão, em especial no caso das jovens frente à perspectiva de estupro. De qualquer forma, além daqueles que copulavam em torno do *bunker* do Zoológico e nos arbustos de rododendros do Tiergarten, que começavam a florir em meio aos destroços, muitos outros apenas se agarravam entre si numa necessidade desesperada de reafirmação.

O outro instinto da época era armazenar como um esquilo. Gerda Petersohn, secretária da Lufthansa, de 19 anos, estava em casa em Neukölln, não muito longe de uma estação da S-Bahn, quando correu pela vizinhança o boato de que um vagão de rações da Luftwaffe estava perdido nos trilhos. As mulheres correram para saqueá-lo. Mergulharam em caixas e caixotes para agarrar alguma coisa. Gerda viu ali perto uma mulher com os braços cheios de papel higiênico, bem na hora em que os aviões russos atacaram, metralhando e jogando pequenas bombas. Gerda rolou para debaixo de um vagão. A mulher com papel higiênico nos braços foi morta. "Que coisa dar a vida por isso", pensou Gerda. A última coisa que pegou antes de correr de volta para seu prédio de apartamentos foi um pacote de rações de emergência de pilotos, contendo Schoka-Cola e pequenos tabletes de malte. Esses tabletes se mostrariam muito úteis de um jeito inesperado.

Houve um caso dramático de saque na loja de departamentos Karstadt, na Hermannplatz, onde os fregueses em fila tinham sido feitos em pedaços pelo primeiro bombardeio de artilharia em 21 de abril.

Segundo esta história, os soldados das SS permitiram que os civis pegassem o que quisessem antes de explodirem o lugar. Dizem que a explosão matou muitos saqueadores excessivamente cobiçosos. Mas, na verdade, quando a Divisão SS *Nordland* ocupou a loja, vários dias depois, não quiseram explodi-la. Precisavam das duas torres da Karstadt como postos de observação para vigiar o avanço soviético em Neukölln e no aeródromo de Tempelhof.

Quando o fornecimento de energia parou e os rádios deixaram de funcionar, a usina de boatos produzia as únicas notícias disponíveis. Corriam em Berlim mais histórias falsas que verdadeiras. Afirmava-se que o marechal de campo Model não cometera suicídio, mas fora preso secretamente pela Gestapo. A cortina de fumaça de mentiras do próprio regime tornava qualquer coisa, por mais inexata que fosse, digna de crédito.

O SÉTIMO DEPARTAMENTO da Primeira Frente Bielorrussa lançou uma blitz de propaganda sobre Berlim, com folhetos jogados de avião que diziam aos soldados alemães "que não havia esperanças de continuar lutando". A prisão soviética era a única maneira de lhes salvar a vida, que não valia a pena perder pelo governo fascista. Outros eram "passes de salvo-conduto" a serem mostrados aos soldados do Exército Vermelho na hora da rendição. O departamento afirmou ter obtido sucesso porque "quase 50 por cento dos alemães que se renderam em Berlim" tinham um folheto e o mostravam a seus captores soviéticos. No total, 95 folhetos diferentes, quase 50 milhões de cópias, ao todo, foram lançados. Outros, cerca de 1,66 milhão, foram distribuídos entre os civis alemães e os soldados que eram enviados de volta cruzando as linhas. Durante a Operação Berlim, 2.365 civis foram mandados de volta para infiltrar-se na cidade. Além disso, 2.130 prisioneiros de guerra alemães foram mandados de volta, dos quais 1.845 retornaram trazendo mais 8.340 prisioneiros. Esta tática foi considerada um sucesso tamanho que o comandante do Terceiro Exército de Choque ordenou a libertação em massa de prisioneiros de guerra alemães sob a supervisão dos oficiais políticos.

Ex-prisioneiros de guerra já doutrinados – "Seydlitz-truppen", como denominavam-nos as autoridades alemãs – foram enviados pelas linhas para Berlim com cartas escritas por prisioneiros recém-capturados a suas famílias. O cabo Max S., por exemplo, escreveu aos pais: "Minha amada família, ontem tornei-me prisioneiro dos russos. Disseram-nos que os russos fuzilam seus prisioneiros, mas isso não é verdade. Os russos estão tratando muito bem seus prisioneiros. Alimentaram-me e aqueceram-me. Estou me sentido bem. A guerra logo vai acabar e eu os verei de novo, meus queridos. Não se preocupem comigo. Estou vivo e com saúde." O fraseado e as fórmulas da carta sugerem que tenha sido ditada por um oficial russo, mas ainda assim o efeito do boca a boca de tais missivas valia muito mais que dezenas de milhares de folhetos.

Um folheto lançado sobre a própria capital dirigia-se às mulheres de Berlim. "Como a claque fascista teme a punição, espera prolongar a guerra. Mas vós, mulheres, não tendes nada a temer. Ninguém vos tocará." Depois, instava-as a convencer oficiais e soldados alemães a se renderem. Como os oficiais políticos deviam saber do rastro de violações em massa na esteira do avanço pelo território alemão, esta era uma afirmativa de espantar, mesmo segundo a maioria dos padrões da propaganda de guerra. Os propagandistas soviéticos também organizaram transmissões de rádio com "mulheres, atores, padres e professores" para garantir aos ouvintes que não seriam prejudicados de forma alguma.

Uma mensagem mais eficaz veio numa "carta dos moradores de Friedrichshafen à Guarnição de Berlim". "No dia seguinte à chegada do Exército Vermelho a vida voltou ao normal", dizia. "A entrega de alimentos recomeçou. Os habitantes de Friedrichshafen dizem-lhes para não acreditarem na propaganda falsa de Goebbels sobre o Exército Vermelho." O medo da fome, acima de tudo da fome das crianças, parece ter sido maior, para muitas mulheres, que o perigo de estupro.

O MARECHAL DE CAMPO KEITEL, que deixara o *bunker* do Führer na noite anterior com os sanduíches, o chocolate e o conhaque fornecidos pelo solícito Hitler, dirigira-se ao sul da capital. Teve sorte de não encontrar nenhum tanque de Leliushenko. Keitel foi, primeiro, para o quartel-general do 20º Corpo em Wiesenburg, a apenas 30 quilômetros da cabeça de ponte americana em Zerbst. O Corpo do general Köhler consistia, principalmente, das chamadas divisões "Jovens", em sua maior parte convocadas para instrução pré-militar no Serviço de Mão de Obra do Reich. Estavam longe de terminar seu treinamento, mas, com certeza, não lhes faltava animação, como o general Wenck logo descobrira.

Nas primeiras horas de 23 de abril, Keitel foi para o quartel-general próximo do 12º Exército, em uma estação florestal. Foi recebido pelo general Wenck e seu chefe do estado-maior, coronel Reichhelm. Não poderia haver mais contraste entre o marechal de campo e o general. Keitel era pomposo, vazio, estúpido, violento e obsequioso com seu Führer. Wenck, que parecia jovem apesar do cabelo branco, era extremamente inteligente e muito apreciado tanto pelos colegas quanto por seus soldados. O coronel Reichhelm, seu chefe do estado-maior, disse do visitante que era "um sargento excepcional, mas não um marechal de campo". Era uma crítica suave. Keitel, dentre todos os generais que ficaram incondicionalmente ao lado de Hitler, era odiado como o principal "coveiro do exército".

Keitel começou doutrinando Wenck e Reichhelm sobre a necessidade de o 12º o Exército salvar o Führer em Berlim. Vociferava como se discursasse em uma grande reunião do Partido Nazista e agitava seu bastão de marechal de campo. "Nós o deixamos falar e o deixamos partir", disse Reichhelm mais tarde. Mas Wenck já tinha outra ideia. Na verdade atacaria em direção de Berlim, como ordenado, mas não para salvar Hitler. Queria abrir à força um corredor desde o Elba, para permitir a soldados e civis escapar tanto à luta sem sentido quanto ao Exército Vermelho. Seria uma *Rettungsaktion* – uma operação de resgate.

Hitler, sem confiar em nenhum general, insistiu para que a ordem do Führer ao 12º Exército fosse transmitida pelo rádio, dirigida aos "*Soldaten der Armee Wenck!*". Provavelmente, foi a única vez na História em que ordens militares foram deliberadamente tornadas públicas no meio de uma batalha. Isto foi imediatamente obedecido pela estação de rádio *Werwolfsender*, que anunciou que "o Führer emitiu ordens de Berlim para que as unidades que combatem [os] americanos sejam rapidamente transferidas para leste para defender Berlim. Dezesseis divisões já [se] movem e pode-se esperar [que] cheguem [a] Berlim [a] qualquer hora". O objetivo era levar a população de Berlim a acreditar que os americanos estavam agora apoiando os alemães contra o Exército Vermelho. Por sorte, naquele dia a atividade aérea americana sobre o centro do Elba parou de repente. Foi um grande alívio para os soldados do 12º Exército.

Wenck e seu estado-maior sabiam que Keitel era tão fantasista quanto Hitler. Qualquer sugestão de engajar-se com os exércitos blindados soviéticos quando lhes faltavam tanques em condições de combate era grotesca. "Então elaboramos nossas próprias ordens", disse o coronel Humboldt, principal oficial de operações. Wenck planejava ir para Potsdam com uma força enquanto o grosso do exército avançaria para leste, ao sul de Berlim, para unir-se a Busse e ajudar a fuga de seu Nono Exército. "Estávamos em contato pelo rádio com Busse e sabíamos onde ele estava." Só uma leve cortina de soldados seria deixada para enfrentar os americanos.

Ordens detalhadas foram dadas imediatamente e, mais tarde, no mesmo dia, o general Wenck dirigiu-se em um Kübelwagen para falar aos jovens soldados, tanto os que atacariam para nordeste na direção de Potsdam quanto os que deviam avançar rumo a Treuenbrietzen e Beelitz, onde o complexo hospitalar estava ameaçado. "Rapazes, terão de entrar nessa mais uma vez", disse-lhes Wenck. "O caso não é mais Berlim, não é mais o Reich." Sua tarefa era salvar as pessoas da luta e dos russos. Hans-Dietrich Genscher, jovem sapador do 12º Exército, descreveu suas emoções como "um sentimento de lealdade, uma sensação de responsabilidade e camaradagem".

A liderança de Wenck fez soar uma corda poderosa, ainda que as reações variassem entre os que acreditavam numa operação humanitária e os mais dispostos a investir sobre os russos em vez dos aliados ocidentais. "Então vamos virar!", escreveu Peter Rettich, comandante de batalhão da Divisão *Scharnhorst*, que fora muito martelada pelos americanos. "E agora é marcha rápida para leste, contra os Ivans."

O OUTRO GENERAL alemão importante na batalha de Berlim a surgir desta vez foi o general Helmuth Weidling, comandante do 56º Corpo Panzer. Weidling parecia mais uma versão professoral de Erich von Stroheim, só que com cabelo.

Na manhã de 23 de abril, Weidling ligou para o *bunker* do Führer para fazer seu relatório. O general Krebs respondeu "com manifesta frieza" e informou-lhe que tinha sido condenado à morte. Demonstrando notável coragem moral e física, ele apareceu em pessoa no *bunker* do Führer aquela tarde. Hitler ficou visivelmente impressionado, tanto que decidiu que quem quisera executar por covardia era o homem para comandar a defesa da capital do Reich. Foi, como observou o coronel Refior, uma "tragicomédia" típica do regime.

O 56º Corpo Panzer de Weidling estava consideravelmente reduzido. Só restavam fragmentos da Nona Divisão de Paraquedistas. A Divisão Panzer *Müncheberg* estava reduzida a remanescentes e, embora a 20ª Divisão Panzergrenadier estivesse em melhores condições, seu comandante, o major-general Scholz, cometera suicídio pouco depois de entrar em Berlim. Só a *Nordland* e a 18ª Divisão Panzergrenadier continuavam relativamente em condições de combate. Weidling decidiu segurar a 18ª Divisão Panzergrenadier como reserva para um contra-ataque. As outras formações foram distribuídas pelos diferentes setores da defesa para agir como "*Korsettstangen*" – "barbatanas de colete".

A defesa da cidade fora organizada em oito setores, designados pelas letras A a H. Cada um era comandado por um general ou coronel, mas poucos deles tinham alguma experiência na linha de frente. Dentro da linha de defesa perimetral um anel de defesa interna seguia os trilhos circulares da ferrovia urbana da S-Bahn. A área mais interna era limitada pelo canal Landwehr, ao sul, e pelo rio Spree no lado norte. Os únicos verdadeiros pontos fortes eram as três torres antiaéreas de concreto – a Zoobunker, a Humboldthain e a Friedrichshain. Tinham bastante munição para seus canhões de 128mm e 20mm, assim como boas comunicações, com cabos telefônicos subterrâneos. Seu maior problema era estarem sobrecarregadas de feridos e civis aos milhares.

Weidling descobriu que esperavam que defendesse Berlim de 1,5 milhão de soldados soviéticos com cerca de 45 mil soldados da Wehrmacht e das SS, incluindo seu próprio Corpo, e pouco mais de 40 mil membros da Volkssturm. Quase todos os sessenta tanques na cidade vinham de suas próprias formações. Também supunha-se que houvesse um batalhão *Panzerjagd*, equipado com Volkswagens, cada um deles com trilhos para seis foguetes antitanque, mas ninguém viu nem traço deles. No distrito central do governo, o Brigadeführer Mohnke comandava mais de 2 mil homens de sua base na Chancelaria do Reich.*

A ameaça mais imediata enfrentada por Weidling na tarde de 23 de abril foi o ataque a leste e sudeste da cidade pelo Quinto Exército de Choque, pelo Oitavo Exército de Guardas

---

*As estimativas soviéticas calculam o efetivo alemão em 180 mil homens. Isto porque o Exército Vermelho incluiu todos os que foram feitos prisioneiros mais tarde, inclusive membros desarmados da Volkssturm, a polícia da cidade, ferroviários e membros do Serviço da Mão de Obra do Reich. A propaganda, naturalmente, também teve seu papel. (*N. do A.*)

e pelo Primeiro Exército Blindado de Guardas. Naquela noite, veículos blindados que ainda estavam em condições de combate receberam ordem de voltar ao aeródromo de Tempelhof para reabastecer. Lá, em meio a uma área coalhada de caças da Luftwaffe destruídos, principalmente Focke-Wulfs, os veículos blindados reabasteceram-se em um depósito ao lado do enorme prédio administrativo. Receberam ordens de preparar-se para contra-atacar a sudeste, na direção de Britz. Foram reforçados por alguns tanques Tigre Rei e alguns lançadores de foguete Nebelwerfer, mas a principal arma antitanque dessa força era o "Stuka a pé", nome jocoso do *panzerfaust*.

Depois de sua visita ao 12º Exército, Keitel voltou à Chancelaria do Reich às 3 da tarde. Ele e Jodl foram visitar Hitler pela última vez. Na volta ao quartel-general temporário do OKW em Krampnitz, souberam que as forças russas aproximavam-se pelo norte – era o 47º Exército, – e o campo foi abandonado nas primeiras horas da manhã.

A tarde continuou movimentada no *bunker* do Führer depois da partida de Weidling. Hitler, agarrando-se ao relatório de Keitel sobre sua visita ao 12º Exército, tomou nova injeção de fantasia otimista. Completamente viciado nisso, sentiu renovar-se a convicção de que o Exército Vermelho poderia ser derrotado. Então Albert Speer, para surpresa de todos e, até certo ponto, dele também, voltou a Berlim para visitar Hitler pela última vez. A despedida no aniversário de Hitler fora insatisfatória para ele, cercado de tanta gente. Apesar da mudança de seus sentimentos para com seu Führer e patrono, evidentemente, ainda sentia uma descarga egoísta com esta amizade extraordinária, que alguns chamaram de homoerótica.

Speer viera dirigindo de Hamburgo, tentando evitar as estradas obstruídas com refugiados, e descobriu que seu caminho estava bloqueado. O Exército Vermelho chegara a Nauen. Voltou a um campo de pouso da Luftwaffe, onde requisitou um avião Focke-Wulf de treinamento de dois lugares, e voou para o campo de pouso de Gatow, no limite oeste de Berlim. Dali, um avião de observação Fieseler Storch levou-o até o centro, aterrissando ao anoitecer perto do Portão de Brandemburgo, no eixo leste-oeste. Eva Braun, que sempre adorara Speer, ficou contentíssima ao vê-lo, em parte porque previra que retornaria. Até Bormann, que detestava Speer e tinha ciúmes dele, pareceu feliz ao vê-lo, e saudou-o no pé da escada. Speer era, provavelmente, a única pessoa capaz de convencer Hitler, nesta hora tardia, a deixar Berlim. Para Bormann, que não partilhava do fascínio pelo suicídio dos que o cercavam, em especial Goebbels, esta era a única esperança de salvar seu próprio pescoço.

Hitler, como Speer descobriu, estava calmo, como um velho resignado a morrer. Fez perguntas sobre o almirante Dönitz e Speer sentiu imediatamente que Hitler pretendia nomeá-lo seu sucessor. Hitler também perguntou sua opinião sobre voar para Berchtesgaden ou ficar em Berlim. Speer disse que pensava ser melhor acabar com tudo em Berlim do que em seu retiro campestre, onde "as lendas seriam difíceis de criar". Hitler pareceu convencido de que Speer concordava com sua decisão. Então, discutiu o suicídio e a determinação de Eva Braun de morrer com ele.

Speer ainda estava no *bunker* naquela noite de 23 de abril quando Bormann entrou correndo com uma mensagem de Göring, na Baviera. Göring recebera do general Koller um relato em terceira mão do colapso de Hitler no dia anterior e sua declaração de que ficaria em Berlim e se mataria com um tiro. Göring ainda era o sucessor legal, e deve ter temido que Bormann, Goebbels ou Himmler fizessem reivindicações contrárias. Claramente, não sabia que Dönitz fora escolhido como herdeiro ainda não consagrado. Göring passou quase metade do dia discutindo a situação com conselheiros e com o general Koller, que voara de Berlim naquela manhã com a versão errada do que fora dito no *bunker* do Führer. Então, rascunhou o texto que foi transmitido para Berlim naquela noite. "Meu Führer. Em vista de sua decisão de permanecer em seu posto na fortaleza de Berlim, concorda que eu assuma, imediatamente, a liderança total do Reich, com total liberdade de ação doméstica e no estrangeiro, como seu delegado, segundo seu decreto de 29 de junho de 1941? Se não receber resposta até as 22 horas desta noite, considerarei que meu Führer perdeu sua liberdade de ação e considerarei cumpridas as condições de seu decreto, e agirei em nome do interesse de nosso país e nosso povo. Meu Führer sabe o que sinto por vós nesta hora tão grave de minha vida. Faltam-me palavras para exprimir-me. Que Deus o proteja e facilite sua partida, apesar de tudo. Seu leal Hermann Göring."

Não deve ter sido difícil para Bormann despertar as suspeitas de Hitler. Um segundo telegrama de Göring a Ribbentrop, chamando-o para discutir, ajudou a convencer Hitler de que isto era pura e simples traição. Bormann imediatamente ofereceu-se para rascunhar uma resposta. Uma reprimenda cáustica destituiu Göring de todas as suas responsabilidades, seus títulos e seu poder de comando. No entanto, foi-lhe oferecida a opção de aposentar-se de todos os seus cargos por motivos de saúde. Isto o salvaria de acusações muito mais graves. Göring teve pouca opção além de concordar. Ainda assim, por ordem de Bormann, uma guarda SS cercou o Berghof e Göring tornou-se, efetivamente, prisioneiro. Como humilhação adicional, as cozinhas foram trancadas, supostamente para impedir que o Reichsmarschall em desgraça se envenenasse.

Depois deste drama, Speer visitou Magda Goebbels. Encontrou-a pálida, com um ataque de angina, deitada em uma cama em um minúsculo quartinho de concreto. Goebbels não os deixou sozinhos nem por um momento. Mais tarde, quando Hitler foi deitar-se, por volta da meia-noite, chegou um ordenança com uma mensagem de Eva Braun pedindo a Speer que fosse vê-la. Ela encomendou champanhe e bolos para os dois e conversaram sobre o passado: Munique, férias esquiando juntos e a vida em Berghof. Speer sempre gostara de Eva Braun, "uma garota simples de Munique", que agora admirava por sua "dignidade'e um certo tipo de serenidade alegre". O ordenança voltou às 3 horas da manhã, para dizer que Hitler acordara de novo. Speer deixou-a para dar seu último adeus ao homem que o tornara famoso. Só durou alguns instantes. Hitler estava ao, mesmo tempo, brusco e distante. Speer, seu ex-favorito, deixara de existir em sua mente.

Em algum momento no decorrer daquela noite, Eva Braun escreveu a última carta a Gretl Fegelein, sua irmã. "Hermann não está conosco", disse sobre o marido de Gretl. "Partiu para Nauen para reunir um batalhão ou algo assim." Ela não sabia que a viagem de Fegelein a Nauen era, na verdade, uma reunião secreta abortada com Himmler, parte da trama para conseguir a paz com os aliados ocidentais. "Quer lutar para romper o cerco e continuar a resistência na Baviera, pelo menos por algum tempo." Ela estava claramente enganada. Seu cunhado subira demais para reduzir-se a mero guerrilheiro.

Eva Braun, prática em sua ingenuidade, passou a concentrar-se em questões objetivas. Queria que Gretl destruísse toda a sua correspondência particular. "As contas de Heise não podem ser encontradas, de jeito nenhum." Heise era sua costureira e Eva não queria que o público soubesse como ela fora extravagante à custa do Führer. Mais uma vez, preocupava-se com o que seria feito de suas joias. "Meu relógio de diamantes, infelizmente, está no conserto", escreveu. Gretl deveria procurar o Unterscharfführer SS Stegemann, que aparentemente mandara-o consertar em um relojoeiro, quase com certeza judeu "evacuado" do campo de concentração de Oranienburg numa das últimas marchas da morte.

20
Falsas esperanças

Os assustados berlinenses não conseguiram deixar de crer em Goebbels quando ele prometeu que o exército de Wenck iria salvá-los. Também foram encorajados a acreditar no boato de que os americanos estavam se unindo à batalha contra os russos. Muitos ouviram aeronaves sobrevoar a cidade durante a noite de 23 de abril sem jogar bombas. Esses aviões, disseram uns aos outros, deviam ser americanos, e talvez tivessem paraquedistas. Mas as duas divisões aerotransportadas americanas jamais embarcaram.

Praticamente, as únicas tropas indo para Berlim naquela época não eram nem americanas nem alemãs, mas francesas. Às 4 horas da manhã de terça-feira, 24 de abril, o Brigadeführer Krukenberg foi acordado, no campo de instrução das SS perto de Neustrelitz, onde remanescentes da Divisão "Charlemagne" estavam abrigados desde o desastre da Pomerânia. O telefonema era do quartel-general do Grupo de Exércitos do Vístula. Evidentemente, o general Weidling informara a Heinrici que insistia em remover o Brigadeführer Ziegler do comando da *Nordland*. Foi ordenado a Krukenberg que fosse imediatamente para Berlim. Não disseram o motivo. Simplesmente mandaram que ele se apresentasse ao Gruppenführer Fegelein na Chancelaria do Reich. O oficial do estado-maior também aconselhou-o a levar uma escolta, já que poderia enfrentar dificuldades para chegar a Berlim.

Henri Fenet, comandante do batalhão sobrevivente, foi imediatamente acordado e despertou seus homens. Krukenberg vestia o longo sobretudo de couro cinzento de general das Waffen SS quando falou com os oficiais e praças reunidos. Pediu voluntários para acompanhá-lo a Berlim. Aparentemente, a grande maioria queria ir. Krukenberg e Fenet escolheram noventa, porque era tudo o que os veículos disponíveis podiam levar. Muitos eram oficiais, inclusive o capelão divisionário, monsenhor conde Mayol de Lupé. Depois da guerra, Krukenberg afirmou que nenhum deles era nacional-socialista. Isto até pode ter sido verdade no sentido estrito do termo, mas o fascismo francês estava, provavelmente, mais próximo do nazismo que das variedades italiana ou espanhola. De qualquer forma, esses voluntários prontos a morrer nas ruínas do Terceiro Reich eram todos antibolchevistas fanáticos, quer acreditassem na Nova Europa, quer na "*vieille France*".

Os voluntários escolhidos encheram os bolsos e embornais de munição e pegaram os *panzerfausts* restantes do batalhão. Às 8h30 da manhã, ao formarem uma fila ao lado da estrada para embarcar em seus veículos, viram subitamente o Reichsführer SS passar em um Mercedes conversível. Himmler cruzou direto por eles sem sequer cumprimentar seus soldados. Não tinha guarda nem escolta. Só vários anos depois Krukenberg compreendeu que Himmler devia estar voltando de Lübeck para seu retiro em Hohenlychen. Encontrara-se com o conde Bernadotte, representante da Cruz Vermelha sueca, na noite anterior.

A coluna de dois transportes blindados de pessoal e três caminhões pesadamente carregados partiu para Berlim. Sabiam que os tanques soviéticos já haviam chegado a Oranienburg, e assim Krukenberg decidiu-se por um caminho mais para oeste. Não seria fácil alcançar Berlim. Todos iam na direção contrária, fossem destacamentos organizados, soldados desgarrados, refugiados ou trabalhadores estrangeiros. Muitos soldados da Wehrmacht riam-se dos voluntários da "Charlemagne", dizendo-lhes que estavam indo na direção errada. Alguns batiam na têmpora para indicar que estavam malucos. Outros gritavam que a guerra já havia acabado. Chegaram a encontrar o destacamento de sinalização da Divisão *Nordland*. Seu comandante afirmou ter recebido ordens para dirigir-se a Schleswig-Holstein. Krukenberg, estando fora de contato, não tinha como verificar. E não sabia de nada sobre a briga entre Ziegler e Weidling.

Depois de um ataque de metralha de um caça soviético, que matou um homem, e de ouvir o fogo de artilharia a média distância, Krukenberg levou os veículos por estradas menores que conhecera como oficial em Berlim antes da guerra. Aproveitando-se das florestas de pinheiros, que os escondiam da aviação inimiga, aproximaram-se da cidade. A rota, contudo, ficava cada vez mais difícil, com barricadas e pontes destruídas, e assim Krukenberg ordenou que os caminhões voltassem para Neustrelitz. Manteve os dois transportes blindados de pessoal, mas a grande maioria dos voluntários franceses teve de continuar a pé durante mais 20 quilômetros.

Chegaram à área do Reichssportfeld, perto do Estádio Olímpico, às 10 horas da noite. Os homens exaustos descobriram um depósito de suprimentos da Luftwaffe, mas a maioria deles bebeu um chocolate especial dos pilotos, que continha benzedrina. Poucos conseguiram dormir. Krukenberg, acompanhado de seu ajudante de ordens, o capitão Pachur, cruzou a cidade aparentemente deserta de Berlim para apresentar-se a Fegelein na Chancelaria do Reich. Correu pelos voluntários franceses o boato de que o próprio Hitler iria inspecioná-los lá.

Seu chefe mais direto, Himmler, que passara por eles naquela manhã, finalmente cruzara seu Rubicão. O "fiel Heinrich", como Himmler era jocosamente conhecido na corte do Führer, foi condenado como conspirador. Tinha pouco talento para tramas e faltava-lhe a convicção de uma causa. Sua única vantagem foi que Hitler nunca imaginou que o Reichsführer que inventara com orgulho o lema das SS, "Minha honra é a lealdade", se transformaria em traidor.

Segundo Speer, Himmler ainda estava furioso com a ordem de Hitler de destituir as divisões das Waffen SS na Hungria dos títulos de suas braçadeiras. Mas se Hitler o tivesse convocado para ficar ao seu lado ou dado alguma indicação de que o preferia a Martin Bormann, seus olhos se encheriam de lágrimas e na mesma hora ele reafirmaria seu compromisso de devoção ao Führer. Em consequência, ficou paralisado pela indecisão. Mas o maior erro de cálculo de Himmler, em sua tentativa de abrir negociações com o inimigo, foi acreditar que sua pessoa seria fundamental para os aliados ocidentais, "já que só ele poderia manter a ordem".

Nas duas primeiras reuniões com o conde Bernadotte, Himmler não ousara levar a conversa além da libertação dos prisioneiros de campos de concentração. "O Reichsführer não está mais em contato com a realidade", dissera Bernadotte a Schellenberg depois da reunião que se seguiu ao aniversário de Hitler. Himmler recusou-se a seguir o conselho de Schellenberg, que insistiu para que depusesse ou mesmo assassinasse o homem a quem fora tão fiel.

Schellenberg conseguiu convencer Himmler a não voltar para o *bunker* para visitar Hitler em 22 de abril, depois que soube por Fegelein do frenesi do Führer naquela tarde. Schellenberg temia que, no momento em que seu chefe visse o Führer outra vez, sua determinação enfraquecesse. Himmler ofereceu à defesa de Berlim seu batalhão SS de guardas por meio de um intermediário. Hitler aceitou imediatamente e mostrou, no mapa, onde o batalhão deveria desdobrar-se, no Tiergarten, perto da Chancelaria do Reich. Também deu ordens para que os presos importantes, os *Prominenten*, fossem removidos para que pudessem ser mortos no momento da derrota.

Na noite de 23 de abril, Himmler e Schellenberg encontraram-se com Bernadotte em Lübeck. Himmler, agora sabedor da resolução de Hitler de matar-se em Berlim, estava finalmente resolvido a tomar seu lugar e iniciar negociações verdadeiras. Pediu formalmente a Bernadotte que abordasse os aliados ocidentais em seu nome para conseguir um cessar-fogo na Frente Ocidental. Prometeu que todos os prisioneiros escandinavos seriam mandados para a Suécia. Era típico da estranha relação de Himmler com a realidade que sua maior preocupação fosse se devia curvar-se ou apertar a mão do general Eisenhower, quando o encontrasse.

PARA OS ÚLTIMOS judeus ainda em cativeiro em Berlim a chegada do Exército Vermelho significou o fim de 12 anos de pesadelo ou a execução no último momento. Hans Oskar Löwenstein, que fora preso em Potsdam, foi levado para o campo de triagem de Schulstrasse, sediado no hospital judeu de Berlim, no distrito de Wedding, ao norte. Cerca de seiscentas pessoas apertadas em dois andares eram alimentadas com cascas de batata e beterraba crua, com um pouco de *Wassersuppe*, ou "sopa de água". Entre eles havia muitos judeus mestiços, como o próprio Löwenstein, chamados de "*Mischlinge*" pelos nazistas. Havia, também, membros da categoria privilegiada de judeus protegidos pelos nazistas, os *Schutzjuden*, que incluía, por exemplo, os que organizaram os Jogos Olímpicos de Berlim. Judeus estrangeiros de nacionalidade neutra ainda mantidos ali, especialmente os sul-americanos, tinham sido mantidos vivos pelos parentes na pátria, que mandavam café para a administração das SS.

O comandante do campo, o Obersturmbannführer SS Doberke, recebera ordem de fuzilar todos os seus prisioneiros, mas era claro que estava nervoso. Um porta-voz dos prisioneiros foi até ele com uma proposta simples. "A guerra acabou", disse a Doberke. "Se salvar nossa vida, salvaremos a sua." Os prisioneiros então prepararam um imenso formulário, assinado por todos, dizendo que o Obersturmbannführer Doberke salvara suas vidas. Duas horas depois que o formulário lhes foi tirado, viram que os portões estavam abertos e os guardas SS tinham desaparecido. Mas a libertação não foi uma ocasião assim tão alegre. Os soldados soviéticos estupraram as moças e mulheres judias do campo, sem saber que tinham sido perseguidas pelos nazistas.

ENQUANTO OS EXÉRCITOS soviéticos avançavam sobre Berlim, eram saudados por uma "Internacional real" de "prisioneiros de guerra soviéticos, franceses, britânicos, americanos e noruegueses", além de mulheres e moças que tinham sido levadas para a Alemanha como escravas, todos indo na direção contrária. O marechal Konev, que chegava a Berlim pelo sul, ficou impressionado ao ver que caminhavam nos sulcos das lagartas dos tanques, sabendo que pelo menos ali não haveria minas.

Grossman, que vinha do leste, também viu "centenas de camponeses russos barbados com mulheres e crianças". Observou "uma expressão de feroz desespero no rosto daqueles 'tios' barbados e devotos velhinhos das aldeias. São *starosti* [líderes das aldeias nomeados pelos alemães] e vilões da polícia que tinham fugido até Berlim e agora não tinham opção além de serem "libertados".

"Uma velha foge de Berlim", rabiscou Grossman em seu caderno. "Usa um xalinho na cabeça, parecendo exatamente como se estivesse numa peregrinação, uma peregrina nos vastos espaços da Rússia. Segura um guarda-chuva no ombro, com uma enorme panela de alumínio pendurada no cabo."

EMBORA HITLER AINDA não conseguisse aceitar totalmente a ideia de transferir tropas da Frente Ocidental para enfrentar o Exército Vermelho, Keitel e Jodl reconheceram que agora não havia alternativa. O estado-maior de operações da Wehrmacht emitiu as ordens necessárias. As suspeitas de Stalin, combinadas à política soviética de vingança, tornaram-se a profecia que provocava sua própria realização.

Stalin também estava preocupado com sua *bête noire*, a Polônia. Não tinha absolutamente nenhuma intenção de apoiar a composição do governo provisório. No que lhe dizia respeito, a questão era evidente por si só e os desejos do povo polonês não contavam. "A União Soviética", escreveu ele ao presidente Truman em 24 de abril, "tem o direito de esforçar-se para que exista na Polônia um governo amigável." Isto, claro, significava completamente sob o controle soviético. "Também é necessário levar em conta o fato de que a Polônia tem fronteiras com a União Soviética, o que não se pode dizer da Grã-Bretanha e dos Estados Unidos." Com Berlim agora praticamente cercada e os aliados ocidentais do lado de fora, Stalin não via razão para ser condescendente. Apesar de todas as acusações soviéticas anteriores contra a Força Aérea dos Estados Unidos, não houve indício de desculpas quando dois aviões americanos foram atacados e um deles destruído naquela tarde por seis caças soviéticos.

Stalin mantinha a pressão sobre seus dois marechais estimulando sua rivalidade. Desde a madrugada de 23 de abril, a fronteira entre a Primeira Frente Bielorrussa de Jukov e a Primeira Frente Ucraniana de Konev partia de Lübben, mas agora virava-se para o norte até o centro de Berlim. O limite direito de Konev ia até a Anhalter Bahnhof. O corpo blindado de Ribalko em Mariendorf, no canal Teltow, estava exatamente 5 quilômetros ao sul desse limite. Jukov só soube que o exército de Ribalko chegara a Berlim bem tarde, em 23 de abril, quando um oficial de ligação do Primeiro Exército Blindado de Guardas de Katukov, que vinha do leste, entrou em contato. Jukov ficou apavorado.

Desde que chegaram ao canal Teltow na noite de 22 de abril, os três corpos de Ribalko tiveram um dia para preparar-se para um ataque total em sua travessia. As margens de concreto do canal e os armazéns defendidos do lado norte pareciam uma barreira formidável. E embora os destacamentos da Volkssturm à sua frente não fossem oponentes à altura do Terceiro Exército Blindado de Guardas, tinham recebido as "barbatanas de colete" das 18ª e 20ª Divisões Panzergrenadier. As formações de artilharia de assalto tinham recebido ordem de avançar dois dias antes, mas havia tamanho engarrafamento de veículos na estrada de Zossen, incluindo carroças de suprimento puxadas por cavalos, que o progresso foi lento. Se a Luftwaffe ainda possuísse alguma aeronave em condições de uso, a rota seria um alvo perfeito. A 48ª Divisão de Infantaria de Guardas de Lutchinski chegou a tempo de preparar-se para ocupar cabeças de ponte do outro lado do canal e a artilharia correu para suas posições. Não foi coisa fácil. Quase 3 mil canhões e morteiros pesados precisaram ser posicionados na noite de 23 de abril. Era uma concentração de 650 peças por quilômetro, incluindo obuseiros de 152mm e 203mm.

Às 6h20 de 24 de abril, o bombardeio começou no canal Teltow. Foi uma concentração de fogo ainda mais maciça que na travessia do Neisse ou do Vístula. Konev chegou ao posto de comando de Ribalko quando estava quase terminado. Do telhado plano de um prédio de escritórios de oito andares um aglomerado de comandantes da Primeira Frente Ucraniana observava a artilharia pesada demolir os prédios do outro lado do canal e onda após onda de bombardeiros da aviação de apoio. A infantaria começou a atravessar em embarcações de assalto desmontáveis e barcos a remo de madeira. Às 7 horas da manhã os primeiros batalhões de infantaria estavam do outro lado, ocupando uma cabeça de ponte. Logo após o meio-dia os primeiros pontilhões estavam em seu lugar e os blindados começaram a passar.

A PRESSÃO NA EXTREMIDADE Sudeste das defesas de Berlim já era grande antes da travessia do canal Teltow. Na madrugada de 23 de abril, algumas unidades de infantaria de Tchuikov conseguiram, ao sul de Köpenick, atravessar tanto o Spree quanto o Dahme e chegar a Falkenberg. Tinham encontrado várias embarcações, desde botes a remos a lanchas de lazer.

Durante o dia e a noite seguinte, as divisões de infantaria de guardas de Tchuikov e as brigadas blindadas avançadas de Katukov prosseguiram rumo a Britz e Newkölln. O 28º Corpo de Infantaria de Guardas afirmou que os civis estavam tão assustados e subservientes que "lambiam [nossas] botas". E, nas primeiras horas de 24 de abril, um corpo do Quinto Exército de Choque, apoiado por embarcações armadas da flotilha do Dnieper, cruzou o Spree mais ao norte, no parque Treptow.

Às primeiras luzes de 24 de abril, quase todo o restante do corpo de Weidling, que se reabastecera na noite anterior no aeroporto de Tempelhof, lançou contra-ataques contra esta dupla ameaça. Ainda que os Tigres Reis remanescentes do Batalhão Panzer Pesado "Hermann von Salza" da Divisão *Nordland* derrubassem muitos tanques Stalin, as forças inimigas eram avassaladoras. "No decorrer de três horas", escreveu o comandante divisionário do Quinto Exército de Choque, "as SS fizeram seis ataques mas foram forçadas a recuar todas as vezes, deixando o chão repleto de cadáveres de farda negra. Panteras e Ferdinandos ficaram em chamas. Ao meio-dia nossa divisão conseguiu avançar de novo. Ocuparam todo o parque Treptow, e, ao anoitecer, chegamos ao anel ferroviário [da S-Bahn]." "Foi uma luta sangrenta e dura, sem misericórdia" escreveu um participante do lado alemão. Foi também um conflito sem escrúpulos. Os soldados soviéticos ouviram dos oficiais políticos que "Vlasov e seus homens estão participando" da batalha de Berlim. Isto era totalmente inverídico. Estavam quase todos na região de Praga naquele momento.

Enquanto os exércitos blindados de Konev forçavam a linha do canal Teltow, seus flancos da retaguarda foram ameaçados. Do oeste, as tropas de Wenck avançavam na direção de Treuenbrietzen e Beelitz enquanto, à sua direita, o Nono Exército tentava romper o cerco nas florestas a sudeste de Berlim.

O general Lutchinski já começara a infletir parte de seu 28º Exército para leste, para enfrentar o Nono Exército, mais ou menos segundo a linha da *autobahn* Berlim-Cottbus. E o *Stavka*, pouco tendo feito para cuidar do isolado Nono Exército, agora, finalmente, reagiu depressa. O marechal Novikov, líder da aviação do Exército Vermelho, recebeu ordens de supervisionar a concentração do Segundo, do 16º e do 18º Exércitos Aéreos contra esses 80 mil soldados alemães que se moviam pelas florestas. O que os comandantes soviéticos ainda não sabiam é se tentariam combater de volta para Berlim ou se buscariam romper o cerco a oeste para se unirem ao 12º Exército do general Wenck.

Os piores temores das enfermeiras do complexo hospitalar de Beelitz-Heilstätten se concretizaram na manhã de 24 de abril. De repente, o chão começou a vibrar quando o barulho dos motores e lagartas dos tanques cresceu. Uma das colunas blindadas de Leliushenko, tendo, ao que parece, forçado os representantes da Cruz Vermelha suíça a se afastarem, penetrara diretamente no complexo. As guarnições dos tanques, armadas de submetralhadoras, invadiram o primeiro bloco. Por um instante só se interessaram por relógios de pulso e gritavam: "Uri! Uri!" Mas então chegaram as notícias de estupro, pilhagem e assassinatos a esmo na própria Beelitz. As enfermeiras e os pacientes adultos prepararam-se para o pior. As crianças do hospital de Potsdam não tinham muita ideia do que estava acontecendo.

As enfermeiras não sabiam que estavam a ponto de serem resgatadas pelos jovens soldados de Wenck. Hitler, pelo contrário, estava agora convencido de que ele e Berlim seriam salvos pelo exército de Wenck. O chamado destacamento do exército de Steiner mal foi novamente mencionado no *bunker* do Führer. O leal almirante Dönitz avisou que, em resposta ao apelo de Hitler, enviava todos os marinheiros disponíveis para ajudar o combate pelo destino da Alemanha em Berlim. O plano de levá-los em Junkers 52 em pouso de emergência no centro da cidade mostrava pouca preocupação com a realidade e com a vida de seus marinheiros.

Claramente, pouca gente no *bunker* esperava que alguém conseguisse passar, a julgar pela surpresa causada pela chegada do Brigadeführer Krukenberg à meia-noite. Quando acabou sendo levado para falar com o general Krebs, que conhecera em 1943 no Grupo de Exércitos Centro, este admitiu abertamente seu espanto. Disse-lhe que, nas últimas 48 horas, grande quantidade de oficiais e unidades havia sido chamada a Berlim.

– O senhor é o primeiro que conseguiu chegar.

Faltava ao *bunker* do Führer, apesar de todos os esforços e despesas despendidos em sua construção, instalações adequadas de comunicação. Em consequência, o major Freytag von Loringhoven e o capitão Boldt só tinham um método para determinar a extensão do avanço do Exército Vermelho para as conferências do Führer sobre a situação. Ligavam para apartamentos de civis em torno da periferia da cidade, cujo número encontravam no catálogo telefônico de Berlim. Caso os moradores atendessem, perguntavam se tinham visto algum sinal de avanço de tropas. E se uma voz russa atendesse, em geral com uma torrente de palavrões exuberantes, a conclusão era óbvia. Quanto à situação europeia, obtinham secretamente as últimas notícias da Agência Reuters com Heinz Lorenz, principal secretário de imprensa de Hitler. Freytag von Loringhoven descobriu de repente que todos os que o tinham ignorado no *bunker* quando chegara agora mostravam-se agradáveis, para ter acesso à única fonte de informações razoavelmente dignas de confiança.

A maioria dos ocupantes do *bunker* nada tinha para fazer. Sentavam-se em qualquer lugar, bebendo, e perambulavam pelos corredores discutindo se era melhor suicidar-se com um tiro ou com cianeto. Supunha-se, em geral, que dificilmente alguém sairia vivo de lá. Embora frio e úmido, as condições de vida no *bunker* ainda eram infinitamente melhores que em qualquer outro porão ou abrigo antiaéreo de Berlim. Os ocupantes tinham água e luz elétrica dos geradores e não havia escassez de comida e bebida. As cozinhas da Chancelaria do Reich ainda estavam funcionando e serviam-se constantemente refeições cozidas.

Os BERLINENSES AGORA referiam-se à sua cidade como "*Reichsscheiterhaufen*" – a "pira mortuária do Reich". Os civis já sofriam baixas nos combates de rua e na limpeza das casas. O capitão Ratenko, oficial originário de Tula do Segundo Exército Blindado de Guardas de Bogdanov, bateu à porta de um porão em Reinickendorf, distrito no noroeste. Ninguém a abriu, e ele a chutou. Houve uma rajada de submetralhadora e ele foi morto. Os soldados do Segundo Exército Blindado de Guardas que estavam com ele começaram a disparar pela porta e pelas janelas. Mataram o atirador, aparentemente um jovem oficial da Wehrmacht em roupas civis, mas também uma mulher e uma criança. "O prédio foi então cercado por nossos homens e incendiado", afirmava o relatório.

A SMERSH mostrou interesse imediato pela questão dos oficiais escondidos da Wehrmacht. Criou um grupo de caça especial, com um informante membro do Partido Nazista desde 1927. Ele prometeu encontrar-lhes oficiais, sem dúvida em troca da própria vida. No total, pegou vinte, inclusive um coronel. "Outro oficial matou a esposa e depois cometeu suicídio quando a SMERSH bateu à sua porta", dizia o relatório.

Os soldados do Exército Vermelho decidiram usar a rede telefônica, mais por diversão que para obter informações. Quando vasculhavam apartamentos, muitas vezes paravam para discar números aleatórios de Berlim. Quando uma voz alemã atendia, anunciavam sua presença com sotaque inconfundivelmente russo. Isto "surpreendeu imensamente os berlinenses", escreveu um comissário político. Também não demorou muito para que o departamento político do Quinto Exército de Choque começasse a relatar "fenômenos anormais", que incluíam qualquer coisa, de pilhagem a ferimentos por dirigir embriagado, e "fenômenos imorais".

Muitos verdadeiros *frontoviki* comportaram-se bem. Quando um destacamento de sapadores do Terceiro Exército de Choque entrou em um apartamento, uma "pequena *babushka*" (vovozinha) disse-lhes que a filha estava de cama, doente. Quase com certeza estava tentando protegê-la de um estupro, mas parece que os sapadores não perceberam isso. Simplesmente deram-lhe alguma comida e foram em frente. Outros *frontoviki*, contudo, podiam ser impiedosos. Isto foi descrito como efeito da "violência impessoal da própria guerra" e como compulsão de tratar as mulheres como "substitutas da derrota do inimigo". Um historiador observou que os soldados soviéticos deflagraram uma onda de violência que passava muito depressa, mas o processo costumava acontecer de novo assim que chegava uma nova unidade.

Em 24 de abril, o Terceiro Exército de Choque usou sua Quinta Divisão de Artilharia de Ruptura em um setor estreito, onde os alemães vinham resistindo duramente. Os canhões pesados destruíram 17 casas, matando 120 defensores. Os atacantes soviéticos afirmaram que em quatro daquelas casas os alemães haviam pendurado bandeiras brancas de rendição e depois atiraram de novo. Este tornou-se um evento frequente no combate. Alguns soldados, em especial da Volkssturm, queriam render-se e, sub-repticiamente, balançavam um lenço branco, mas elementos fanáticos continuavam a lutar.

Os alemães montaram um contra-ataque com três canhões de assalto, mas foram frustrados aparentemente pelo heroísmo do soldado de reconhecimento Shuljenok. Shuljenok, depois de conseguir três *panzerfausts*, tomou posição em uma casa em ruínas. Uma granada alemã explodiu perto dele, ensurdecendo-o e cobrindo-o de destroços. Isto não o impediu de atacar os canhões de assalto quando se aproximaram. Pôs fogo no primeiro e danificou o segundo. O terceiro recuou apressadamente. Com esta ação ele tornou-se Herói da União Soviética, mas no dia seguinte "foi morto por um terrorista com roupas civis". Nas condições da época, isso podia significar um membro mal-equipado da Volkssturm, mas a concepção que os soviéticos faziam dos terroristas não diferia muito da definição da Wehrmacht durante a Operação Barbarossa.

Não muito distante dos acontecimentos, o escritor Vasili Grossman parou seu jipe no distrito de Weissensee, no nordeste de Berlim, no eixo do Terceiro Exército de Choque. Num momento o jipe foi cercado por meninos pedindo doces e olhando curiosos para o homem com o mapa aberto sobre os joelhos. Grossman ficou surpreendido com sua ousadia. Ele queria mesmo olhar em volta. "O que contradiz nossa ideia de Berlim como acampamento militar são as massas de jardins e canteiros em flor", observou. "Um grande trovão de artilharia no céu. Nos momentos de silêncio pode-se ouvir os pássaros."

A MADRUGADA DE 25 de abril, quando Krukenberg saiu da alquebrada Chancelaria do Reich, era fria, com o céu claro. O oeste de Berlim ainda estava estranhamente silencioso e vazio. No quartel-general de Weidling, no Hohenzollerndamm, a segurança era frouxa. Só os recibos de pagamento do soldo eram exigidos como identidade pelos sentinelas. Weidling, disse-lhe como seu Corpo Panzer muito dilapidado fora dividido para fortalecer destacamentos da Juventude Hitlerista e unidades mal-armadas da Volkssturm, nenhum dos quais podia ter esperanças de lutar ferozmente. Krukenberg deveria assumir o Setor de Defesa C no sudeste de Berlim, inclusive a 11ª Divisão Panzergrenadier SS *Nordland*. Ficou com a impressão de que Ziegler, que estava sendo removido do comando da *Nordland*, fora acusado de não conseguir manter juntos seus homens.

As descrições da destituição de Ziegler variam consideravelmente. O chefe do estado-maior de Weidling, coronel Refior, acreditava que "Ziegler tinha ordens secretas de Himmler para recuar para Schleswig-Holstein", e por isso fora preso. Com certeza, Ziegler parecia ser um dos poucos comandantes das SS que viam a falta de sentido de continuar lutando. Pouco antes de ser destituído, Ziegler dera ao Hauptsturmführer Pehrsson licença de ir à embaixada da Suécia descobrir se seus funcionários se recusariam a ajudar os suecos remanescentes a voltarem para casa.

Uma testemunha alega que Ziegler foi preso, no fim daquela manhã, em seu quartel-general na Hasenheidestrasse, logo ao norte do aeródromo de Tempelhof, por um Brigadeführer SS desconhecido. Estava apoiado por uma escolta com pistolas automáticas que protegia os arredores do quartel-general divisionário. Ziegler foi escoltado até o veículo. Saudou seus espantados oficiais que estavam de pé na entrada e apresentou-lhes seus cumprimentos:

– *Meine Herren, alles Gute!**

Foi levado preso para a Chancelaria do Reich.

– Que diabo está acontecendo? – exclamou um dos oficiais, o Sturmbannführer Vollmer. – Estamos sem comandante agora?

Krukenberg, em seu relato, descreve uma transferência de comando inteiramente normal, com Ziegler saindo em seu próprio carro para a Chancelaria do Reich.

Em qualquer caso, o interregno não durou muito. Logo após o meio-dia, Krukenberg chegou, seguido, pouco depois, pelos homens de Fenet, do batalhão "Charlemagne". Krukenberg ficou abalado ao saber que o efetivo dos regimentos Panzergrenadier "Norge" e "Danmark" correspondia agora, os dois juntos, a pouco mais que um batalhão. Os feri-

*"Meus senhores, está tudo bem!" (*N. da T.*)

dos, levados para o posto de triagem em um porão de armazenamento na Hermannplatz, dificilmente se sentiam em boas mãos. Ficavam "deitados em uma mesa suja de sangue como o tronco de um açougueiro".

A última cabeça de ponte alemã remanescente ao sul do canal Teltow, em Britz, estava sendo abandonada em pânico quando Krukenberg assumiu seu novo comando. Os remanescentes de seus regimentos "Norge" e "Danmark" esperavam impacientemente, ao lado do canal, o transporte motorizado, que enfrentava dificuldades para chegar até eles pelas ruas cobertas de destroços. Quando os caminhões finalmente chegaram, ouviu-se um grito de alarma:

– *Panzer durchgebrochen!**

Esse grito provocou um surto de "pavor de tanque" até nos veteranos mais experientes e uma corrida caótica para os veículos, que representavam um alvo fácil para os dois T-34 que tinham atravessado. Os caminhões que fugiram tinham homens pendurados até do lado de fora.

Ao escaparem para o norte pela Hermannstrasse, viram rabiscado na parede de uma casa: "SS traidores prolongam a guerra!" Não havia dúvida em sua mente sobre os culpados: "Comunistas alemães em ação. Íamos ter de lutar também contra o inimigo interno?"

Logo os blindados soviéticos atacavam também o restante da Divisão Panzer *Müncheberg*, no aeródromo de Tempelhof, em meio às fuselagens destruídas de caças Focke-Wulf. O apelido de "esqueleto" dado às aeronaves pelo Exército Vermelho finalmente parecia ser bem adequado. O troar e estalar do fogo de artilharia e dos blindados, pontuados pelas salvas gritantes dos Katiúcha, chegavam até o posto de comando da *Nordland*. Krukenberg estava levemente ferido no rosto pelo estilhaço de uma granada.

---

*"Os tanques conseguiram passar!" (*N. da T.*)

Com Neukölln já bem penetrado por grupos de combate soviéticos, Krukenberg preparou uma posição recuada em torno da Hermannplatz. As torres gêmeas da loja de departamentos Karstadt constituíam excelentes postos de observação para vigiar o avanço de quatro exércitos soviéticos – o Quinto Exército de Choque vindo do parque Treptow, o Oitavo Exército de Guardas e o Primeira Exército Blindado de Guardas, vindos de Neukölln, e o Terceiro Exército Blindado de Guardas de Konev, que chegava de Mariendorf.

Krukenberg posicionou metade dos franceses comandados por Fenet do outro lado da Hermannplatz com seus *panzerfausts* para preparar-se para um ataque de carros soviéticos. Fenet tinha mais de cem membros da Juventude Hitlerista anexados a seu grupo. Foram instruídos para só disparar seus *panzerfausts* a curta distância, e só na torreta. As Waffen SS acreditavam que era melhor mirar nela, já que um tiro direto ali incapacitaria a guarnição.

Durante aquela tarde e à noite, os franceses, sob o comando de Fenet, representaram 14 blindados soviéticos. A demonstração decidida de resistência conseguiu pegar de surpresa os soviéticos e detê-los. Na ponte de Halensee, na extremidade ocidental do Kurfürstendamm, três rapazes de um batalhão do Serviço de Mão de Obra do Reich, armados com uma única metralhadora, conseguiram deter todos os ataques durante 48 horas.

A batalha pelo aeródromo de Tempelhof continuaria durante mais um dia, com a artilharia soviética e os lançadores de foguetes Katiúcha atingindo os prédios administrativos. Lá dentro, os corredores ecoavam com os gritos dos feridos e estavam cheios de fumaça e do cheiro de substâncias químicas queimadas. "O silêncio que se seguiu ao fim do bombardeio foi um prelúdio do rugido dos motores e do chocalhar das lagartas, que anunciavam um novo ataque blindado."

Quando o corpo desfalcado de Weidling recuou para o centro naquela tarde de 25 de abril, Hitler insistiu com seu comandante, convocado ao *bunker* do Führer, que as coisas mudariam para melhor. "A situação deve melhorar", disse ele a Weidling. "Do sudoeste, o 12º Exército do general Wenck chegará a Berlim e, junto com o Nono Exército, dará um golpe esmagador no inimigo. As tropas comandadas por Schörner virão do sul. Estes golpes deverão mudar a situação a nosso favor." Para ressaltar o desastre ao longo de toda a Frente Oriental, o general von Manteuffel acabara de relatar que a Segunda Frente Bielorrussa de Rokossovski estraçalhara suas linhas de defesa ao sul de Stettin. O general Dethleffsen, do estado-maior do comando do OKW, também teve de visitar o *bunker* do Führer naquele dia e encontrou "uma autoilusão que beira a hipnose".

Naquela noite, Krukenberg foi avisado pelo general Krebs que a *Nordland* seria recuada no dia seguinte, para defender o setor "Z" (de Zentrum). Isto fora determinado pelo Ministério do Ar na Wilhelmstrasse, um quarteirão ao norte do quartel-general da Gestapo. Krukenberg, quando voltou para fazer contato, encontrou os porões cheios de pessoal da Luftwaffe, sem supervisão e sem fazer nada. Foi até o teatro Estatal de Ópera na Unter den Linden, a algumas centenas de metros da embaixada soviética abandonada. Para lá Dekanozov voltara logo após o amanhecer de 22 de junho de 1941, depois de saber por Ribbentrop da invasão da União Soviética pela Wehrmacht. Agora, a Unter den Linden estava vazia até onde os olhos podiam ver. Krukenberg estabeleceu seu próprio quartel-general nos porões do teatro. Uma poltrona imensa do antigo camarote real, que lembrava um trono, deu-lhe a oportunidade de tirar uma hora de sono com conforto. Foram deixados em relativa paz pelo inimigo. Nenhum biplano U-2 soltando bombas apareceu em seu setor naquela noite

COM A IMINENTE queda de Berlim, o quartel-general do SHAEF em Rheims enviou um pedido ao *Stavka*, em Moscou, naquele dia. "O general Eisenhower deseja mandar um mínimo de 33 correspondentes de guerra aliados credenciados a Berlim depois da captura da cidade pelo Exército Vermelho. Deseja mandar mais que este número se for possível, já que, como afirma, 'a queda de Berlim será uma das maiores notícias do mundo'." Não houve resposta do Kremlin. Stalin claramente não queria nenhum jornalista em Berlim, quanto mais da incontrolável variedade ocidental. Contudo, seria perturbado por eles de um modo totalmente inesperado.

Durante aquele dia, a principal emissora de rádio nazista, a Deutschlandsender, silenciou-se, mas a data de 25 de abril ficou famosa por um acontecimento que logo correu mundo. Em Torgau, no Elba, elementos avançados da 58ª Divisão de Infantaria de Guarda do general Vladimir Rusakov encontraram-se com soldados americanos da 69ª Divisão. A Alemanha nazista estava cortada ao meio. As mensagens dispararam por ambas as cadeias de comando até Bradley, depois Eisenhower no SHAEF, e até Konev, depois o general Antonov no *Stavka*. Os chefes de Estado foram imediatamente informados e aí Stalin e Truman trocaram telegramas concordando com o anúncio do evento. A primeira reação de Eisenhower foi mandar chamar os jornalistas, decisão que logo viria a lamentar.

O general Gleb Vladimírovitch Baklanov, comandante do 34º Corpo, ordenou a preparação de um típico banquete soviético. O departamento político forneceu muitas metragens de material vermelho para decorar mesas e pódios. Grandes retratos de Stalin foram levantados e outros bem menores de Truman improvisados, juntamente com algumas variações interessantes com listras e estrelas. Muito álcool foi servido e as mulheres mais atraentes do Quinto Exército de Guardas foram mandadas a Torgau de fardamento novo.

O general Baklanov estava preparado para a costumeira rodada de brindes soviéticos à vitória, à paz e à amizade entre as nações e à destruição eterna da fera fascista. Estava despreparado, no entanto, para um grupo de barulhentos jornalistas americanos dispostos a dar uma sacudida nas comemorações. Os soldados do Exército Vermelho também conseguiram uma boa ração de vodca, e, assim, a segurança não era tão eficaz como de costume.

No meio da cerimônia, enquanto os oficiais russos dançavam com as belas soldadas russas, Andrew Tully, do *Boston Traveller*, "falou brincando" para Virginia Irwin, do *St Louis Post Dispatch*: "Vamos para Berlim." "OK", disse ela. Escapuliram da festa e foram em seu jipe até o Elba, onde mostraram aos soldados russos que operavam a balsa seus cartões de identificação do SHAEF. Gritaram "jipe!" e fizeram o gesto de remar. Sentinelas bastante atordoadas, que não tinham recebido instruções a respeito, deixaram que eles entrassem na balsa e os levaram para o outro lado do rio.

Os dois jornalistas tinham um mapa que ia até Luckenwalde. Temendo que pudessem ser "tratados sumariamente como espiões" numa frente de batalha tão fluida, roubaram uma das bandeiras americanas improvisadas que os russos tinham hasteado em Torgau e amarraram-na à lateral do jipe. Onde quer que chamassem a atenção de uma sentinela suspeitosa ou uma controladora de tráfego, gritavam "Amerikanski!", com um sorriso amigável.

– Não pare de sorrir– disse Tully a Virginia Irwin.

Chegaram a Berlim antes do anoitecer e lá encontraram o major Kovaleski, um homem moço de cabelo branco. Comunicaram-se num francês ruim. De início, Kovaleski ficou desconfiado, mas convenceu-se quando eles disseram:

– *Nous sommes correspondents de guerre. Nous voulons aller [à] Berlin.**

---

*Somos correspondentes de guerra. Queremos ir [a] Berlim. (*N. da T.*)

O infeliz Kovaleski, sem ter ideia de que a viagem não fora autorizada e que poderia ser responsabilizado depois, levou-os até seu posto de comando em uma casa semidestruída. Com a típica hospitalidade russa, disse ao seu ordenança, "um mongol feroz com uma grande cicatriz na face esquerda", que arranjasse água quente para seus convidados. Uma garrafa de água-de-colônia, um espelho rachado e um pouco de pó de arroz também foram trazidos para Virginia Irwin. Depois, ele deu ordens para um banquete. A mesa foi iluminada com velas sobre garrafas de leite de cabeça para baixo, flores primaveris colocadas em uma jarra e a comemoração começou, com salmão defumado, pão preto russo, carneiro assado na brasa, "massas imensas de purê de batata com gordura da carne derramada por cima", queijo e travessas de doces russos. "A cada brinde, os oficiais russos ficavam de pé, batiam os calcanhares, curvavam-se profundamente e secavam copos de vodca. Além de vodca, havia conhaque e uma bebida forte como dinamite que o major descreveu simplesmente como 'destilado'." Depois de cada prato havia brindes "ao grande e falecido presidente Roosevelt, a Stalin, ao presidente Truman, a Churchill, ao Exército Vermelho e ao jipe americano".

Os dois jornalistas, revigorados por sua façanha, voltaram a Torgau no dia seguinte. Tully descreveu tudo como "a coisa mais maluca que já fiz". Era evidente que jamais imaginara as consequências mais amplas. As autoridades militares dos Estados Unidos ficaram furiosas, mas não tanto quanto as autoridades soviéticas. Isto foi demonstrado pelas mensagens que relampejaram entre Rheims, Washington e Moscou. Um Eisenhower exasperado decidiu que, como tinham entrado em Berlim ilegalmente, suas reportagens só poderiam ser publicadas depois de submetidas à censura de Moscou. Com os eventos se sucedendo tão rápido, isto significava, é claro, que estariam desatualizadas quando pudessem ser publicadas. Eisenhower ficou especialmente irritado porque acreditava que sua escapulida até Berlim destruíra a proposta de levar até lá outros jornalistas para a rendição. Mas, provavelmente, as pessoas que mais sofreram foram os confiantes russos que ajudaram e receberam Tully e Irwin. Parece que até os oficiais envolvidos na comemoração de Torgau foram alvo de suspeitas do NKVD nos expurgos do pós-guerra, por terem estado em contato com estrangeiros capitalistas.

STALIN QUERIA BERLIM cercada o mais depressa possível com um *cordon sanitaire*. Isto significava a ocupação urgente de todo o território até o Elba, que fora considerado parte da futura zona soviética. Os exércitos de Konev não envolvidos no ataque a Berlim ou na luta contra o Nono e o 12º Exércitos foram enviados para oeste. O Elba foi alcançado no decorrer de 24 e 25 de abril, em numerosos pontos além de Torgau. Unidades do Quinto Exército de Guardas, o 32º Corpo de Infantaria de Guardas, comandado pelo general Rodimtsev, que ficara famoso em Stalingrado, e o Quarto Corpo Blindado de Guardas também alcançaram o rio. O Primeiro Corpo de Cavalaria de Guardas do general Baranov avançou ainda mais. A pedido especial do colega de cavalaria de Stalin, marechal Semion Budenni, Konev lhe dera uma tarefa específica. O serviço de informações soviético soubera que os garanhões do haras mais importante da União Soviética no norte do Cáucaso, remetidos para a Alemanha em 1942, estavam guardados a oeste do Elba, perto de Riesa. A cavalaria de guardas cruzou o rio, os localizou e trouxe-os de volta.

Para satisfazer a impaciência de Stalin por detalhes sobre Berlim, o general Serov, representante do NKVD na Primeira Frente Bielorrussa, forneceu um relatório detalhado sobre as condições da cidade. Beria o colocou na mesa de Stalin em 25 de abril. Serov observava que a destruição era bem pior na direção ao centro da cidade, onde muitos prédios ainda fumegavam devido ao fogo da artilharia soviética. "Nas paredes de muitos edifícios vê-se frequentemente a palavra 'Pst' [isto é, silêncio] escrita em grandes letras." Parece que os berlinenses explicaram que era uma tentativa do governo nazista de suprimir as críticas a seu esforço militar em tempo de crise. Os berlinenses já se perguntavam sobre a nova forma de governo a ser estabelecida na cidade. Mas, "de cada dez alemães a quem se perguntou se atuaria como burgomestre local, não houve um que aceitasse, apresentando diferentes desculpas insignificantes", escreveu. "Parecem recear as consequências e têm medo de aceitar o cargo. Portanto, é preciso escolher burgomestres entre os prisioneiros de guerra que vêm de Berlim, presos em nossos campos." Esses, sem dúvida, eram antifascistas selecionados que tinham recebido a devida instrução política.

"O interrogatório de membros capturados da Volkssturm revelou um fato interessante. Quando lhes perguntaram por que não há praças e oficiais regulares entre eles, responderam que estes temiam a responsabilidade pelo que tinham feito na Rússia. Portanto, vão render-se aos americanos, enquanto a Volkssturm pode render-se aos bolcheviques porque não é culpada de nada." Serov não perdeu tempo para instalar cordões de isolamento dentro e em torno de Berlim, usando os 105º, 157º e 33º Regimentos de Guardas de Fronteira do NKVD.

Serov talvez tenha ficado mais surpreso com o estado das defesas de Berlim. "Nenhuma defesa permanente séria foi encontrada dentro da zona de 10 a 15 quilômetros em torno de Berlim. Há trincheiras e ninhos de metralhadoras e as estradas de rodagem estão minadas em determinadas seções. Há algumas trincheiras quando se chega à cidade, mas na verdade menos do que em qualquer outra cidade tomada pelo Exército Vermelho." O interrogatório de membros da Volkssturm revelou até que ponto havia poucos soldados regulares na cidade, até que ponto era pouca a munição e até que ponto a Volkssturm relutava em combater. Serov também descobriu que a defesa antiaérea alemã quase cessara de funcionar, permitindo assim à aviação do Exército Vermelho o domínio fácil da cidade. Todas essas observações foram, naturalmente, mantidas em segredo. Os relatos propagandísticos soviéticos tinham de enfatizar que inimigo terrível enfrentavam em Berlim.

Serov indicava, embora evitasse quaisquer observações políticas controvertidas, a razão para a contínua resistência alemã. "Ficou claro, pelos interrogatórios de prisioneiros e civis, que ainda há um grande temor dos bolcheviques." Beria, com lógica interessante, usou a necessidade de mudar "a atitude dos soldados do Exército Vermelho para com os prisioneiros alemães e a população civil" como base para o controle dos assuntos civis pela administração militar. Recomendou que, "para criar uma atmosfera normal na retaguarda do Exército Vermelho operacional no território alemão", um novo vice-comandante da frente deveria ser nomeado para cuidar das questões civis. Não é preciso dizer que, em cada caso, o vice-comandante da frente era o chefe-residente do NKVD – Serov na Primeira Frente Bielorrussa, o general Meshik na Primeira Frente Ucraniana e Tsanava na Segunda Frente Bielorrussa. O princípio condutor deveria ser "que o vice-comandante da Frente seja, ao mesmo tempo, representante do NKVD da URSS e responsável frente ao NKVD da URSS pelo trabalho de remover os elementos inimigos". Ele não precisou acrescentar o ponto mais importante. Não tinham de responder à cadeia de comando militar, numa época em que tanto Stalin quanto Beria temiam os generais triunfantes.

A necessidade de ação justificava-se pelo fato de que os americanos já estavam prontos para administrar sua zona de ocupação, enquanto a União Soviética nada fizera. "Para sua informação: no território da Alemanha Ocidental, os aliados criaram o posto de vice-comandante especial das tropas aliadas encarregado das questões civis. O general Lucius Clay, que já foi nomeado para o cargo, era o vice-chefe do escritório de mobilização de recursos militares dos Estados Unidos." Beria ficou evidentemente impressionado ao saber que teria 3 mil oficiais especialmente treinados servindo sob seu comando, "com experiência econômica e administrativa". Seus colegas soviéticos, com a ênfase do controle do NKVD, deveriam, claramente, ter qualificações muito diferentes. O relatório terminava no estilo de sempre: "Peço uma decisão. Beria."

21
A luta na cidade

Os civis a serem administrados pelos delegados de Beria tinham pouca noção da realidade do domínio soviético. Também tinham preocupações mais urgentes enquanto a batalha era travada em suas ruas, seus prédios de apartamentos e até pelos porões onde se abrigavam. O único benefício nas primeiras horas da quinta-feira, 26 de abril, foi uma tempestade, com tanta chuva que apagou alguns incêndios. Estranhamente, isso pareceu aumentar o cheiro de queimado, e não diminuí-lo.

As baixas civis já tinham sido pesadas. Como a infantaria napoleônica, as mulheres que esperavam para obter comida simplesmente cerravam fileiras depois que a explosão de uma granada dizimava uma fila. Ninguém ousava perder o lugar. Alguns afirmavam que as mulheres simplesmente limpavam o sangue de seus cartões de racionamento e os mostravam. "Lá ficam elas como muralhas", observou uma mulher em seu diário, "aquelas que não faz muito tempo corriam para os *bunkers* na hora em que anunciavam três caças sobrevoando o centro da Alemanha." As mulheres faziam fila por uma porção de manteiga e linguiça seca, enquanto os homens só surgiam para entrar na fila de uma dose de aguardente. Parecia simbólico. As mulheres se preocupavam com o imediatismo da sobrevivência, enquanto os homens precisavam de uma fuga das consequências de sua guerra.

A interrupção do fornecimento de água significava mais filas perigosas. As mulheres esperavam com baldes e jarras esmaltadas na bomba de rua mais próxima, ouvindo o guinchar metálico e constante da junta enferrujada da manivela. Descobriram que tinham mudado sob o fogo. Imprecações e observações insensíveis que antes jamais profeririam agora saíam com bastante naturalidade. "Cada vez mais durante esses dias", escreveu a mesma mulher em seu diário, "tenho notado que não só os meus sentimentos como os de quase todas as mulheres frente aos homens mudaram. Temos pena deles, parecem tão patéticos e sem forças. O sexo fraco. Parece que um tipo de desapontamento coletivo das mulheres está crescendo sob a superfície. O mundo nazista dominado pelos machos, que glorifica o homem forte, está cambaleando, e com ele o mito do 'homem'."

O regime nazista, que nunca quis que as mulheres fossem manchadas pela guerra nem mesmo por qualquer coisa que interferisse com a criação dos filhos, agora afirmava, em seu desespero, que as moças combatiam ao lado dos homens. Em uma das pouquíssimas estações de rádio ainda no ar, houve um apelo a mulheres e moças: "Pegai as armas dos soldados feridos e caídos e participai da luta. Defendei vossa liberdade, vossa honra e vossa vida!" Os alemães que ouviram este apelo longe de Berlim ficaram chocados com esta "consequência mais extremada da guerra total". Mas apenas pouquíssimas jovens pegaram em armas. A maioria era de auxiliares das SS. Um punhado delas, contudo, viu-se envolvida no combate, por circunstâncias extraordinárias ou por um impulso mal-avaliado de romantismo. Para ficar com seu amante, Ewald von Demandowsky, a atriz Hildegard Knef vestiu uma farda e se uniu a ele em Schmargendorf, defendendo os pátios de transporte com sua companhia improvisada.

Nos porões dos prédios de apartamentos os vários casais dos andares de cima faziam sua refeição evitando os olhos uns dos outros. Eram como famílias em compartimentos de trem em uma longa viagem, fazendo seus piqueniques uns na frente dos outros e fingindo privacidade. Mas quando chegavam notícias de que um quartel próximo tinha sido abandonado, toda aparência de civilidade desaparecia. Cidadãos respeitadores das leis tornavam-se saqueadores enlouquecidos de depósitos. Era cada homem, mulher ou criança por si e por tudo o que pudessem agarrar. Uma vez na rua com suas caixas, começavam as trocas espontâneas quando um via o ganho ilícito do outro. Não havia preços fixos do mercado negro naquela época. Dependia do capricho ou da necessidade específica – um pão por uma garrafa de bebida, uma pilha de lanterna por um pedaço de queijo. As lojas abandonadas também foram saqueadas. As recordações populares e pessoais de Berlim no inverno de 1918 eram fortes. Esta foi outra geração de "hamsters", estocando comida para uma catástrofe futura.

A fome, no entanto, não era o principal perigo. Muitos simplesmente não estavam preparados para o choque da vingança russa, apesar de toda a propaganda que tinham ouvido. "Não tínhamos ideia do que ia acontecer", recordou a secretária da Lufthansa, Gerda Petersohn. Os parentes que serviam como soldados na Frente Oriental nunca haviam mencionado o que se fizera à população soviética. E mesmo quando a propaganda incansável tornou as mulheres de Berlim conscientes do perigo de estupro, muitas afirmaram a si mesmas que, embora houvesse perigo no campo, ali na cidade dificilmente aconteceria em grande escala, na frente de todo mundo.

Gerda, a moça de 19 anos que levara os tabletes de malte da Luftwaffe do vagão saqueado em Neukölln, conhecia um pouco outra moça de sua idade que morava no mesmo prédio. Chamava-se Carmen e fora membro da Bund Deutscher Mädel, equivalente feminino da Juventude Hitlerista. Carmen tinha cartazes de ases de combate da Luftwaffe presos na parede de seu quarto e chorara copiosamente quanto Mölders, o mais famoso de todos, morrera.

Na noite de 25 de abril, quando o Exército Vermelho avançou sobre Neukölln, fazia um silêncio pouco comum. Os moradores do prédio estavam abrigados no porão. Então sentiram a vibração de um tanque que descia a rua. Pouco depois, um sopro de ar fresco que fez as velas tremerem disse-lhes que a porta fora aberta. A primeira palavra russa que ouviram foi "*Stoi!*"*. Um soldado da Ásia Central, armado com uma submetralhadora, entrou e tomou seus anéis, relógios e joias. A mãe de Gerda escondera-a sob uma pilha de roupa para lavar. Outro jovem soldado entrou depois e indicou à irmã de Gerda que queria que ela fosse com ele, mas ela colocou o filho no colo e baixou os olhos. O soldado ordenou a um homem no porão que dissesse a ela para fazer o que ele mandava, mas o homem fingiu não entender. O soldado queria levá-la para um quartinho junto do porão. Ficou apontando, mas ela manteve o bebê no colo e não se mexeu. O jovem soldado, frustrado, perdeu a paciência e saiu de repente.

Quando chegou a manhã de 26 de abril, saíram para descobrir que tinham escapado de boa. Ouviram histórias terríveis do que acontecera durante a noite. A filha de 14 anos de um açougueiro fora fuzilada quando resistiu. A cunhada de Gerda, que morava a pouca distância dali, fora estuprada coletivamente por soldados, e a família toda decidira enforcar-se. Os pais morreram, mas a cunhada de Gerda foi solta por um vizinho e levada para o apartamento dos Petersohn. Todos viram as marcas da corda em seu pescoço. A moça ficou fora de si

*Coisa de valor. (*N. da T.*)

quando reconheceu onde estava e percebeu que os pais tinham morrido e ela se salvara.

Na noite seguinte, as famílias do prédio decidiram evitar o porão. Iam se juntar todos em uma única sala de estar para garantir a segurança pelo número. Mais de vinte mulheres e crianças reuniram-se ali. Frau Petersohn aproveitou a oportunidade para esconder Gerda, a outra filha e a nora debaixo de uma mesa, com uma toalha comprida que ia quase até o chão. Não demorou muito e Gerda ouviu vozes russas e viu as botas do Exército Vermelho tão de perto que poderia tocá-las. Os soldados arrastaram três moças para fora da sala. Uma delas era Carmen. Gerda ouviu seus gritos. Sentiu-se muito estranha porque Carmen gritava seu nome, e ela não sabia por quê. Os gritos acabaram se dissolvendo em soluços.

Enquanto os soldados ainda estavam ocupados com suas vítimas, Frau Petersohn decidiu-se. "Eles vão voltar", murmurou às três que estavam debaixo da mesa. Mandou que a seguissem e levou-as rapidamente até o último andar, danificado pelas bombas, onde ainda morava uma velha. Gerda passou a noite acocorada na varanda, pronta a pular para a morte se os russos fossem atrás dela. Mas a preocupação maior era como impedir que o bebê da irmã chorasse. Gerda, de repente, lembrou-se dos tabletes de malte da Luftwaffe. Sempre que o bebê ficava inquieto, enfiavam um tablete de malte em sua boca. Quando chegou a aurora, viram que o rosto do bebê estava sujo de marrom, mas a tática funcionou.

As manhãs eram seguras, com os soldados soviéticos dormindo depois de seus excessos ou voltando à batalha, e assim esgueiraram-se para seu apartamento. Lá, em uma versão grotesca de Cachinhos Dourados, descobriram que suas camas tinham sido usadas pelos soldados em suas atividades. Elas também descobriram o uniforme da Wehrmacht do irmão cuidadosamente disposto no chão, com fezes por cima.

Gerda procurou Carmen para oferecer-lhe alguma solidariedade, mas também na esperança de descobrir por que gritara tantas vezes o seu nome. Assim que Carmen lhe pôs os olhos em cima, Gerda viu uma amarga hostilidade. A atitude de Carmen ficou imediatamente clara.

– Por que eu e por que não você?

Fora por isso que gritara seu nome. As duas nunca mais se falaram.

Embora pareça ter havido um padrão bastante geral, o curso dos acontecimentos quando as tropas soviéticas chegavam nunca era previsível. Em outro distrito, civis assustados ouviram uma forte batida na porta de seu *bunker* depois que o som do combate esvaneceu-se. Então um soldado do Exército Vermelho, armado com uma submetralhadora, entrou. "*Tag, Russki!*", saudou ele alegremente, e continuou sem sequer tomar seus relógios. Outro grupo de soldados, duas horas depois, foi mais agressivo. Agarraram Klaus Boeseler, um garoto de 14 anos que tinha pouco mais de 1,80 metro e cabelo louro. "*Du SS!*", gritou um deles. Era mais uma afirmativa que uma pergunta. Pareciam tão decididos a executá-lo que ele ficou aterrorizado. Mas os outros no porão acabaram conseguindo convencer os soldados, na linguagem dos sinais, que na verdade ele era um garoto de escola.

Como menino muito alto, Boeseler estava sempre com fome. Não teve pena de cortar um pedaço de um cavalo morto por uma granada e levar a carne para casa, para a mãe conservar no vinagre. Os soldados soviéticos ficavam espantados e impressionados com a rapidez com que os berlinenses criados na cidade, que não eram "cúlaques nem proprietários de terras", conseguiam descarnar até os ossos um cavalo morto. Sentindo o carinho dos russos pelas crianças, Boeseler levou sua irmã de 3 anos para visitar um bivaque de soldados soviéticos ali perto. Os soldados deram-lhes um pão mais um pedaço de manteiga. No dia seguinte, receberam sopa. Depois ouviu falar de casos de estupros em grupo na vizinhança, e Boeseler escondeu a mãe e uma vizinha no porão de carvão durante três dias.

Os PADRÕES DE LIMPEZA alemães sofreram muito. As roupas e a pele ficaram impregnados de pó de reboco e caliça e não havia água para desperdiçar com lavagens. Na verdade, os berlinenses mais prudentes ferviam a água para guardar em vidros de conserva, sabendo que água potável digna de confiança seria sua maior necessidade nos próximos dias.

Os poucos hospitais não evacuados que tinham sobrado em Berlim estavam tão inundados de baixas que a maioria dos recém-chegados era mandada de volta. A situação piorava ainda mais com o fato de que as enfermarias limitavam-se aos porões. Nos dias do bombardeio aéreo, o pessoal conseguia levar os pacientes lá para baixo quando soavam as sirenes, mas com o fogo constante da artilharia não havia avisos. Uma mulher que foi oferecer seus serviços viu o caos e os "rostos de cera envoltos em bandagens sujas de sangue". Um cirurgião francês que operava colegas prisioneiros de guerra descreveu como tinham de trabalhar num porão, numa mesa de madeira, "quase sem antissépticos e com os instrumentos malfervidos". Não havia água para lavar as roupas cirúrgicas e a luz dependia de duas bicicletas com dínamos.

Devido à impossibilidade prática de obter ajuda oficial, muitos soldados e civis feridos eram tratados nos porões das casas por mães e meninas. No entanto, isto era perigoso, porque os russos reagiam à presença de qualquer soldado em um porão como se o lugar todo fosse uma posição defensiva. Para evitar isto, as mulheres costumavam despir os feridos de suas fardas, que eram queimadas, e davam-lhes outras roupas que tivessem. Outro perigo surgiu quando membros da Volkssturm, ao decidirem escapulir para casa logo antes dos russos chegarem, deixaram para trás a grande maioria de suas armas e munições. As mulheres que encontravam alguma arma não perdiam tempo para livrar-se delas. Correra o boato de que o Exército Vermelho dispunha-se a executar todos os habitantes de um prédio onde se encontrassem armas.

A bomba do bairro era, novamente, o principal lugar para a troca de informações. As notícias oficiais eram pouco confiáveis. O *Panzerbär*, um noticioso chamado de "urso blindado" devido ao símbolo de Berlim, afirmava que cidades como Oranienburg tinham sido reconquistadas. O Ministério da Propaganda de Goebbels, ou o "*Promi*", como os berlinenses o chamavam, reduzira-se a distribuir folhetos, agora que os transmissores de rádio estavam em mãos inimigas. "Berlinense! Aguente firme. O exército de Wenck está marchando em nossa ajuda. Apenas mais alguns dias e Berlim será livre outra vez." Com vários exércitos soviéticos aproximando-se do centro da cidade, cada vez menos gente acreditava na ideia de Berlim ser libertada por um único exército alemão. Muitos, contudo, ainda se agarravam à ideia dos americanos vindo em sua ajuda, ainda que o cerco da cidade por Stalin eliminasse qualquer esperança disso.

O CORONEL SEBELEV, engenheiro adido ao Segundo Exército Blindado de Guardas em Siemensstadt, no noroeste da cidade, aproveitou um momento para escrever à família. "No momento estou sentado com meus oficiais no quinto andar de um prédio, escrevendo ordens para as unidades. Sinaleiros e estafetas vêm e vão o tempo todo. Estamos nos dirigindo ao centro de Berlim. Disparos, fogo e fumaça por toda parte. Os soldados correm de um prédio a outro e esgueiram-se cuidadosamente pelos pátios. Os alemães atiram em nossos blindados das janelas e portas, mas os tanquistas do general Bogdanov adotaram uma tática mais esperta. Não passam pelo meio da rua, mas pelas calçadas, e alguns deles atiram com canhões e metralhadoras para o lado direito das ruas e outros para o lado esquerdo, e os alemães estão fugindo das portas e janelas. Nos quintais das casas os soldados dos serviços de apoio tiram comida dos veículos para a população da cidade, que está passando fome. Os alemães têm um olhar faminto e sofredor. Berlim não é uma cidade bonita, ruas estreitas, barricadas por toda parte, bondes e veículos quebrados. As casas estão vazias, porque todo mundo fica no porão. Ficamos felizes aqui de saber que vocês já estão segando o trigo. Como eu ficaria contente se pudesse colher batatas, tomates, pepinos, abóboras e tudo mais. Adeus, beijos e abraços. Seu Piotr."

Sebelev não menciona que, de início, as táticas não foram espertas e as perdas foram pesadas. O desespero de Jukov com a velocidade, que o fez enviar os dois exércitos blindados diretamente sobre a cidade, fez com que os tanques seguissem em linha pelo meio da rua. Até o Oitavo Exército de Guardas de Tchuikov, orgulhoso de sua herança de combate nas ruas de Stalingrado, cometeu muitos erros no início. Os papéis, é claro, estavam completamente invertidos desta vez, com o Exército Vermelho como atacante gozando de enorme superioridade em blindados e poder aéreo e a Wehrmacht como defensora, armando emboscadas.

As Waffen SS não acreditavam em ficar atrás das barricadas improvisadas construídas perto das esquinas. Sabiam que esses obstáculos pouco eficazes seriam as primeiras coisas varridas pelo fogo dos canhões. Era bom colocar atiradores nas janelas dos andares superiores e nos telhados, porque os tanques não podiam elevar suficientemente seus canhões. Mas com o *panzerfaust* faziam suas emboscadas nas janelas dos porões. Assim era melhor, porque era muito difícil atirar de cima o *panzerfaust* com boa pontaria. A Juventude Hitlerista copiava com entusiasmo as SS e logo a Volkssturm – os que tinham visto a ação na Primeira Guerra Mundial e permanecido em seus postos – seguiu a mesma tática. Os soldados do Exército

Vermelho referiam-se à Juventude Hitlerista e à Volkssturm como "totais", porque eram o produto da "total mobilização". Os oficiais da Wehrmacht chamavam-nos de "caçarola", porque eram uma mistura de carne velha e legumes verdes.

As perdas de blindados, especialmente do Primeiro Exército Blindado de Guardas, levou a uma reavaliação rápida da tática. A primeira "tática nova" foi encher os tanques com soldados armados com submetralhadoras, que varriam toda janela e abertura à frente enquanto os veículos avançavam. Mas havia tantos soldados agarrados ao tanque que ele mal podia mover a torreta. Então voltaram a equipar seus veículos com molas de colchão e outras peças de metal para fazer os *panzerfausts* explodirem prematuramente. Mas cada vez mais confiavam nos canhões pesados, em especial os obuseiros de 152mm e 203mm, para explodir barricadas e prédios com a mira aberta. O Terceiro Exército de Choque também usou constantemente seus canhões antiaéreos contra o telhado dos prédios.

As táticas de infantaria baseavam-se, em grande medida, nas anotações de Tchuikov, desenvolvidas desde Stalingrado e apressadamente atualizadas depois do ataque de Poznan. Ele partira do princípio de que "operações ofensivas executadas por grandes formações, como se estivessem em condições normais de combate, não têm a menor chance de sucesso". Fora exatamente assim que os dois exércitos blindados começaram. Ele enfatizou corretamente a necessidade de um cuidadoso reconhecimento, tanto da rota de aproximação quanto da provável rota de fuga do inimigo. A fumaça ou a escuridão deveriam ser usadas para cobrir a aproximação da infantaria até que estivessem a 30 metros do seu objetivo, ou as perdas seriam proibitivamente elevadas.

Os grupos de assalto de seis a oito homens deveriam ser apoiados por grupos de reforço e, depois, por grupos de reserva, prontos a cuidar de um contra-ataque. Os grupos de assalto, como nos dias de Stalingrado, deviam estar armados com "granadas, submetralhadoras, adagas e espadas afiadas para serem usadas como machados na luta corpo a corpo". Os grupos de reforço precisavam estar "fortemente armados" com metralhadoras e armas antitanque. Precisavam ter sapadores equipados com explosivos e picaretas, prontos a romper as paredes de casa a casa. O perigo era que, assim que abrissem um buraco na parede, um soldado alemão do outro lado jogasse uma granada primeiro. Mas a maioria dos homens do Exército Vermelho logo descobriu que os *panzerfausts* abandonados pela Volkssturm eram o melhor meio de "progresso pelos flancos". A explosão era suficiente para derrubar quem quer que estivesse no cômodo do outro lado.

Enquanto alguns grupos de assalto abriam caminho de casa em casa pelo chão, outros progrediam pelos telhados, e outros iam de porão em porão para pegar pelo lado os que armavam emboscadas com *panzerfausts*. Lança-chamas foram usados com efeito terrível. Os sapadores também preparavam pedaços de trilho com dinamite presa a eles para agir como *shrapnel* no ataque final.

A presença de civis não fazia diferença. Os soldados do Exército Vermelho simplesmente expulsavam-nos dos porões para a rua sob a mira das armas, fosse qual fosse o fogo cruzado ou a queda de granadas. Muitos oficiais soviéticos, frustrados com a confusão, queriam evacuar todos os civis alemães à força, exatamente o que o Sexto Exército alemão tentara quando lutava em Stalingrado.

– Não tínhamos tempo de distinguir quem era quem – disse um. – Às vezes, apenas jogávamos granadas nos porões e seguíamos adiante.

Isto costumava justificar-se com base em que os oficiais alemães estavam vestindo roupas civis e escondendo-se entre mulheres e crianças. Mas os relatos civis mostram que qualquer oficial ou soldado que quisesse esconder-se em um porão ou abrigo era forçado a livrar-se da arma e da farda. Houve pouquíssimos casos genuínos de soldados alemães escondidos entre civis para atacar o Exército Vermelho pela retaguarda.

Tchuikov exigia uma verve impiedosa na limpeza das casas. "Lancem suas granadas e vão atrás. Vocês precisam de rapidez, senso de direção, grande iniciativa e perseverança, porque, com certeza, o inesperado vai acontecer. Vocês estarão em um labirinto de salas e corredores cheios de perigo. Péssimo. Joguem uma granada em cada canto. Vão em frente. Disparem rajadas de metralhadora em qualquer pedaço de teto que ainda reste. E quando chegarem ao próximo cômodo, joguem outra granada. Então, limpem-no com sua submetralhadora. Não desperdicem um só instante."

Tudo isso era muito bom para soldados experientes. Mas muitos jovens oficiais graduados após cursos rápidos não tinham ideia de como instruir ou controlar seus homens em ambientes pouco familiares. E depois da batalha do Oder e do avanço incansável de "24 horas" ordenado por Jukov, os soldados soviéticos da linha de frente, em sua maioria, estavam exaustos. O cansaço retardava perigosamente suas reações. As espoletas dos morteiros eram, às vezes, colocadas incorretamente e a bomba explodia no tubo, enquanto soldados que tentavam usar granadas alemãs acabavam aleijando a si mesmos e a seus camaradas.

As baixas causadas pelos soldados a si próprios aconteciam em escala ainda maior no nível do exército. Apesar dos biplanos U-2 que observavam para as baterias de canhões, a artilharia e as baterias de Katiúchas em apoio a um exército muitas vezes canhoneavam outro, quando convergiam aproximando-se do centro. Houve "casos frequentes de disparos mútuos sobre nossas próprias tropas", escreveu o general Lutchinski, comandante do 28º Exército que apoiava o Terceiro Exército Blindado de Guardas de Ribalko. E com toda a fumaça sobre o campo de batalha urbano, os três diferentes exércitos da aviação ligados às frentes de Jukov e Konev bombardeavam frequentemente outras tropas do Exército Vermelho. A situação ficou particularmente ruim no sul da cidade. Os regimentos de aviação que apoiavam a Primeira Frente Ucraniana atacavam com frequência o Oitavo Exército de Guardas. Tchuikov reclamou com Jukov, exigindo o recuo dos "vizinhos".

A batalha do aeródromo de Tempelhof contra o Oitavo Exército de Guardas e o Primeiro Exército Blindado de Guardas continuou durante a maior parte de 26 de abril. Quando a Divisão Panzer *Müncheberg* contra-atacou, eram tão poucos os tanques restantes que tinham de operar isolados, apoiados por pequenos grupos de infantaria e membros da Juventude Hitlerista armados com *panzerfausts*. Os sobreviventes conseguiram safar-se perto do anoitecer. O Sturmbannführer Saalbach recuou os veículos remanescentes do batalhão de reconhecimento da *Nordland* até a Anhalter Bahnhof. Os blindados restantes da divisão, oito Tigres do batalhão "Hermann von Salza" e vários canhões de assalto, foram enviados para o Tiergarten.

A MANHÃ COMEÇOU com um intenso bombardeio. "Pobre centro da cidade", escreveu em seu diário uma mulher de Prenzlauerberg, quando a artilharia trovejou. O canhoneio do Klein Tiergarten foi particularmente pesado. Sacudido pelas explosões, era difícil imaginar o parque como local predileto de brincadeiras de criança.

Tchuikov e Katukov ordenaram que suas forças se dirigissem à Belle-Allianceplatz – batizada em homenagem à batalha de Waterloo e ironicamente defendida por SS franceses – e à Anhalter Bahnhof, marco que separava o avanço das duas frentes. A rivalidade com as tropas de Konev tornara-se intensa, embora mascarada por brincadeiras.

– Agora devemos temer não o inimigo, mas os vizinhos – disse um dos comandantes de corpo de Tchuikov a Vasili Grossman. – Ordenei que os tanques queimados fossem usados para impedir que nossos vizinhos chegassem ao Reichstag. Não há nada mais deprimente em Berlim do que saber dos sucessos de seu vizinho.

Tchuikov levou as coisas bem mais a sério. Nos dois dias seguintes, avançou seu flanco esquerdo pela frente do Terceiro Exército Blindado de Guardas para afastá-lo do eixo que levava ao Reichstag. Sequer avisou Ribalko, e assim, quase com certeza, isso levou ao massacre de muitos de seus próprios homens sob as granadas de artilharia e foguetes da Primeira Frente Ucraniana.

Os foguetes Katiúcha, "os trovões do céu", continuavam a ser usados como arma psicológica e para atingir áreas determinadas. No início da manhã de 26 de abril o coronel Refior, chefe do estado-maior da defesa de Berlim, foi bruscamente acordado de um cochilo em seu quartel-general no Hohenzollerndamm por uma sequência rápida de granadas em linha. (Os russos chamam a isso "emoldurar".) "Velhas lebres da linha de frente", observou Refior, sabendo que esta era a "saudação" antes de uma salva de Katiúchas. E se seu quartel-general estava agora ao alcance dos Katiúchas, era hora de mudar. O general Weidling já tinha escolhido o "Bendlerblock", antigo quartel-general do exército na Bendlerstrasse, onde o coronel conde von Stauffenberg fora executado depois do fracasso da conspiração de julho. Possuía abrigos antiaéreos bem-equipados e ficava perto da Chancelaria do Reich, aonde Weidling era constantemente convocado.

Nas profundezas do Bendlerblock, o estado-maior de Weidling não tinha ideia se era dia ou noite. Ficavam acordados com café e cigarros. Graças aos geradores, tinham luz o tempo todo, mas o ar era úmido e pesado. Lá continuaram a tratar de pedidos de ajuda cada vez mais urgentes dos comandantes de setor, mas não havia reservas.

Naquela noite, Weidling apresentou a Hitler sua recomendação de um rompimento em massa saindo de Berlim para evitar mais destruição e perda de vidas. Seu plano era a guarnição, agindo como escolta de Hitler, abrir caminho para oeste e unir-se aos remanescentes do Grupo de Exércitos do Vístula. Lá haveria uma ponta de lança que consistia dos tanques restantes em condições de lutar, quase quarenta deles, e o grosso das divisões de combate. Isto seria seguido pelo "*Führergruppe*", com Hitler e seu estado-maior da Chancelaria do Reich, juntamente com outros "*Prominente*". A retaguarda consistiria de uma única divisão reforçada. O rompimento deveria ocorrer na noite de 28 de abril. Quando Weidling terminou, Hitler balançou a cabeça.

– Sua proposta está perfeitamente certa. Mas de que adianta tudo isso? Não tenho a intenção de perambular pela floresta. Vou ficar aqui e cair à frente de minhas tropas. Quanto ao senhor, vai realizar a defesa.

A inutilidade disso tudo foi resumida na frase pintada nas paredes: "Berlim continua alemã." Uma delas fora riscada e por baixo alguém rabiscou em cirílico: "Mas eu já estou aqui em Berlim, assinado Sidorov."

O Exército Vermelho não estava meramente em Berlim; já estabelecia uma administração provisória para que os serviços essenciais voltassem a funcionar. Jukov, ainda sem saber do plano de Beria de pôr o NKVD para cuidar dos assuntos civis, acabara de nomear o general Berzarin, comandante do Quinto Exército de Choque, comandante de Berlim. O marechal Suvorov, no século XVIII, insistira que o comandante do primeiro exército a entrar em uma cidade se tornasse seu comandante, e o Exército Vermelho manteve a tradição. A inveja que Tchuikov sentiu do rival deve ter sido intensa.

Grossman visitou Berzarin em seu quartel-general em 26 de abril. "O comandante de Berlim", escreveu em seu caderno, "é gordo, com olhos espertos e castanhos e cabelo prematuramente branco. É muito inteligente, muito equilibrado e engenhoso." Aquele dia foi a "criação do mundo". Burgomestres, diretores da empresa de eletricidade de Berlim, das águas de Berlim, dos esgotos, da U-Bahn, dos bondes, donos de fábricas e personagens públicos foram convocados. "Todos recebem suas missões aqui neste escritório. Vice-diretores se tornam diretores, chefes de empresas regionais viram magnatas de importância nacional." Grossman ficou fascinado por sinais além das palavras: o "arrastar de pés, saudações, sussurros". Antigos comunistas alemães, de antes de os nazistas chegarem ao poder, apareceram, na esperança de uma nomeação. "Um velho pintor de paredes mostra sua carteira do Partido [Comunista Alemão]. É membro do partido desde 1920. Os oficiais de Berzarin pouco se alteram. Dizem-lhe: 'Sente-se'."

Como os outros russos presentes, Grossman foi pego de surpresa quando um burgomestre, ao lhe mandarem fornecer grupos de trabalhadores para limpar as ruas, perguntou: "Quanto as pessoas vão receber?" Depois da forma como os cidadãos soviéticos tinham sido tratados como trabalhadores escravos na Alemanha, a resposta era óbvia. "Todos aqui, com certeza, parecem ter uma noção muito forte de seus direitos", observou Grossman. Mas os civis alemães sofreram um choque no dia seguinte, 27 de abril, quando soldados soviéticos caçaram 2 mil mulheres alemãs nos subúrbios do sul e fizeram-nas marchar até o aeródromo de Tempelhof para retirar das pistas as máquinas derrubadas. A aviação do Exército Vermelho queria usá-lo como base em 24 horas.

DURANTE A RETIRADA rumo ao centro, ao Setor Z, a batalha se intensificou. Sempre que os alemães conseguiam derrubar um tanque soviético com um *panzerfaust*, o comandante soviético local tentava retaliar com um ataque de Katiúchas. Mas a vingança com tal arma de cobertura era semelhante a fuzilar reféns como reação a um ataque de guerrilheiros.

Um pequeno grupo de SS franceses com *panzerfausts* foi capturado por soldados soviéticos. O sargento francês afirmou que eram trabalhadores forçados obrigados pelos alemães a vestir a farda quando o Exército Vermelho lançara o ataque no Oder. Tiveram a sorte de receber crédito. Naquele estágio, os soldados soviéticos nada sabiam das tatuagens das SS.

Naquela noite, ocorreu um dos melodramas grotescos que tanto caracterizaram a queda do Terceiro Reich. O general Ritter von Greim, que Hitler chamara a Munique para assumir o comando da Luftwaffe no lugar de Göring, foi levado em uma maca para a antessala do *bunker*. Fora ferido na perna pelo fogo antiaéreo soviético. Estava acompanhado da amante, Hanna Reitsch, piloto de testes e devota do Führer. Voando num Fieseler Storch no último trecho de sua viagem extremamente arriscada, foram atingidos sobre o Grunewald. Hanna Reitsch, abraçando os ombros do ferido Greim, conseguira aterrissar o aviãozinho perto do Portão de Brandemburgo. Foi uma façanha que exigiu considerável bravura e habilidade. Mas isto não altera o fato de que Hitler, ao insistir nesta passagem simbólica do comando, quase conseguiu matar o próprio homem que queria promover ao comando supremo de uma organização que, efetivamente, deixara de existir.

No DIA SEGUINTE, 27 de abril, o general Krebs seguiu os líderes nazistas que enganavam os soldados sob seu comando. Embora evasivo na questão das negociações, afirmou que "os americanos poderiam cruzar os 90 quilômetros entre o Elba e Berlim no mais curto espaço de tempo e então tudo mudaria para melhor".

Todos ali estavam obcecados com reforços, fosse qual fosse seu efetivo ou sua eficácia. Mohnke ficou em êxtase quando disse a Krukenberg que uma companhia de marinheiros fora enviada pelo ar e tomara posição nos jardins do Serviço de Relações Exteriores, na Wilhelmstrasse. Krukenberg ficou mais encorajado ao saber que oito canhões de assalto do 503º Batalhão Panzer Pesado SS tinham sido designados para apoiar a *Nordland*. Outros reforços incluíam um grupo de SS letões. Isto levou Krukenberg a afirmar que logo toda a Europa estaria representada em seu setor. Considerando o fato de que em 1945 metade das Waffen SS não era alemã, este não era um fato assim tão notável. E quando se impõe ao mundo uma guerra civil internacional, como os comunistas e fascistas fizeram entre si pela manipulação inescrupulosa de alternativas, a queda de Berlim era uma pira funerária nada surpreendente para o que restava da extrema-direita europeia.

O quartel-general divisionário de Krukenberg estava reduzido a um vagão do metrô na estação Stadtmitte da U-Bahn, sem luz elétrica nem telefone. Seus homens só continuavam de pé porque tinham saqueado as mercearias do vizinho Gendarmenmarkt. Sua luta de rua agora baseava-se na grande quantidade de *panzerfausts* do arsenal improvisado nos porões da Chancelaria do Reich. Sem outras armas e munições, os franceses, como muitos outros soldados, usavam-nos no combate à queima-roupa de casa em casa, além de seu papel oficial de arma antitanque. O Hauptssturmführer Pehrsson chegou com quatro transportes blindados de pessoal, tomados do Exército Vermelho, e dois meias-lagartas originais pertencentes à *Nordland* para guardar a Chancelaria do Reich. Os outros veículos foram explodidos quando ficaram sem combustível ou quebraram na retirada de Neukölln.

No Setor Z, soldados feridos eram enviados para postos de triagem montados no porão do hotel Adlon. Os soldados SS eram levados para outro posto no porão da Chancelaria do Reich, mantido por médicos e cirurgiões das SS. Havia quase quinhentos feridos amontoados ali no fim da batalha. Um posto maior, o Lazareto de Thomaskeller, parecia um "abatedouro". Como nos hospitais civis, faltava comida e água nos hospitais militares de campanha, assim como anestésicos.

O AVANÇO SOVIÉTICO em Berlim foi extremamente irregular. No Noroeste, o 47º Exército, que completara o cerco da cidade ao encontrar-se com o Quarto Exército Blindado de Guardas de Konev, aproximava-se agora de Spandau. Seus oficiais não tinham ideia de que a imensa cidadela abrigava ali um centro alemão de pesquisas dos gases dos nervos Tabun e Sarin. Esse exército também se envolvera em combates ferozes no campo de pouso de Gatow, onde cadetes da Volkssturm e da Luftwaffe usaram os canhões antiaéreos de 88mm e dispararam detrás de aeronaves destruídas.

No Norte, o Segundo Exército Blindado de Guardas mal avançara além de Siemensstadt, enquanto o Terceiro Exército de Choque chegara à barreira ao norte, perto do Tiergarten e de Prenzlauerberg. O Terceiro Exército de Choque desbordara o imensamente poderoso *bunker* antiaéreo da Humboldthain, que foi deixada como alvo da artilharia pesada e dos bombardeiros. Continuando na direção horária, o Quinto Exército de Choque, dirigindo-se aos distritos de leste, desbordou da mesma forma o *bunker* da Friedrichshain. Grande parte de suas forças estava entre a Frankfurterallee e a margem sul do Spree, depois que seu Nono Corpo atravessou o rio até Treptow.

Do sul, o Oitavo Exército de Guardas e o Primeiro Exército Blindado de Guardas tinham atingido e ultrapassado o canal Landwehr em 27 de abril. Este foi o último grande obstáculo rumo ao distrito governamental, a menos de 2 quilômetros da Chancelaria do Reich, ainda que todos os exércitos de Jukov estivessem obcecados com o alvo de Stalin, o Reichstag. No Sudoeste, o Terceiro Exército Blindado de Guardas acabara de entrar em Charlottenburg, formando um arco no flanco esquerdo pelo Grunewald contra os remanescentes da 18ª Divisão Panzergrenadier.

As tropas do Exército Vermelho chegaram a Dahlem em 24 de abril e ao Instituto de Física Kaiser Wilhelm no dia seguinte. A luta, com disparos de Katiúchas e tanques avançando em meio às vilas espaçosas e às ruas caprichadas ladeadas de árvores, produziu contrastes estranhos. Os soldados da linha de frente eram seguidos pelas onipresentes carroças puxadas por poneizinhos arrepiados e até grupos de camelos.

Não há nada que mostre que algum comandante do exército de Ribalko, ou mesmo o próprio Ribalko, tenha sido avisado da importância do instituto, mas eles devem ter sabido do grande efetivo de soldados e especialistas do NKVD que em dois dias ocuparam o complexo perto da Boltzmannstrasse.

Como a única coisa que impedia as tentativas soviéticas de duplicar a pesquisa do Projeto Manhattan era a falta de urânio, a importância que Stalin e Beria davam à ocupação dos laboratórios de pesquisa e seus suprimentos era considerável. Também queriam cientistas alemães capazes de processar o urânio. Claramente, os preparativos de Beria para a Operação Berlim tinham sido enormes. O general Mahnev estava a cargo da comissão especial. O grande número de soldados do NKVD para ocupar os laboratórios e os depósitos de urânio era diretamente supervisionado por ninguém menos que o general Hrulev, chefe das operações de retaguarda de todo o Exército Vermelho. O principal metalúrgico do NKVD, general Avraami Zaveniáguin, criara uma base no limite de Berlim e os cientistas da equipe principal de pesquisadores supervisionavam o movimento de materiais e o desmantelamento dos laboratórios.

A comissão do NKVD fez seu relatório. Além do equipamento do Instituto Kaiser Wilhelm, encontraram "250kg de urânio metálico; 3 toneladas de óxido de urânio; 20 litros de água pesada". As 3 toneladas de óxido de urânio erroneamente enviadas a Dahlem foram um verdadeiro golpe de sorte. Havia uma razão específica para a rapidez, recordaram Beria e Malenkov de forma bastante desnecessária a Stalin, numa confirmação retrospectiva da ação já executada: o Instituto Kaiser Wilhelm ficava "situado no território da futura zona aliada". "Levando-se em conta a extrema importância para a União Soviética de todo o equipamento e o material acima mencionados", escreveram, "pedimos vossa decisão sobre a desmontagem e a evacuação do equipamento e de outros itens dessas empresas e institutos para a URSS."

O Comitê de Defesa do Estado autorizou, em seguida, a "Comissão do NKVD encabeçada pelo Camarada Mahnev" a "evacuar para a União Soviética, para o Laboratório nº 2 da Academia de Ciências e o Departamento Especial de Metais do NKVD, todo o equipamento, o material e o arquivo do Instituto Kaiser Wilhelm em Berlim".

Os homens de Mahnev também capturaram o professor Peter Thiessen e o Dr. Ludwig Bewilogua, que foram enviados para Moscou. Mas os principais personagens do Instituto Kaiser Wilhelm – Werner Heisenberg, Max von Laue, Carl Friedrich von Weizsäcker e Otto Hahn, que ganhara o prêmio Nobel de Química há poucos meses – estavam além de seu alcance. Tinham sido isolados pelos britânicos e levados para se abrigarem em Farm Hall, seu centro de interrogatório de cientistas alemães em East Anglia.

Outros laboratórios e institutos menos importantes também foram esvaziados e muitos cientistas presos e mandados para um cercado especial no campo de concentração de Sachsenhausen. O professor barão von Ardenne apresentou-se como voluntário. Foi convencido pelo general Zaveniáguin a escrever "um pedido endereçado ao Conselho de Comissários do Povo da URSS dizendo que desejava trabalhar com físicos russos e colocar o instituto e a si mesmo à disposição do governo soviético".

Os cientistas de Beria e Kurtchatov tinham, finalmente, algum urânio para começar a trabalhar a sério e especialistas para processá-lo, mas a necessidade de mais suprimentos era desesperadora, a seus olhos. O general Serov, chefe do NKVD em Berlim, teve ordens de concentrar-se em ocupar as jazidas de urânio da Tchecoslováquia e, acima de tudo, na Saxônia, ao sul de Dresden. A presença do inflexível Terceiro Exército do general George Patton na região deve ter causado muita preocupação às autoridades soviéticas. Isto pode também explicar por que estavam tão nervosos para saber se as forças dos Estados Unidos se retirariam para as zonas de ocupação anteriormente combinadas.

EM DAHLEM, ALGUNS oficiais de Ribalko visitaram a irmã Kunigunde, madre superiora da Haus Dahlem, maternidade e orfanato. Ela lhes informou que não escondia nenhum soldado alemão. Os oficiais e seus homens comportaram-se impecavelmente. Na verdade, eles chegaram a alertar a irmã Kunigunde para os soldados da segunda linha, que vinham logo atrás. Sua previsão mostrou-se totalmente exata, mas não havia como escapar. Freiras, jovens, idosas, mulheres grávidas e mães que tinham acabado de dar à luz foram todas estupradas sem piedade. Uma mulher comparou os acontecimentos de Dahlem aos "horrores da Idade Média". Outras pensaram na Guerra dos Trinta Anos.

O padrão, com os soldados jogando a luz das lanternas no rosto das mulheres amontoadas nos *bunkers* para escolher suas vítimas, parece ter sido comum em todos os exércitos soviéticos envolvidos na Operação Berlim. Este processo de seleção, em oposição à violência imediata demonstrada na Prússia Oriental, indica uma mudança definida. Neste estágio, os soldados soviéticos tratavam as mulheres alemãs muito mais como espólios sexuais da guerra do que como substitutas da Wehrmacht para aliviar sua raiva.

O estupro tem sido muitas vezes definido pelos que escrevem sobre o tema como um ato de violência que tem pouco a ver com sexo. Mas esta é uma definição do ponto de vista da vítima. Para entender o crime, entretanto, é preciso ver as coisas do ponto de vista de quem o comete, em especial neste segundo estágio, em que o estupro sem agravantes sucedera à matança extremada de janeiro e fevereiro. Os soldados envolvidos parecem ter sentido que estavam satisfazendo uma necessidade sexual depois de todo o tempo passado na frente de batalha. Nisto a maioria dos soldados estupradores não demonstrou violência gratuita, contanto que a mulher não resistisse. Um terceiro estágio do processo, e até um quarto, desenvolveram-se nas semanas seguintes, como veremos. Mas o ponto básico é que, na guerra, soldados indisciplinados sem medo de retaliação podem reverter rapidamente a uma sexualidade masculina primitiva, talvez mesmo do tipo que os biólogos atribuem à compulsão do macho da espécie de disseminar o mais possível sua semente. A diferença entre a violência incoerente da Prússia Ocidental e a noção de pilhagem carnal em Berlim ressalta o fato de que não pode haver uma única definição abrangente do crime. Por outro lado, tende a sugerir que há uma área obscura da sexualidade masculina que pode emergir com excessiva facilidade, especialmente na guerra, quando não há restrições sociais e disciplinares. Muito também depende da cultura militar de um determinado exército nacional. Como mostra o exemplo do Exército Vermelho, a prática do estupro coletivo pode até tornar-se uma forma de processo de união.

Os comissários políticos soviéticos ainda falavam em "violência sob pretexto de vingança". "Quando entramos em Berlim", relatou o departamento político da Primeira Frente Bielorrussa, "alguns soldados entregaram-se à pilhagem e à violência contra civis. Os oficiais políticos tentaram controlar isso. Organizaram reuniões dedicadas a temas como 'a honra e a dignidade do guerreiro do Exército Vermelho', 'o saqueador é o pior inimigo do Exército Vermelho' e 'como entender corretamente o problema da vingança'." Mas a ideia de controlar as tropas com exortações políticas, em especial quando a linha do partido mudara repentinamente, estava condenada ao fracasso.

Os alemães ficaram profundamente chocados com a falta de disciplina do Exército Vermelho e com a incapacidade dos oficiais de controlar seus homens, exceto em casos extremos, matando-os na mesma hora. Com muita frequência, as mulheres encontravam total indiferença ou divertimento quando tentavam queixar-se do estupro.

– O quê? Ora, com certeza, não lhes causou mal algum – disse o comandante de um distrito de Berlim a um grupo de mulheres que fora pedir proteção contra repetidos ataques. – Nossos homens são todos saudáveis.

Infelizmente, muitos deles não estavam livres de doenças, como as mulheres logo descobriram por si mesmas.

22
A luta na floresta

— Quem jamais pensaria – observou o comandante de um batalhão da Divisão *Scharnhorst* quando avançavam para Beelitz – que haveria apenas uma marcha de um dia entre a Frente Ocidental e a Frente Oriental! Isto diz tudo sobre nossa situação.

O 20º Corpo do general Wenck iniciara seu ataque para o leste em 24 de abril, para abrir caminho e encontrar-se com o Nono Exército cercado nas florestas além das linhas de suprimento de Konev. Naquela noite, a Divisão *Theodor Körner* de jovens do Serviço de Mão de Obra do Reich atacaram o Quinto Corpo Mecanizado de Guardas do general Iermakov, perto de Treuenbrietzen. No dia seguinte, a Divisão *Scharnhorst* aproximou-se de Beelitz. Não tinham ideia do que encontrariam à frente ao prosseguirem por uma mistura de plantações novas e densas e floresta de pinheiros madura e espaçada. A operação, observou o comandante do batalhão, "tinha o caráter de um reconhecimento armado". A alguns quilômetros de Beelitz chegaram ao complexo hospitalar de Heilstätten.

As enfermeiras e os pacientes, que tinham sido completamente saqueados no dia anterior por soldados soviéticos e trabalhadores escravos libertados, ouviram o fogo de artilharia. Ninguém sabia de onde vinha essa batalha. Uma granada atingiu um dos blocos. As crianças foram levadas para o porão. As enfermeiras perguntaram-se se poderiam ser os americanos chegando. Mais tarde, viram, de repente, soldados alemães surgirem do oeste em formação de escaramuça, correndo de árvore em árvore. Duas enfermeiras correram para fora em sua direção, gritando: "Expulsem os russos!" Quando a batalha se intensificou, o diretor do hospital, Dr. Potschka, decidiu fazer contato com os americanos no Elba. Os suíços, é claro, não podiam ajudá-los.

A batalha de Beelitz continuou por vários dias. No decorrer do combate e nos primeiros choques, 76 civis foram mortos, inclusive 15 crianças. "Foi travado com grande dureza", escreveu o comandante de batalhão da *Scharnhorst*, "e não se fizeram prisioneiros." Ele e seus homens ficaram horrorizados quando os soviéticos capturaram uma casa na qual todos os seus camaradas feridos jaziam no porão. Os jovens soldados, alguns dos quais eram tão novos que os civis de Beelitz chamavam-nos de "*Kindersoldaten*", ou soldados-crianças, sofreram "pavor de tanque" ao enfrentarem pela primeira vez os blindados T-34 e Stalin. Mas em poucos dias a confiança voltou, quando quatro tanques Stalin foram destruídos com *panzerfausts*. Peter Rettich, comandante do batalhão, aclamou os "atos fantásticos de bravura" de seus jovens soldados e sua "dedicação", e depois acrescentou que era "uma vergonha gritante e um crime lançar esses meninos num inferno tão destrutivo".

Em 28 de abril, as 3 mil crianças feridas e doentes foram embarcadas pelos homens da Divisão *Ulrich von Hutten* em um trem de carga que as levou lentamente para Barby. Lá a Kinderklinik foi remontada e os americanos aceitaram os feridos como prisioneiros de guerra. Wenck, contudo, dera ao 12º Exército missões mais importantes. Uma era subir até Potsdam com o grosso da Divisão *Hutten* para abrir um corredor de escape. A outra era ajudar o Nono Exército a salvar-se.

AS TROPAS ALEMÃS na imensa floresta do Spree a sudeste de Berlim apresentavam uma mistura desajeitada de divisões embaralhadas e civis aterrorizados que fugiam do Exército Vermelho. Os 80 mil homens tinham se reunido vindo de várias direções e vários exércitos. A maior parte era do Nono Exército do general Busse – o 11º Corpo Panzer SS no Oderbruch e o Quinto Corpo de Montanha SS ao sul de Frankfurt. A guarnição de Frankfurt, como esperara Busse, também conseguira escapar para unir-se a ele. Foram acrescidos pelo sul pelo Quinto Corpo, que formara o flanco norte do Quarto Exército Panzer até ser isolado e forçado a recuar pelo avanço de Konev sobre Berlim.*

Busse, depois de consultar o general Wenck, decidiu abrir caminho para oeste pela floresta de grandes pinheiros ao sul de Berlim. Iria unir-se ao 12º Exército e ambos recuariam para o Elba. O principal problema de Busse era que sua retaguarda estava engajada em batalhas constantes com as forças de Jukov, e o general avisou a Wenck que seu exército "arrastava-se para oeste como uma lagarta". Nem ele nem Wenck pretendiam desperdiçar nenhuma vida seguindo as ordens cada vez mais

*Fontes soviéticas afirmam que o efetivo de Busse na floresta chegava a 200 mil homens, com trezentos tanques e 2 mil canhões, um exagero absurdo com propósito propagandístico. Um relatório detalhado do Exército dos Estados Unidos, contudo, reduz ainda mais o efetivo, que ficaria por volta de 40 mil homens. (*N. do A.*)

histéricas de Hitler de atacar na direção de Berlim. Busse, logo após a meia-noite de 25 de abril, recebeu autoridade "para decidir por si mesmo a melhor direção do ataque". A partir daí, adotou uma tática nelsoniana de recusar-se a confirmar a maioria das mensagens, embora, em muitos casos, as comunicações por rádio genuinamente se interrompessem.

Seus homens e os civis que tinham procurado refúgio junto a eles praticamente não tinham mais comida. Os veículos eram mantidos em movimento até ficarem sem combustível ou quebrarem, e aí eram destruídos ou tinham as peças canibalizadas. No entanto, ele ainda contava com 31 tanques – meia dúzia de Panteras da *Kurmark*, os remanescentes da 21ª Divisão Panzer do general Hans von Luck e uns dez Tigres Reis do 502º Batalhão Panzer Pesado SS. Esses ele esperava usar como ponta de lança para abrir caminho pela retaguarda dos exércitos de Konev que atacavam Berlim. Seus tanques de combustível eram mantidos cheios aspirando-se os tanques dos caminhões abandonados ao lado da estrada. A artilharia que lhe restava dispararia uma barragem de abertura com as últimas granadas e depois explodiria os canhões.

Os homens de Busse estavam cercados na trama de lagos e florestas a sudeste de Fürstenwalde por tropas tanto da Primeira Frente Bielorrussa quanto da Primeira Frente Ucraniana de Konev. Na tarde de 25 de abril, Jukov mandou suas forças ao ataque, partindo do norte e do leste. Elas incluíam o Terceiro Exército, o Segundo Corpo de Cavalaria de Guardas, que estava bem adaptado à luta nas florestas, o 33º e o 69º Exércitos.

Konev percebera, depois de estudar o mapa, que os alemães tinham poucas opções para o rompimento. Teriam de cruzar a *autobahn* Berlim-Dresden ao sul da série de lagos que começava em Teupitz. Konev reagiu rapidamente, ainda que bem tarde naquele dia. Em 25 de abril, o Terceiro Exército de Guardas de Gordov foi enviado para posições perto da autoestrada Berlim-Dresden "para bloquear todas as estradas da floresta que vão de leste a oeste". Cortaram pinheiros altos para formar barreiras para os tanques. Mas Gordov não conseguiu ocupar a parte sul de seu setor. E, embora o 28º Exército reforçasse a área a leste de Baruth, como ordenado, entre os dois exércitos permaneceu uma pequena lacuna.

Na manhã de 26 de abril, a vanguarda de Busse, avançando através de Halbe, conseguiu encontrar o ponto fraco entre os dois exércitos. Cruzaram a *autobahn* e chegaram à estrada Baruth-Zossen, que era a linha de suprimentos de Ribalko em Berlim. O general Lutchinski, para evitar o perigo, teve até de enviar a 50ª e a 96ª Divisões de Infantaria de Guardas num contra-ataque, "sem informações sobre a situação". O combate foi caótico, mas o pesado bombardeio e o fogo de metralha do Segundo Exército do Ar e os contra-ataques incansáveis em terra forçaram muitos alemães a voltarem pela *autobahn* para a floresta de Halbe. As guarnições dos Panzers tinham descoberto que suas lagartas não se agarravam ao solo arenoso da floresta de pinheiros e foram obrigadas a evitar as estradas da mata por causa dos constantes ataques aéreos.

O grupo que conseguiu cruzar tanto a *autobahn* quanto a estrada Baruth-Zossen foi avistado por uma aeronave da Luftwaffe. Isto foi avisado ao Grupo de Exércitos do Vístula e ao general Jodl. Hitler ficou furioso quando soube que estavam se dirigindo para oeste, mas ainda não conseguiu acreditar que Busse ousaria desobedecer-lhe. Uma mensagem foi enviada naquela noite, através de Jodl. "O Führer ordenou que os ataques concêntricos do Nono e do 12º Exércitos devem servir não só para salvar o Nono Exército mas, principalmente, para salvar Berlim." Outras mensagens foram mais explícitas: "O Führer em Berlim espera que os exércitos cumpram seu dever. A História e o povo alemão desprezarão todo homem que, nestas circunstâncias, não fizer todo o possível para salvar a situação e o Führer." A mão única do conceito de lealdade de Hitler foi revelada com perfeição. A mensagem foi repetida várias vezes naquela noite e no dia seguinte. Não houve resposta da floresta.

Durante aquela noite e o dia seguinte, 27 de abril, os alemães renovaram seu ataque em dois eixos: no Sul, partindo de Halbe na direção de Baruth, e no Norte, partindo de Teupitz. No norte, vários milhares de alemães, apoiados por blindados, abriram uma cunha na 54ª Divisão de Infantaria de Guardas, capturaram Zesch e See e cercaram parte do 160º Regimento de Infantaria. No Sul, o impulso rumo a Baruth cercou, em Radeland, o 291º Regimento de Infantaria de Guardas, comandado pelo tenente-coronel Andriuschenko, que ocupou sótãos e porões e lutou até ser salvo pelo 150º Regimento de Infantaria de Guardas de Baruth. Mais uma vez, os alemães "sofreram baixas pesadíssimas".

Esta é a versão limpa dos acontecimentos, o resumo do oficial do estado-maior, tentando extrair ordem do caos. Mas na floresta, em especial dentro e em volta de Halbe, a realidade da batalha era apavorante, principalmente devido à artilharia soviética e ao bombardeio aéreo.

– Embora as primeiras tentativas de romper o cerco fossem bem-sucedidas, foram imediatamente destruídas pelas aeronaves e pela artilharia russas – disse a seus interrogadores, quando capturado, o major Diehl, comandante do 90º Regimento da 35ª Divisão Grenadier de Polícia SS. – As perdas foram imensas. Literalmente, não se podia levantar a cabeça, e eu estava absolutamente incapaz de conduzir a batalha. Tudo o que podia fazer era ficar deitado sob um tanque com meu ajudante de ordens e olhar o mapa.

Homens com feridas no peito e na barriga sangravam até morrer. A maioria dos ferimentos era causada por estilhaços de madeira, como em uma batalha marítima do século XVIII. As guarnições dos blindados e a artilharia soviética miravam deliberadamente para que suas granadas explodissem no alto das árvores. Para os que estavam embaixo, havia pouca proteção. Cavar trincheiras no solo arenoso cheio de raízes de árvores era tarefa impossível, mesmo para os que ainda tinham pás. Alguns homens, em seu desespero atrás de abrigo, tentaram cavar freneticamente com o capacete ou a coronha do fuzil, mas só o que conseguiram foi uma cova rasa, que não oferecia proteção contra os estilhaços.

Os bombardeios aéreos e da artilharia, em tais condições, provocaram pânico até em soldados experientes. Quando as aeronaves soviéticas de reconhecimento ou de ataque de solo surgiam acima, os soldados alemães que iam nos veículos começavam a atirar nelas selvagemente, com submetralhadoras e fuzis. Todos os homens a pé, feridos ou exaustos, que caíam no caminho dos blindados ou caminhões, eram simplesmente atropelados pelas rodas ou esmagados pela lagarta dos tanques.

Enquanto a batalha prosseguia naquela última semana de abril, havia poucas linhas de frente na extensão da floresta. As escaramuças eram fatais, com tanques surpreendendo repentinamente o inimigo em enfiada ao longo de uma barreira ou elevação. Um Tigre e um Pantera, seguidos por meias-lagartas, cobertos de soldados exaustos que se agarravam ao seu exterior, foram alvejados por um blindado soviético. Todos tentaram disparar de volta ao mesmo tempo na confusão. Os infantes do lado de fora dos tanques tiveram de pular quando a torreta girou. Mas o blindado soviético foi mais rápido. Sua próxima granada atingiu um dos meias-lagartas, que estava carregado com latas de combustível sobressalente. O veículo explodiu numa bola de fogo, iluminando a floresta em volta.

A fumaça constante dos pinheiros em chamas circulava pela floresta. Embora os comandantes soviéticos negassem, seus regimentos de artilharia e sua aviação pareciam certamente estar usando fósforo ou outros projéteis incendiários. Os cavalos que puxavam carroças de suprimentos ou reparos de canhões aterrorizavam-se e disparavam com facilidade.

A fumaça também reduzia muito a visibilidade na luz já escassa entre os troncos altos e retos como colunas de catedral. Havia um barulho constante de homens chamando-se uns aos outros, esperando fazer contato com seu grupo. Apesar de todas as tentativas de dar ordens a formações reconhecíveis, os diferentes corpos de exército tinham se misturado em uma massa incoerente, com Wehrmacht e SS arrastando-se desconfortavelmente uma ao lado da outra. As suspeitas mútuas tinham aumentado demais. As SS afirmavam que os oficiais do Exército recusavam-se a recolher seus feridos, mas havia poucos sinais de oficiais das SS fazendo algo pelos soldados da Wehrmacht além de esmagá-los sob suas lagartas caso estivessem no caminho. O ressentimento do Exército para com as SS como organização estranha a ele chegou muito perto da superfície. Aparentemente, também havia mulheres nas SS, armadas e de farda negra, montadas nos tanques Tigre.

Depois que a primeira tentativa de rompimento fracassou, os grupos tentaram escapulir em direções diferentes. Um destacamento encontrou uma posição de artilharia soviética que fora atacada por meias-lagartas no dia anterior. Cruzaram a *autobahn* e encontraram soldados soviéticos mortos ainda em suas covas de um só homem. Como os outros grupos, prosseguiram pelas florestas rumo ao ponto de encontro perto de Kummersdorf, onde o primeiro grupo de rompimento já chegara. Depois da *autobahn*, o mais perigoso era cruzar a estrada Baruth-Zossen, defendida por outra linha de divisões de infantaria e artilharia soviéticas.

Na noite de 28 de abril houve outra tentativa decidida de rompimento em massa partindo da área de Halbe. Num combate desesperado, os alemães conseguiram esmagar a linha mantida pela 50ª Divisão de Infantaria de Guardas. "Pagaram por isso com pesadas baixas", escreveu o general Lutchinski. Konev, decidido a esmagar o restante, reforçou os flancos. Derrubaram-se árvores nas trilhas que seguiam para oeste. Cada divisão de infantaria estabeleceu linhas de canhões antitanque ocultos atrás de anteparos ou trilhas, como se estivessem engajados em um gigantesco estande de tiro. Os regimentos de infantaria, apoiados por pequenos destacamentos de blindados, atacaram na floresta a leste da *autobahn*.

Os homens de Busse estavam espalhados numa área ampla, com grupos grandes em torno de Halbe e outros se estendendo pelo caminho até Storkow, onde a retaguarda ainda se aguentava contra as forças de Jukov. Os ataques soviéticos visavam a separar as forças de Busse em bolsões diferentes. Durante quase todas as horas diurnas os biplanos soviéticos U-2 voavam baixo acima das árvores, tentando avistar grupos fugitivos para que a artilharia e a aviação os atacasse. No total, as divisões aéreas que apoiavam a Primeira Frente Ucraniana realizaram "2.459 missões de ataque e 1.683 surtidas de bombardeio".

Para os alemães na floresta, sem mapas nem bússolas, era quase impossível encontrar o caminho. A fumaça e as árvores tornavam ainda mais difícil ver o sol, para estimar onde ficava o oeste. A maioria dos soldados exaustos simplesmente se arrastava pelos caminhos arenosos, sem comandantes e perdidos. Havia grande ressentimento contra os "senhores do estado-maior" com sua farda limpa, transportados em seus veículos Kübelwagen e, aparentemente, sem recolher os feridos, nem os que tinham caído de exaustão. Em volta dos cruzamentos de estradas havia "uma colcha de retalhos de cadáveres, cadáveres verde-cinza". Seis soldados da 36ª Divisão Grenadier SS, comandada pelo general Oskar Dirlewanger, famoso por seu papel no sufocamento de ambos os levantes de Varsóvia, renderam-se apesar do risco de execução.

– Há cinco dias que não vemos um oficial – disse um deles. – Sentimos que a guerra vai acabar logo, logo, e quanto mais forte fica este sentimento, menos queremos morrer.

Era raro que SS se rendessem. No caso da maioria deles, a captura significava um "tiro na nuca" ou um campo de concentração na Sibéria.

Uma batalha terrível e unilateral desenrolou-se em torno da grande aldeia de Halbe em 28 e 29 de abril, quando forças soviéticas atacaram, vindas do sul, com Katiúchas e artilharia. Muitos jovens soldados da Wehrmacht tremiam de medo e "borravam-se, literalmente", segundo Hardi Buhl, um aldeão. Os habitantes do local abrigavam-se em seus porões e, quando esses jovens soldados aterrorizados buscavam a segurança ali também, davam-lhes roupas. Mas os soldados das SS, ao perceberem o que estava acontecendo, tentaram impedir com represálias. Hardi Buhl estava com sua família no porão, apinhado de outras famílias e soldados – no total, umas quarenta pessoas – quando um SS surgiu com um *panzerfaust*, que apontou para os presentes amedrontados. A explosão num espaço tão confinado teria matado todos eles. Mas, antes que disparasse, um soldado da Wehrmacht, no canto mais perto da escada, difícil de ver na escuridão, matou-o com um tiro na nuca. Houve outros relatos de tiros entre as SS e a Wehrmacht em Halbe, mas são difíceis de confirmar.

Houve outra tentativa do grupo central de romper para oeste partindo de Halbe. Siegfried Jürgs, jovem cadete do Regimento Fahnenjunker 1239, descreveu em seu diário o que via de sua posição no tanque de vanguarda. Feridos, a quem ninguém ajudava, eram deixados aos gritos ao lado da trilha. "Jamais suspeitei que, três horas depois, eu seria um deles." Quando atacaram um destacamento de bloqueio soviético, pulara do tanque com os outros infantes para tomar posição na vala. Mas então uma granada de morteiro explodiu e ele foi perfurado nas costas por um grande fragmento de *shrapnel*. Outra explosão deixou-o com *shrapnel* no ombro, no peito e novamente nas costas. Jürgs teve mais sorte que os feridos que vira antes. Foi recolhido por um caminhão várias horas depois, mas esses veículos estavam sobrecarregados de feridos e havia gritos de dor lá atrás, quando rolavam e sacolejavam ao passar por buracos nas trilhas da floresta. Os que estavam feridos demais para serem removidos eram deixados para sofrer onde estavam. A poucos restavam forças para enterrar os mortos. No máximo, os corpos eram rolados até uma vala ou cratera de granada e jogava-se sobre eles um pouco de terra arenosa.

Nas trilhas e estradas da floresta, os veículos queimavam e os cavalos jaziam mortos no caminho, enquanto outros retorciam-se e debatiam-se de dor. O chão estava coberto de armas abandonadas e capacetes, carrinhos de bebê, carrinhos de mão e malas. A aldeia de Halbe propriamente dita foi descrita por testemunhas como uma visão do inferno da guerra.

– Os tanques passaram pela Lindenstrasse – recordou Erika Menze, de 17 anos. – Estavam cobertos de soldados feridos. Um dos feridos caiu de cima de um deles. O tanque seguinte esmagou-o completamente e o tanque que vinha atrás passou pela grande poça de sangue. Do próprio soldado não restou vestígio.

Fora da padaria, a calçada estava literalmente coberta de cadáveres. Não havia espaço entre eles.

– As cabeças eram de um cinza-amarelado, esmagadas, as mãos de um cinza enegrecido. Só as alianças brilhavam em ouro e prata.

CADA VEZ MENOS veículos restavam a cada dia – vários tanques, veículos blindados de reconhecimento de oito rodas e alguns meias-lagartas. A grande maioria dos soldados estava a pé. Em 29 de abril, depois do amanhecer, a chuva parou e o sol saiu um pouco. Foi o bastante para dar uma ideia grosseira de direção.

Os sobreviventes recordam momentos que pareciam tão irreais que depois se questionaram se não teriam sonhado com eles em sua exaustão. Perto de Mückendorf, um cadete jogou-se no chão, como os outros soldados que estavam com ele, quando um metralhador oculto em seu flanco abriu fogo. Começaram a disparar de volta nos arbustos, incapazes de distinguir o alvo. Repentinamente, duas jovens das SS, de farda negra e armadas com pistolas, apareceram.

– Levantem-se! – gritaram-lhes. – Ataquem, seus covardes!

No final do que foi uma escaramuça muito confusa, não havia absolutamente nenhum sinal das duas "fanáticas".

O escritor Konstantin Simonov estava por acaso a caminho de Berlim em um jipe subindo a *autobahn* logo após a batalha principal. No trecho ao sul de Teupitz, viu uma cena que disse que jamais esqueceria. "Naquele lugar havia uma floresta bem densa de ambos os lados da *autobahn*, meio de coníferas, meio de árvores caducas, já ficando verdes. Um atalho, não muito largo, cortava a floresta de ambos os lados da estrada, e não se conseguia ver seu fim (...) [estava] cheio de algo incrível: um terrível engarrafamento de carros, caminhões, tanques, blindados, veículos, ambulâncias, todos não só grudados uns nos outros, mas literalmente empilhados uns sobre os outros, virados, caídos de lado, de cabeça para baixo, quebrando as árvores em volta. Nesta confusão de metal, madeira e algo inidentificável, havia uma massa pavorosa de corpos humanos distorcidos. E tudo isso prosseguia pelo atalho, até o infinito. Na floresta circundante, cadáveres, cadáveres, mais cadáveres, misturados, notei de repente, com alguns que ainda estavam vivos. Havia gente ferida deitada por cima de sobretudos e cobertores, encostados nas árvores, alguns com bandagens, outros ainda sem nenhuma. Eram tantos que, aparentemente, ninguém ainda conseguira fazer algo por eles." Alguns estavam até deitados à beira da *autobahn*, semibloqueada por destroços e coberta de óleo, gasolina e sangue. Um dos oficiais que estavam com ele explicou que esse grupo fora "pego pelo fogo conjunto de vários regimentos de artilharia pesada e Katiúchas".

Os departamentos políticos soviéticos trabalhavam duro todo esse tempo para convencer os sobreviventes a se renderem. 250 mil folhetos foram lançados na floresta. Os alto-falantes bradavam mensagens pré-gravadas por prisioneiros alemães "antifascistas". E os soldados soviéticos gritavam entre as árvores:

– *Voiná kaputt. Domoi. Voiná kaputt!* – A guerra acabou. Vamos pra casa. A guerra acabou!

Enquanto isso, o departamento político da Primeira Frente Ucraniana endurecia a determinação de seus homens com a mensagem: "Os restos das hordas alemãs destruídas perambulam pela floresta como feras selvagens e tentarão chegar a Berlim a qualquer custo. Mas não passarão." A maioria não passou. Quase 30 mil homens estão enterrados no cemitério de Halbe e todo ano dezenas de novos corpos são descobertos na floresta. Em junho de 1999 a máquina Enigma do Nono Exército também foi encontrada em uma cova rasa ao lado da *autobahn*. Ninguém sabe ao certo quantos refugiados morreram com os soldados, mas podem ter sido até 10 mil. Pelo menos 20 mil soldados do Exército Vermelho morreram também. A maioria está enterrada em um cemitério na estrada Baruth-Zossen, mas dezenas de corpos seus ainda são encontrados no fundo da floresta.

A parte mais espantosa da história não é o número dos que morreram ou foram forçados a render-se, mas os 25 mil soldados e vários milhares de civis que conseguiram passar por três linhas de soldados soviéticos e chegar ao exército de Wenck, perto de Beelitz. (O marechal Konev recusou-se a admitir que "mais de 3 mil-4 mil pessoas" enganaram suas tropas.) Lá, entre a floresta e o Elba, onde a segurança com os americanos estava na outra margem, iriam enfrentar muito mais oscilações entre a esperança e o desespero nos últimos dias da guerra.

NA ÉPOCA DA batalha principal em torno de Halbe, o quartel-general do Grupo de Exércitos do Vístula concluiu que perdera todo contato com o general Busse. Uma aeronave leve Fieseler Storch foi enviada com um oficial para fazer contato, mas esta tentativa fracassou completamente. O Nono Exército estava isolado, confirmando assim o colapso do Grupo de Exércitos do Vístula enquanto entidade coerente.

O Terceiro Exército Panzer do general Hasso von Manteuffel já estava condenado depois que a Segunda Frente Bielorrussa de Rokossovski cruzou o baixo Oder. O general Heinrici deu a Manteuffel permissão de recuar para oeste até Mecklenburg, mas deliberadamente evitou informar ao marechal de campo Keitel ou ao general Krebs no *bunker* do Führer, já que era uma oposição direta à ordem de Hitler.

O avanço de Rokossovski para oeste entre Berlim e o Báltico forçou Heinrici e seu estado-maior a abandonarem o quartel-general de Hassleben, perto de Prenzlau. Em sua retirada, passaram perto do retiro de Himmler em Hohenlychen. Lá viram um batalhão da Juventude Hitlerista com média de idade de 14 anos. Os meninos, cambaleando sob o peso de suas armas e mochilas, tentavam exibir uma expressão corajosa. Um oficial do estado-maior falou com seu comandante, dizendo que era um crime "mandar essas crianças contra um inimigo enrijecido pela batalha", mas isto de nada adiantou. O Terceiro Reich, em sua agonia, revelava sua raiva frenética contra o bom senso e contra a humanidade.

Heinrici, depois de dar a Manteuffel permissão de recuar, sabia que não demoraria muito a ter notícias dos dois principais "coveiros do exército alemão". O marechal de campo Keitel, ao descobrir o que acontecera, telefonou a Heinrici em 29 de abril, acusando-o de "desobediência e fraqueza indignas de um soldado". Disse-lhe que estava liberado do comando a partir dali. Keitel tentou nomear o general von Manteuffel como sucessor de Heinrici, mas ele recusou. O general Jodl ligou pouco depois. De seu jeito mais frio, também acusou Heinrici de covardia e liderança fraca e incompetente. Heinrici recebeu ordens de apresentar-se ao novo quartel-general do OKW. Seus auxiliares, temendo que fosse executado ou obrigado a cometer suicídio, como Rommel, imploraram-lhe que invertesse a viagem. Ele seguiu seu conselho e o fim da guerra o salvou.

23
A traição do testamento

Durante a retirada para o centro de Berlim, os esquadrões de execução das SS ocuparam-se de seu serviço de carrasco com urgência crescente e frio fanatismo. Em torno do Kurfürstendamm, os esquadrões SS invadiam casas onde bandeiras brancas tinham aparecido e fuzilavam todo homem que encontrassem. Goebbels, apavorado com o ímpeto do colapso, descreveu esses sinais de rendição como "bacilos da praga". Mas o general Mummert, comandante da Divisão Panzer *Müncheberg*, expulsou os esquadrões das SS e da Feldgendarmerie de seu setor em torno da Anhalter Bahnhof e da Potsdamerplatz. Ameaçou matar sumariamente os executores.

As condições de vida para os envolvidos no combate ficaram cada vez piores. Os soldados alemães raramente conseguiam se aproximar de uma bomba de água. Tinham de mitigar a sede, exacerbada pela fumaça e pela poeira, com a água dos canais. Havia também cada vez mais casos de colapso nervoso devido à combinação de exaustão e fogo constante da artilharia. O número de feridos no *bunker* da Anhalter crescera tanto que as moças fizeram uma bandeira da Cruz Vermelha usando lençóis e batons. Foi um esforço jogado fora. Ainda que os observadores da artilharia soviética vissem o símbolo da Cruz Vermelha através da fumaça e da caliça, não desviariam o fogo de suas baterias. Um *bunker* era um *bunker*. O fato de conter civis era irrelevante. O número dos que estavam lá dentro diminuía rapidamente, contudo, conforme mulheres e crianças escapavam pelos túneis da U-Bahn e da S-Bahn. Os soldados do Quinto Exército de Choque e do Oitavo Exército de Guardas estavam literalmente à porta.

O Quinto Exército de Choque, avançando a partir do leste para o lado norte do canal Landwehr, combatera os remanescentes da *Nordland* e da *Müncheberg* desde Belle-Allianceplatz e prosseguira até a Anhalter Bahnhof. A 61ª Divisão de Infantaria do 28º Exército também chegou até ali vinda de outra direção. O Quinto Exército de Choque então encontrou o Oitavo Exército de Guardas atacando pelo sul, do outro lado do canal, no flanco esquerdo de sua retaguarda. O comandante da 301ª Divisão de Infantaria, coronel Antonov, chamou imediatamente o comandante de seu corpo, o general Rosli. Partiram imediatamente em um jipe. "Rosli, que em geral é muito calmo, parecia preocupado", escreveu Antonov. "Meditou sobre a situação e disse:

– Como vamos mandá-los de volta pelo canal Landwehr? Não deixe sua ordem de batalha se misturar com a Guarda. Continue avançando pela Wilhelmstrasse e pela Saarlandstrasse. Ataque o quartel-general da Gestapo, o Ministério da Aviação e a Chancelaria do Reich."

Antonov não perdeu tempo, mas o quartel-general de Jukov precisou de quase trinta horas para desfazer a confusão e estabelecer novos limites entre os diferentes exércitos. Logo a maioria das tropas de Konev foi retirada de Berlim – "como um prego", diziam, para enfatizar seu ressentimento por lhe terem negado o prêmio – e desviada para Praga.

Também em 28 de abril, soldados do Terceiro Exército de Choque, que avançavam vindos dos distritos do norte, ficaram à vista da coluna Siegessäule, no Tiergarten. Os soldados do

Exército Vermelho apelidaram-na de "mulher alta" por causa da estátua alada da Vitória no topo. Os defensores alemães estavam agora reduzidos a uma faixa de menos de cinco quilômetros de largura e 15 de comprimento. Ia da Alexanderplatz, a leste, até Charlottenburg e o Reichssportsfeld, a oeste, de onde os destacamentos da Juventude Hitlerista de Artur Axmann defendiam desesperadamente as pontes sobre o Havel. O comandante da artilharia de Weidling, coronel Wöhlermann, olhava em volta com horror, na plataforma do canhão no alto da grande torre antiaérea de concreto do Zoológico. "Tinha-se uma vista panorâmica da grande cidade ardendo, queimando e fumegando, cena que repetidamente nos abalava até o fundo." Mas o general Krebs ainda alimentava a crença de Hitler de que o exército de Wenck estava a ponto de chegar do sudoeste.

Para manter viva a resistência, Bormann, como Goebbels e Ribbentrop, soltou o falso boato de um trato com os aliados ocidentais. "Aguentem firme, lutem fanaticamente", ordenara aos Gauleiters no início da manhã de 26 de abril. "Não vamos desistir. Não vamos nos render. Sentimos algum avanço na política estrangeira. Heil Hitler! Reichsleiter Bormann." A mentira logo foi reforçada pela reação de Hitler e Goebbels à tentativa de Himmler de buscar um verdadeiro cessar-fogo com as potências ocidentais.

Truman e Churchill tinham informado imediatamente ao Kremlin a tentativa de abordagem usando o conde Bernadotte. "Considero sua proposta de resposta a Himmler (...) absolutamente correta", respondeu Stalin a Truman em 26 de abril. Ninguém no *bunker* tinha a menor ideia do que estava acontecendo, mas ainda assim, com certeza, uma suspeita geral de traição tomara conta de Bormann. Na noite de sexta-feira, 27 de abril, ele escreveu em seu diário: "Himmler e Jodl param as divisões que lançamos no combate. *Nós* lutaremos e morreremos com nosso Führer, a quem permaneceremos devotados até o túmulo. Muitos vão agir com base em 'motivos *mais elevados*'. Estão sacrificando seu Führer. Argh! Que porcos. Perderam toda a honra. Nossa Chancelaria do Reich está ficando em ruínas. 'O mundo agora pende por um fio.' Os aliados exigem rendição incondicional. Isto significaria uma traição da Pátria. Fegelein degradou-se. Tentou fugir de Berlim com roupas civis." Bormann rapidamente distanciou-se de seu companheiro mais íntimo.

Hitler notara subitamente a ausência de Hermann Fegelein no início da tarde, na conferência sobre a situação. Bormann, provavelmente por suas mútuas bravatas na sauna, sabia do apartamento de Charlottenburg, que Fegelein usava para seus casos amorosos. Um grupo da Gestapo de guarda-costas de Hitler foi enviado para trazê-lo de volta. Encontraram Fegelein, aparentemente bêbado, com uma amante. Suas malas, que continham dinheiro, joias e passaportes falsos, estavam prontas para a partida. Ele insistiu em ligar para o *bunker* e exigiu falar com a cunhada, mas Eva Braun, chocada por até ele ter tentado abandonar seu amado Führer, recusou-se a intervir. Ela não acreditou quando ele disse que apenas tentara partir para ficar com Gretl, que estava prestes a dar à luz. Fegelein foi levado de volta preso. Foi mantido em um quarto trancado no porão da Chancelaria do Reich.

Em 28 de abril, no meio da tarde, falaram a Hitler de uma notícia, na rádio de Estocolmo, de que Himmler estivera em contato com os aliados. A ideia de que "*der treue Heinrich*"* pudesse tentar um acordo parecia risível, mas Hitler começara a suspeitar das SS depois do fracasso de Steiner de libertar Berlim. Ligou para Dönitz, que falou com Himmler. O Reichsführer SS negou tudo completamente. Mas, naquela noite, Lorenz, adido de imprensa de Hitler, chegou com uma cópia da confirmação da reportagem da Reuters. Todos os ressentimentos e suspeitas de Hitler explodiram. Ficou lívido

*O fiel Heinrich. (*N. da T.*)

de raiva e choque. Fegelein foi interrogado, aparentemente pelo Gruppenführer Müller, chefe da Gestapo. Admitiu saber da conversa de Himmler com Bernadotte. Freytag von Loringhoven viu Fegelein sendo levado para cima com forte escolta das SS. Todos os símbolos de seu posto, a Cruz de Cavaleiro e outras insígnias, foram arrancados de sua farda. A arrogância de Fegelein desaparecera. Foi executado no jardim da Chancelaria do Reich. Hitler estava agora convencido de que as SS vinham fervilhando de tramas contra ele, assim como o Exército no ano anterior.

Hitler foi direto ao quarto do *bunker* onde o recém-promovido marechal Ritter von Greim cuidava da perna ferida. Ordenou-lhe que voasse de Berlim para organizar ataques da Luftwaffe aos blindados soviéticos, que haviam chegado à Potsdamerplatz, e garantir que Himmler não ficasse impune.

– Um traidor jamais me sucederá como Führer – gritou para Greim. – Você precisa ir para garantir que isso não acontecerá!

Não se perdeu tempo. Hanna Reitsch foi convocada para ajudar Greim a subir engatinhando a escadaria de concreto. Um veículo blindado aguardava para levá-los a um avião de treinamento Arado 96, especialmente trazido de fora e agora pronto a decolar perto do Portão de Brandemburgo. Soldados soviéticos do Terceiro Exército de Choque, que acabavam de abrir caminho até o Tiergarten, fitaram espantados o avião decolar diante de seus olhos. Seu medo imediato, ao recuperarem as reações militares, foi que Hitler lhes escapara. Mas a explosão tardia das metralhadoras e armas antiaéreas deixou de atingir o alvo. Ritter von Greim e Hanna Reitsch escaparam.

Esta noite movimentada no *bunker* do Führer ainda não terminara. Reservava uma surpresa ainda maior. Adolf Hitler iria casar-se com a cunhada do homem que acabara de executar. Goebbels trouxera, para a sala de estar particular de Hitler, um certo Herr Walter Wagner, funcionário da Gau de Berlim, que tinha autoridade para realizar a cerimônia civil de casamento. Wagner, confuso e estarrecido com sua responsabilidade, viera de seu posto na guarda com o uniforme marrom do Partido Nazista e a braçadeira da Volkssturm. Hitler usava sua túnica de sempre. Eva Braun usava um vestido longo de tafetá preto, que ele sempre elogiara. A cor era bastante adequada às circunstâncias. Um Wagner nervosíssimo teve então de perguntar ao Führer e a Fräulein Braun se eram de ascendência puramente ariana e se não tinham nenhuma doença hereditária. A cerimônia não durou mais que dois minutos, segundo a fórmula de declarações simples de tempo de guerra. Então veio a assinatura do registro, com Goebbels e Bormann como testemunhas. Eva Braun começou a escrever seu nome de sempre e parou, riscou o "B" e corrigiu para "*Eva Hitler, geb[orene] Braun*".* A assinatura de Hitler ficou totalmente ilegível, sua mão tremia demais.

Os recém-casados saíram para o corredor da antessala que servia de sala de reuniões do *bunker*. Generais e secretárias congratularam-nos. Então, retiraram-se para a pequena sala de estar, para um café da manhã nupcial com champanhe para a nova Frau Hitler, como insistia agora em ser chamada pelos criados. Finalmente fora recompensada por sua lealdade num mundo de traições. Mais tarde juntaram-se a eles Bormann, Goebbels e a esposa Magda e as duas secretárias restantes, Gerda Christian e Traudl Junge. Hitler levou Traudl Junge para outro cômodo, onde lhe ditou seus testamentos político e pessoal. Ela sentou-se ali, nervosa e animada, esperando ouvir finalmente uma explicação profunda do verdadeiro propósito do grande sacrifício. Mas, em vez de uma torrente de clichês políticos, jorraram ilusões e recriminações. Ele jamais desejara a guerra. Ela lhe fora imposta pelos interesses internacionais

---

* "Eva Hitler, nascida Braun." (*N. da T.*)

judaicos. A guerra, "apesar de todos os reveses", afirmou ele, "um dia ficará na História como a manifestação mais gloriosa e heroica da vontade de viver de um povo".

O almirante Dönitz, líder da Kriegsmarine, foi nomeado presidente do Reich. O Exército, a Luftwaffe e as SS fracassaram ou traíram-no. O leal Dönitz – "Hitlerjunge Quex" – surgira na frente dos conspiradores. Ainda assim, Goebbels foi nomeado chanceler do Reich, enquanto "meu mais fiel camarada do Partido, Martin Bormann", tornava-se chanceler do partido, além de executor de seu testamento pessoal. Hitler desejava, claramente, continuar sua política de dividir e governar além do túmulo, mesmo na administração mais fantasmagórica jamais reunida. Talvez a nomeação mais bizarra tenha sido a do Gauleiter Karl Hanke para substituir Himmler como Reichsführer SS. Hanke, amante de Magda Goebbels antes da guerra, ainda estava encurralado em Breslau, dirigindo sua própria encenação provinciana de suicídio forçado de uma cidade. Goebbels, enquanto isso, escreveu seu próprio testamento. Acreditava ser seu dever, "no delírio de traição que cerca o Führer nestes dias mais críticos da guerra", recusar a ordem de Hitler de partir de Berlim e "ficar com ele incondicionalmente até a morte". Uma das cópias do testamento de Hitler foi enviada, por um oficial de confiança, ao marechal de campo Schörner, novo comandante em chefe do exército. A carta de apresentação do general Burgdorf confirmava que "o abalo da notícia da traição de Himmler" fora, para Hitler, o golpe final.

A festa de casamento bastante tranquila no fundo do *bunker* foi sobrepujada por comportamentos muito mais selvagens mais perto da superfície. Quando Traudl Junge finalmente terminou sua datilografia por volta das 4 da manhã de domingo, 29 de abril, e o Führer e Frau Hitler se retiraram, subiu para encontrar algo de comer para os filhos de Goebbels. As cenas que encontrou, não muito longe de onde os feridos jaziam no hospital de campanha subterrâneo da Chancelaria do Reich, chocaram-na profundamente. "Uma febre erótica parecia ter se apossado de todo mundo. Em toda parte, até na cadeira do dentista, vi corpos enlaçados em abraços lascivos. As mulheres tinham descartado toda decência e expunham livremente suas partes privadas." Os oficiais das SS que estiveram do lado de fora vasculhando porões e ruas atrás de desertores para enforcar também tinham atraído moças famintas e impressionáveis até a Chancelaria do Reich, com promessa de festas e suprimento inexaurível de comida e champanhe. Era o apocalipse da corrupção totalitária, com o submarino de concreto do mundo subterrâneo da Chancelaria do Reich fazendo as vezes de cenário teatral existencialista do inferno.

A REALIDADE PARA os berlinenses comuns ficava a cada hora mais terrível. Em 28 de abril, tropas soviéticas chegaram à rua de uma mulher anônima que mantinha um diário. "Tive uma sensação desagradável no estômago", escreveu. "Lembrou-me do sentimento que costumava ter quando garota na escola antes de uma prova de matemática – desconforto e inquietude e o desejo de que tudo acabasse." Da janela de cima observaram uma coluna de suprimentos soviética, com carroças puxadas a cavalo e potros se esfregando em suas mães. A rua já cheirava a excremento de cavalo. Uma cozinha de campanha foi montada na garagem do outro lado da rua. Não se via nenhum civil alemão. Os "Ivans" aprendiam a andar nas bicicletas que tinham encontrado. A cena a tranquilizou. Pareciam crianças grandes.

Quando se arriscou a sair, uma das primeiras perguntas que lhe fizeram foi:

– Você tem marido?

Ela falava um pouco de russo e conseguiu desviar sua "conversa desajeitada". Então notou que eles trocavam olhares e começou a sentir medo. Um soldado, que cheirava a álcool, seguiu-a quando ela retirou-se para o porão. Lá, as outras mulheres ficaram sentadas sem se mover enquanto ele cambaleava, jogando a luz da lanterna em seus rostos. Ele persistiu em sua abordagem nada sutil e a diarista, como se o levasse, conseguiu escapar do porão e fugir para a luz do sol na rua. Outros soldados chegaram e tomaram dos civis os relógios de pulso, mas não houve violência. À noite, contudo, depois que os soldados comeram e beberam, começaram a caçada. A diarista foi emboscada na escuridão por três deles, que começaram a estuprá-la, um de cada vez. Quando o segundo a atacou, foi interrompido pela chegada de três outros soldados, um deles mulher, mas todos apenas riram da cena, inclusive ela.

Finalmente de volta a seu quarto, ela empilhou toda a mobília contra a porta e foi para a cama. Como provavelmente acontecia com todas as mulheres de Berlim que foram estupradas na época, ela viu que a falta de água corrente para lavar-se depois tornava as coisas muito piores. Mal ficara algum tempo na cama quando sua barricada foi empurrada. Um grupo de soldados entrou e começou a comer e beber em sua cozinha. Um gigante chamado Petka pegou-a quando tentava escapulir do apartamento. Ela implorou-lhe que não deixasse que os outros também a estuprassem e ele concordou. De manhã cedo, ele acordou quando o galo da companhia cantou na rua. Anunciou que tinha de voltar ao serviço e depois quase esmagou seus dedos num aperto de mão de despedida, garantindo-lhe que voltaria às 19 horas.

Muitas outras mulheres também "se entregaram" a um soldado na esperança de proteger-se do estupro coletivo. Magda Wieland, atriz de 24 anos, achou a chegada dos soldados russos à Giesebrechtstrasse, ao lado do Kürfurstendamm, "o momento mais apavorante de toda a guerra". Ela escondeu-se em um enorme guarda-louças de mogno todo esculpido quando eles entraram. Um soldado muito jovem da Ásia Central arrancou-a de lá. Ficou tão excitado com a perspectiva de uma loura jovem e bela que sofreu de ejaculação precoce. Por meio de sinais, ela ofereceu-se a ele como namorada caso ele a protegesse de outros soldados russos. Ele ficou claramente animado com a ideia de ter uma namorada loura e saiu para gabar-se aos amigos, mas outro soldado chegou e estuprou-a violentamente.

No porão, Ellen Goetz, amiga judia de Magda que procurara abrigo ali quando escapou da prisão da Lehrterstrasse depois de um pesado bombardeio, também foi arrastada e estuprada. Quando outros alemães tentaram explicar aos russos que ela era judia e fora perseguida, receberam a concisa resposta "*Frau ist Frau*".* Os oficiais russos chegaram mais tarde. Comportaram-se com toda a correção, mas nada fizeram para controlar seus homens.

A Giesebrechtstrasse abrigava uma seção muito misturada da vida berlinense. Hans Gensecke, jornalista famoso que fora punido por esconder judeus e obrigado a remover cadáveres de porões bombardeados, também morava no nº 10. No terceiro andar do mesmo prédio, morava também a amante de Kaltenbrunner, que o divertia em seu apartamento decorado com portas douradas, mobília estofada de seda e tapetes, sem dúvida pilhados das áreas ocupadas da Europa. Ao lado, o nº 11 ficara famoso pela presença do "Salão Kitty", o bordel nazista para *Prominenten*. O controle do estabelecimento, com 16 jovens prostitutas, fora assumido, mais cedo na guerra, por Heydrich e Schellenberg. Era administrado pelo departamento de informações das SS para espionar oficiais superiores, oficiais da Wehrmacht e embaixadores estrangeiros, e depois chantageá-los. Todos os quartos tinham escuta e, logo depois da tomada de Berlim, o NKVD, aparentemente, estudou com grande interesse a tecnologia usada. Na casa vizinha, do lado mais distante, o general Paul von Hase, comandante da cidade de Berlim, morara até ser preso e executado depois da conspiração de julho.

---

*"Mulher é mulher." (*N. da T.*)

COM A JUVENTUDE Hitlerista e as SS abrindo fogo sobre qualquer casa que exibisse uma bandeira branca, os civis viram-se esmagados pela violenta intransigência de ambos os lados. O cheiro de cadáveres em decomposição espalhava-se das pilhas de destroços que já tinham sido prédios, e o cheiro de carne queimada dos esqueletos enegrecidos das casas incendiadas. Mas não foram essas cenas terríveis, mas sim os três anos de propaganda, que deram forma à atitude dos soldados soviéticos. Eles viam Berlim como "esta cidade cinzenta, assustadora, sombria, misantrópica, esta capital bandida".

Nem os comunistas alemães foram poupados. Em Wedding, reduto da esquerda até 1933, ativistas da Jülicherstrasse saíram para congratular os oficiais soviéticos que comandavam a unidade que ocuparia seu distrito, mostrando suas carteiras do partido, que tinham escondido durante 12 anos de ilegalidade. Apresentaram suas esposas e filhas como voluntárias para ajudar lavando e cozinhando mas, segundo um prisioneiro de guerra francês, os oficiais da unidade estupraram-nas "naquela mesma noite". Enquanto os ocupantes do *bunker* do Führer preocupavam-se com os T-34 e os tanques Stalin que avançavam da Potsdamerplatz e subiam a Wilhelmstrasse, os olhos soviéticos estavam fixos no lado norte do centro de Berlim. O Terceiro Exército de Choque infletiu seu avanço por Moabit, logo a nordeste do Spree, para alinhar-se para um ataque ao Reichstag.

O comandante da 150ª Divisão de Infantaria, general Shatilov, pensou que o próprio Goebbels estivesse dirigindo a defesa da prisão de Moabit e que deviam capturá-lo vivo. Descreveu a prisão de Moabit "olhando-nos maliciosamente com suas janelas estreitas". (É espantoso como os russos viam o mal em todos os edifícios de Berlim, assim como nas árvores alemãs ao cruzarem a fronteira.) A prisão de Moabit não parecia um alvo fácil de atacar. A artilharia trouxe à frente um canhão pesado, mas ele atraiu disparos frenéticos de dentro da prisão. O primeiro artilheiro foi morto, assim como o segundo, mas uma brecha logo foi aberta nas muralhas.

Grupos de assalto dispararam pela rua e invadiram o pátio. Uma vez lá dentro, a guarnição alemã rendeu-se muito depressa. Os sapadores, que tinham encontrado minas perto da entrada, foram correndo procurar explosivos. Seu comandante recordou o pesado eco metálico quando subiram a escada de ferro. Todo alemão que saiu de braços levantados foi cuidadosamente examinado, até aqueles em uniformes de presos, para o caso de algum deles ser Goebbels disfarçado. As portas das celas foram escancaradas e os prisioneiros libertados saíram, ofuscados, para a luz do sol.

Outros objetivos custaram muito mais baixas em uma cidade em que as ruas eram varridas pela fumaça do fogo indiscriminado das granadas. "Que preço terrível estamos pagando a cada passo para a vitória", observou o editor do jornal militar *Voin Rodini* numa visita ao combate em Berlim. Ele foi morto poucos segundos depois pela explosão de uma granada. Mortes tão perto do fim de uma guerra tão longa e feroz pareciam duplamente pungentes. Muitos ficaram emocionados com a morte de Mihail Shmonin, um comandante de pelotão jovem e muito admirado.

– Siga-me! – gritara ele a seu sargento, correndo rumo a um prédio. Mal disparara três tiros quando uma pesada granada, quase com certeza soviética, atingiu a parede à sua frente. A lateral da casa desmoronou e o tenente, com "faces rosadas, compleição clara e grandes olhos claros", ficou soterrado pelos destroços.

Ainda que o Exército Vermelho "logo aprendesse o que esperar" na luta nas ruas e casas de Berlim, com "*fausters* perto das barricadas" e "prédios de pedra e concreto transformados em *bunkers*", passou a confiar cada vez mais nos obuseiros pesados de 152mm e 203mm, disparados à queima-roupa em alvos com a mira aberta. Só então os grupos de assalto invadiam.

Mas o campo de batalha que os soldados soviéticos evitavam o mais possível eram os túneis e os *bunkers* do metrô, mais de mil na grande área de Berlim. Eram extremamente cautelosos ao entrarem em abrigos antiaéreos civis, convencidos de que havia soldados alemães escondidos prontos a emboscá-los ou a surgir para atacá-los pela retaguarda. Em consequência, praticamente selavam quaisquer abrigos que encontravam. Os civis que vinham à superfície provavelmente seriam fuzilados. Há histórias, em boa parte produto da paranoia alemã, de T-34 lançados em túneis ferroviários para surgir por trás de suas linhas. O único caso genuíno de um tanque subterrâneo, contudo, parece ser o de um infeliz motorista de T-34 que não percebeu a entrada da estação da U-Bahn na Alexanderplatz e disparou pelas escadas. Histórias de artilharia leve descida pelas escadarias das estações, degrau por degrau, e carregada até os trilhos também se devem mais ao folclore que aos fatos.

PARTINDO DA PRISÃO de Moabit, eram apenas 800 metros descendo Alt Moabit até a ponte Moltke sobre o Spree. Mais 600 metros adiante ficava o Reichstag que, de vez em quando, tornava-se visível quando a fumaça dissolvia. Para a 150ª e a 171ª Divisões de Infantaria agora parecia tão perto, mas nem assim tinham ilusões sobre os perigos que as esperavam. Sabiam que muitos morreriam antes que pudessem hastear as bandeiras vermelhas no prédio escolhido por Stalin como símbolo de Berlim. Seus comandantes, para agradar ao Camarada Stalin, queriam que o edifício fosse capturado em tempo para que o anúncio fosse feito nas comemorações de Primeiro de Maio em Moscou.

O avanço até a ponte Moltke começou na tarde de 28 de abril. Os batalhões avançados das duas divisões partiram da mesma linha, enfatizando ainda mais a corrida. A ponte à frente estava barricada de ambos os lados. Estava minada e protegida com arame farpado, e coberta pelo fogo das metralhadoras e da artilharia por ambos os flancos. Pouco antes das 18 horas houve uma detonação ensurdecedora, quando os alemães explodiram a ponte Moltke. Quando a fumaça e a poeira assentaram, ficou claro que a demolição não fora inteiramente bem-sucedida. A ponte cedera, mas, com certeza, ainda podia ser cruzada pela infantaria.

O capitão Neustroiev, comandante do batalhão, ordenou que o sargento Piatnitski levasse seu pelotão na travessia, num ataque de sondagem. Piatnitski e seus homens correram pelo espaço aberto que levava à ponte e conseguiram abrigar-se atrás da própria barricada alemã. Neustroiev então pediu o apoio da artilharia para a travessia. Parece ter levado um tempo bastante grande para que os oficiais de observação da artilharia virassem e organizassem suas baterias, mas bem quando a última luz desaparecia começou a preparação de artilharia. O bombardeio pesado a curta distância esmagou as posições de fogo alemãs e os pelotões avançados da infantaria correram para abrir caminho até os grandes prédios no Kronprinzenufer e na Moltkestrasse. À meia-noite, enquanto Hitler se casava com Eva Braun, estabeleceram uma firme cabeça de ponte. Durante o resto da noite o grosso da 150ª e da 171ª Divisões de Infantaria cruzou o Spree.

A 150ª Divisão de Infantaria atacou o Ministério do Interior, no lado sul da Moltkestrasse. Este edifício logo tornou-se conhecido como "Casa de Himmler". Com portas e janelas bloqueadas para fornecer proteção de tiro aos defensores, mostrou-se uma fortaleza difícil de atacar. Incapazes de trazer à frente baterias de canhões e foguetes, os sapadores improvisaram lançadores individuais de Katiúchas com pedaços de trilho. Mas as ferramentas básicas desse combate à queima-roupa na manhã de 29 de abril foram as granadas e as submetralhadoras.

Os soldados soviéticos, ainda que com medo de morrer nos últimos dias da batalha, também queriam impressionar todo mundo em casa. Como conquistadores de Berlim, viam-se como uma elite na União Soviética do pós-guerra. "Saudações da linha de frente", escreveu Vladimir Borisovich Pereverzev naquele dia. "Olá, meus mais próximos e queridos. Até agora estou vivo e com saúde, só um pouquinho bêbado o tempo todo. Mas isto é necessário para manter a coragem. Uma ração razoável de conhaque três estrelas não vai fazer mal. Naturalmente, nós mesmos punimos aqueles que não conhecem seus limites [para beber]. Agora estamos apertando o círculo em torno do centro da cidade. Estou a apenas 500 metros do Reichstag. Já cruzamos o Spree e em poucos dias os Fritzes e os Hanses estarão *kaputt*. Ainda escrevem nas paredes que '*Berlin bleibt deutsch*', mas dizemos em vez disso '*Alles deutsch kaputt*'.* E o que vai acontecer é o que dizemos. Queria mandar-lhes minha fotografia, que foi tirada, mas não tivemos oportunidade de revelá-la. É uma pena, porque a foto seria muito interessante: uma submetralhadora no meu ombro, uma Mauser presa no cinto, granadas dos lados. Há muita coisa para atingir os alemães. Para resumir a história, estaremos no Reichstag amanhã. Não posso enviar pacotes [isto é, bens pilhados]. Não há tempo. E nós, unidades da linha de frente, temos mais a fazer. Vocês dizem que parte do teto da cozinha caiu, mas isso não é nada! Um prédio de seis andares caiu em cima de nós e tivemos de cavar para tirar nossos rapazes. É assim que vivemos e derrotamos os alemães. Em resumo, são as minhas notícias." Pereverzev ficou gravemente ferido pouco depois de terminar a carta. Morreu no dia em que a vitória foi anunciada.

"Domingo, 29 de abril", escreveu Martin Bormann em seu diário. "Segundo dia a começar com um furacão de fogo. Durante a noite de 28 para 29 de abril, a imprensa estrangeira

---

*"Berlim continua alemã" e "Tudo o que é alemão acabou". (*N. da T.*)

falou da oferta de capitulação de Himmler. O casamento de Hitler e Eva Braun. O Führer dita seus testamentos político e particular. Os traidores Jodl, Himmler e os generais nos abandonam aos bolcheviques. Furacão de fogo outra vez. Segundo informações do inimigo, os americanos invadiram Munique."

Hitler, ainda que seu otimismo e pessimismo oscilassem, finalmente percebeu que tudo estava perdido. Suas comunicações seguras por radiotelefone foram literalmente cortadas quando o último balão que levava a antena sobre o *bunker* do Führer foi abatido. Em consequência, as estações de escuta do Exército Vermelho interceptaram seu tráfego ordinário de mensagens naquele dia. Bormann e Krebs assinaram em conjunto uma mensagem a todos os comandantes: "O Führer espera lealdade inabalável de Schörner, Wenck e outros. Também espera que Schörner e Wenck o salvem e a Berlim." O marechal de campo Schörner respondeu que "as áreas de retaguarda estão completamente desorganizadas. A população civil torna difícil operar". Finalmente, Wenck deixou claro que não se devia esperar nenhum milagre do 12º Exército: "As tropas do Exército sofreram grandes baixas e há grave escassez de armas."

Os que estavam no *bunker* do Führer, mesmo os mais leais, viram finalmente que quanto mais Hitler retardasse seu suicídio, mais gente morreria. Depois do fracasso de Himmler e Göring, ninguém poderia pensar em cessar fogo antes que o Führer se matasse. O problema é que, se ele esperasse até que os russos estivessem na porta da Chancelaria do Reich, ninguém ali sairia vivo.

Freytag von Loringhoven não queria morrer naquele ambiente nem naquela companhia. Depois que os três mensageiros partiram levando cópias do testamento de Hitler, ocorreu-lhe a ideia de que, com as comunicações cortadas, ele e Boldt podiam pedir permissão para unir-se aos soldados fora da cidade.

– Herr General – disse ao general Krebs. – Não quero morrer aqui como um rato, gostaria de voltar às tropas em combate.

De início, Krebs relutou. Depois conversou com o general Burgdorf, que disse que qualquer um dos assessores militares remanescentes devia ter permissão de partir. Seu assistente, tenente-coronel Weiss, devia ir com Freytag von Loringhoven e o capitão Boldt.

Foi pedida a aprovação de Hitler depois da conferência do meio-dia sobre a situação.

– Como vão sair de Berlim? – perguntou.

Freytag von Loringhoven explicou sua rota, saindo do porão da Chancelaria do Reich e cruzando Berlim até o Havel, onde encontrariam um barco. Hitler ficou entusiasmado.

– Vocês precisam conseguir um barco com motor elétrico, porque não faz barulho e aí conseguirão cruzar as linhas russas.

Freytag von Loringhoven, temendo sua obsessão com este único detalhe, concordou que era o melhor método, mas disse que, caso necessário, poderiam ter de usar outra embarcação. Hitler, subitamente exausto, apertou molemente as mãos de cada um e mandou-os embora.

Os russos, como a Divisão *Nordland* sabia muito bem, já estavam muito perto da Chancelaria do Reich. Três T-34 tinham atacado a Wilhelmstrasse no dia anterior, até a estação da U-Bahn, onde foram emboscados por *panzerfaust* SS franceses.

A 301ª Divisão de Infantaria do coronel Antonov começou seu avanço de verdade ao amanhecer de 29 de abril, não muito depois que os recém-casados do *bunker* do Führer foram deitar-se. Dois de seus regimentos de infantaria atacaram o quartel-general da Gestapo na Prinz-Albrechtstrasse, prédio que fora pesadamente danificado pelo bombardeio aéreo de

3 de fevereiro. Na tática que agora era padrão, os obuseiros pesados de 203mm foram trazidos à frente para abrir uma brecha à queima-roupa. Dois batalhões invadiram e desfraldaram uma bandeira vermelha, mas os relatos soviéticos deixam de revelar que, depois de um combate feroz e pesadas baixas, foram forçados a retirar-se, naquela noite, por um violento contra-ataque das Waffen SS. Os russos não tinham ideia de se havia algum prisioneiro da Gestapo ainda vivo lá dentro. Na verdade, tinham sobrado sete, especialmente poupados do horrendo massacre que ocorrera na noite de 23 de abril.

A *Nordland*, agora sob o comando de Mohnke na Chancelaria do Reich, era "alimentada de cima" com mais mensagens encorajadoras sobre o progresso do exército de Wenck e as negociações com os aliados. Os únicos reforços que Krukenberg recebera tinham sido cem policiais idosos. Seus homens estavam exaustos demais para se importar com mensagens da Chancelaria do Reich. Estavam cansados demais até para falar. Seus rostos estavam vazios. Nenhum homem acordava, a menos que sacudido vigorosamente. A caça aos tanques, escreveu um deles mais tarde, tornara-se uma "descida ao inferno".

Os "esquadrões destruidores de tanques" franceses tinham executado um papel especialmente eficaz na defesa. Foram responsáveis por cerca de metade dos 108 tanques destruídos em todo o setor. Henri Fenet, comandante de seu batalhão, descreveu um rapaz de 17 anos de Saint Nazaire, chamado Roger, que lutou sozinho com seus *panzerfausts* "como um único soldado com fuzil". O Unterscharführer Eugène Vanlot, encanador de 20 anos apelidado de "Gégène", era o recordista, com oito tanques. Pusera fora de combate dois T-34 em Neukölln e depois destruíra mais seis em menos de 24 horas. Na tarde de 29 de abril, Krukenberg convocou-o até o vagão do metrô na estação destruída da U-Bahn, e lá, "à luz de bruxuleantes tocos de vela", condecorou-o com uma das duas últimas Cruzes de Cavaleiro a serem distribuídas. O outro agraciado foi o major Herzig, comandante do 503º Batalhão Panzer Pesado SS. Mohnke deu-lhe a sua mais ou menos na mesma ocasião. O próprio Fenet e o cadete Apollot também receberam comendas por destruírem cinco tanques cada. Um Obersturmführer escandinavo da *Nordland* levou três garrafas de vinho francês saqueado para brindar aos heróis.

Fenet, que fora ferido no pé, explicou que continuavam lutando porque só tinham uma ideia na cabeça: "Os comunistas têm de ser detidos." Não havia tempo "para filosofar". Protopopov, oficial da Guarda Branca que lutara na guerra civil russa e acompanhou seus camaradas franceses até Berlim, também acreditava que o gesto era mais importante que o fato. Mais tarde os poucos voluntários estrangeiros das SS que sobreviveram tentaram racionalizar sua batalha perdida como a necessidade de dar um exemplo antibolchevista para o futuro. Até o sacrifício de meninos justificava-se naquelas circunstâncias.

LOGO A OESTE da batalha em torno da Wilhelmstrasse o Oitavo Exército de Guardas de Tchuikov atacou rumo ao norte, cruzando o canal Landwehr e entrando no Tiergarten. Alguns soldados nadaram pelo canal, outros usaram embarcações improvisadas sob a cobertura de uma barragem de artilharia e de cortinas de fumaça. Um grupo usou as entradas do esgoto para ir até atrás dos defensores.

Na ponte Potsdamer adotou-se um estratagema esperto. Trapos encharcados de óleo e cartuchos de fumaça foram presos do lado de fora de um T-34. Quando o tanque se aproximou da ponte, foram acesos. Os canhões antitanque e um tanque Tigre enterrado pararam de atirar, porque suas guarnições pensaram ter acertado. Mas quando perceberam o que estava acontecendo, o tanque já tinha cruzado o rio e disparava à queima-roupa. Outros T-34 correram atrás em sua esteira.

Outro truque foi usado no início da tarde. Três civis alemães saíram, com uma bandeira branca, de um complexo de túneis e de um *bunker* antiaéreo subterrâneo com três andares. Perguntaram se os civis teriam permissão de sair. Um comissário político, o major da Guarda Kuharev, acompanhado por um soldado intérprete e dez armados com submetralhadoras, avançou para negociar com eles. Os três civis levaram o major Kuharev até a entrada do túnel. Três oficiais alemães apareceram. Ofereceram-lhe uma venda e disseram que deviam discutir as coisas lá dentro, mas Kuharev insistiu em negociar do lado de fora. Acabaram concordando que os 1.500 civis abrigados no interior teriam permissão de sair. Depois que partiram, o capitão alemão anunciou que os membros restantes da Wehrmacht deviam agora cumprir a ordem do Führer de resistir até o fim. Voltaram-se para retornar ao túnel. "Mas o Camarada Kuharev não era tão simplório", continuava o relatório. "Este enérgico oficial político puxou uma pequena pistola que ocultara na manga e matou o capitão e os outros dois oficiais." Os submetralhadores do 170º Regimento de Infantaria de Guarda então invadiram o *bunker* e os alemães que estavam lá dentro levantaram as mãos em rendição. Muitos deles eram cadetes jovens.

O flanco direito do Oitavo Exército de Guardas de Tchuikov no canal Landwehr estava quase em frente ao quartel-general do general Weidling, no Bendlerblock, mas o comandante divisionário soviético não fazia ideia de sua importância. Weidling, sabendo que o fim estava próximo, convocou seus comandantes divisionários. Disse-lhes que a última comunicação pelo rádio com o general Reymann em Potsdam ocorrera no dia anterior. Parte do 12º Exército do general Wenck conseguira abrir caminho até Ferch, ao norte de Potsdam, mas ninguém sabia se havia uma rota de escape ainda aberta. Convocara-os para discutir um rompimento para oeste direto pela Heerstrasse. A hora H seria às 22 horas do dia seguinte.

24
Führerdämmerung

O ataque ao Reichstag estava planejado para o amanhecer de 30 de abril. Os comandantes soviéticos estavam desesperados para capturá-lo em tempo para o desfile de Primeiro de Maio em Moscou. Mas a pressão para obter resultados vinha daqueles, na cadeia de comando, que supunham que nada mudara, e não de Stalin. Era visível que, depois que a cidade fora completamente cercada, impedindo qualquer acesso americano, Stalin relaxara e não tentara interferir nas decisões locais. O Reichstag, ainda assim, continuava a ser o símbolo escolhido da vitória sobre a "besta fascista" e era, naturalmente, o principal foco da propaganda soviética.

Um correspondente de guerra, convocado ao quartel-general da 150ª Divisão de Infantaria apenas algumas horas antes, recebeu ordem de entregar sua pistola. Ele o fez, horrorizado com a possibilidade de estar sendo mandado para casa por algum passo em falso. Mas o capitão que a tomara dele acalmou seus pensamentos quando voltou à sala com uma nova arma. "Chegou a ordem", disse, "de que todos que forem ao Reichstag devem estar armados com uma submetralhadora."

Em meio ao fogo esporádico, o jornalista foi levado por uma rota em zigue-zague até a "Casa de Himmler" – o Ministério do Interior. O combate ainda prosseguia nos andares superiores, como deixavam claro as explosões de granadas e o matraquear das submetralhadoras. No porão, contudo, cozinheiros do batalhão, com quase tanto barulho, preparavam o café da manhã para os grupos de assalto. No primeiro andar, o capitão Neustroiev, comandante de batalhão que iria liderar o ataque ao Reichstag, tentava orientar-se. Ficava olhando para o mapa e depois para o prédio cinzento à frente. Seu comandante regimental, impaciente com a demora, apareceu.

– Há um prédio cinzento no caminho – explicou Neustroiev.

O comandante regimental arrancou-lhe o mapa e estudou novamente sua posição.

– Neustroiev! – respondeu exasperado. – Aquele é o Reichstag!

O jovem comandante de batalhão não pudera imaginar que seu objetivo final estaria tão próximo.

O jornalista também espiou por uma janela. A Königsplatz lá fora estava "coberta de relâmpagos, fogo, explosões de granadas e as linhas interrompidas das rajadas". O Reichstag ficava a menos de 400 metros. "Se não houvesse combate", escreveu, "esta distância seria percorrida em poucos minutos, mas agora parecia intransponível, coberta de buracos de granadas, dormentes de estrada de ferro, pedaços de arame farpado e trincheiras."

Os defensores alemães tinham cavado uma rede de defesas em torno do Reichstag. Mais intimidador que tudo, um obstáculo aquático corria pelo meio da Königsplatz. Era um túnel que desmoronara com o bombardeio e se enchera com a água que vinha do Spree. Fora escavado como parte do trabalho exploratório para o vasto Volkshalle de Albert Speer, peça central da nova capital nazista da Germânia. Nesta devastada "paisagem de Hieronymus Bosch" piadistas de mau gosto haviam arrumado em cima das pedras as cabeças das cariátides arrancadas pelas bombas aliadas da fachada do Reichstag.

Depois que o café da manhã foi servido, "todos começaram a verificar suas armas e cartuchos de reserva". Então, às 6 horas da manhã, a primeira companhia avançou. Mal tinham "percorrido 50 metros quando o furacão do fogo inimigo obrigou-os a se lançar ao chão". Dois batalhões bastante reduzidos correram à frente logo depois, mas muitos foram mortos. Fogo pesado também vinha do Teatro Kroll, do lado oeste da Königsplatz, assim como do próprio Reichstag. Com a força de assalto encurralada no fogo cruzado, outra divisão foi rapidamente mobilizada para cuidar do Teatro Kroll, mas primeiro teve de limpar os prédios atrás, na margem. Mais tanques e canhões autopropulsados foram deslocados também pela ponte Moltke durante a manhã para apoiar a infantaria na Königsplatz. A fumaça e o pó do bombardeio eram tão espessos que os soldados nunca viam o céu.

Com o fogo da artilharia pesada e dos blindados em seu apoio, os batalhões da 150ª Divisão de Infantaria chegaram ao túnel cheio d'água logo depois das 11 horas da manhã. Mas quando outro imenso esforço foi feito duas horas depois, o fogo pesado veio da retaguarda direita. Os canhões antiaéreos alemães, no topo do *bunker* do Zoológico, a 2 quilômetros de distância, abriram fogo sobre eles. Foram forçados a proteger-se de novo e esperar até o anoitecer. Durante a tarde, a 171ª Divisão de Infantaria continuou a limpar os prédios do quarteirão diplomático, no lado norte da Königsplatz, e mais canhões autopropulsados e tanques se aproximaram. Uns noventa canhões, incluindo obuseiros de 152mm e 203mm, assim como lançadores de foguetes Katiúcha, disparavam continuamente sobre o Reichstag. Diz muito sobre a solidez de sua construção cinquenta anos antes, durante o Segundo Reich, o fato de ter suportado tal castigo.

OUTRO PRÉDIO IMPORTANTE pesadamente bombardeado naquela manhã foi o Ministério do Ar de Göring, na Wilhelmstrasse. Sua construção de concreto armado também resistiu bem. Devido à sua solidez e à proximidade da Chancelaria do Reich, tornara-se um ponto de reunião de membros uniformizados do Partido Nazista, que fingiam tomar parte na grande batalha. A mistura de fardas era espantosa. Juntamente com membros da Luftwaffe e das Waffen SS, havia um oficial idoso da Volkssturm em seu uniforme guilhermino, da Primeira Guerra Mundial, que parecia "ter fugido de um museu de cera".

O distrito governamental estava agora fortemente guarnecido com todas as tropas que para ali tinham recuado – no total, quase 10 mil homens, inclusive boa proporção de SS estrangeiros. Mas a rota de fuga para o oeste estava efetivamente cortada. O Oitavo Exército de Guardas, na parte Sul do Tiergarten, e o Terceiro Exército de Choque, ao norte, só eram detidos pelo fogo da imensa torre antiaérea do Zoológico. Além deles, o único corpo remanescente das tropas blindadas de Konev, vindo do sul, e o Segundo Exército Blindado de Guardas de Jukov, vindo do norte, tinham ocupado a maior parte de Charlottenburg. Mas, ainda mais para o oeste, destacamentos da Juventude Hitlerista continuavam mantendo partes da Heerstrasse e a ponte Pichelsdorf sobre o Havel. Também controlavam a ponte para Spandau, a pouco mais de 2 quilômetros para o norte.

As SS francesas na Wilhelmstrasse estavam tão famintas naquela manhã fria e chuvosa que, quando alguém levou um assustado soldado inimigo, imediatamente agarraram seu pequeno embornal de lona. O prisioneiro insistia em dizer-lhes que não era russo, e sim ucraniano, e que haveria um grande ataque no dia seguinte. Nestes dias o batalhão "Charlemagne" compunha-se de menos de trinta homens e tinha utilizado grande proporção das reservas de *panzerfausts* da Chancelaria do Reich. Os últimos Tigres do batalhão SS "Hermann von Salza", enquanto isso, tinham recuado para o Tiergarten para atacar os tanques que apoiavam o Terceiro Exército de Choque e o Oitavo Exército de Guardas.

No *BUNKER* DO FÜHRER a manhã da morte de Hitler foi "como outra qualquer, com oficiais indo e vindo". Mas o clima era tenso e emocionado. Hitler, com medo de que o veneno não funcionasse, insistira no dia anterior que uma das cápsulas de cianeto do Dr. Stumpfegger fosse testada. Blondi, a adorada pastor-alemão de Hitler, foi a candidata óbvia. Sua paixão pela raça datava de 1921, quando ganhou um desses cães nas profundezas de sua miséria. Ele não dispunha de espaço suficiente para mantê-lo onde morava e teve de abrigar o cão em outro lugar, mas o animal fugiu para voltar para ele. Este incidente parece ter contribuído grandemente para a obsessão de Hitler pela lealdade incondicional. Mas a devoção absoluta de Blondi não foi suficiente para salvá-la, nem aos quatro filhotes, que foram levados ao jardim da Chancelaria do Reich para serem mortos. Os filhos de Goebbels tinham brincado com os filhotes de patas grandes havia bem pouco tempo.

Além da traição de Himmler, a outra grande preocupação de Hitler continuava a ser seu medo de ser levado vivo pelos russos. Tinham chegado notícias da execução de Mussolini por guerrilheiros e de como os corpos do Duce e de sua amante, Clara Petacci, haviam sido pendurados de cabeça para baixo em Milão. Uma transcrição do noticiário radiofônico fora preparada na tipologia especial de letras grandes que poupava a Hitler usar óculos. Presumivelmente, foi Hitler quem sublinhou a lápis as palavras "pendurados de cabeça para baixo". Hitler, de qualquer modo, tinha decidido que seu próprio corpo seria queimado para impedir sua exibição em Moscou. Mas o registro histórico também o preocupava profundamente. Sua noiva era uma companheira disposta ao suicídio, mas, caso não o fosse, era claro que ele não permitiria que ela ficasse viva para ser interrogada por seus inimigos. A morte fora uma cláusula pétrea no contrato de casamento.

Durante a noite, chegara a confirmação do marechal de campo Keitel de que não se podia esperar nenhuma ajuda. E, naquela manhã, o Brigadeführer Mohnke, depois do intenso bombardeio de artilharia do quarteirão governamental, avisou que tinham dois dias ou menos. O general Weidling, que chegara no final da manhã, estimou que a resistência desmoronaria aquela noite, devido à falta de munição. Pediu novamente permissão para sair de Berlim. Hitler não daria uma resposta imediata.

Mais ao menos enquanto Weidling estava com Hitler, Eva Hitler levou Traudl Junge até seu quarto. Presenteou-a com a capa de pele de raposa prateada que, é claro, jamais usaria de novo. Traudl Junge ficou pensando no que Hitler e a esposa teriam conversado quando estavam sozinhos. Faltavam-lhes os assuntos de conversa da maioria dos recém-casados. Também pensou em como escaparia do centro de Berlim com uma capa de raposa prateada. (Os presentes de Hitler a Eva, com certeza, tinham melhorado nos últimos anos. Em 1937, seu presente de Natal para ela fora "um livro sobre as tumbas egípcias".)

O general Weidling, enquanto isso, voltara ao Bendlerblock. Estas viagens por entre as bombas, correndo agachado de ruína em ruína, eram exaustivas para um cinquentão. Às 13 horas, não mais que uma hora após o seu retorno, um Sturmführer SS, escoltado por um pequeno destacamento, chegou da Chancelaria do Reich. Entregou uma carta. O grande envelope tinha a águia e a suástica e "Der Führer" em maiúsculas douradas em relevo. Hitler informava Weidling de que não havia absolutamente a menor possibilidade de capitulação. O rompimento só era permitido caso fosse para unir-se a outras formações de combate. "Se não puderem ser encontradas, então a luta deve continuar em pequenos grupos nas florestas" – as mesmas florestas onde o Führer se recusara a "perambular". Weidling animou-se. Um dos veículos de reconhecimento da *Nordland* foi enviado de posição em posição para avisar aos comandantes que se preparassem. Iriam romper rumo a oeste, por Charlottenburg, às 22 horas daquela noite.

Antes do almoço, Hitler chamou seu ajudante de ordens pessoal, o Sturmbannführer Otto Günsche, e deu-lhe instruções detalhadas do que deveria ser feito de seu corpo e do de sua esposa. (A investigação detalhada da SMERSH durante os primeiros dias de maio concluiu que o motorista de Hitler, Erich Kempka, recebera ordens, em 29 de abril, o dia anterior, de entregar galões de gasolina da garagem da Chancelaria do Reich.) Hitler então almoçou com sua nutricionista, Constanze Manzialy, e as duas secretárias, Traudl Junge e Gerda Christian. Eva Hitler, que presumivelmente perdera o apetite, não se juntou a eles. Embora Hitler parecesse bastante calmo, não tentaram conversar muito.

Depois do almoço, encontrou-se com a esposa no quarto dela. Um pouco mais tarde, ambos surgiram no corredor da antessala, onde Günsche reunira o círculo mais íntimo. Goebbels, Bormann, o general Krebs, o general Burgdorf e as duas secretárias fizeram suas últimas despedidas. Magda Goebbels, evidentemente muito perturbada, ficou na sala do *bunker*, aonde fora levada pelo Dr. Morell. Hitler usava seu traje costumeiro de "calças pretas e um paletó militar cinza-esverdeado", com camisa branca e gravata, o que o distinguia de outros líderes do Partido Nazista. Eva Hitler usava um vestido escuro com "flores cor-de-rosa na frente". Hitler apertou, com um jeito distante, a mão dos colegas mais chegados, e depois deixou-os.

O nível inferior do *bunker* foi, então, esvaziado, mas em vez do silêncio sepulcral um barulho alto de festejos vinha de cima, da cantina da Chancelaria do Reich. Rochus Misch, telefonista das SS, recebeu ordens de ligar e interromper esta leviandade, mas ninguém atendeu. Outro guarda foi enviado para acabar com as festividades. Günsche e dois outros oficiais SS ficaram no corredor, com instruções de preservar a privacidade final do Führer, mas novamente esta foi quebrada, desta vez por Madga Goebbels, que implorava para vê-lo. Ela empurrou Günsche quando a porta foi aberta, mas Hitler a mandou embora. Ela voltou a seu quarto soluçando.

Ninguém parece ter ouvido o tiro que Hitler deu em sua própria cabeça. Pouco depois das 15h15, seu criado pessoal,

Heinz Linge, seguido por Günsche, Goebbels, Bormann e o recém-chegado Axmann, entrou na sala de estar de Hitler. Outros espiaram sobre seus ombros antes que a porta lhes fosse fechada na cara. Günsche e Linge levaram o cadáver de Hitler, embrulhado num cobertor da Wehrmacht, pelo corredor e subiram as escadas até o jardim da Chancelaria do Reich. Em certo ponto Linge conseguiu tirar o relógio do patrão, embora isto pouco lhe adiantasse, porque teve de livrar-se dele antes que os soldados soviéticos o aprisionassem. O corpo de Eva Hitler – parece que seus lábios estavam contraídos pelo veneno – foi então carregado e deitado junto ao de Hitler, não muito longe da saída do *bunker*. Depois, os dois cadáveres foram encharcados com a gasolina dos galões. Goebbels, Bormann, Krebs e Burgdorf seguiram para prestar suas últimas homenagens. Levantaram o braço na saudação hitlerista quando uma tocha acesa de papel ou trapos foi lançada sobre os dois corpos. Um dos guardas SS, que estivera bebendo com o grupo na cantina, observava de uma porta lateral. Desceu correndo os degraus até o *bunker*.

– O chefe está em chamas – gritou para Rochus Misch. – Quer vir dar uma olhada?

O DESTACAMENTO DA SMERSH do Terceiro Exército de Choque recebera instruções, no dia anterior, de começar a abrir caminho rumo ao distrito governamental. Logo descobriram que seu destino final era a Chancelaria do Reich de Hitler. "As informações que o pessoal tinha eram escassas, contraditórias e pouco confiáveis", escreveu Ielena Rjevskaia, intérprete do grupo da SMERSH. Uma companhia de reconhecimento recebera a missão de pegar Hitler vivo, mas ainda não sabiam ao certo se ele estava em Berlim. O grupo da SMERSH interrogou um informante, mas era apenas um menino de 15 anos da Juventude Hitlerista "com olhos injetados e lábios rachados". Estivera atirando neles, observou

Rjevskaia, e "agora está sentado aqui, olhando em volta mas sem entender nada. Apenas um menino". Tiveram mais sorte naquela noite de 29 de abril. Uma enfermeira foi capturada quando tentava cruzar as linhas para encontrar a mãe. Tirara o boné do uniforme. No dia anterior estivera com os feridos no *bunker* da Chancelaria do Reich. Ouvira dizer ali que Hitler estava "no porão".

Rjevskaia descreve como seu jipe americano levou-os pelas barricadas, que haviam sido explodidas, e sobre os poços antitanque, meio cheios de destroços e galões vazios de combustível largados pelos tanques em seu avanço. "O ar se adensou conforme nos aproximamos do centro. Quem esteve em Berlim naqueles dias recordará aquele ar acre, cheio de gases, escuro de fumaça e pó de tijolo, e o sentimento constante de aspereza nos dentes."

Logo tiveram de abandonar o veículo por causa das granadas e das ruas bloqueadas com destroços. Seu mapa da cidade foi de pouca ajuda. As placas das ruas haviam sido destruídas no bombardeio e, assim, tiveram de perguntar o caminho aos alemães. Em sua rota encontraram mensageiros se arrastando por buracos nas paredes, desenrolando cabos, uma carroça de feno trazendo forragem e soldados feridos sendo levados para a retaguarda. Acima deles, lençóis e fronhas pendiam das janelas em sinal de rendição. Durante o pesado canhoneio, abriram caminho por debaixo do solo, de porão em porão. "Quando este pesadelo vai acabar?", perguntavam-lhe mulheres alemãs. Na rua, ela cruzou com "uma mulher idosa, sem chapéu, com uma grande braçadeira branca, levando um menino e uma menina pequenos pelo caminho. Ambos, com o cabelo bem-penteado, também usavam braçadeiras brancas. Quando ela passou por nós, gritou, sem saber se era ou não compreendida: 'São órfãos. Nossa casa foi bombardeada. Vou levá-los para outro lugar. São órfãos.'"

Os SEIS FILHOS de Goebbels não correram o risco de ficar órfãos. Seus pais pretendiam levá-los consigo ou, mais exatamente, mandá-los na frente.

Os filhos de Goebbels parecem ter gostado bastante da novidade da vida no *bunker*. O menino, Helmut, costumava anunciar cada explosão que abalava o lugar como se tudo fosse um grande jogo. O "tio Adolfo" os havia estragado com sanduíches e bolos, servidos em uma mesa de chá com uma toalha engomada com monograma. Tinham até permissão de usar seu banheiro particular, o único do *bunker*. Mas os pais já tinham decidido seu futuro. Na noite de 27 de abril, Magda Goebbels interceptara o recém-chegado médico das SS, Helmuth Kunz, no corredor do *bunker*.

– Ela disse que precisava conversar comigo sobre algo terrivelmente importante – disse Kunz a seus interrogadores soviéticos pouco depois do evento. E acrescentou imediatamente que a situação era tal que o mais provável era que ela e eu tivéssemos de matar seus filhos. Concordei.

As crianças não souberam o que acontecera naquela tarde de 30 de abril, mas depois devem ter imaginado pelo estado agitadíssimo da mãe que algo terrível ocorrera. Em meio aos eventos portentosos, ninguém pensara em lhes servir o almoço, até que Traudl Junge de repente se lembrou delas.

Enquanto os corpos ainda fumegavam no jardim em ruínas lá em cima, o estado de espírito da maioria dos que estavam no *bunker* se aliviara. Muitos começaram a beber demais. A mente de Bormann, contudo, estava preocupada com a sucessão e o próximo governo nazista. Enviou uma mensagem ao almirante Dönitz em seu quartel-general em Plön, perto de Kiel, no litoral do Báltico. Simplesmente informava Dönitz de sua nomeação como sucessor do Führer, em vez do Reichsmarschall Göring. "A autorização escrita está a caminho. O senhor deve tomar imediatamente todas as medidas que a situação exigir." Evitou dizer a Dönitz que o Führer estava morto, presumivelmente porque não tinha uma verdadeira base de poder sem Hitler. O pior de tudo é que Himmler estava em Plön com Dönitz, e Dönitz não o tinha prendido por traição. Se Bormann queria manter a possibilidade de unir-se ao novo governo nazista e cuidar de Himmler, precisava sair de Berlim, mas Goebbels, Krebs e Burgdorf pretendiam ficar e suicidar-se.

ENTRE AQUELES DECIDIDOS a não morrer estavam os remanescentes do Nono Exército de Busse, que tentavam algum rompimento pelas florestas ao sul de Berlim. Cerca de 25 mil soldados e vários milhares de civis tinham conseguido abrir caminho ou esgueirar-se pelas linhas do marechal Konev. Como animais caçados, forçaram-se a prosseguir, embora exaustos.

Alguns grupos já tinham atingido o ponto de encontro em Kummersdorf, enquanto outros ainda tentavam chegar lá. No dia anterior, outra tentativa, com uma ponta-de-lança de vários tanques e civis em fila atrás, fora interrompida por um bombardeio súbito da artilharia soviética, bem quando estavam a ponto de atacar a barreira à frente. O 530º Regimento de Artilharia Antitanque soviético, que recebera a missão de manter uma encruzilhada perto de Kummersdorf sem apoio de infantaria, viu-se quase sobrepujado por soldados alemães que tentavam o rompimento. "As guarnições dos canhões tiveram muitas vezes de agarrar suas submetralhadoras e granadas de mão para combater a infantaria atacante", afirmou o relatório. Depois prossegue fazendo a afirmação exagerada de que o inimigo "deixou cerca de 1.800 mortos frente às suas posições de fogo, nove tanques queimados e sete meias-lagartas".

Um cabo da Divisão *Kurmark* observou três dos últimos tanques Tigre Rei serem abandonados e explodidos porque ficaram sem combustível. Até os oficiais do quartel-general do Nono Exército estavam agora a pé, porque também tinham sido obrigados a deixar para trás seus veículos Kübelwagen.

Pareciam estranhos e expostos com suas calças com a larga faixa vermelha do Estado-Maior Geral, embora usassem capacetes de aço e levassem carabinas. Segundo o cabo, olhavam em volta, nervosos, desacostumados com a possibilidade de luta corpo a corpo na floresta. Mas o verdadeiro perigo ainda era o ataque aéreo e os artilheiros soviéticos explodindo suas granadas no alto das árvores. "Chegamos a uma clareira onde restava um tanque. Já estava completamente coberto de feridos. Afastamo-nos, porque a cena de outros soldados lutando entre si por um lugar era muito assustadora, triste e cheia de sofrimento." Os vitoriosos subiram em cima, afastando os feridos mais graves, muitos dos quais tinham tocos não enfaixados de membros que tinham sido explodidos.

Outro sinal de desintegração era a maneira como homens forçados até o limite podiam explodir em suspeitas. Naquela noite houve uma discussão sobre a direção que deviam tomar. Um homem agarrou outro que discordara dele e o empurrou contra uma árvore, gritando-lhe na cara:

– Seu traidor, quer nos levar direto para os braços dos russos. Você é do grupo da Alemanha Livre!

E antes que os outros pudessem detê-lo, puxou a pistola e matou o homem que acusara com um tiro na cabeça.

No centro de Berlim, a vida intensamente claustrofóbica dos que estavam presos em porões e abrigos de bombardeio continuava. Com o colapso total de uma existência estruturada, as pessoas tentavam acalmar-se criando algum tipo de rotina. Em um porão bem perto do distrito governamental a esposa de um alfaiate abria um guardanapo no colo em horas precisamente marcadas, cortava pedacinhos de pão e cobria-os com um pouco de geleia. Depois distribuía-os entre o marido, a filha e o filho aleijado.

Muitos estavam à beira de um colapso nervoso. Uma moça com um filhinho magro não conseguia parar de falar no marido, um bombeiro que fora mandado para a linha de frente. Ela não o encontrava havia dois anos. Seu modo de lidar com a ansiedade foi fazer uma lista de tarefas para ele realizar no apartamento – substituir a maçaneta de uma porta, a trava de uma janela. Mas agora sua casa fora queimada no bombardeio. "O menino fazia caretas dolorosas", observou a intérprete Rjevskaia enquanto esperava que a Chancelaria do Reich fosse capturada. "Parece que era difícil para ele suportar a história da mãe pela centésima vez."

O medo de represálias injustificadas no caos da luta deixava a todos assustados. As mulheres, quando tinham alguma oportunidade de subir até seu apartamento, rasgavam e queimavam fotografias de Hitler ou qualquer coisa que pudesse indicar apoio ao regime. Sentiam-se obrigadas até a destruir as fotografias mais recentes dos maridos, irmãos ou noivos, porque estavam usando fardas da Wehrmacht.

POUCA GENTE TINHA ideia do que realmente acontecia à sua volta em Berlim, que dirá no mundo exterior. O campo de concentração feminino de Ravensbrück, ao norte de Berlim, fora libertado naquele dia pela Segunda Frente Bielorrussa de Rokossovski. Os aliados ocidentais também descobriram que o avanço ininterrupto de Rokossovski por Mecklenburg dera ao Kremlin a ideia de ocupar a Dinamarca. Os britânicos reagiram rapidamente, avançando rumo a Hamburgo e Kiel, no litoral do Báltico, para impedi-los.

Também em 30 de abril, o presidente Truman informou ao general Marshall o pedido britânico de que o Terceiro Exército de Patton fosse enviado para libertar Praga antes que o Exército Vermelho chegasse.

– Pessoalmente – disse Marshall a Eisenhower –, e além de qualquer consequência logística, tática ou estratégica, eu não me disporia a arriscar vidas americanas com propósitos puramente políticos.

Os líderes americanos ainda não tinham conseguido perceber o fato de que o Exército alemão estava desesperado para render-se a eles, enquanto resistiam ao Exército Vermelho a todo custo. Franz von Papen, que possibilitara a Hitler chegar ao poder em 1933, dissera a seus interrogadores americanos, na terceira semana de abril, que os alemães temiam que todos os homens fossem levados como escravos para a União Soviética. Suspeitavam que "um acordo secreto tenha sido feito em Ialta, pelo qual os russos receberiam a promessa de mão de obra suficiente para suprir o que consideravam sua necessidade".

O Sturmführer SS que levara a mensagem de Hitler naquela manhã voltou às 18 horas ao posto de comando do general Weidling, sob o Bendlerblock. Weidling e seu estado-maior estavam finalizando os planos para o rompimento aquela noite, que Hitler autorizara. O Sturmführer trouxera uma mensagem ordenando que todos os planos de rompimento deviam ser postos de lado. Weidling devia apresentar-se imediatamente à Chancelaria do Reich.

Quando Weidling chegou ao *bunker* do Führer, foi recebido por Goebbels, Bormann e Krebs. Levaram-no ao quarto de Hitler, onde o casal cometera suicídio, e disseram-lhe que seus corpos haviam sido queimados e enterrados na cratera de uma granada no jardim lá em cima. Weidling foi forçado a jurar que não repetiria esta notícia a ninguém. A única pessoa do mundo exterior que devia ser informada era Stalin. Seria feita uma tentativa naquela noite para conseguir um armistício, e o general Krebs informaria o comandante soviético para que ele pudesse informar o Kremlin.

Weidling, bastante atordoado, ligou pouco depois para o coronel Refior, no quartel-general do Bendlerblock. Disse que não podia contar-lhe o que acontecera mas que precisava que vários membros de seu estado-maior se juntassem a ele imediatamente, inclusive o coronel von Dufving, chefe do estado-maior.

Canhões pesados continuavam a troar no Reichstag, menos de 1 quilômetro ao norte da Chancelaria do Reich. O capitão Neustroiev, comandante de um dos batalhões de assalto, viu-se importunado por sargentos que queriam que seus pelotões tivessem a honra de ser os primeiros a chegar ao objetivo. Cada um deles sonhava em hastear a bandeira do Terceiro Exército de Choque no edifício. A duradoura glória soviética seria garantida à façanha. Um dos grupos responsáveis pela bandeira era inteiramente formado de membros do Komsomol. Outro grupo selecionado pelo departamento político para o batalhão de Neustroiev incluía um georgiano, escolhido como "presente especial para Stalin". Algumas nacionalidades, como os chechenos, os calmiques e os tártaros da Crimeia, estavam rigorosamente excluídas, pois era proibido recomendar para Herói da União Soviética alguém de um grupo étnico que tivesse sido condenado ao exílio.

Seu comandante divisionário, general Shatilov, que em um momento de otimismo inadequado encorajara o quartel-general da Frente a pensar que o Reichstag já fora tomado – a notícia fora transmitida a Moscou –, agora ordenava que seus comandantes colocassem a bandeira vermelha no prédio a qualquer custo. A escuridão chegou cedo por causa da espessa fumaça, e, por volta das 18 horas, os três regimentos de infantaria da 150ª Divisão de Infantaria atacaram o prédio, apoiados de perto pelos blindados.

Os infantes, ao descobrirem que as janelas e portas tinham sido bloqueadas ou emparedadas, precisaram dos canhões pesados para abrir caminho por elas. Acabaram forçando sua entrada pelo vestíbulo principal, só para encontrar defensores alemães disparando sobre eles com *panzerfausts* ou lançando granadas dos balcões de pedra lá de cima. Um dos atacantes, o primeiro-tenente Beliaiev, recorda vivamente os respingos de sangue nas imensas colunas de pedra.

As baixas foram terríveis, mas os soldados do Exército Vermelho, usando a combinação costumeira de granadas e submetralhadoras, começaram a abrir caminho pelas amplas escadarias, disparando de trás da balaustrada. Parte da guarnição alemã, uma mistura de marinheiros, SS e membros da Juventude Hitlerista, recuou para o porão. O restante realizou uma retirada em combate subindo e recuando pelos corredores. Incêndios iniciados por *panzerfausts* e granadas de mão começaram em vários cômodos e logo os grandes salões se encheram de fumaça.

Era como um jogo de rúgbi mortal. Enquanto os atacantes lutavam no caos, dois homens do grupo responsável pela bandeira tentavam escapulir e correr para o telhado com sua bandeira vermelha. Conseguiram chegar ao segundo andar antes de serem derrubados pelo fogo das metralhadoras. O regimento afirmou que uma segunda tentativa, às 22h50, teve sucesso e a bandeira vermelha drapejou na cúpula do Reichstag. Esta versão deve ser tratada com extrema cautela, já que a propaganda soviética estava concentrada na ideia de que o Reichstag seria capturado em 1º de maio.

Seja qual tenha sido a hora exata, o "hasteamento da Bandeira Vermelha da Vitória" foi um gesto superficial naquele estágio, já que até os relatos oficiais reconhecem a ferocidade do combate, que continuou durante a noite toda. Conforme os soldados soviéticos abriam caminho para cima, os alemães do porão os atacavam por trás. Em certo ponto o tenente Klotchkov viu um grupo de soldados seus agachados em um círculo como se examinassem algo no chão. De repente, todos pularam juntos para trás e ele viu que era um buraco. O grupo acabara de soltar granadas ao mesmo tempo sobre a cabeça de alemães despercebidos no andar de baixo.

No centro de Berlim, naquela noite, as chamas dos prédios bombardeados lançavam sombras estranhas e um brilho vermelho nas ruas, fora isso escuras. A fuligem e o pó no ar tornavam-no quase irrespirável. De vez em quando havia o trovão da alvenaria desmoronando. E para aumentar o efeito aterrorizante, a luz dos holofotes movia-se lá em cima, vasculhando um céu noturno no qual a Luftwaffe deixara de existir.

Um grupo exausto de soldados estrangeiros das Waffen SS buscou abrigo no porão do hotel Continental. O lugar já estava cheio de mulheres e crianças que viam com desconforto os soldados cansados da batalha. O gerente abordou-os e pediu-lhes que fossem, em vez disso, para o abrigo antiaéreo da Jakobstrasse. Os voluntários das SS sentiram um amargo rancor, já que eles, que estavam sacrificando suas vidas, eram agora rejeitados. Deram as costas e partiram. Soldados em combate viam-se tratados como párias. Não eram mais bravos defensores, mas um perigo. Nos hospitais, inclusive um do Lazareto militar, as enfermeiras confiscavam imediatamente as armas, para que, quando os russos chegassem, não tivessem desculpa para fuzilar os feridos.

O ex-comandante da *Nordland*, Brigadeführer Ziegler, que estivera com Mohnke na Chancelaria do Reich, apareceu de repente no Ministério do Ar, na Wilhelmstrasse. Não precisavam contar-lhe como a situação era desesperadora. Mas nisso, para espanto de todos, um pelotão de pouco mais de vinte Waffen SS, comandados por um belga, chegou. Estavam rindo, escreveu outro soldado presente, "como se tivessem acabado de ganhar a guerra". Esse grupo viera de uma surtida de caça a blindados em torno da Anhalter Bahnhof e afirmava que agora a estação era um "cemitério de tanques". A extraordinária camaradagem dos condenados crescera entre os voluntários estrangeiros que defendiam o último bastião do nacionalismo alemão. Uma seção da *Nordland* no Ministério do Ar continha não só escandinavos como também três letões e "nossos dois Ivans", que, sem dúvida, eram Hiwis absorvidos nas fileiras de combate.

O CORONEL REFIOR, no Bendlerblock, recebeu um chamado da Chancelaria do Reich. Devia começar a enviar mensagens ao comando do Exército Vermelho em Berlim informando que o general Krebs queria marcar hora e local para as negociações.

Todo o processo de combinar um cessar-fogo no setor do Oitavo Exército de Guardas durou das 22 horas às primeiras horas da manhã seguinte, que já era 1º de maio. O general Tchuikov deu ordens de concessão de um salvo-conduto a Krebs para que fosse até seu quartel-general, numa casa semissuburbana em Schulenburgring, no lado oeste do aeródromo de Tempelhof. Tchuikov estivera comemorando com o escritor Vsevolod Vishnevski, o poeta Dolmatovski e o compositor Blanter, que tinha sido enviado a Berlim para compor o hino da vitória.

O general Krebs, acompanhado pelo coronel von Dufving e pelo Obersturmführer Neilandis, letão que trabalhava como intérprete de Dufving, chegou à linha de frente por volta das 22 horas. O próprio Krebs, embora continuasse um apóstolo da resistência total, vinha aprimorando seu russo a cada dia, na privacidade de seu espelho de barbear.

Os plenipotenciários alemães foram levados ao quartel-general de Tchuikov pouco antes das 4 horas da manhã. Blanter, único membro dos convivas que não usava farda, foi escondido em um guarda-louças. Vishnevski e Dolmatovski, que estavam fardados como correspondentes de guerra, fingiram ser oficiais do estado-maior.

– O que vou dizer – começou Krebs – é absolutamente secreto. Os senhores são os primeiros estrangeiros a saber que, em 30 de abril, Adolf Hitler cometeu suicídio.

– Sabemos disso – respondeu Tchuikov, numa mentira deslavada para desconcertar seu oponente.

Krebs então leu o testamento político de Hitler e uma declaração de Goebbels pedindo "uma saída satisfatória para as nações que mais sofreram com a guerra". Vishnevski, que estava sentado à direita de Tchuikov, anotou toda a conversa em seu caderno.

Tchuikov então ligou para o marechal Jukov em seu quartel-general em Strausberg e informou-o dos acontecimentos. Jukov enviou imediatamente seu representante, o general Sokolovski, para o quartel-general de Tchuikov. Não queria que Tchuikov, seu principal crítico, pudesse alegar que fora ele quem recebera a rendição alemã. Jukov então ligou para Stalin, que estava em sua *dacha*. O general Vlasik, chefe da guarda de segurança, atendeu.

– O Camarada Stalin acabou de se deitar – disse a Jukov.

– Por favor, acorde-o. A questão é urgente e não pode esperar pela manhã.

Quando Stalin atendeu ao telefone alguns minutos depois, Jukov deu-lhe a notícia do suicídio de Hitler.

– Agora ele conseguiu – comentou Stalin. – Pena que não conseguimos pegá-lo vivo. Onde está o corpo de Hitler?

– Segundo o general Krebs, o corpo foi queimado.

– Diga a Sokolovski: nenhuma negociação além da rendição incondicional, com Krebs ou qualquer um do grupo de Hitler. E não me ligue antes do amanhecer se não houver nada urgente. Preciso descansar um pouco antes do desfile.

Jukov esquecera completamente que mais tarde, naquela manhã, o desfile de Primeiro de Maio aconteceria na Praça Vermelha. Beria chegara a suspender a ordem de recolher em Moscou especialmente para o evento. Jukov pensou na guarnição da capital deslocando-se para assumir as posições no desfile, nos líderes soviéticos reunindo-se no mausoléu de Lênin e depois da passagem da parada.

Cada vez que Tchuikov, que nada sabia do que realmente acontecera do lado alemão, trazia à baila o assunto da rendição,

Krebs desempenhava o papel de um diplomata, não de um soldado. Tentou argumentar que o governo Dönitz devia, em primeiro lugar, ser reconhecido pela União Soviética. Só então a Alemanha poderia render-se ao Exército Vermelho e, assim, impedir que "o traidor" Himmler realizasse um acordo separado com os americanos e britânicos. Mas Tchuikov, com seu forte traço de esperteza camponesa, reconheceu imediatamente a tática.

O general Sokolovski, que se unira ao grupo frente a Krebs, acabou ligando para Jukov:

– Estão cheios de truques – contou-lhe. – Krebs declara que não está autorizado a tomar decisões concernentes a uma rendição incondicional. Segundo ele, só o novo governo encabeçado por Dönitz pode fazê-lo. Krebs está tentando conseguir uma trégua conosco. Acho que deveríamos mandá-lo para a avó do diabo caso não concorde com a rendição incondicional imediatamente.

– Você está certo, Vasili Danilovich – respondeu Jukov. – Diga-lhe que, se Goebbels e Bormann não concordarem com a rendição incondicional, deixaremos Berlim em ruínas.

Depois de consultar o *Stavka*, Jukov estabeleceu o limite de 10h15 daquela manhã de 1º de maio.

Nenhuma resposta foi recebida. 25 minutos depois de passado o prazo, a Primeira Frente Bielorrussa deflagrou "um furacão de fogo" no que restava do centro da cidade.

25
A Chancelaria do Reich e o Reichstag

O amanhecer de 1º de maio no centro de Berlim encontrou soldados soviéticos exaustos adormecidos nas calçadas, encostados às paredes dos prédios. Rjevskaia, a intérprete que esperava a tomada da Chancelaria do Reich, viu um soldado dormindo na posição fetal, com o pedaço quebrado de uma porta como travesseiro. Os que tinham acordado reenrolavam as bandagens de seus pés. Não tinham ideia do suicídio de Hitler na tarde anterior. Alguns deles ainda gritavam "*Guitler durak!*" – "Hitler é um cabeça-dura!" para todos os prisioneiros alemães.

A morte do Führer foi mantida em segredo total do lado alemao durante a noite e a manhã seguinte, quando apenas alguns oficiais superiores foram informados. O Brigadeführer SS Mohnke, ao confiar o fato a Krukenberg, não conseguiu evitar a pomposidade grosseira da retórica nazista. "Um cometa chamejante se extinguiu", disse-lhe.

Os oficiais esperavam notícias das negociações, mas a tempestade de fogo subitamente renovada no meio da manhã falou sozinha. O general Krebs não conseguira um cessar-fogo. Os comandantes soviéticos insistiam na rendição incondicional, e Goebbels recusara. A massa da artilharia e dos lançadores de Katiúchas do Terceiro Exército de Choque, do Oitavo Exército de Guardas e do Quinto Exército de Choque atacaram de novo os prédios semidestruídos.

MOHNKE TAMBÉM CONTOU a Krukenberg, naquela manhã, seus temores de que os soldados soviéticos entrassem nos túneis da U-Bahn e saíssem atrás da Chancelaria do Reich. "Como maior prioridade", escreveu Krukenberg, "enviei um grupo de sapadores da *Nordland* pela U-Bahn rumo à Potsdamerplatz." Ele não dá mais detalhes nem a hora exata, mas provavelmente esta foi a ordem que levou a um dos incidentes mais controvertidos de toda a batalha: a explosão do túnel da S-Bahn sob o canal Landwehr, perto da Trebbinerstrasse.

O método de demolição usado pelos engenheiros das SS foi, quase com certeza, uma "carga oca", o que significa prender os explosivos no teto num grande círculo para arrancar-lhe um bom pedaço. Esta teria sido a única maneira de penetrar em tal profundidade de concreto reforçado com quantidade relativamente pequena de explosivo. As estimativas da hora e mesmo da data da explosão variam enormemente, mas isto se deve, provavelmente, ao saque de relógios de pulso e de mesa e à confusa vida numa noite permanente de todos os que se abrigavam em *bunkers* e túneis. Os relatos mais confiáveis indicam que a explosão ocorreu de manhã cedinho, em 2 de maio. Isto sugere uma carga surpreendentemente retardada ou que o destacamento de sapadores da *Nordland* enfrentou dificuldades consideráveis para cumprir sua missão.

Seja como for, a explosão levou à inundação de 25 quilômetros de túneis da S-Bahn e também da U-Bahn, quando a água penetrou por uma abertura de conexão. As estimativas das baixas variaram "entre cerca de 50 e 15 mil". Vários berlinenses estão convencidos de que as novas autoridades soviéticas mandaram carregar as vítimas para um pequeno cais no canal perto da Anhalter Bahnhof e depois enterraram-nas sob os destroços. Estimativas mais conservadoras, em geral por volta de cem vítimas, baseiam-se no fato de que, embora houvesse muitos milhares de civis nos túneis, assim como vários "vagões-hospitais", que eram vagões do metrô lotados de feridos, a água não subiu depressa, já que estava se espalhando em muitas direções diferentes. As mulheres e crianças que corriam pelos túneis escuros enquanto a água subia ficaram, naturalmente, aterrorizadas. Algumas contam ter visto soldados exaustos e feridos escorregarem para debaixo d'água, assim como muitos que estiveram buscando o esquecimento na garrafa. Isto pode ter sido verdade em alguns casos, mas é difícil acreditar nas elevadas estimativas de baixas. A água, na maioria dos lugares, ficou com menos de 1,5 metro de profundidade, e houve bastante tempo para evacuar os chamados "vagões-hospitais" perto da estação Stadtmitte da U-Bahn. Também é mais que provável que muitos corpos encontrados fossem de soldados e civis que já tinham morrido de ferimentos em um dos postos de triagem subterrâneos e sido lançados nos túneis adjacentes. A água teria varrido e juntado os corpos e ninguém teve tempo, mais tarde, de identificar a verdadeira causa da morte. Alguns mortos, quase com certeza, eram homens das SS. Podem ter acabado entre os cerca de cinquenta enterrados no cemitério judeu da Grosse Hamburgerstrasse.

No Reichstag, a luta ainda era selvagem, o que transformou em quase zombaria o hasteamento da bandeira vermelha da vitória antes da meia-noite de 1º de maio. Um soldado soviético que tentou mandar de volta uma granada alemã errou o alvo. Ela ricocheteou na verga da porta e explodiu a seus pés, arrebentando-os. Os soldados de ambos os lados continuavam lutando, exaustos e sedentos, a garganta e o nariz secos de poeira e fumaça. Isso deixou um oficial soviético pensando no incêndio do Reichstag em 1933, que Hitler usara para esmagar o Partido Comunista alemão.

Os disparos só acabaram no fim da tarde. Os alemães no porão gritaram que queriam negociar com um oficial superior. O jovem capitão Neustroiev disse ao tenente Berest que fingisse ser um coronel. Deu-lhe um casaco de pele de ovelha para ocultar-lhe as ombreiras e enviou-o para negociar. Pouco depois os alemães começaram a sair do porão, sujos e barbados, com as fardas esfarrapadas, os olhos piscando nervosamente e "sorrindo como cães obedientes". Cerca de trezentos soldados e oficiais inimigos depuseram as armas. Quase duzentos tinham sido mortos. No posto de tratamento improvisado no porão havia mais quinhentos, embora muitos tivessem sido feridos antes que o Reichstag fosse invadido.

Uma fortaleza ainda mais sólida a ser subjugada era a enorme torre antiaérea do Zoológico, na ponta sudoeste do Tiergarten. Embora fosse suficientemente poderosa para resistir a tiros diretos de obuseiros de 203mm, as condições de vida lá dentro, com vários milhares de civis aterrorizados, eram indizíveis. Havia também mais de mil doentes e feridos no setor do hospital de campanha, que estava bem-equipado.

O Primeiro Exército Blindado de Guardas de Katukov e o Oitavo Exército de Guardas de Tchuikov tinham atacado o Tiergarten pelo sul, cruzando o canal Landwehr. Mas a tarefa de abordar a torre antiaérea do Zoológico foi confiada a dois regimentos da 70ª Divisão de Infantaria de Guardas. Invadi-la estava fora de questão, e assim, em 30 de abril, mandaram prisioneiros alemães como enviados levando um ultimato escrito a lápis para o comandante: "Propomos que entreguem a fortaleza sem mais combates. Garantimos que nenhum soldado, inclusive membros das SS e das SA, será executado."

Em 1º de maio um dos prisioneiros acabou voltando com uma resposta: "Seu bilhete foi recebido às 23 horas. Capitularemos [hoje] à meia-noite. Haller, comandante da guarnição." Haller na verdade não era o comandante da guarnição, e a razão da longa demora foi permitir-lhes que preparassem um rompimento para aquela noite.

OUTRA FORTALEZA SITIADA naquele dia foi a Cidadela de Spandau, na extremidade noroeste de Berlim. Em termos arquitetônicos, era muito mais importante que o horror de concreto do Zoológico. Spandau fora construída com tijolos em 1630 numa ilha na confluência do Havel e do Spree. Durante a guerra servira de Laboratório de Defesa contra Gás do Exército, mas isto parece ter sido uma camuflagem para seu trabalho real.

Em 30 de abril, o 47º Exército soviético finalmente pôde cuidar desse obstáculo formidável, cujos canhões podiam cobrir as duas pontes próximas sobre o Havel. Esperando evitar um assalto em grande escala, o comandante do exército, general Perhorovitch, enviou à frente o Sétimo Departamento comandado pelo major Grishin para amolecer o inimigo com propaganda. Caminhões com alto-falantes transmitiam a cada hora e os alemães respondiam com fogo de artilharia.

No dia seguinte, 1º de maio, Perhorovitch ordenou que o major Grishin enviasse propostas de rendição ao comandante da guarnição. Grishin convocou seus oficiais.

– Como esta missão é perigosíssima – disse-lhes –, não posso ordenar a ninguém que vá. Preciso de um voluntário para me acompanhar.

Todos os sete oficiais se apresentaram. Grishin disse a Konrad Wolf, futuro cineasta da Alemanha Oriental e irmão de Markus Wolf, que ele não podia ir. Havia oficiais SS na fortaleza e, caso suspeitassem por um momento que ele era um alemão com uniforme russo, seria morto na mesma hora. O melhor amigo de Wolf, Vladimir Gall, foi escolhido em seu lugar. Ele e Grishin surgiram no topo das árvores agitando uma bandeira branca. Aproximaram-se lentamente de uma barricada construída em torno de um tanque Tigre queimado, na frente da ponte de tijolos sobre o fosso.

Os alemães, ao os verem chegar, jogaram uma escada de corda da balaustrada de um balcão de pedra uns 12 metros acima da entrada principal. Grishin e Gall subiram pela escada, que balançava loucamente. Chegaram ao balcão e, com considerável apreensão, entraram no cômodo mal-iluminado. Encontraram um grupo de oficiais da Wehrmacht e das SS. O suposto comandante da cidadela era o coronel Jung e seu auxiliar o tenente-coronel Koch. Jung, com óculos de aro de metal, de rosto velho e enrugado, o cabelo grisalho cortado curto e o colarinho da farda frouxo em volta do pescoço, não parecia um soldado profissional. Mas nem Grishin nem Gall tinham ideia de seu verdadeiro posto.

As negociações começaram, conduzidas pelo lado russo quase inteiramente por Gall, o filólogo judeu, já que Grishin falava pouquíssimo alemão. Koch explicou que Hitler ordenara que qualquer oficial que tentasse entregar uma fortaleza fosse fuzilado imediatamente. Infelizmente, o 47º Exército ainda não soubera que Hitler já estava morto. Gall sentiu que os oficiais SS, principalmente, estavam em estado de esgotamento nervoso e eram bem capazes de fuzilar qualquer um, fossem quais fossem as consequências. Disse-lhes que Berlim estava agora quase inteiramente ocupada, o Exército Vermelho tinha se encontrado com os americanos em Torgau, no Elba, e que a continuação da resistência só representaria a perda inútil de vidas. Caso se rendessem, não haveria execuções, todos receberiam comida e haveria assistência médica para os feridos e doentes. Deixou claro que, se recusassem a rendição e se o Exército Vermelho tivesse de tomar a fortaleza num ataque violento, nenhuma dessas garantias seria mantida.

– Somos todos soldados e sabemos que muito sangue será derramado. E se muitos soldados nossos morrerem, não posso responder pelas consequências. Além disso, caso recusem a rendição, serão responsáveis pela morte de todos os seus civis aqui. A Alemanha já perdeu tanto sangue que cada vida, com certeza, será importante para seu futuro.

Os oficiais SS fitaram-no com ódio total. A tensão era tão grande que ele temeu que "a menor fagulha" causasse uma explosão. Seguindo instruções de Grishin, disse-lhes que tinham até as 15 horas para se decidirem. Em silêncio mortal, os dois oficiais deram as costas e depois caminharam de volta para a luz da janela. Enquanto desciam a escada de corda, o corpo tremendo de tensão, Gall não pôde evitar o temor de que um oficial SS cortasse a corda.

Ao chegarem ao chão, tiveram vontade de correr pelo espaço aberto em frente à fortaleza até a segurança das árvores, onde seus camaradas os esperavam, mas limitaram-se a um passo determinado. Nas árvores, os colegas correram para abraçá-los, mas tiveram de explicar que não tinham recebido resposta. Só podiam esperar. A presença de oficiais SS e a ordem de Hitler sobre fuzilar oficiais que se rendessem não os encorajavam.

No quartel-general do 47º Exército, o general Perhorovitch fez a mesma pergunta:

– Eles se renderão?

– Não sabemos. Demos a eles um prazo até as 15 horas, como instruído. Se concordarem, terão de enviar um representante às nossas trincheiras avançadas.

– Bem, Camarada Gall, no caso de eles se renderem, prepare-se para estar pronto naquela trincheira.

A tensão voltou quando as 15 horas se aproximaram. Houve piadas nervosas sobre a pontualidade alemã.

– Camarada capitão! – gritou um soldado, de repente. – Veja! Eles estão vindo, estão vindo!

Perceberam duas figuras no balcão, preparando-se para descer a escada. A guarnição ia render-se. Gall disse a si mesmo para agir como se estivesse acostumado a receber a rendição de uma fortaleza como parte normal de um dia de trabalho.

Quando os dois emissários alemães, os tenentes Ebbinghaus e Brettschneider, surgiram, os oficiais e soldados russos correram para dar-lhes tapinhas de congratulação nas costas. Explicaram a Gall que aceitavam os termos da rendição, mas que antes deviam ser postos por escrito e assinados. Foram levados em triunfo até o quartel-general do 47º Exército, onde viram garrafas vazias das comemorações de Primeiro de Maio por todo lado. Um oficial superior ainda dormia em um colchão no chão. Ao ser acordado, viu os dois oficiais alemães e disse aos ordenanças que lhes arranjassem algo de comer. O major Grishin então apareceu. Soube que a guarnição insistia em ter primeiro os detalhes da rendição por escrito.

– Tipicamente alemão! – murmurou.

Quando os detalhes foram redigidos e assinados, os oficiais soviéticos trouxeram uma garrafa de conhaque e encheram os copos para um brinde. Os russos engoliram de uma vez, e quando o tenente Brettschneider, que comera pouquíssimo na última semana, bebeu cautelosamente dois dedinhos, riram desbragadamente e encheram novamente os copos.

– *Voiná kaputt!* – gritaram. – A guerra acabou!

A comemoração foi interrompida pela chegada de um coronel do estado-maior do quartel-general da Primeira Frente Bielorrussa. Explicaram-lhe a situação. Ele voltou-se para o tenente Ebbinghaus, o mais velho dos dois oficiais alemães, e perguntou-lhe quanto tempo pensava que a cidadela poderia resistir caso o Exército Vermelho a bombardeasse e alvejasse duramente.

– Pelo menos uma semana – disse Ebbinghaus secamente.

O coronel russo olhou para ele, incrédulo.

– A guerra acabou – disse o major Grishin. – Seu dever de oficial está no fim.

Havia uma caixa de charutos Ritmeester na mesa e o tenente Ebbinghaus serviu-se.

Duas horas depois, Grishin e Gall entraram na fortaleza, não pelo balcão, mas pelo portão principal. Os soldados russos empilhavam as armas da guarnição rendida e formavam os homens em colunas lá fora.

Enquanto os dois oficiais observavam a cena, Jung e Koch foram até eles.

Estamos prestes a lhes dar adeus – disse Koch num russo perfeito. Vendo sua expressão surpresa, sorriu. – Sim, falo um pouco de russo. Morei em São Petersburgo quando criança.

Gall pensou de repente, com um arrepio de horror, que durante as negociações Koch devia ter entendido todas as palavras que trocaram entre si. Então, para seu alívio, lembrou que Grishin não dissera nada como "Prometa-lhes o que quiserem e cuidaremos deles depois".

No pátio, Gall e Grishin viram civis pálidos e trêmulos saindo dos porões da fortaleza. O general Perhorovitch mandou Gall dizer-lhes que podiam todos ir para casa. Mais tarde uma moça que usava turbante, como muitas na época devido ao cabelo não lavado, foi até ele levando um bebê. Agradeceu-lhe por ter convencido os oficiais a se renderem, evitando assim um banho de sangue. Então desfez-se em lágrimas e foi embora.

Esta história inspiradora da rendição de Spandau fica, no entanto, meio estragada pelas revelações subsequentes. O coronel Jung e o tenente-coronel Koch eram, na verdade, o professor Dr. Gerhard Jung e o Dr. Edgar Koch, os principais cientistas que desenvolveram os gases dos nervos Sarin e Tabun. Em vez de preocupar-se unicamente com a defesa contra armas químicas, como indicava seu nome, a principal tarefa do Heeresgasschutzlaboritorium era "fazer testes gerais da praticidade de uso de gases bélicos como agentes de campanha".

Um tenente-coronel russo do 47º Exército reconheceu imediatamente a importância de sua descoberta em Spandau e informou ao general encarregado de uma comissão de especialistas do Exército Vermelho – usavam uma insígnia com uma roda dentada e uma chave de boca nas ombreiras. O general tentou interrogar os dois homens no dia seguinte, mas o NKVD soube da descoberta e, na noite de 1º de maio, os oficiais do órgão chegaram para prender Jung e Koch. O general ficou furioso. O Exército Vermelho levou até meados de junho para descobrir onde o NKVD mantinha Jung e Koch e tirá-los de lá. Finalmente levaram-nos para Moscou em agosto.

Dois outros cientistas importantes, o Dr. Stuhldreer e o Dr. Schulte-Overberg, foram mantidos sob guarda em Spandau e receberam ordens de "continuar trabalhando". Stuhldreer, que se especializara em ataques com gás dos nervos contra tanques, usara o antigo campo de testes de artilharia de Kummersdorf que fora o ponto de encontro na floresta para o Nono Exército. Todos negaram saber qualquer coisa sobre Tabun e Sarin e, como todos os lotes tinham sido destruídos assim que o Exército Vermelho ameaçou Berlim, os especialistas soviéticos nada puderam provar e não sabiam que perguntas fazer.

No verão, Stuhldreer e Schulte-Overberg foram enviados para a União Soviética. Uniram-se a Jung e Koch em um campo especial em Krasnogorsk. Sob a liderança do professor Jung, o grupo recusou-se a cooperar com as autoridades soviéticas. Insistiram que eram prisioneiros de guerra. Outros cientistas alemães que colaboravam com a União Soviética foram levados para convencê-los a mudar de ideia, mas não adiantou. Entretanto, não foram maltratados por assumirem esta posição e acabaram devolvidos à Alemanha em um dos últimos lotes de prisioneiros de guerra em janeiro de 1954.

AO SUL DE BERLIM, os remanescentes do Nono Exército fizeram um último esforço para romper a última barreira de Konev. O 12º Exército conseguira se aguentar apenas tempo suficiente, na área de Beelitz, para manter aberta uma rota de fuga para o Elba, além de abrir um caminho para quase 20 mil homens do chamado Grupo de Exércitos do Spree, do general Reymann, na área de Potsdam. Mas a pressão crescia. Beelitz foi pesadamente atingida naquela manhã por canhões soviéticos oriundos de Potsdam. Esquadrilhas de Shturmoviks aumentaram seus ataques de metralha e bombardeio de mergulho na região.

Um regimento de infantaria soviético ocupara a aldeia de Elsholz, 6 quilômetros ao sul de Beelitz. Era uma encruzilhada importantíssima para as exaustas tropas alemãs. Felizmente para eles, o surgimento súbito dos últimos quatro Panteras da Divisão *Kurmark* forçou os soldados do Exército Vermelho a recuarem. Na verdade os Panteras, com o tanque de combustível quase vazio, tiveram de ser abandonados ali, mas o caminho à frente estava limpo. Muitos soldados extraviados estavam tão exaustos que caíram em Elsholz. Os civis dividiram a comida com os soldados e cuidaram dos feridos, carregando-os até a escola, onde um médico de Berlim e uma enfermeira do distrito trabalhavam juntos o mais que podiam. Somente uma unidade SS teve forças de marchar pela aldeia sem parar para descansar.

O combate ainda rugia atrás deles nas florestas, onde os soldados de Konev continuavam a caçar grupos grandes e pequenos de soldados extraviados. Naquela manhã de 1º de maio uma brigada do Quarto Exército Blindado de Guardas foi enviada de volta à floresta "para liquidar um grande grupo de alemães que anda perambulando". O relatório afirma que os T-34 encontraram tanques alemães e outros veículos blindados. "O comandante soviético pôs mãos à obra imediatamente", dizia o relatório. "Em duas horas o inimigo perdeu 13 transportes de pessoal, três canhões de assalto, três tanques e 15 caminhões." É dificílimo acreditar que tantos veículos ainda estivessem em bom estado num único grupo.

As tropas soviéticas também atacavam a própria Beelitz. Um grupo de duzentos alemães, com o último tanque Tigre e um canhão de assalto, caiu sob o fogo automático ao sul de Beelitz, quando cruzavam campos de aspargos. Só o que precisavam fazer era prosseguir até o bosque e vadear o rio Nieplitz. Do outro lado estava a estrada que levava a Brück e à segurança.

O estado-maior do 12º Exército do general Wenck reunira todos os caminhões e veículos da região para transportar a massa exausta. Tinham criado unidades de cozinha de campanha, que começaram a alimentar os 25 mil homens, além de vários milhares de refugiados civis.

– Quando os soldados nos alcançaram, simplesmente desmoronaram – disse o coronel Reichhelm, chefe do estado-maior de Wenck. – Às vezes tínhamos até de bater neles, ou não conseguiriam subir nos caminhões e morreriam onde estavam. Foi terrível.

O gorducho general Busse estava irreconhecivelmente magro.

– Estava totalmente no fim de suas forças físicas.

Muitos dos que sofreram o horror do *Kessel* de Halbe cultivaram uma raiva que não diminuiu com os anos. Culpavam os oficiais superiores por continuarem a batalha quando tudo estava perdido. "Era isto realmente obediência sem questionamento", escreveu um sobrevivente, "ou covardia em face de suas responsabilidades? O corpo de oficiais, com seu apoio a Hitler, deixou para trás um gosto amargo. Durante aqueles últimos dias, todos eles só tentaram salvar a própria pele e abandonaram soldados, civis e crianças."

Esta diatribe, embora fosse em boa parte verdade, era abrangente demais, em especial quando se considera o esforço do 12º Exército para salvar soldados e civis. Mesmo no Nono Exército nem tudo era negro. Outro soldado recordou como, no mesmo dia, o major Otto Christer Graf von Albedyll, que vira a derrota de seu exército e a destruição da propriedade de sua família perto do contraforte de Reitwein, foi morto ao tentar ajudar um homem muito ferido. "Um líder muito amado", foi enterrado por seus soldados ao lado da estrada para Elsholz.

O próprio coronel Reichhelm foi muito severo com o caso mais flagrante de oficial superior que abandonou seus homens. O general Holste, comandante do 41º Corpo Panzer, aparecera no quartel-general do 12º Exército, entre Genthin e Tangermünde, às 2 horas da manhã.

– O que está fazendo aqui, Herr General? – perguntou-lhe Reichhelm espantado. – Por que não está com seus soldados?

– Não tenho mais nenhum – retorquiu Holste.

Na verdade, ele os abandonara. Partira com a esposa, dois carros e dois de seus melhores cavalos. Reichhelm disse que devia falar imediatamente com o general Wenck. Entrou para acordar o comandante do exército e disse-lhe que

Holste tinha de ser preso. Mas Wenck estava exausto demais. Reichhelm voltou.

– O senhor pode abandonar Hitler, porque ele é um criminoso – disse a Holste –, mas não pode abandonar seus soldados.

Holste ignorou-o e partiu para continuar em seu caminho pelo Elba.

EM BERLIM, DURANTE a tarde, chegou a ordem da Chancelaria do Reich de que o último tanque Tigre que dava apoio à *Nordland* deveria recuar "para ficar à disposição imediata do general Mohnke". Não deram explicação. Presumivelmente sem contar a Goebbels, que recusara por completo qualquer sugestão de render-se, Bormann e Mohnke tinham começado a planejar sua fuga de Berlim. Esses dois, que tinham ordenado a execução imediata de quem quer que deixasse de lutar até o fim, já tinham levado roupas civis para o *bunker*, prontas para a fuga.

O renovado bombardeio tornara ainda mais difíceis as comunicações com os destacamentos de Krukenberg. O ferido Fenet e seus franceses ainda defendiam o quartel-general da Gestapo na Prinz-Albrechtstrasse. O "Danmark" estava algumas centenas de metros a leste, do outro lado da estação da U-Bahn na Kochstrasse, perto da Friedrichstrasse, enquanto o "Norge" defendia sua retaguarda esquerda pela Leipzigerstrasse e pelo Splittermarkt.

Goebbels, percebendo que o fim agora estava muito próximo, mandou chamar Kunz, o médico SS que concordara em matar seus seis filhos. Goebbels estava em seu escritório, no *bunker* do Führer, conversando com Naumann, secretário de estado do Ministério da Propaganda. Kunz esperou durante dez minutos até que Goebbels e Naumann se levantaram e deixaram-no com Magda Goebbels. Ela lhe contou que a morte do Führer determinara a sua decisão. Os soldados tentariam romper o cerco naquela noite e, assim, toda a família iria morrer. Kunz afirmou depois que tentou convencê-la a mandar as crianças para o hospital e colocá-las sob a proteção da Cruz Vermelha, mas ela recusou.

– Depois de conversarmos durante uns vinte minutos – contou ele –, Goebbels voltou ao escritório e me disse: "Doutor, eu lhe ficaria muito grato se ajudasse minha esposa a matar as crianças."

Kunz repetiu outra vez sua sugestão de salvá-las.

– É impossível – respondeu o Reichsminister da Propaganda. – São os filhos de Goebbels.

Ele saiu da sala. Kunz ficou com Magda Goebbels, que jogou paciência durante cerca de uma hora.

Um pouco depois, Goebbels voltou.

– Os russos podem chegar a qualquer momento e interferir com nosso plano – disse-lhe a esposa. – É por isso que devemos nos apressar para fazer o que temos de fazer.

Magda Goebbels levou Kunz até o quarto de dormir e pegou em uma prateleira uma seringa cheia de morfina. Então foram para o quarto das crianças. As cinco meninas e o menino já estavam na cama, de pijama, mas ainda não adormecidos.

– Crianças, não se assustem – ela lhes disse. – O médico vai lhes aplicar uma vacina que as crianças e os soldados precisam tomar agora.

Então ela saiu do quarto. Kunz ficou e começou a lhes dar injeções de morfina.

– Depois disso – contou aos interrogadores da SMERSH –, saí de novo para a sala da frente e disse a Frau Goebbels que tínhamos de esperar uns dez minutos para que as crianças dormissem. Olhei o relógio e vi que eram 20h40.

Kunz disse que não aguentaria dar veneno às crianças adormecidas. Magda Goebbels mandou-o encontrar Stumpfegger, médico pessoal de Hitler. Junto com Stumpfegger, ela abriu a boca das crianças que dormiam, colocou uma ampola de veneno entre seus dentes e fechou-lhes a mandíbula. A filha mais velha, Helga, foi encontrada depois com o rosto bem machucado. Isto indica que a morfina pode não ter funcionado muito bem em seu caso e que talvez ela tenha lutado com os dois adultos que tentavam abrir sua boca à força. Depois da missão cumprida, Stumpfegger saiu e Kunz desceu para o escritório de Goebbels com Magda. Goebbels andava de um lado para o outro, nervosíssimo.

– Está tudo acabado com as crianças – ela lhe disse. – Agora temos de pensar em nós.

– Sejamos rápidos – disse Goebbels. – Temos pouco tempo.

Magda Goebbels pegou a insígnia de ouro do partido que Hitler lhe dera em 27 de abril como símbolo de sua admiração e também a cigarreira de ouro com a inscrição "Adolf Hitler, 29 de maio de 1934". Goebbels e a esposa, então, subiram para o jardim, acompanhados pelo ajudante de ordens Günther Schwaegermann. Pegaram duas pistolas Walther. Joseph e Magda Goebbels ficaram um ao lado do outro, a poucos metros de onde os corpos de Hitler e sua esposa tinham sido queimados e depois enterrados em uma cratera de granada. Morderam as ampolas de vidro de cianeto* e atiraram um no outro com as pistolas ao mesmo tempo ou Schwaegermann atirou nos dois logo a seguir, como golpe de misericórdia, por precaução. As duas pistolas foram deixadas com os corpos, que Schwaegermann banhou em gasolina dos galões, como prometera. Depois, acendeu a última pira funerária do Terceiro Reich.

---

*Alguns historiadores parecem pensar que o veneno usado em todos os casos foi o ácido prússico, e não o cianeto, mas o ácido prússico é, na verdade, uma forma de cianeto. De qualquer modo, o relatório da autópsia soviética de Adolf e Eva Hitler afirma: "Os restos de ampolas de vidro que continham composto de cianeto foram encontrados na cavidade oral. Eram idênticos aos achados na boca de Goebbels e de sua esposa." (*N. do A.*)

Às 21h30, A ESTAÇÃO de rádio de Hamburgo avisou o povo alemão que tinha um anúncio grave e importante a fazer. Tocaram música fúnebre adequada, de Wagner e a Sétima Sinfonia de Bruckner, para preparar os ouvintes para a mensagem do almirante Dönitz à nação. Ele afirmou que Hitler caíra lutando "à frente de suas tropas", e anunciou a sucessão. Pouquíssima gente em Berlim ouviu a notícia, por causa da falta de energia elétrica.

Bormann, enquanto isso, sentia visível impaciência por ter de esperar que o drama familiar de Goebbels findasse. A rendição de Weidling aconteceria à meia-noite e o rompimento para o norte pelo Spree deveria começar uma hora antes. O pessoal do *bunker* do Führer, inclusive Traudl Junge, Gerda Christian e Constanze Manzialy, tinham recebido ordens de preparar-se para a partida. Krebs e Burgdorf, que pretendiam matar-se com um tiro mais tarde, não foram encontrados.

Krukenberg, que fora chamado antes por Mohnke, encontrou Artur Axmann e Ziegler, o ex-comandante da *Nordland*. Mohnke perguntou a Krukenberg se, como oficial superior, ele desejava continuar a defesa do centro da cidade. Acrescentou que o general Weidling dera ordem de romper caminho para fora de Berlim pelo noroeste, cruzando o cerco soviético, mas que um cessar-fogo entraria em vigor por volta da meia-noite. Krukenberg concordou em unir-se ao rompimento. Ele e Ziegler saíram para reunir a *Nordland* e outras unidades na área. Krukenberg mandou um de seus assessores à frente, com mensagens para que os destacamentos afastados recuassem. O grupo liderado pelo capitão Fenet, que defendia o quartel-general da Gestapo na Prinz-Albrechtstrasse, não soube de nada. O assessor de Krukenberg, que nunca mais foi visto, provavelmente encontrou a morte antes de achá-lo.

As cenas do *bunker* eram caóticas enquanto Bormann e Mohnke tentavam organizar todos em grupos. No fim das contas, só partiram perto das 23 horas, duas horas além do planejado. O primeiro grupo, liderado por Mohnke, partiu pelo porão da Chancelaria do Reich e depois seguiu uma rota complicada até a Friedrichstrasse Bahnhof. Os outros seguiram em intervalos determinados. A parte mais difícil ficava logo ao norte da estação, onde tinham de cruzar o Spree. Isto não podia ser feito ao abrigo da escuridão porque as chamas dos prédios bombardeados iluminavam a área. O primeiro grupo da Chancelaria do Reich, que incluía Mohnke e as secretárias, evitou sabiamente a grande ponte Weidendammer. Usaram uma ponte de metal para pedestres 300 metros rio abaixo e seguiram rumo ao hospital Charité.

O tanque Tigre da *Nordland* e um canhão de assalto autopropulsado deveriam servir de ponta de lança do ataque principal pela ponte Weidendammer. A notícia do rompimento se espalhara e muitas centenas de SS, soldados da Wehrmacht e civis tinham se reunido. Era uma reunião que os soldados soviéticos não deixariam de perceber. O ataque da primeira massa, liderada pelo tanque Tigre, aconteceu pouco depois da meia-noite, mas embora o monstro blindado conseguisse esmagar a barreira do lado norte da ponte, logo caíram sob fogo pesadíssimo na Ziegelstrasse, do outro lado. Uma rajada antitanque atingiu o Tigre e muitos civis e soldados em sua esteira foram derrubados. Axmann ficou ferido, mas conseguiu cambalear em frente. Bormann e o Dr. Stumpfegger foram derrubados pela explosão quando o tanque foi atingido, mas recuperaram-se e prosseguiram. Bormann levava a última cópia do testamento de Hitler e, evidentemente, esperava usá-la para justificar sua reivindicação de um posto no governo de Dönitz quando chegasse a Schleswig-Holstein.

Outro ataque pela ponte aconteceu logo depois, usando um canhão antiaéreo quádruplo autopropulsado de 20mm e um meia-lagarta. Esse também foi um fracasso. Uma terceira tentativa foi feita por volta de 1 da manhã, e uma quarta uma hora depois. Bormann, Stumpfegger, Schwaegermann e Axmann ficaram juntos por algum tempo. Seguiram a linha férrea até a Lehrterstrasse Bahnhof. Lá se separaram. Bormann e Stumpfegger foram para nordeste, rumo à Stettiner Bahnhof. Axmann foi para o lado oposto, mas encontrou uma patrulha soviética. Voltou e seguiu a rota de Bormann. Não muito depois encontrou dois corpos. Identificou-os como Bormann e Stumpfegger, mas não teve tempo de descobrir como tinham morrido. Martin Bormann, embora não por sua própria vontade, foi o único líder importante do Partido Nazista a enfrentar as balas do inimigo bolchevique. Todos os outros, Hitler, Goebbels, Himmler e Göring, tiraram a própria vida.

Krukenberg, enquanto isso, tinha reunido a maior parte de sua escolta de SS franceses. Uniram-se a Ziegler e a um grupo muito maior da *Nordland*. Krukenberg estimou que havia quatro ou cinco portadores da Cruz de Cavaleiro entre eles. Conseguiram cruzar o Spree pouco antes do amanhecer. Mas caíram sob fogo pesado a apenas alguns metros da estação Gesundbrunnen da U-Bahn. Ziegler foi atingido por um ricochete e mortalmente ferido. Vários outros do grupo também caíram, entre eles Eugène Vanlot, o jovem francês agraciado com a Cruz de Cavaleiro. Morreu em um porão próximo três dias depois.

As forças soviéticas na área tinham sido tão fortemente reforçadas que Krukenberg e seus companheiros restantes não tinham escolha a não ser recuar pelo caminho por onde haviam vindo. No alto da Ziegelstrasse viram o tanque Tigre que Mohnke tirara deles. Não havia sinal de sua guarnição. Um dos oficiais de Krukenberg notara uma oficina de carpintaria ali perto e lá encontraram uns macacões para disfarçar-se. Krukenberg conseguiu ir até Dahlem, onde escondeu-se por mais de uma semana em um apartamento de amigos. Acabou não tendo opção além de render-se.

JUKOV, AO SABER das tentativas de rompimento pelo general Kuznetsov do Terceiro Exército de Choque, ordenou alerta máximo. Estava compreensivelmente perturbado com a "sugestão desagradável" de que nazistas importantes, em especial Hitler, Goebbels e Bormann, pudessem estar tentando escapar. Não era difícil imaginar a raiva de Stalin caso isso acontecesse. Os oficiais soviéticos reuniram apressadamente os homens que comemoravam o Primeiro de Maio com álcool e caçadas de mulheres. Brigadas do Segundo Exército Blindado de Guardas foram enviadas na perseguição e cordões de isolamento apressadamente criados. Isto impediu uma segunda tentativa das tropas do general Bärenfänger de romper rumo ao norte, pela Schönhauserallee, partindo do leste da área de defesa da Zitadelle. Bärenfänger, nazista devotado, cometeu suicídio com sua jovem esposa, em uma rua lateral.

Pouco depois da meia-noite, na hora em que o coronel Haller prometera entregar a torre antiaérea do Zoológico, os tanques e meias-lagartas remanescentes da Divisão Panzer *Müncheberg* e a 18ª Divisão Panzergrenadier partiram do Tiergarten para oeste. Então avançaram para noroeste, rumo ao Estádio Olímpico e Spandau. A notícia também se espalhou rapidamente neste caso. O boato era de que o exército de Wenck estava em Nauen, a noroeste da cidade, e os vagões-hospitais estavam esperando ali para levar soldados para Hamburgo. Milhares de civis e soldados extraviados abriram caminho a pé e em vários veículos na mesma direção. Um grupo de uns cinquenta chegou em três caminhões da Grossdeutscher Rundfunk. Incluíam o irmão mais novo e muito diferente de Himmler, Ernst, importante técnico de estúdio.

A Charlottenbrücke, ponte sobre o Havel para a antiga cidade de Spandau, ainda estava inteira e era mantida por destacamentos da Juventude Hitlerista. Sob chuva pesada e fogo de artilharia do 47º Exército, os veículos blindados avançaram, seguidos por uma multidão esfarrapada de soldados e civis. A matança foi estarrecedora.

– Havia sangue por toda parte e os caminhões explodiam – contou um dos que escaparam.

Uma tática foi instintivamente elaborada. Os veículos antiaéreos autopropulsados do exército, com canhões quádruplos de 20mm, deram fogo de cobertura da margem leste para manter abaixadas as cabeças soviéticas e, durante esse fogo frenético de mais de um minuto, outra onda de civis e soldados atravessou correndo para esconder-se nas casas desmoronadas do outro lado. Os lentos e mancos foram pegos em campo aberto pelos canhões soviéticos. Assim como onda após onda de gente a pé, caminhões, carros e motocicletas também cruzaram, passando sobre corpos já esmagados pelas lagartas dos veículos blindados. Ernst Himmler foi um dos muitos que morreram na Charlottenbrücke, alvejado ou pisoteado na corrida desesperada.

Embora o massacre na ponte fosse horrendo, o puro peso do número de alemães forçou as tropas soviéticas a recuarem da margem do rio. Mas as metralhadoras soviéticas na torre da prefeitura de Spandau continuaram a provocar pesadas baixas. Dois tanques Tigres então alvejaram a própria Rathaus, e um pequeno grupo da Nona Divisão de Paraquedistas invadiu a torre. A força principal de blindados prosseguiu para oeste rumo a Staaken, mas a maioria dos soldados foi cercada ou capturada nos dois dias seguintes. Só um punhado chegou ao Elba e à segurança.

Os oficiais soviéticos vasculharam cuidadosamente os restos queimados dos tanques, seguindo ordens do quartel-general da frente. "Em meio às guarnições mortas", escreveu Jukov, "não se encontrou ninguém do *entourage* de Hitler, mas foi impossível reconhecer o que ficou nos tanques queimados." Ninguém sabe quantos morreram nessas tentativas de escapar do cativeiro soviético.

À 1H55 DA MANHÃ de 2 de maio, o locutor Richard Beier, de 18 anos, fez a última transmissão da Grossdeutscher Rundfunk em seu estúdio no *bunker* da Masurenallee. O transmissor de Tegel fora ignorado pelos russos.

– O Führer está morto – anunciou, segundo seu roteiro. – Longa vida ao Reich!

26
O fim da batalha

Pouco depois de 1 hora da manhã de 2 de maio, o general Tchuikov foi acordado outra vez. Unidades de sinalização do Exército Vermelho tinham captado transmissões repetidas do 56º Corpo Panzer alemão requisitando um cessar-fogo. Os emissários iriam com uma bandeira branca para a ponte Potsdamer. O coronel von Dufving, acompanhado de dois majores, apareceu. Manteve conversações com um dos comandantes de Tchuikov e depois voltou para o general Weidling. Weidling rendeu-se com seu estado-maior às 6 horas da manhã e foi levado ao quartel-general de Tchuikov, onde preparou uma ordem para que a guarnição capitulasse.

Naquele amanhecer gelado, os últimos prisioneiros da Gestapo deixados em seu quartel-general da Prinz-Albrechtstrasse ainda não sabiam se seriam libertados pelo Exército Vermelho ou assassinados por seus captores. O pastor Reinecke foi o único sacerdote poupado do massacre da semana anterior. "O que sofri como sadismo durante esta última semana e meia", escreveu ele em uma carta, "não pode ser descrito aqui."

Os sobreviventes eram um grupo misturado. Um de seus companheiros de cela era o comunista Franz Lange, que disse mais tarde que, apesar de nada ter a ver com a Igreja desde os 16 anos, jamais esqueceria a capacidade de Reinecke de encontrar forças para sobreviver por meio da oração silenciosa. Outro era Joseph Wagner, ex-Gauleiter da Silésia, que se afastara do regime devido ao seu catolicismo. A Gestapo o prendera depois da conspiração de julho.

Em 1º de maio, a porta de sua cela fora violentamente aberta aos gritos de "*Raus! Raus!*". Foram empurrados para baixo pelas escadas pelos guardas SS, que tinham matado um dos seus, um praça da Wehrmacht, no caminho. Os seis restantes foram então trancados em outra cela, provida de comida e água, ao lado do próprio alojamento dos guardas SS. Lange ouviu o Sturmbannführer no comando explicar a um de seus homens, com a lógica sem igual das SS:

– Estamos poupando estes como prova de que não fuzilamos prisioneiros.

Durante a tarde, os seis sobreviventes ouviram os guardas se prepararem para ir embora. Ao anoitecer, foram deixados na escuridão do prédio. Os berlinenses o haviam apelidado de "Casa dos Horrores" quando se soube que os prisioneiros eram presos com algemas diagonalmente nas paredes de seus porões, como em uma câmara de tortura medieval.

Não muito depois do amanhecer de 2 de maio ouviram vozes. O postigo da janela de sua cela se abriu. Uma voz pediu-lhes em russo a chave para abrir a porta.

– Sem chave – respondeu Lange, o comunista, que sabia um pouco do idioma. – Somos prisioneiros.

O soldado foi embora e poucos minutos depois ouviram o som de machados golpeando a porta. Logo ela se abriu. Viram-se olhando o rosto de um sorridente soldado do Exército Vermelho.

Ele e seus camaradas os levaram à cantina dos guardas SS para dar-lhes comida. Uma de suas armas disparou por acidente, ocorrência tragicamente comum no Exército Vermelho. Joseph Wagner, o ex-Gauleiter, caiu morto ao lado do pastor Reinecke.

Outros soldados do Exército Vermelho perderam pouco tempo lá em cima. Os painéis de seda que forravam as paredes da grande sala de recepções de Himmler foram arrancados de seus batentes e enrolados em pacotes, prontos para os próximos malotes de 5 quilos a serem mandados para casa.

No *BUNKER* DO Führer, o general Krebs e o general Burgdorf tinham se sentado um ao lado do outro em algum momento do início daquela manhã, sacado suas pistolas Luger e explodido seus cérebros. Rochus Misch, provavelmente o último membro do SS *Leibstandarte* a deixar o prédio, viu-os caídos juntos. Depois de todo o *brandy* que consumiram, tiveram sorte de não ter estragado seu suicídio de forma mais dolorosa. O capitão Schedle, comandante da guarda *Leibstandarte* na Chancelaria do Reich, também se matara. Um pé ferido o impedira de fugir com o grupo de Bormann. Fora os médicos, enfermeiras e feridos no porão, a Chancelaria do Reich estava praticamente deserta quando Misch se esgueirou para fora.

O dramático relato soviético da invasão da Chancelaria do Reich naquela manhã tem de ser aceito com boa porção de cautela, ainda mais porque a grande maioria dos homens de Mohnke e Krukenberg tinham participado da tentativa de rompimento da noite anterior. Descrições de um obuseiro levado até a Wilhelmplatz para explodir as portas da frente e de "batalhas duras" em corredores e nas escadas foram escritas para soar como um paralelo da captura do Reichstag. A bandeira vermelha foi levada ao telhado pela major Anna Nikulina, do departamento político do Nono Corpo de Infantaria do Quinto Exército de Choque de Berzarin. E, como medida extra, "o sargento Gorbatchov e o praça Bondarev prenderam uma bandeira vermelha na entrada principal da Chancelaria do Reich".

Dos FUGITIVOS DO *BUNKER* do Führer na noite anterior só o primeiro grupo a partir manteve-se unido. Liderado pelo Brigadeführer Mohnke, incluía o piloto pessoal de Hitler, Hans Baur, o chefe de seus guarda-costas, Hans Rattenhuber, as secretárias e a nutricionista de Hitler, Constanze Manzialy. Nas primeiras horas de 2 de maio, foram forçados a esconder-se em um porão na Schönhauscrallee, quando a área ficou inundada de soldados soviéticos. Permaneceram escondidos ali até a tarde, quando foram finalmente descobertos por tropas soviéticas. Não fazia sentido resistir. Os homens foram presos imediatamente, mas as mulheres receberam permissão de partir.

Traudl Junge e Gerda Christian disfarçaram-se como homens. Mas a belíssima tirolesa Constanze Manzialy foi separada delas quase imediatamente. Uma história afirma que foi agarrada por um grande infante russo e atacada por ele e seus camaradas. Ninguém sabe se ela recorreu à ampola de cianeto que Hitler dera, em uma caixinha de bronze, a cada membro de seu pessoal como presente de despedida. De qualquer forma, nunca mais foi vista. Tanto Traudl Junge quanto Gerda Christian, apesar de aventuras alarmantes, conseguiram chegar à outra margem do Elba.

MUITOS SOLDADOS E oficiais alemães tinham planejado passar sua última noite de liberdade em cervejarias. O capitão Finckler encontrou o comandante de seu regimento da Nona Divisão de Paraquedistas em uma cervejaria em Prenzlauerberg, não muito distante de onde Mohnke e seu grupo foram encurralados. Como adeus, os dois homens partilharam uma garrafa de vinho com goles alternados no gargalo, já que não havia copos.

Na cervejaria Schultheiss, naquela manhã, um jovem auxiliar de artilharia antiaérea da Luftwaffe perguntou o que estava havendo quando ouviu tiros.

– Vamos até lá atrás – disse-lhe um camarada. – Os SS estão se matando (...) Você tem de ver. – Muitos eram estrangeiros das Waffen SS.

O ajudante de ordens SS de Hitler, Otto Günsche, foi aprisionado ali pelo Exército Vermelho mais tarde naquela manhã. Ele, como Mohnke, Rattenhuber e os outros, foi imediatamente entregue à SMERSH para interrogatório. Stalin queria descobrir ao certo o que acontecera com Hitler e se ele ainda estava vivo.

A DECISÃO, EM 29 de abril, de enviar o departamento da SMERSH do Terceiro Exército de Choque para a Chancelaria do Reich, objetivo que estava claramente no setor do Quinto Exército de Choque, só poderia ter sido tomada no nível mais elevado. Beria e Abakumov, chefe da SMERSH, parecem não só ter mantido Jukov e as autoridades militares na ignorância como também ter ao lado o rival de Abakumov, general Serov, chefe do NKVD da Segunda Frente Bielorrussa.

A equipe da SMERSH, que tinha seu próprio destacamento de sinaleiros, estivera, provavelmente, escutando o comprimento de onda do Quinto Exército de Choque. Chegaram minutos depois de ser relatado que o objetivo fora atacado. O general Berzarin prometera a estrela de ouro de Herói da União Soviética ao soldado que descobrisse o corpo de Hitler, e assim os soldados que tinham ocupado a Chancelaria do Reich não ficaram nada contentes quando os oficiais da SMERSH apareceram e os expulsaram. Só o cordão de isolamento externo de Berzarin ficou em seu lugar. Como mais um insulto ao Quinto Exército de Choque, o grupo de contrainteligência trouxera um destacamento de sapadores do Terceiro Exército de Choque para procurar explosivos e armadilhas na Chancelaria do Reich.

O capitão Shota Sulhanishvili, que comandava esses sapadores, sentiu-se desconfortável ao descobrir que estavam trabalhando para a SMERSH.

– Meus camaradas e eu tentamos nos manter o mais longe possível deles – disse. – Temos medo deles.

Mas a SMERSH tinha medo de explodir e fez exatamente o que os sapadores lhe disseram até que o lugar foi cuidadosamente verificado. Na verdade, os únicos explosivos encontrados foram estoques de reserva de *panzerfausts*, já preparados em pacotes de três. Os sapadores também ficaram espantados com os depósitos cheios de champanhe e "tijolinhos alaranjados de pão embrulhados em celofane". Sulhanishvili, que lutara em Stalingrado, pensou imediatamente no pão congelado de lá, que não conseguiam cortar nem com um machado. No jardim, encontraram dois cadáveres mal queimados que pareciam ter "encolhido em tamanho e lembravam bonecas". Os sapadores, ao completarem sua tarefa, foram rapidamente mandados embora. Os oficiais da SMERSH reconheceram a cabeça descomunal das caricaturas na imprensa soviética e a bota ortopédica confirmou de quem era o corpo. Ao lado, estava o corpo de Magda Goebbels, com a cigarreira de ouro e a insígnia do partido de Hitler.

O destacamento da SMERSH, supervisionado de perto pelo general Aleksandr Anatolievitch Vadis, chefe da diretoria da SMERSH na Primeira Frente Bielorrussa, estava, naturalmente, mais preocupado em encontrar o corpo de Hitler. A pressão de Moscou era intensa. Naquela manhã o *Pravda* declarara que o anúncio da morte de Hitler era apenas um truque fascista. Pode-se supor, sensatamente, que tal afirmação tenha sido feita por instigação de Stalin, ou pelo menos com sua aprovação. Toda a questão do destino de Hitler começava a assumir imenso significado político antes que os fatos ficassem claros. O marechal Jukov, sabendo muito bem do intenso interesse de Stalin pelo assunto, foi visitar a Chancelaria do Reich naquele mesmo dia, antes mesmo que os disparos na cidade cessassem. "Não me deixaram descer", disse Jukov vinte anos depois, quando finalmente soube da verdade. "Não era seguro lá embaixo", disseram-lhe. Ele também foi informado, naquela primeira visita, de que "os alemães tinham enterrado todos os cadáveres, mas quem enterrara quem e onde ninguém sabia". Mas o corpo de Goebbels não fora enterrado. Fora encontrado imediatamente, na superfície. Parece que impediram o acesso de Jukov outra vez dois dias depois. O quartel-general da Primeira Frente Bielorrussa foi informado da descoberta do cadáver de Goebbels, nada mais. O general Teleguin, chefe do departamento político, requisitou urgentemente ao *Stavka* em Moscou que enviasse legistas experientes.

O mais perto que os oficiais da SMERSH parecem ter chegado de Hitler foi vasculhar seus paletós em seu quarto e olhar o retrato de Frederico, o Grande, que ele costumava fitar. Rjevskaia, enquanto isso, começara a trabalhar nos documentos da Chancelaria do Reich. Encontrou dez cadernos grossos que continham os diários de Goebbels até julho de 1941. (Vadis afirmou que a descoberta era sua.) Também encontrou Raia, sua sinaleira, experimentando um vestido de noite branco de Eva Braun, mas rejeitando-o como indecente devido à *décolletage*. A jovem soldada não selecionou nada além de um par de sapatos azuis.

No porão, o professor Haase e o Dr. Kunz continuavam a cuidar dos feridos que jaziam no corredor. Só lhes restava um par de enfermeiras. Muitas jovens ajudantes do BdM, que tinham vindo depois de auxiliar seus colegas da Juventude Hitlerista no Reichssportsfeld, correram para a Wilhelmstrasse para evacuar os feridos do porão do hotel Adlon, em chamas. A SMERSH não perturbou em nada o setor hospitalar. Uma das enfermeiras descreveu o comportamento dos oficiais como "exemplar". Um oficial superior chegou a aconselhar as mulheres que trancassem a porta naquela noite porque ele "não podia pôr a mão no fogo por seus soldados".

Os oficiais da SMERSH logo começaram a filtrar seus prisioneiros. Os escolhidos para interrogatório eram escoltados até o Instituto do Reich para os Cegos, na Oranienstrasse. Mas os investigadores do serviço de contrainteligência recusavam-se a acreditar no que lhes diziam sobre o suicídio de Hitler. Vadis levou mais e mais homens para completar uma busca minuciosa, mas isso não era fácil no subterrâneo. O gerador elétrico se quebrara e, assim, não havia luz, exceto a das tochas, e o ar no *bunker* ficou pesado e úmido sem o sistema de ventilação.

A falta de sucesso estimulou Stalin a ordenar a Beria que enviasse outro general do NKVD, supostamente representando o *Stavka*, para supervisionar a busca e fazer relatórios constantes. Nem os oficiais do grupo operacional da SMERSH tinham permissão de saber seu nome. O major Bistrov e seus colegas viram-se tendo de repetir cada interrogatório na frente desse novo general. Assim que cada entrevista terminava, o general ia imediatamente telefonar para Beria em uma linha segura para contar-lhe tudo. A obsessão com o segredo era tão grande que Rjevskaia foi obrigada a assinar cada transcrição de entrevista com a admissão de que seria culpada de trair a segurança do estado caso repetisse uma palavra do que fora dito.

QUANDO A GUARNIÇÃO de 350 homens da torre antiaérea do Zoológico finalmente apareceu, parece que o coronel Haller deixou escapar para um dos oficiais soviéticos que havia dois generais escondidos lá dentro que esperavam fugir de Berlim. Um deles já se suicidara na hora em que os soldados soviéticos o encontraram no quarto andar. Levaram o escritor Konstantin Simonov até ele.

Simonov chegara a Berlim cedo naquela manhã de 2 de maio e encontrou disparos esporádicos, principalmente canhões soviéticos atirando em prédios onde a SS ainda se recusava a render-se. Descreveu-os como "convulsões *post-mortem*". Na torre antiaérea não havia mais luz, por isso foram em frente com tochas. Um tenente lhe mostrou a pequena sala de concreto. "No catre, com os olhos abertos, jaz o general morto, um homem alto, de uns 45 anos, cabelo curto e rosto agradável e calmo. Sua mão direita está ao lado do corpo e segura uma pistola. Com a mão esquerda segura, pelos ombros, o corpo de uma jovem deitada a seu lado. A mulher jaz de olhos fechados, jovem e bela, usando, lembro-me muito bem, uma blusa inglesa branca de mangas curtas e uma saia cinzenta de farda. O general vestia uma camisa passada e botas altas; e sua gandola de gola alta não estava abotoada. Entre as pernas do general estava uma garrafa de champanhe, cheia até um terço." Fazia parte do fim espalhafatoso do que Simonov chamou de "glória bandida do ex-império fascista". Ele também achou adequado que o homem que aceitou a rendição da capital do Reich fosse o general Tchuikov, que comandara a defesa de Stalingrado. "Parecia que a própria História tentara ao máximo trazer este exército a esta cidade e fazer com que a rendição de Berlim parecesse especialmente simbólica."

OS CIVIS ALEMÃES, contudo, não estavam com espírito para simbolismos. Cobriam o rosto dos soldados mortos com jornais ou com um pedaço de farda e faziam fila nas cozinhas de campanha do Exército Vermelho, que começou a alimentá-los por ordem de Berzarin. O fato de que havia fome na Ásia Central soviética na época, com famílias reduzidas ao canibalismo, não influenciou a nova política de tentar conquistar o povo alemão. Mas a mudança da linha do partido ainda não tinha se filtrado por todas as camadas.

Os soldados soviéticos entravam nos hospitais de campanha improvisados com submetralhadoras e cutucavam cada homem no peito de forma ameaçadora: "*Du SS?*", perguntavam. Quando um deles encontrou um voluntário sueco das Waffen SS na Divisão *Nordland*, cutucou-o com força na boca do estômago e fez a mesma pergunta. O sueco afirmou ser apenas um soldado comum da Wehrmacht. "*Da, da.*

Du SS!", insistiu o soldado do Exército Vermelho. O sueco, que destruíra seus documentos, inclusive o passaporte, que mostrava que ele lutara pelos finlandeses contra a União Soviética, conseguiu dar um sorriso, como se dissesse: "Que ridículo." O soldado desistiu, sem notar que ele suava frio. Levou mais seis meses para que o NKVD descobrisse que os membros das SS tinham "o grupo sanguíneo tatuado no lado interno do braço esquerdo".

Tanto na Alexanderplatz quanto na Pariserplatz os feridos ficavam deitados na rua, enrolados em cobertores. Enfermeiras da Cruz Vermelha alemã e moças da BdM continuavam a tratar deles. Ao norte, os canhões soviéticos forçaram à submissão um grupo de SS sem esperanças que ainda se aguentava em um prédio junto ao Spree. Em todas as direções, a fumaça das ruínas continuava a deformar o céu. Os soldados do Exército Vermelho arrastavam para fora membros da Wehrmacht, das SS, da Juventude Hitlerista e da Volkssturm. Surgiam das casas, dos porões e dos túneis do metrô, o rosto quase negro de fuligem e barba por fazer. Os soldados soviéticos gritavam "*Hände hoch!*"* e seus prisioneiros depunham as armas e mantinham as mãos o mais alto possível. Alguns civis alemães passaram para o lado dos oficiais soviéticos para denunciar soldados que continuavam a se esconder.

Vasili Grossman acompanhou o general Berzarin até o centro da cidade. Ficou abalado com a escala da destruição por toda parte, imaginando quanto havia sido provocado pelos bombardeiros americanos e britânicos. Uma mulher judia e seu marido idoso procuraram-no. Perguntaram sobre o destino dos judeus que tinham sido deportados. Quando ele confirmou seus piores temores, o velho caiu em lágrimas. Grossman foi aparentemente abordado por uma elegante dama alemã usando um casaco de astracã. Conversaram agradavelmente.

---

*Mãos ao alto! (*N. da T.*)

– Mas, com certeza, o senhor não é um comissário judeu? – ela lhe perguntou de repente.

Os oficiais alemães que tinham assinado documentos de desmobilização a todos os seus homens para que eles evitassem os campos de prisioneiros perderam seu tempo. Qualquer um, com qualquer tipo de farda, até bombeiros e ferroviários, foram todos reunidos nas primeiras colunas para marcharem para o leste.

"Tive uma massa terrível de impressões", anotou Grossman. "Incêndios e fumaça, fumaça, fumaça. Imensas multidões de prisioneiros de guerra. Faces cheias de tragédia e a dor em tantos rostos não é apenas o sofrimento pessoal, mas também o do cidadão de um país destruído." O sofrimento pessoal e o temor do futuro realmente eram grandes, tanto para os homens e rapazes prestes a serem mandados para longe quanto para as mulheres e moças deixadas para trás. "Prisioneiros", rabiscou ele. "Policiais, escriturários, velhos e escolares, quase crianças. Muitos homens caminham com suas esposas, belas jovens, algumas das quais riem e tentam animar os maridos. Um soldado jovem com duas crianças, um menino e uma menina. As pessoas em torno são muito gentis com os prisioneiros. Os rostos são tristes, dão-lhes água e pão." No Tiergarten, Grossman viu um soldado alemão ferido sentado em um banco com uma auxiliar médica, abraçando-a. "Não olham para ninguém. O mundo em volta deixou de existir para eles. Quando passo por eles, uma hora depois, ainda estão sentados na mesma posição."

"Este dia nublado, frio e chuvoso é, sem dúvida, o dia do colapso da Alemanha, na fumaça, entre as ruínas ardentes, entre centenas de cadáveres que enchem as ruas." Alguns mortos, observou, tinham sido esmagados por tanques, "espremidos como tubos". Viu uma velha morta, "a cabeça encostada na parede, sentada em um colchão perto da porta com uma expressão de dor tranquila e duradoura". Ainda assim, a pouca distância dali, os russos ficavam espantados com a meticulosidade da *hausfrau*, a dona de casa alemã: "Nas ruas que já estão tranquilas, as ruínas estão sendo limpas e varridas. As mulheres varrem as calçadas com vassouras como se fossem salas."

Grossman deve ter dado muitas voltas durante a maior parte daquele dia. No "imenso e poderoso" Reichstag, encontrou soldados soviéticos "acendendo fogueiras no salão de entrada, chocalhando suas panelas e abrindo latas de leite condensado com baionetas".

Enquanto a SMERSH executava seu trabalho nos porões e no *bunker* do Führer, Grossman pôde entrar, como outros visitantes, nas gigantescas salas de recepção da Chancelaria do Reich. Em uma delas o imenso globo terrestre de metal de Hitler estava amassado e quebrado. Em outra, "um jovem cazaque de pele escura com os ossos da face proeminentes" aprendia a andar de bicicleta. Grossman, juntamente, ao que parece, com quase todos os outros visitantes, coletou algumas lembranças para levar de volta a Moscou.

No Zoológico, onde houve duros combates perto da grande torre antiaérea, encontrou "jaulas quebradas, cadáveres de macacos, aves tropicais e ursos. Na ilha dos babuínos, os bebês agarram a barriga das mães com suas mãozinhas". Em frente a uma jaula com uma gorila morta, conversou com o velho atendente, que passara os últimos 37 anos cuidando dos macacos.

– Ela era feroz? – perguntou Grossman.

– Não, ela apenas rugia bem alto – respondeu o zelador dos primatas. – Os seres humanos são muito mais ferozes.

Grossman encontrou muita gente naquele dia. Trabalhadores estrangeiros libertados cantavam mas também gritavam maldições para os soldados alemães. Só mais tarde, quando os disparos finalmente cessaram, é que "a escala colossal da vitória" começou a ser entendida. Comemorações espontâneas ocorreram em volta da "mulher alta" – a coluna da vitória de Siegessäule no Tiergarten. "Os tanques estão tão cobertos de flores e bandeiras vermelhas que mal se pode vê-los. O cano dos canhões tem flores, como árvores na primavera. Todo mundo dança, canta, ri. Centenas de foguetes coloridos de sinalização são disparados no ar. Todos saúdam a vitória com rajadas de submetralhadoras, fuzis e pistolas." Mas Grossman soube, mais tarde, que muitos celebrantes eram "os mortos-vivos". Em seu desespero atrás de álcool, alguns soldados tinham bebido de barris de metal que continham solvente industrial, encontrados ali perto. Levaram pelo menos três dias para morrer.

A SUDOESTE DE BERLIM, os soldados do general Wenck continuavam a transportar os abalados sobreviventes do Nono Exército em caminhões e trens de carga até o Elba. Os soldados do 12º Exército também tinham esperança, com os refugiados civis, de conseguirem cruzar para o lado americano nos próximos dias. Havia mais de 100 mil soldados e quase a mesma quantidade de refugiados civis movendo-se ao sul de Brandemburgo rumo ao Elba. Ataques soviéticos cada vez mais fortes ao norte, especialmente entre Havelberg e Rathenau, arriscavam-se a cortar seu caminho.

Em 3 de maio, chegou a notícia dos acontecimentos em Berlim. O general Wenck emitiu imediatamente uma ordem reinstituindo a saudação militar, em vez da versão nazista. "Acabou!", escreveu Peter Rettich, o comandante de batalhão da Divisão *Scharnhorst*. "Hitler está morto, expirou na Chancelaria do Reich. Berlim tomada pelos russos. As imagens do colapso se empilham. É profundamente chocante, mas nada se pode fazer." Ele e seus poucos homens restantes marchavam agora de volta ao Elba e aos americanos o mais rápido que podiam. Quando passaram por Genthin, ele viu o canal cheio de garrafas vazias de *schnaps*. Os soldados que iam à frente, obviamente, tinham pilhado alguma loja ou depósito. "Sinais de desintegração!", anotou Rettich em seu diário.

O estado-maior do general Wenck deu ordens às divisões do 12º Exército para uma retirada em combate até o rio, onde teriam de defender um perímetro contra o ataque soviético. Wenck também ordenou que um de seus comandantes de corpo, o general barão von Edelsheim, negociasse com o Nono Exército dos Estados Unidos. Em 3 de maio, Edelsheim e seu estado-maior cruzaram o Elba, perto de Tangermünde, em um veículo anfíbio, e fizeram contato com o comandante americano local. As negociações de rendição aconteceram no dia seguinte, na prefeitura de Stendal. O comandante americano, general William Simpson, estava numa posição difícil. Tinha de levar em conta não só as questões humanitárias como também as obrigações dos Estados Unidos para com seu aliado soviético, assim como o problema prático de alimentar e cuidar de um fluxo tão grande de gente. Decidiu receber soldados feridos e desarmados, mas recusou o pedido de Edelsheim de ajudar a construir e consertar pontes para auxiliar a evacuação. Também recusou-se a aceitar refugiados civis. De qualquer modo, supunha-se que voltariam para casa com o fim da guerra.

Na manhã seguinte, 5 de maio, a travessia do Elba começou de verdade em três pontos: a ponte ferroviária muitíssimo danificada entre Stendal e Schönhausen; o que sobrara da ponte rodoviária perto de Tangermünde e o serviço de balsas de Ferchland, 12 quilômetros mais ao sul. Os sobreviventes do Nono Exército tiveram prioridade. Todos os que permaneciam na margem leste imaginavam quanto tempo ainda tinham. O perímetro defensivo do 12º Exército já estava sendo reduzido sob o ataque soviético. Tinha uma frente para o rio de menos de 25 quilômetros de largura e cerca de 18 quilômetros de profundidade em seu centro. O fogo da artilharia soviética começava a causar pesadas baixas aos refugiados civis, assim como aos soldados.

Os sentimentos dos soldados do 12º Exército nessa ocasião eram muito confusos. Orgulhavam-se de sua missão de resgate, odiavam o Exército Vermelho, estavam furiosos com os americanos por não terem avançado mais e detestavam o regime nazista, que traíra seu próprio povo. Tudo parecia resumir-se, para eles, na estrada de refugiados até Tangermünde. Ao lado dela, um cartaz do Partido Nazista ainda proclamava: "Graças ao nosso Führer!"

Os destacamentos do Exército dos Estados Unidos controlavam e filtravam o fluxo de soldados pelas pontes, procurando SS, estrangeiros e civis. Alguns deles aliviaram os soldados alemães de relógios de pulso e medalhas, assim como de suas armas. Muitos soldados alemães deram seus capacetes de aço e sobretudos a mulheres, na tentativa de contrabandeá-las, mas a maioria foi descoberta e tirada da fila. Outros grupos amea çados também tentaram esgueirar-se na travessia. "*Hiwis*"* de origem soviética, ainda com suas fardas da Wehrmacht, tentaram infiltrar-se nas filas. Sabiam que enfrentariam uma punição terrível caso capturados por soldados soviéticos. Havia 9.139 *Hiwis* no efetivo das rações do Nono Exército no início de abril, no Oder, mas não mais que 5 mil conseguiram sobreviver para chegar ao Elba.

Os soldados das Waffen SS souberam que os americanos os entregariam ao Exército Vermelho, por isso destruíram seus documentos e arrancaram as insígnias. Alguns dos Waffen SS estrangeiros fingiram ser trabalhadores forçados. Joost van Ketel, dentista da Divisão SS *Nederland*, conseguira escapar à prisão quando detido por soldados do Exército Vermelho na floresta perto de Halbe.

– *Nix SS* – disse. – *Russki Kamerade-Hollandia.***

---

*Assistente voluntário. (*N. do E.*)

**SS não. Camarada russo-holandês. (*N. da T.*)

Mostrara um passe listrado de vermelho, branco e azul, que foi aceito. Ketel tentou o mesmo truque com os americanos mais ao sul, perto de Dessau, mas seu companheiro alemão foi pego imediatamente.

O general Wenck estabelecera seu quartel-general no parque de Schönhausen, corte do príncipe Bismarck. A ironia de que acabasse ali, dentre todos os lugares, era clara, já que a crença firme de Bismarck fora que a Alemanha deveria evitar a qualquer custo a guerra com a Rússia. Em 6 de maio, a cabeça de ponte circundante fora comprimida para 8 quilômetros de largura e 2 de profundidade e os batalhões que defendiam o perímetro estavam praticamente sem munição. O bombardeio soviético dos tanques, da artilharia e dos lançadores de foguetes Katiúcha matava milhares dos que ainda formavam fila para cruzar as pontes de pista única. Era uma questão de "*Kriegsglück*" – "a sorte da guerra", se alguém morreria nos últimos momentos. Mas a matança crescente em 6 de maio também fez os soldados americanos filtrarem os refugiados em perigo. O Nono Exército dos Estados Unidos, preocupado em não perder homens para o fogo soviético, retirou-os pelo rio e afastou-os um pouco do Elba. Isto foi a oportunidade que os refugiados precisavam. Eles atravessaram correndo.

– Muita gente que não conseguiu cruzar o Elba se matou – disse o chefe do estado-maior de Wenck, coronel Reichhelm. Outros tentaram cruzar o rio largo e rápido usando barcos a remo e jangadas feitas de tábuas ou de latas de combustível amarradas. O coronel von Humboldt, oficial de operações, recorda que foram usados canoas, esquifes e todo tipo imaginável de embarcação.

– O verdadeiro problema – ressaltou – era que alguém tinha de levar o barco de volta, e entre os que escapavam havia poucos voluntários.

Os destacamentos americanos do outro lado ainda tentavam mandá-los de volta, mas eles retornavam. O general von

Edelsheim afirmou que os soldados americanos receberam ordens de atirar nos barcos com refugiados civis, mas isto é incerto. Nadadores mais fortes levaram a ponta de um cabo de comunicação preso nos dentes e o amarraram a uma árvore ou raiz na outra margem. Nadadores mais fracos, mulheres e crianças agarravam-se em seu caminho pelo rio nessas linhas improvisadas, mas elas arrebentavam com frequência. Dezenas de soldados e civis se afogaram na tentativa de cruzar o rio, talvez até várias centenas deles.

Na manhã de 7 de maio, o perímetro começou a desfazer-se. As últimas peças de artilharia do 12º Exército dispararam suas derradeiras granadas e depois os canhões foram explodidos, "de longe o momento mais duro para qualquer artilheiro", escreveu Rettich. Ele ficou chocado com a desintegração de algumas unidades e orgulhou-se muito do comportamento soldadesco de seus cadetes da Divisão *Scharnhorst* – "provavelmente a última formação da Wehrmacht ainda em combate no norte da Alemanha". Antes de cruzar o rio, destruíram seus últimos suprimentos e veículos. Ele cuidou de seu "fiel jipe Tatra" despejando uma lata de gasolina nele e depois lançando-lhe uma granada de mão. Centenas de cavalos abandonados corriam nervosos em volta. Os homens tentavam levá-los até a água na vã esperança de forçá-los a nadar pelo rio. Era uma "visão de dar pena".

Rettich reuniu os homens que lhe restavam perto da ponte Schönhausen para um discurso de despedida sobre a dura estrada que tinham percorrido juntos. Num amargo desafio à derrota, proferiram "um trovejante '*Sieg Heil*'* à Alemanha" antes de partirem "e separarem-se para sempre". Quando cruzaram a retorcida ponte de ferro, jogaram suas armas, binóculos e mais equipamentos remanescentes nas águas escuras do Elba.

---

*Salve a vitória! (*N. da T.*)

Naquela tarde, o general Wenck cruzou o rio perto de seu quartel-general em Schönhausen. Ele e seu estado-maior só partiram no último momento. Os soldados soviéticos abriram fogo sobre seu barco, ferindo dois praças, um mortalmente.

Em Berlim, enquanto isso, a busca do cadáver de Hitler prosseguia sem sucesso. Os corpos dos seis filhos de Goebbels só foram descobertos em 3 de maio. Foram encontrados sob cobertores em seus três beliches. Um rubor escuro permanecia-lhes no rosto, devido ao cianeto, fazendo parecer que ainda estavam vivos e adormecidos. O vice-almirante Voss, oficial de ligação da Kriegsmarine junto a Hitler, foi levado pela SMERSH para identificá-los. Parece que Voss ficou absolutamente arrasado quando os viu.

Um estranho evento ocorreu naquele dia quando os generais da Primeira Frente Bielorrussa visitaram a Chancelaria do Reich. O corpo de um homem com um pequeno bigode escovinha e franja em diagonal foi encontrado. O cadáver foi posteriormente eliminado da investigação porque suas meias estavam cerzidas. O Führer, todos concordaram, não usaria meias cerzidas. Stalin ficou muito mais preocupado ao saber que tinham deixado alguns soldados rasos verem o cadáver de Goebbels. Os oficiais responsáveis foram punidos.

A intérprete Rjevskaia, ao escrever sobre o véu de segredo lançado sobre a identificação do corpo de Hitler, enfatizou que "o sistema de Stalin necessitava da presença de inimigos tanto externos quanto internos, e ele temia a liberação da tensão". O sósia, presumivelmente, seria usado como prova de algum tipo de trama antissoviética. Mesmo quando o verdadeiro corpo de Hitler foi encontrado, no dia seguinte, vieram ordens imediatas do Kremlin de que ninguém deveria falar do assunto a ninguém. A estratégia de Stalin, de forma bastante evidente, era associar o Ocidente ao nazismo, fingindo que os britânicos ou os americanos deviam estar escondendo o Führer. Já circulavam boatos, em nível elevado, de que ele fugira por túneis ou de avião com Hanna Reitsch no último instante e estava se escondendo na Baviera, ocupada pelos americanos. Quase com certeza, esta era a negra extensão propagandística da suspeita de Stalin de que os aliados ocidentais fariam um pacto com os nazistas às suas costas.

Em 5 de maio, os cadáveres de Hitler e Eva Braun foram finalmente encontrados, depois de mais interrogatórios. Era um dia ventoso, de céu nublado. Foi realizada uma nova busca, mais cuidadosa, no jardim da Chancelaria do Reich. Um soldado percebeu a ponta de um cobertor cinzento no chão, no fundo de uma cratera de granada. Dois corpos carbonizados foram exumados. Os corpos de um pastor alemão e de um filhote foram encontrados na mesma cova. O general Vadis foi imediatamente informado.

Antes da manhã seguinte o capitão Deriabin e um motorista envolveram em lençóis os cadáveres de Hitler e Eva Braun e contrabandearam-nos pelo cordão de isolamento de Berzarin. Levaram-nos para a base da SMERSH em Buch, na extremidade Nordeste de Berlim. Lá, em uma pequena clínica de tijolos, o Dr. Faust, o coronel Kraievski e outros patologistas convocados para examinar o cadáver de Goebbels começaram a trabalhar nos restos mortais mais importantes do Terceiro Reich. Segundo Rjevskaia, os legistas ficaram nervosos quando receberam ordem de manter segredo absoluto e permanente sobre seu trabalho com o cadáver de Hitler. Há dúvidas se Teleguin soube ou não da descoberta do corpo. Foi, de qualquer forma, preso por Beria com outra acusação mais tarde. Mas nem Berzarin nem Jukov foram informados de que o corpo de Hitler fora encontrado. Na verdade, Jukov sentiu-se profundamente traído quando finalmente descobriu, duas décadas depois.

Vadis, para ter certeza absoluta de que tinham o cadáver certo antes de informar a Beria e Stalin, ordenou novas verificações. Seus homens encontraram a assistente do dentista de Hitler. Ela examinou os maxilares do crânio do Führer e confirmou que eram realmente dele. Reconheceu o trabalho de prótese. Os maxilares tinham sido especialmente separados com este propósito e ficavam guardados em uma caixa forrada de cetim vermelho – "do tipo usado para joias baratas", observou Rjevskaia, em 7 de maio. Vadis sentiu-se suficientemente confiante nos fatos para redigir seu relatório.

A MORTE DE HITLER, embora não trouxesse o fim imediato da guerra na Europa, com certeza precipitou seus eventos terminais. As forças alemãs no norte da Itália e no sul da Áustria, quase 1 milhão de homens, renderam-se em 2 de maio. Churchill queria correr até o Fiume e garantir Trieste antes que os guerrilheiros iugoslavos de Tito a tomassem. A corrida pelo litoral do Báltico em Schleswig-Holstein foi vencida pelo avanço do Segundo Exército britânico ao norte do Elba até Lübeck e Trävemunde. As tropas aliadas prepararam-se para deslocar-se rapidamente e libertar a Dinamarca. A Segunda Frente Bielorrussa de Rokossovski, agora privada do prêmio da Dinamarca, ocupara quase todo o Mecklenburg até então. Seus exércitos, no entanto, tinham feito comparativamente poucos prisioneiros. Para fúria soviética, os remanescentes do Terceiro Exército Panzer de Manteuffel e o 21° Exército do general von Tippelskirch tinham se deslocado para oeste, para se renderem aos britânicos. As rendições em massa aos aliados ocidentais privaram a União Soviética de mão de obra escrava em compensação pelos danos de guerra durante a invasão da Wehrmacht. Logo depois da rendição final, Eisenhower, ainda pouco disposto a irritar o Kremlin, informou ao *Stavka* que todos os soldados alemães, inclusive os de Schörner, seriam entregues ao Exército Vermelho. Isto foi "aceito com grande satisfação" por Antonov.

Na tarde de 4 de maio, o almirante von Friedeburg e o general Kinzel, ex-chefe do estado-maior de Heinrici, chegaram ao quartel-general do marechal de campo Montgomery em Luneburg Heath para assinar um termo de rendição de todas as forças alemãs no noroeste da Alemanha, na Dinamarca e na Holanda. Quando o general Bradley encontrou o marechal Konev em 5 de maio, entregou-lhe um mapa que marcava a posição de cada divisão do Exército dos Estados Unidos. Bradley nada recebeu em troca, exceto o aviso de que os americanos não deviam se meter na Tchecoslováquia. As mensagens soviéticas eram desavergonhadamente hostis, para não dizer brutais. Em São Francisco, Molotov disse ao abalado Edward Stettinius, secretário de Estado, que os 16 negociadores poloneses enviados para discutir questões com o governo provisório controlado pelos soviéticos tinham sido acusados do assassinato de duzentos membros do Exército Vermelho.

A Primeira Frente Ucraniana de Konev recebera ordens de infletir para o sul e tomar Praga. Ali, a resistência tcheca, ajudada pelos soldados do general Vlasov em uma virada condenada ao fracasso, levantou-se em revolta contra as tropas do marechal de campo Schörner. Churchill pedira aos americanos, em 30 de abril, que mandassem o Terceiro Exército do general Patton para garantir a cidade antes que o Exército Vermelho ali chegasse, mas o general Marshall recusara. Viena, Berlim e Praga estavam todas caindo em mãos soviéticas, e toda a Europa Central com elas. As autoridades da ocupação soviética da Áustria tinham criado um governo provisório sem consultar os aliados. Breslau, capital da Silésia, rendeu-se em 6 de maio, depois de um sítio pavoroso que durou quase três meses.

O próprio Vlasov rejeitara inicialmente a ideia de trair os alemães na décima primeira hora, mas não tinha escapatória, fizesse o que fizesse. “Em 12 de maio de 1945, perto da cidade de Pilsen, na Tchecoslováquia”, relatou o chefe do departamento político da Primeira Frente Ucraniana, "tanquistas do 25º Corpo Blindado capturaram o traidor da pátria general Vlasov. As circunstâncias foram as seguintes: um dos tenentes-coronéis do 25º Corpo Blindado foi abordado por um homem do exército de Vlasov, com o posto de capitão, que afirmou, apontando para um carro que vinha sozinho pela estrada no sentido oeste, que o general Vlasov estava no carro. Uma perseguição foi organizada imediatamente e os tanquistas do 25º Corpo Blindado pegaram o traidor." Disseram que Vlasov, que aparentemente tentara esconder-se sob alguns cobertores, foi encontrado levando um "passaporte americano em seu nome" (item que pode ter sido acrescentado à lista por razões de propaganda antiocidental), "seu cartão do partido, que preservara, e uma cópia de suas ordens às tropas de parar de lutar, depor as armas e render-se ao Exército Vermelho". O próprio Vlasov foi mandado de avião do quartel-general de Konev para Moscou. Lá, fizeram-se mais tarde bravatas sobre sua morte sob tortura terrível e prolongada. Em 13 e 14 de maio, 20 mil de seus homens foram recolhidos na região de Pilsen e enviados para campos especialmente preparados para serem interrogados pela SMERSH.

No Sul, enquanto isso, os americanos tinham avançado para leste e sudeste a partir de Munique, assim como para o sul até o Tirol, mas pararam por ordem de Eisenhower. Os franceses tinham capturado Bregenz, no lago Constance. O general von Saucken, com o que restava do Segundo Exército, ainda se mantinha no delta do Vístula, no limite da Prússia Oriental. Na Curlândia, as divisões que Guderian desejara trazer de volta para defender Berlim continuavam a resistir, apesar do pesado bombardeio dos exércitos soviéticos que as cercavam. E a Kriegsmarine, embora sem combustível, continuava sua evacuação por mar da península de Hela, assim como da Curlândia e do estuário do Vístula. Mas a atividade mais intensa prosseguia em torno de Praga, com o Grupo de

Exércitos Centro do marechal de campo Schörner resistindo ao ataque de três frentes soviéticas.

Nas primeiras horas de 7 de maio, o general Jodl, em nome de Dönitz e do OKW, assinou um termo de rendição no quartel-general de Eisenhower em Rheims. O general Susloparov, principal oficial de ligação soviético no SHAEF, assinou "em nome do alto comando soviético". Stalin ficou furioso quando soube. A rendição tinha de ser assinada em Berlim e tinha de ser aceita pelo Exército Vermelho, que suportara o peso principal do combate. Para tornar as coisas ainda mais provocantes para ele, os aliados ocidentais queriam anunciar a vitória na Europa no dia seguinte, porque não seriam capazes de impedir que os jornais publicassem os detalhes. Stalin, de forma nada surpreendente, considerou isso prematuro. Apesar da assinatura de Jodl em Rheims, o grupo de exércitos de Schörner na Tchecoslováquia continuava a resistir ferozmente e nem o general von Saucken nem a imensa força ainda encurralada na Curlândia tinham se rendido. Mas as multidões que já se reuniam para comemorar em Londres estimularam Churchill a insistir em um anúncio na terça-feira, 8 de maio. Stalin, embora fazendo pequena concessão, queria, agora, que isso fosse feito logo após a meia-noite, no início de 9 de maio, depois da rendição total em Berlim.

As autoridades soviéticas, contudo, não puderam impedir que seus próprios soldados se adiantassem com suas comemorações. Koni Wolf, do Sétimo Departamento do 47° Exército, trabalhou no rádio sem fio durante quase o dia todo em 8 de maio. Captou o anúncio em Londres e gritou-o aos seus camaradas. A notícia se espalhou depressa em Berlim. As jovens militares não perderam tempo para lavar suas roupas enquanto os soldados do Exército Vermelho partiram numa busca frenética de álcool. Os oficiais da SMERSH gritaram a Rjevskaia que se aprontasse para uma festa. Como lhe tinham dito que "responderia com a cabeça" caso os maxilares de Hitler se perdessem, ela passou uma noite estranha, servindo bebidas aos outros com uma das mãos enquanto segurava a vistosa caixa vermelha com a outra. Foi uma decisão sábia confiar a prova a uma mulher naquela noite.

Para os que tinham lutado até o último momento, a notícia foi recebida com alegria ainda maior. Os que atacavam o perímetro do 12º Exército em torno de Schönhausen no Elba tinham sofrido pesadas baixas. O batalhão de Iuri Gribov perdeu quase metade de seu efetivo em 5 de maio, quando atacava os remanescentes da Divisão *Scharnhorst*. O comandante de seu regimento, um Herói da União Soviética, foi morto dois dias depois, nas últimas escaramuças. Mas na noite de 8 de maio, os disparos pararam. "Comemoramos a vitória na floresta. Todos nos alinhamos em uma grande clareira e não deixamos o comandante da divisão terminar seu discurso exaltado, com rajadas de fogo para o céu. Nossos corações estavam felizes e lágrimas corriam por nossas faces." O alívio estava sempre misturado à tristeza também. "O primeiro brinde, à vitória", diziam os homens do Exército Vermelho. "O segundo, aos amigos mortos."

O ESCRITOR KONSTANTIN Simonov observou o drama final de Berlim. No fim da manhã de 8 de maio, deitou-se em um trecho gramado do aeródromo de Tempelhof, que agora estava limpo de aeronaves alemãs destruídas. Uma guarda de honra soviética de trezentos homens marchava em ordem-unida, apresentando armas repetidamente a um "coronel miúdo e gordo". Então o representante de Jukov, general Sokolovski, chegou. Logo, a primeira aeronave apareceu. Andrei Vishinski, promotor dos julgamentos dos expurgos em Moscou e agora vice-ministro do Exterior, chegou com um séquito de diplomatas soviéticos. Seria o supervisor político de Jukov.

Uma hora e meia depois, outro Dakota aterrissou, com o marechal do ar Tedder, enviado e representante de Eisenhower, e o general Carl Spaatz, comandante da Força Aérea dos Estados Unidos na Europa. Tedder, observou Simonov, era magro, jovem e dinâmico, "sorrindo com frequência e de um jeito meio forçado". Sokolovski correu para saudá-lo e guiou seu grupo rumo à guarda de honra.

Uma terceira aeronave aterrissou. Keitel, o almirante Friedeburg e o general Stumpff, representando a Luftwaffe, surgiram. O general Serov correu e escoltou os alemães pelo outro lado da guarda de honra, caso pensassem que estava ali para recebê-los também. Keitel insistiu em liderar o caminho. De uniforme completo, segurando seu bastão de marechal na mão direita, andava com passos largos, olhando deliberadamente para a frente.

Elegantes controladoras de tráfego, jovens soldadas com boinas usadas atrás da cabeça e submetralhadoras penduradas às costas, tinham detido todos os veículos para permitir aos carros do estado-maior passagem livre até o novo quartel-general de Jukov em Karlshorst. O comboio de carros do estado-maior levantou grandes nuvens de poeira enquanto alemães observavam em ruas laterais e cruzamentos. Simonov imaginou seus pensamentos quando viram seus generais a caminho para assinar a rendição final.

Logo antes da meia-noite, os representantes dos aliados entraram no salão "de um prédio de dois andares da antiga cantina do colégio alemão de engenharia militar em Karlshorst". O general Bogdanov, comandante do Segundo Exército Blindado de Guardas, e outro general soviético sentaram-se por engano em cadeiras reservadas à delegação alemã. Um oficial do estado-maior cochichou em seu ouvido e eles "pularam, literalmente, como se atingidos por uma cobra", e foram sentar-se em outra mesa. Jornalistas e cinegrafistas ocidentais pareciam "comportar-se como loucos". Em seu desespero atrás de bons lugares, empurravam generais e tentavam se enfiar atrás da mesa principal sob as bandeiras dos quatro aliados.

Finalmente, o marechal Jukov sentou-se. Tedder foi colocado à sua direita e o general Spaatz e o general de Lattre de Tassigny à sua esquerda.

A delegação alemã foi levada. Friedeburg e Stumpff pareciam resignados. Keitel tentou parecer dominador, olhando quase com desprezo, de vez em quando, para Jukov. Simonov adivinhou que a raiva fervia dentro dele. O mesmo acontecia com Jukov, e Simonov notou que seu rosto tinha manchas vermelhas. Os documentos de rendição foram trazidos para a mesa principal. Primeiro, Jukov assinou, depois, Tedder, depois, Spaatz, depois, o general de Lattre. Keitel ficou sentado muito ereto em sua cadeira, com os punhos cerrados. Jogou a cabeça cada vez mais para trás. Logo atrás dele, um oficial do Estado-Maior alemão, alto e em posição de atenção, "chorava sem que um único músculo de seu rosto se movesse".

Jukov levantou-se.

– Convidamos a delegação alemã a assinar o termo de capitulação – disse em russo.

O intérprete traduziu, mas Keitel, com um gesto impaciente, assinalou que tinha entendido e que deviam levar-lhe os papéis. Jukov, no entanto, indicou a ponta de sua mesa.

– Diga-lhes que venham aqui assinar – ordenou ao intérprete.

Keitel levantou-se e caminhou. Com ostentação, tirou a luva antes de pegar a caneta. Claramente, não tinha ideia de que o oficial superior soviético que olhava sobre seu ombro enquanto assinava era o representante de Beria, general Serov. Keitel calçou a luva e voltou ao seu lugar. Stumpff assinou em seguida, depois, Friedeburg.

– A delegação alemã deve deixar o salão – anunciou Jukov.

Os três homens se levantaram. Keitel, "as bochechas pendendo pesadas como as de um buldogue", levantou seu bastão de marechal como saudação e girou nos calcanhares.

Quando a porta se fechou atrás deles, foi quase como se todo mundo na sala expirasse em uníssono. A tensão cessou instantaneamente. Jukov sorria, assim como Tedder. Todos começaram a falar animadamente e apertar as mãos. Oficiais soviéticos abraçaram-se como ursos. A festa que se seguiu foi quase até o amanhecer, com música e dança. O próprio marechal Jukov dançou a *Russkaia* sob aclamação de seus generais. Lá dentro, podiam ouvir claramente o fogo dos canhões por toda a cidade enquanto oficiais e soldados explodiam o resto da munição no céu noturno, em comemoração. A guerra acabara.

27
Vae Victis!*

Stalin via a captura de Berlim como recompensa justa da União Soviética, mas a colheita foi desapontadora e o desperdício, terrível. Um alvo importantíssimo era o Reichsbank, em Berlim. Serov prestou contas de 2.389 quilos de ouro, 12 toneladas de moedas de prata e milhões de notas bancárias de países que tinham sido ocupados pelo Eixo. Mas a maior parte das reservas de ouro nazistas tinha sido levada para oeste. Serov, contudo, foi mais tarde acusado de também ter guardado determinada fatia dos proventos para as "despesas operacionais" do NKVD.

O principal objetivo era privar a Alemanha de todos os seus laboratórios, oficinas e fábricas. Até o NKVD em Moscou forneceu uma "lista de compras" dos itens desejados dos laboratórios técnicos da polícia. O programa atômico soviético,

*Ai dos vencidos! (*N. da T.*)

Operação Borodino, tinha a mais elevada prioridade, mas também se envidaram esforços consideráveis para rastrear os cientistas do foguete V-2, os engenheiros da Siemens e todos os outros técnicos especializados que pudessem ajudar a indústria armamentista soviética a alcançar os Estados Unidos. Só alguns, como o professor Jung e sua equipe, que se recusaram a ajudar no caso do gás dos nervos, conseguiram resistir à pressão soviética. A maioria dos outros gozou de condições comparativamente privilegiadas e do direito de levar consigo a família para a União Soviética.

O equipamento científico alemão, contudo, mostrou-se bem menos maleável que seus projetistas humanos. A grande maioria dos itens levados para Moscou não tinha utilidade, por exigir um ambiente adequado à engenharia de precisão e às matérias-primas mais puras. "O socialismo não pode beneficiar-se", observou um dos cientistas soviéticos envolvidos no saque de Berlim, "nem quando toma toda a infraestrutura tecnológica de outro país."

A maior parte do programa de saque aos laboratórios e fábricas foi marcada pelo caos e pelo desastre. Os soldados do Exército Vermelho que encontraram metanol beberam-no e compartilharam-no com seus camaradas. O conteúdo das oficinas foi esvaziado por grupos de trabalho de mulheres alemãs e depois deixado ao ar livre, onde enferrujou. Mesmo quando finalmente levado para a União Soviética, apenas uma pequena parte pôde ser utilizada com proveito. A teoria de expropriação industrial de Stalin mostrou-se mais que inútil. E isso aconteceu em acréscimo à atitude nada esclarecida do Exército Vermelho em relação à propriedade alemã em geral. Os prisioneiros de guerra franceses ficaram espantados com "a destruição sistemática de máquinas em bom estado que poderiam ser reutilizadas". Foi uma imensa dissipação de recursos que condenou a Alemanha ocupada pelos soviéticos a um atraso do qual nunca se recuperou.

A pilhagem pessoal continuou a ser tão dissipada quanto fora na Prússia Oriental, embora agora ficasse mais exótica. Os generais soviéticos comportavam-se como paxás. Vasili Grossman descreveu um dos comandantes de corpo de Tchuikov durante os últimos dias da batalha. Esse general adquirira "dois *dachshunds*, um papagaio, um pavão e uma galinha-d'angola, que viajavam com ele", rabiscou em seu caderno. "É tudo muito animado em seu quartel-general."

A maior parte da pilhagem de um general consistia de presentes de comandantes subordinados, que rapidamente agarravam os melhores itens para seus superiores quando um castelo alemão ou uma boa casa era tomada. Jukov recebeu um par de espingardas Holland & Holland. Mais tarde seriam parte da tentativa de Abakumov de desacreditá-lo, quase com certeza por instrução de Stalin. Essas duas armas transformaram-se, com aquela compulsão stalinista de transformar tudo em denúncia, em "vinte espingardas excepcionais fabricadas por Golland & Golland [*sic*]".

Na outra ponta da cadeia de comando os soldados do Exército Vermelho acumulavam uma variedade interessante de itens saqueados. As jovens soldadas estavam interessadas em montar um enxoval à custa "de algumas Gretchens", esperando ainda conseguir um marido em um mundo com escassez de homens. Os soldados casados juntavam pano para enviar às esposas, mas também pilhavam "calcinhas de Gretchen". Este tipo de presente confirmava os piores ciúmes em casa. Muitas esposas soviéticas estavam convencidas de que as alemãs de Berlim estavam seduzindo seus maridos.

A maioria dos soldados, no entanto, concentrava-se em itens para a reconstrução da casa, apesar do fato de serem pesados demais para sua franquia de 5 quilos. Um oficial contou a Simonov que seus homens removeram vidraças, prenderam um pedaço de madeira de cada lado e amarraram tudo com arame para mandar para casa. Ele descreveu a cena no departamento de correio do Exército Vermelho.

– Vamos, aceite! – disse o soldado. – Vamos lá, os alemães destruíram minha casa. Vamos lá, pegue o embrulho. Se não pegar, isso aqui não é o departamento do correio.

Muitos mandavam sacos de pregos. Alguém levou um serrote, enrolado em um círculo.

– Você podia pelo menos tê-lo embrulhado em alguma coisa – disse-lhe um soldado do departamento do correio.

– Vamos lá, pegue isso! Não tenho tempo. Estou vindo da linha de frente!

– E onde está o endereço?

– No serrote. Aqui, está vendo? – O endereço estava escrito com lápis indelével na lâmina.

Outros soldados subornavam mulheres alemãs com pão para que costurassem seu butim em um lençol, formando um pacote. Era questão de orgulho distribuir presentes de classe a familiares e amigos em casa, tais como chapéus ou relógios de pulso. A obsessão pelos relógios valorizava-os acima de itens muito mais valiosos. Com frequência, os soldados usavam vários deles, pelo menos um na hora de Moscou e outro na hora de Berlim. Era por esta razão que continuavam a cutucar civis no estômago com suas submetralhadoras, exigindo "*Uri, uri!*", bem depois da rendição. E os alemães tentavam explicar, na versão soviética de patoá alemão, que seus relógios já tinham sido levados: "*Uhr schon Kamerad*" – "Relógio já entregue, camarada."

Garotos russos, de até 12 anos, apareciam em Berlim para pilhar. Dois deles, quando presos, admitiram ter saído de Vologda, bem ao norte de Moscou. É menos surpreendente que os trabalhadores estrangeiros, numa atmosfera de carnaval, fossem responsáveis por "quantidade considerável de pilhagens" em todas as áreas libertadas, afirmou um relatório do Exército dos Estados Unidos. "Os homens dirigem-se para as adegas, as mulheres, para as lojas de roupa, e ambos pegam toda a comida que conseguem carregar." Mas "boa parte da pilhagem atribuída aos estrangeiros está, na verdade, sendo feita pelos próprios alemães".

O ódio e o medo que os alemães sentiam dos trabalhadores forçados eram viscerais. Ficaram horrorizados quando os aliados ocidentais insistiram que eles deviam ser alimentados primeiro. "Dizem até que o bispo de Munster", escreveu Murphy ao secretário de Estado em 1º de maio, "referiu-se a todas as pessoas deslocadas como russas e exigiu que os aliados deviam garantir à Alemanha proteção contra esses 'povos inferiores'." Ao contrário das expectativas alemãs, no entanto, os trabalhadores forçados foram responsáveis, surpreendentemente, por pouquíssima violência, quando se considera o que sofreram depois da deportação para a Alemanha.

Em Berlim, os sentimentos da população civil eram muito confusos. Embora amargurados pela pilhagem e pelos estupros, estavam também espantados e gratos com o grande esforço do Exército Vermelho para alimentá-los. A propaganda nazista os tinha convencido de que seriam sistematicamente submetidos à fome. O general Berzarin, que saía e conversava com os alemães que faziam fila nas cozinhas de campanha do Exército Vermelho, logo tornou-se um herói tão grande para os berlinenses como para seus próprios homens. Sua morte em um acidente com um motociclista bêbado pouco depois provocou tristeza generalizada e boatos entre os alemães de que tinha sido assassinado pelo NKVD.

Os alemães foram surpreendidos por uma forma de ajuda alimentar menos altruísta. Os soldados soviéticos apareciam com cortes de carne e pediam às donas de casa que os cozinhassem para eles, em troca de uma parte. Como todos os soldados, queriam "pôr os pés sob uma mesa", numa cozinha de verdade, numa casa de verdade. Sempre traziam consigo também bebidas alcoólicas. Todos beberiam solenemente à paz depois de comer e, então, os soldados insistiriam num brinde "às damas".

O PIOR ERRO das autoridades militares alemãs tinha sido sua recusa em destruir os estoques de bebidas alcoólicas no itinerário do avanço do Exército Vermelho. Esta decisão baseava-se na ideia de que um inimigo bêbado não poderia lutar. De modo trágico para a população feminina, contudo, era exatamente do que os soldados do Exército Vermelho pareciam precisar para tomar coragem para os estupros, assim como para comemorar o fim de uma guerra tão terrível.

A rodada de comemorações da vitória não significou o fim do medo em Berlim. Muitas mulheres alemãs foram estupradas como parte das extensas comemorações. Um jovem cientista soviético soube por uma moça alemã de 18 anos, por quem se apaixonara, que na noite de 1º de maio um oficial do Exército Vermelho forçara o cano da pistola em sua boca e mantivera-o ali durante todo o ataque sexual, para garantir sua colaboração.

As mulheres logo aprenderam a desaparecer durante as noturnas "horas da caça". As filhas menores eram escondidas em sótãos durante dias seguidos. As mães só apareciam nas ruas para buscar água no início da manhã, quando os soldados soviéticos dormiam sob o efeito do álcool da noite anterior. Às vezes, o maior perigo era uma mãe que delatava o esconderijo de outras moças numa tentativa desesperada de salvar suas próprias filhas.

Os berlinenses recordam que, como todas as janelas tinham sido explodidas, era possível ouvir os gritos toda noite. As estimativas dos dois principais hospitais de Berlim variavam entre 95 mil e 130 mil vítimas de estupro. Um médico deduziu que, das cerca de 100 mil mulheres estupradas em Berlim, umas 10 mil morreram em decorrência, a maioria de suicídio. A taxa de mortalidade foi considerada muito mais alta entre o 1,4 milhão de mulheres que sofreram na Prússia Oriental, na Pomerânia e na Silésia. No total, acredita-se que pelo menos 2 milhões de alemãs foram estupradas e uma minoria substancial, ou até uma maioria, parece ter sofrido estupros múltiplos. Uma amiga de Ursula von Kardorff e da espiã soviética Schulze-Boysen foi estuprada por "23 soldados, um depois do outro". Teve de levar pontos no hospital depois disso.

As reações das mulheres alemãs à experiência do estupro variaram muito. Para muitas vítimas, em especial mocinhas bem-guardadas que tinham pouca ideia do que estava lhes acontecendo, os efeitos psicológicos podiam ser devastadores. O relacionamento com homens tornava-se extremamente difícil, muitas vezes pelo resto da vida. Em geral, as mães estavam muito mais preocupadas com os filhos, e esta prioridade as fazia superar o que tinham sofrido. Outras mulheres, tanto jovens quanto adultas, simplesmente tentavam apagar a experiência.

– Preciso reprimir muita coisa para conseguir pelo menos viver – admitiu uma mulher, ao recusar-se a falar sobre o assunto. As que não resistiram e conseguiram separar-se do que estava acontecendo parecem ter sofrido muito menos. Algumas descreveram a situação em termos de uma experiência "fora do corpo". "Esse sentimento", escreveu uma delas, "impediu que a experiência dominasse o restante de minha vida."

O robusto cinismo típico de Berlim também pareceu ajudar. "No geral", escreveu a diarista anônima em 4 de maio, "estamos lentamente começando a considerar todo esse negócio de estupro com um certo senso de humor, embora do tipo mais negro." Observaram que os Ivans preferiam, em primeiro lugar, as mulheres mais gordas, o que permitia uma certa *schadenfreude.** As que não tinham perdido peso costumavam ser

---

*Sentimento de alegria perante prejuízo alheio. (*N. do E.*)

as esposas de funcionários do Partido Nazista e outras que se aproveitaram de posições privilegiadas.

– O estupro se tornara uma experiência coletiva – observou a diarista – e, portanto, devia ser coletivamente superado em conversas entre elas. Mas os homens, quando voltaram, tentaram proibir qualquer menção ao assunto, mesmo longe de sua presença. As mulheres descobriram que, embora tivessem conseguido conviver com o que lhes acontecera, os homens de suas vidas muitas vezes tornavam as coisas muito piores. Os que estiveram presentes na época ficaram envergonhados com sua incapacidade de protegê-las. Hanna Gerlitz entregou-se a dois oficiais soviéticos bêbados para salvar a si e ao marido. "Depois", escreveu ela, "tive de consolar meu marido e ajudar a restaurar sua coragem. Ele chorava como um bebê."

Os homens que voltaram para casa, depois de escaparem à captura ou serem libertados cedo dos campos de prisioneiros, parecem ter se congelado emocionalmente ao saber que a esposa ou a noiva tinha sido estuprada em sua ausência. (Muitos prisioneiros que tinham ficado em campos soviéticos por períodos mais longos também sofriam de "dessexualização" como resultado da fome.) Acharam a ideia da violação de suas mulheres dificílima de aceitar. Ursula von Kardorff soube de um jovem aristocrata que rompeu imediatamente o noivado ao saber que a noiva fora estuprada por cinco soldados russos. A diarista anônima descreveu a seu ex-amante, que aparecera inesperadamente, as experiências às quais as moradoras do prédio tinham sobrevivido.

– Vocês se transformaram em vagabundas sem-vergonha – explodiu ele. – Todas vocês. Não suporto ouvir estas histórias. Vocês perderam todos os padrões, todas vocês!

Ela, então, deu-lhe o diário para ler, e quando ele descobriu que ela escrevera sobre ter sido estuprada, fitou-a como se ela tivesse enlouquecido. Partiu alguns dias depois, dizendo que ia sair para procurar comida. Ela nunca mais o viu.

Uma filha, a mãe e a avó que foram estupradas juntas nos arredores de Berlim consolaram-se com a ideia de que o homem da casa morrera durante a guerra. Ele teria sido morto tentando impedir, disseram a si mesmas. Mas, na verdade, poucos alemães parecem ter demonstrado o que reconhecidamente seria uma coragem inútil. Um ator famoso, Harry Liebke, foi morto com uma garrafa quebrada na cabeça quando tentou salvar uma jovem que se protegia em seu apartamento, mas parece que seu caso foi bastante excepcional. A diarista anônima chegou a saber de uma mulher na fila da bomba d'água que, quando os soldados do Exército Vermelho a arrastavam de seu porão, ouviu um homem que morava no mesmo quarteirão dizer:

– Vá logo, pelo amor de Deus! Você está criando problemas para nós todos.

Quando alguém tentava defender uma mulher contra um atacante soviético, era um pai ou filho jovem buscando proteger a mãe. "Dieter Sahl, de 13 anos", escreveram os vizinhos em uma carta pouco depois do evento, "jogou-se com os punhos cerrados contra um russo que estuprava sua mãe na frente dele. Só conseguiu ser morto com um tiro."

Talvez o mito mais grotesco da propaganda soviética tenha sido a ideia "de que o serviço de inteligência alemão deixou em Berlim grande número de mulheres portadoras de doenças venéreas com o propósito de infeccionar oficiais do Exército Vermelho". Outro relatório do NKVD atribuiu isso especificamente à atividade da *Werwolf*. "Alguns membros da organização clandestina *Werwolf*, em sua maioria moças, receberam dos líderes a tarefa de prejudicar os comandantes soviéticos e torná-los incapazes de cumprir seu dever." Mesmo pouco antes do ataque partindo do Oder, as autoridades militares soviéticas explicaram o aumento do índice de doenças venéreas com base em que "o inimigo está pronto a usar qualquer método para nos enfraquecer e colocar fora de ação nossos soldados e oficiais".

Uma grande quantidade de mulheres logo descobriu que tinha de fazer fila nos centros médicos. Era pouco consolo encontrar tantas outras na mesma situação. Uma médica criou uma clínica de doenças venéreas num abrigo antiaéreo, com a expressão "Tifo" escrita em cirílico do lado de fora para manter longe os soldados russos. Como ilustrou o filme *O Terceiro Homem*, a penicilina logo se tornou o item mais procurado no mercado negro. A taxa de abortos também disparou. Estimou-se que cerca de 90% das vítimas que engravidaram conseguiram fazer um aborto, embora este número pareça extremamente alto. Muitas mulheres que deram à luz abandonaram o filho no hospital, em geral porque sabiam que o marido ou noivo jamais aceitaria sua presença em casa.

Às vezes, é difícil saber se os jovens oficiais soviéticos sofriam de cinismo ou de idealismo completamente cego.

– O Exército Vermelho é o exército moral mais avançado do mundo – declarou um primeiro-tenente a um oficial sapador. – Nossos soldados só atacam o inimigo armado. Não importa onde estejamos, sempre damos um exemplo de humanidade para com a população local e quaisquer demonstrações de violência e pilhagem nos são completamente estranhas.

A maioria das divisões de infantaria da linha de frente demonstraram melhor disciplina que, digamos, as brigadas blindadas e as unidades da retaguarda. E uma grande variedade de casos práticos indicam que os oficiais judeus do Exército Vermelho esforçaram-se ao máximo para proteger as mulheres e moças alemãs. Mas parece que a maioria dos oficiais e soldados fizeram ouvidos moucos à ordem de Stalin de 20 de abril, distribuída pelo *Stavka*, que mandava todos os soldados "mudarem de atitude frente aos alemães (...) e tratá-los melhor". É significativo que a razão dada para a ordem foi que o "tratamento violento" provocava resistência determinada, "e tal situação não nos é conveniente".

Um prisioneiro de guerra francês libertado abordou Vasili Grossman na rua em 2 de maio.

– Monsieur – disse ele –, gosto de seu exército e é por isso que me dói tanto ver como ele está tratando moças e mulheres. Isso vai causar grandes danos à sua propaganda.

E foi isso mesmo que aconteceu. Em Paris, os líderes do Partido Comunista, no alto da onda de admiração pelo Exército Vermelho, ficaram estarrecidos quando os prisioneiros de guerra que voltavam contaram a versão menos heroica dos acontecimentos. Mas ainda levou muito tempo antes que a mensagem começasse a chegar às autoridades soviéticas.

Muitos pensam que o Exército Vermelho recebeu duas semanas para pilhar e estuprar em Berlim antes que a disciplina fosse imposta, mas não foi, nem de longe, tão simples assim. Em 3 de agosto, três meses depois da rendição de Berlim, Jukov teve de baixar regulamentos ainda mais duros para controlar "roubo", "violência física" e "eventos escandalosos". Toda a propaganda soviética sobre "libertação da claque fascista" começava a sair pela culatra, em especial quando as esposas e filhas de comunistas alemães foram tratadas tão mal quanto todas as outras. "Tais atos e o comportamento não sancionado", afirmava a ordem, "comprometem-nos de modo péssimo aos olhos dos antifascistas alemães, ainda mais agora que a guerra acabou, e ajuda em muito as campanhas fascistas contra o Exército Vermelho e o governo soviético." Os comandantes foram responsabilizados por permitir que seus homens perambulassem sem supervisão. As "ausências não sancionadas" tinham de acabar. Os sargentos e cabos deviam verificar se seus homens estavam presentes todas as manhãs e todas as noites. Os soldados receberiam carteiras de identidade. As tropas não deveriam deixar Berlim sem ordens de transferência. Na verdade, a ordem continha uma lista de medidas que qualquer exército ocidental consideraria normal mesmo em quartéis na pátria.

Reportagens da imprensa internacional acompanharam o assunto durante o verão. O efeito nos Partidos Comunistas afiliados no estrangeiro, na época no ápice de seu prestígio, alarmou claramente o Kremlin. "Esta campanha canalha", escreveu o representante de Molotov, "visa a danificar a própria reputação elevada do Exército Vermelho e a passar a responsabilidade por tudo o que está acontecendo nos países ocupados para a União Soviética (...) Nossos numerosos amigos por todo o mundo precisam estar armados com informações e fatos para a contrapropaganda."

Os PADRÕES DE MORALIDADE tinham realmente levado uma surra, mas nas circunstâncias havia pouca opção. Ao voltar a Berlim, Ursula von Kardorff viu as cenas de gente empobrecida fazendo trocas perto do Portão de Brandemburgo. Lembrou-se imediatamente de um verso da Ópera dos Três Vinténs de Brecht, "Primeiro a comida, depois a moral".

O Portão de Brandemburgo se tornara o principal foco das trocas e do mercado negro no início de maio, quando os prisioneiros de guerra e trabalhadores forçados libertados foram comerciar sua pilhagem. Ursula von Kardorff encontrou todo tipo de mulher prostituindo-se em troca de comida ou da moeda alternativa dos cigarros. "*Willkommen in Shanghai*"*, observou um cínico. Moças de 30 anos pareciam bem mais velhas, notou ela.

A necessidade de sobreviver distorcera mais do que apenas a moral. A diarista anônima, uma ex-editora, foi abordada por um marinheiro soviético tão jovem que ainda deveria estar na escola. Pediu-lhe que encontrasse uma moça limpa e decente que tivesse bom caráter e fosse afetuosa. Ele lhe daria comida, sendo a ração costumeira pão, arenque e bacon. O escritor Ernst Jünger, quando era oficial da Wehrmacht na Paris ocupa

*Bem-vindos a Xangai. (*N. da T.*)

da, observou que comida é poder. O poder, é claro, fica ainda maior quando uma mulher tem filhos a alimentar, como tantos soldados alemães descobriram na França. Em Berlim, a taxa de câmbio do mercado negro baseava-se na *Zigarettenwährung* – a "moeda-cigarro" –, de forma que, quando os soldados americanos chegaram com maços quase ilimitados de cigarros à disposição, não precisaram estuprar.

A definição de estupro misturara-se à de coerção sexual. Uma arma ou a violência física tornavam-se desnecessárias quando as mulheres enfrentavam a fome. Isto poderia ser descrito como terceiro estágio da evolução do estupro na Alemanha em 1945. O quarto foi uma forma estranha de coabitação em que muitos oficiais soviéticos estabeleceram-se com "esposas de ocupação" alemãs, que substituíram a "esposa de campanha" soviética. As esposas de verdade lá na União Soviética haviam ficado furiosas ao saber das "esposas de campanha", mas seu ultraje moral não teve limite quando ouviram falar da nova moda. As autoridades soviéticas também ficaram estarrecidas e raivosas quando vários oficiais do Exército Vermelho, desejosos de ficar com suas amantes alemãs, desertaram assim que chegou a hora de voltar para a pátria.

Depois de ser abordada pelo jovem marinheiro, a diarista ficou pensando se ela mesma se tornara uma meretriz por aceitar a proteção e a generosidade nutricional de um culto major russo. Como a maioria de seus conterrâneos, ele tinha respeito por seu nível de instrução, enquanto os homens alemães que ela conhecia tendiam a não gostar de mulheres que tinham cursado a universidade. Mas, onde quer que estivesse a verdade entre o estupro e a prostituição, esses pactos para obter alimento e proteção lançaram as mulheres de volta a um estado primitivo, quase primevo.

Ursula von Kardorff, pelo contrário, previu que, embora as alemãs tivessem sido forçadas a se tornarem ainda mais flexíveis que os alemães, logo teriam de reverter ao estereótipo quando os homens voltassem dos campos de prisioneiros. "Talvez nós, mulheres", escreveu ela, "enfrentemos agora a tarefa mais dura desta guerra – dar compreensão e conforto, apoio e coragem a tantos homens completamente derrotados e desesperados."

A Alemanha combatera tão longa e amargamente porque a ideia de derrota produzia a "convicção da catástrofe total". Os alemães acreditavam que seu país seria totalmente subjugado e que seus soldados passariam o resto da vida na Sibéria. Mas, quando a resistência desmoronou com a morte de Hitler, a mudança das atitudes alemãs surpreendeu os russos em Berlim. Ficaram espantados "com a docilidade e a disciplina do povo", depois de terem mais ou menos esperado o tipo de guerrilha feroz que o povo soviético oferecera. Serov disse a Beria que a população estava se comportando "com obediência, sem questionamentos". Um dos oficiais de estado-maior de Tchuikov atribuiu isso a um entranhado "respeito pelos poderes estabelecidos". Ao mesmo tempo, os oficiais do Exército Vermelho surpreenderam-se com o modo como tantos alemães, de maneira bem desinibida, fabricavam bandeiras comunistas com as flâmulas escarlates nazistas, cortando a suástica de seu centro. Os berlinenses referiam-se a esta reviravolta como "*Heil Stalin!*".

Esta submissão, contudo, não impediu que a SMERSH e o NKVD vissem cada fugitivo ou incidente como exemplo da atividade da *Werwolf*. Cada Regimento de Guardas de Fronteira do NKVD prendia mais de cem alemães por dia no início de maio. Mais da metade era entregue à SMERSH. Alguns dos piores delatores às autoridades soviéticas eram ex-nazistas, talvez tentando fazer suas denúncias antes que eles mesmos fossem revelados. A SMERSH chantageou ex-membros do Partido Nazista para que ajudassem as unidades do NKVD a caçar oficiais das SS e da Wehrmacht. Pelotões com cães farejadores eram usados para revistar apartamentos e galpões onde muitos desertores alemães, tão recentemente, tinham se escondido de destacamentos das SS e da Feldgendarmerie.

As teorias de sabotagem soviéticas incluíam a ideia de que "líderes de organizações fascistas estão preparando envenenamentos em massa em Berlim com a venda de limonada e cerveja envenenadas". Crianças encontradas brincando com *panzerfausts* e armas abandonadas enfrentaram interrogatórios como membros suspeitos da *Werwolf*, e a SMERSH só estava interessada em confissões. O único sinal de desafio aberto parece ter sido um punhado de cartazes nazistas em Lichtenberg que proclamavam: "O Partido continua vivo!" Também houve uma exceção espantosa ao padrão geral de submissão. Na noite de 29 de maio, "um número desconhecido de bandidos" atacou o campo especial nº 10 do NKVD e libertou 466 prisioneiros. O major Kiutchkin, comandante do campo, estava "num banquete" quando o ataque aconteceu. Beria ficou furioso. Depois das fortes críticas do NKVD a oficiais superiores do Exército por sua falta de vigilância, esse incidente foi profundamente embaraçador.

As mulheres de Berlim só queriam ter de volta uma vida com alguma aparência de normalidade. A visão mais comum em Berlim tornou-se as *Trümmerfrauen*, as "mulheres dos destroços", cadeias humanas em fila com baldes para limpar os prédios destruídos e recolher tijolos. Muitos homens alemães que ficaram na cidade estavam escondidos ou tinham contraído doenças psicossomáticas assim que os combates terminaram.

Como muitos grupos de trabalho, as mulheres eram pagas, de início, com pouco mais que punhados de batatas, mas o senso de humor dos berlinenses não falhou. Todos os distritos foram rebatizados. Charlottenburg tornou-se "Klamottenberg", que significa "monte de lixo", Steglitz virou "*steht nichts*", "nada de pé", e Lichterfelde passou a ser "Trichterfelde", ou "campo de crateras". Em boa medida, essa era uma exibição de coragem para mascarar a resignação e o desespero silencioso. "As pessoas estavam aceitando seu destino", observou um jovem berlinense.

Empregados e funcionários públicos obedeceram à ordem do general Berzarin de voltar a seus locais de trabalho. Oficiais da SMERSH, usando soldados do NKVD, isolaram o edifício da emissora Grossdeutscher Rundfunk na Masurenallee. Todo o pessoal recebeu ordem de ficar junto a suas mesas. Ficaram muito aliviados por não terem tentado sabotar nem destruir seu equipamento. O oficial da SMERSH encarregado, major Popov, que estava acompanhado de comunistas alemães, tratou-os bem. Também certificou-se de que os soldados protegessem a grande quantidade de moças no prédio, ainda que isto não as salvasse poucos dias depois, quando tiveram permissão de ir para casa.

Os comunistas alemães levados de volta da "emigração para Moscou" eram totalmente subservientes aos senhores soviéticos. Podiam estar do lado vencedor, mas uma sensação profunda de fracasso pendia sobre eles. Isso porque a classe operária alemã nada fizera para impedir a invasão nazista da União Soviética em 1941. Seus camaradas soviéticos não os deixaram esquecer disso. Observações mordazes sobre o número de alemães que surgiram alegando serem membros do Partido Comunista antes de 1933 provocaram irritada descrença por tão poucos terem tomado as armas contra o regime. O fato de que a única resistência conhecida a Hitler existira em "círculos reacionários" não podia melhorar seu estado de espírito.

Beria via os principais comunistas como "idiotas" e "carreiristas". O único pelo qual tinha algum respeito era o veterano líder Wilhelm Pieck, um homem robusto de cabelos brancos com nariz redondo e cabeça quadrada. O grupo enviado de Moscou para a Alemanha encontrou-se no quarto de Pieck antes de partir. "Não temos ideia de que papel o Partido [Comunista Alemão] teria ou mesmo se seria permitido", recordou Markus Wolf, mais tarde chefe do serviço de inteligência da Alemanha Oriental na Guerra Fria. "Nossa tarefa era simplesmente apoiar as autoridades militares soviéticas." Ele admitiu que era "bastante ingênuo para esperar que a maioria dos alemães ficasse feliz por se ver livre do regime nazista e recebesse o exército soviético como seu libertador".

Em 27 de maio, um belo dia de primavera, esses comunistas alemães sobrevoaram o centro de Berlim e pousaram no aeródromo de Tempelhof. Ficaram abalados com as cenas de destruição. A cidade parecia estar além de qualquer esperança de restauração. Seus sentimentos pessoais também estavam muito confusos. Era uma volta para casa sem convicção. Os membros mais jovens, criados na União Soviética, acharam estranho ouvir alemão falado nas ruas. Nas comemorações da vitória em Moscou, duas semanas antes, Wolf viu-se pensando "exatamente como um jovem russo". Mas, poucos dias após sua chegada, soube por comunistas alemães como o Exército Vermelho tratara a população. "Nossos *frontoviki* criaram um caos", escreveu ele em seu diário de 30 de maio. "Todas as mulheres estupradas. Os berlinenses não têm mais relógios de pulso." A propaganda de Goebbels sobre o Exército Vermelho criara um medo terrível. "Então, veio a experiência, a realidade, e em consequência a maioria absoluta dos alemães, em especial aqueles a leste do Elba, ficou muito, muito antissoviética."

O líder de seu grupo em Berlim era o muito detestado e desprezado Walther Ulbricht, um burocrata stalinista famoso por sua tática de denunciar rivais. Beria descreveu-o como "um patife capaz de matar o pai e a mãe". Wolf recorda seu sotaque saxão e a voz alta. Pensava nele como uma máquina "sem coração", cuja única lealdade era à política soviética.

Tudo o que viesse de Stalin era "uma ordem absoluta". Ulbricht disse a Wolf que abandonasse toda esperança de voltar à União Soviética para prosseguir seus estudos de projetista de aviões. Foi mandado para o centro de transmissões da Masurenallee – a Grossdeutscher Rundfunk foi rapidamente rebatizada de Berliner Rundfunk – para realizar a propaganda. Lá, Wolf viu-se encarregado de um programa denominado "*Um sexto da Terra*", dedicado às gloriosas conquistas industriais da União Soviética. Havia total proibição das autoridades soviéticas, representadas neste caso pelo general Vladimir Semionov, de mencionar os três assuntos que os alemães queriam escutar. Estes "temas tabus" eram "estupro, o destino dos prisioneiros de guerra [alemães] e a linha Oder-Neisse" – o que significava a perda da Prússia, da Pomerânia e da Silésia para a Polônia.

Embora a propaganda soviética criasse agora seus próprios programas, a população de Berlim recebeu ordem de entregar todos os aparelhos de rádio ao posto militar mais próximo. Magda Wieland lembra-se de levar o dela à *kommandatur* local, mas quando se aproximou viu que os soldados do lado de fora começavam a olhá-la de cima a baixo. Ela simplesmente deixou o rádio no meio da rua, deu as costas e correu.

Os BERLINENSES, VENDO fogueiras nas ruas, peludos pôneis cossacos e até camelos, tendiam a convencer-se de que sua cidade estava ocupada por "mongóis". Isto era, em boa, medida um reflexo da propaganda de Goebbels. As centenas de fotografias de soldados soviéticos em Berlim revelam apenas pequeno percentual de origem centro-asiática. Mas a pele queimada pelas intempéries, que adquiria uma tonalidade marrom de gordura da pele e poeira, e os olhos estreitados pela exposição constante ao vento deram a muitos soldados aparência oriental. Pode-se ver efeito semelhante em fotografias de soldados britânicos e franceses no fim da Primeira Guerra Mundial. As imagens bizarras nas ruas de Berlim duraram um bom tempo. Garotos turbulentos e emaciados brincavam nos "tanques queimados que jaziam como navios encalhados do lado da rua". Mas logo as carcaças enegrecidas ficaram cobertas de cartazes que ofereciam aulas de dança: a primeira tentativa desesperada de renovação econômica do que os berlinenses viam como "*die Stunde Null*" – o pior momento imaginável de suas vidas.

A prioridade do general Berzarin era recuperar as coisas básicas da vida, em especial os serviços essenciais, como eletricidade, água e depois o gás. Do total anterior de 33 mil leitos hospitalares, só 8.500 podiam agora ser usados. Alguns acontecimentos eram pungentemente simbólicos. O primeiro serviço religioso judaico foi realizado por um rabino do Exército Vermelho na sinagoga do hospital judeu na Iranischestrasse, na sexta-feira, 11 de maio. Foi uma ocasião compreensivelmente emocionante para os que tinham saído de esconderijos ou salvos da execução no último instante.

Mais de 1 milhão de pessoas na cidade estavam sem casa alguma. Continuavam a refugiar-se em porões e abrigos antiaéreos. A fumaça dos fogareiros saía do que pareciam ser pilhas de destroços, quando as mulheres tentavam recriar, entre as ruínas, algo parecido com a vida doméstica para seus filhos.

Com 95 por cento do serviço de bondes destruídos e grande parte dos sistemas da U-Bahn e da S-Bahn ainda debaixo d'água por causa da explosão, visitar amigos em outras partes da cidade exigia forças que poucos possuíam. Quase todo mundo sentia-se fraco de fome, e tinha de dedicar a maior parte de sua energia para encontrar alimento. Assim que os trens começaram a correr, milhares agarraram-se ao teto ou ao lado de fora para ir ao campo procurar comida. Eram conhecidos como "hamsters", nome cunhado durante a quase fome de 1918, e os trens eram conhecidos como "expressos Hamster".

OS BERLINENSES, ENTRETANTO, estavam em situação incomparavelmente melhor que seus compatriotas deixados na

Prússia Oriental, na Pomerânia e na Silésia. A repressão na Prússia Oriental intensificou-se. Em 5 de maio, Beria enviou para lá o general Apolonov para dirigir nove regimentos do NKVD e quatrocentos agentes da SMERSH. Sua tarefa era "garantir a eliminação de espiões, sabotadores e outros elementos inimigos", dos quais "mais de 50 mil" já tinham sido eliminados desde a invasão em janeiro. Uma população que chegara a 2,2 milhões de habitantes em 1940 estava reduzida a 193 mil no final de maio de 1945.

Ao suportar o impacto do ódio russo, a Prússia Oriental sofreu o destino mais terrível de todas as áreas ocupadas. A terra ficou devastada durante vários anos. As casas foram queimadas ou dilapidadas até a estrutura mais básica. Até lâmpadas elétricas foram levadas por soldados camponeses que não tinham eletricidade em casa. As fazendas estavam mortas, com toda a criação chacinada ou levada para a Rússia. Os terrenos baixos voltaram a ser pântanos. Mas o destino dos civis que não conseguiram fugir foi o pior de todos. A maioria das mulheres e moças foi enviada a pé para a União Soviética para trabalhos forçados "em florestas, pântanos de turfa e canais durante 15 a 16 horas por dia". Pouco mais da metade delas morreu nos dois anos seguintes. Das sobreviventes, pouco menos da metade foi estuprada. Quando enviadas de volta à zona da Alemanha ocupada pelos soviéticos em abril de 1947, a maioria foi mandada imediatamente ao hospital porque sofria de tuberculose e doenças venéreas.

Na Pomerânia, pelo contrário, a população alemã remanescente ficou bastante amiga de muitos de seus ocupantes soviéticos. Os pomerânios temiam o dia que se aproximava rapidamente em que os poloneses assumiriam o controle e se vingariam. A comida era muito escassa, mas poucos realmente passaram fome. O início do verão trouxe, pelo menos, sua colheita de azedinha, urtiga e dente-de-leão, embora houvesse tão pouca farinha que as pessoas a misturavam com casca de bétula moída. Não era possível conseguir sabão, por isso as cinzas de faia tomaram o lugar do sabão em pó na lavanderia.

Mas foi no território polonês que Beria, quase com certeza por ordem de Stalin, concentrou a maior força repressora depois de cuidar da Prússia Oriental. Enquanto o general Serov recebeu dez regimentos do NKVD para a ocupação da Alemanha derrotada, o general Selivanovski recebeu 15 regimentos do NKVD para policiar o território supostamente aliado da Polônia. Beria também ordenou que o "Camarada Selivanovski combinasse as missões de representante do NKVD da URSS e de conselheiro no Ministério Polonês de Segurança Pública". Essa talvez fosse a melhor indicação da verdade por trás da afirmativa de Stalin em Ialta de que a União Soviética estava interessada "na criação de uma Polônia poderosa, livre e independente".

28
O homem do cavalo branco

Os soldados soviéticos pareciam sofrer, sem saber, do sentimento de culpa do sobrevivente. Quando pensavam em todos os camaradas que tinham morrido, era meio desconcertante ser um dos que ficaram vivos até o fim. Eles "abraçaram-se como irmãos" em congratulações aliviadas, mas muitos não conseguiram dormir bem durante semanas depois que os canhões tinham se calado. O silêncio nada costumeiro os incomodava. Também precisavam digerir o que acontecera durante todos aqueles momentos em que não tinham ousado pensar demais.

Não havia dúvida de que aquilo que viveram era o período mais importante não só de suas próprias vidas, mas também da História do mundo. Pensavam em suas casas, namoradas, esposas e em como seriam membros respeitados da comunidade. Para as mulheres do exército, contudo, a perspectiva era muito menos promissora. Havia menos homens para encontrar. As que estavam grávidas sabiam que teriam de se fazer de fortes. "Assim, Ninka", uma jovem soldada escreveu a uma amiga, "você ganhou uma filha e eu vou ter um bebê, e não vamos ficar tristes por não termos maridos." A maioria delas teve seu filho e voltou para casa dizendo que o marido tinha morrido na frente de batalha.

A guerra foi uma experiência extraordinária de outro modo. Permitiu um gosto revigorante de liberdade depois dos expurgos de 1937 e 1938. Surgira a esperança do fim total do terror. O fascismo foi derrotado. Trotski estava morto. Eram feitos acordos com as potências ocidentais. Não parecia haver razão para que o NKVD continuasse a ser paranoico. Mas lá na União Soviética o povo já começara a perceber, pela prisão súbita de amigos, que o informante estava de novo em ação, com os esquadrões do NKVD em suas visitas matutinas.

A proximidade da morte na frente de batalha muito fizera para remover o condicionamento stalinista do medo. Oficiais e soldados tinham se tornado bastante francos, em especial sobre suas aspirações para o futuro. Os que vinham de áreas rurais queriam acabar com as fazendas coletivas. Os oficiais, que tinham recebido primazia sobre os oficiais políticos no outono de 1942, acreditavam que chegara a hora de a elite burocrática soviética, a *nomenklatura*, enfrentar reforma semelhante. Da maneira mais cínica, Stalin encorajara esse tipo de boato durante a guerra, insinuando uma liberdade maior e, ao mesmo tempo, pretendendo esmagá-la no momento em que o combate terminasse.

Com a proximidade da vitória, os oficiais do Exército Vermelho tinham realmente começado a ficar confiantes demais aos olhos da SMERSH e do NKVD. E os oficiais políticos não tinham esquecido os insultos dos colegas do Exército Vermelho quando foram rebaixados na época da batalha de Stalingrado. Estavam também preocupados novamente com as cartas dos soldados que comparavam as condições de vida na Alemanha às da pátria. A SMERSH de Abakumov temia um novo estado de espírito "dezembrista" nos oficiais.

As autoridades soviéticas sabiam muitíssimo bem que os soldados do exército russo que invadira a França em 1814 tinham comparado a vida ali com sua existência miserável em casa. "Naquela época", explicava um relatório, "a influência da vida francesa foi progressista, porque deu ao povo russo a oportunidade de ver o atraso cultural da Rússia, a opressão tsarista e assim por diante. A partir daí, os dezembristas [que tentaram um golpe de estado liberal em 1825] tiraram suas conclusões sobre a necessidade de combater a autocracia tsarista. Hoje em dia é muito diferente. Talvez as terras de algum grande proprietário sejam mais ricas que alguma fazenda coletiva. A partir daí, um homem politicamente atrasado tira uma conclusão favorável à economia feudal, em vez da socialista. Este tipo de influência é regressista. É por isso que é necessária uma luta impiedosa contra tais atitudes."

Os departamentos políticos também ficaram horrorizados com os "comentários antissoviéticos" de soldados que se queixavam de que suas famílias estavam sendo maltratadas em casa. "Não acreditamos que a vida esteja melhorando na retaguarda", foi a citação atribuída a um soldado. "Vi com meus próprios olhos." Estavam também conscientes de como tinham, eles mesmos, sido maltratados na frente de batalha. Algumas unidades do Exército Vermelho chegaram perto do motim pouco antes do fim da guerra, quando uma ordem determinou que o corpo dos soldados mortos fosse despido das roupas de baixo. Só os oficiais poderiam ser enterrados totalmente vestidos. Houve também, aparentemente, um número crescente de casos de oficiais impopulares mortos pelas costas pelos próprios homens.

As prisões efetuadas pela SMERSH por "declarações sistemáticas antissoviéticas e intenções terroristas" aumentaram dramaticamente nos últimos meses da guerra e logo após a rendição. Até o chefe do estado-maior de um batalhão de infantaria do NKVD foi preso por ter "divulgado sistematicamente propaganda contrarrevolucionária na tropa". Ele "ofendera líderes do partido e o governo soviético", elogiara a vida na Alemanha e "detratara a imprensa soviética". Um tribunal militar do NKVD condenou-o a oito anos em campos de trabalho do Gulag.

A quantidade de prisões políticas no Exército Vermelho dobrou de 1944 a 1945, ano em que a União Soviética esteve efetivamente em guerra por pouco mais de quatro meses. Naquele ano de vitória, nada menos que 135.056 soldados e oficiais do Exército Vermelho foram condenados em tribunais militares por "crimes contrarrevolucionários". Da mesma forma, a Comissão Militar do Supremo Tribunal da URSS condenou 123 oficiais superiores em 1944 e 273 em 1945.

Esses números não levam em conta o tratamento dado aos soldados do Exército Vermelho capturados pelos alemães. Em 11 de maio de 1945, Stalin ordenou que cada Frente deveria organizar acampamentos para manter ex-prisioneiros de guerra e soviéticos deportados. Cem campos, contendo 10 mil pessoas cada, foram planejados. Os ex-prisioneiros seriam "selecionados pelo NKVD, pelo NKGB e pela SMERSH". Dos oitenta generais soviéticos capturados pela Wehrmacht, só 37 sobreviveram até serem libertados pelo Exército Vermelho. Onze deles foram, então, presos pela SMERSH e condenados por tribunais das forças do NKVD.

O processo todo de repatriação só terminou em 1º de dezembro de 1946. "Até então, 5,5 milhões de pessoas voltaram à

URSS, das quais 1.833.567 tinham sido prisioneiras de guerra." Mais de 1,5 milhão de membros do Exército Vermelho capturados pelos alemães foram mandados para o Gulag (339 mil deles) ou para batalhões de trabalho na Sibéria e no extremo Norte, o que não era muito melhor. Os civis levados à força para a Alemanha eram "inimigos potenciais do estado", a serem mantidos sob vigilância do NKVD. Também estavam proibidos de se aproximar a menos de 100 quilômetros de Moscou, Leningrado e Kiev, e suas famílias permaneceram sob suspeita. Até 1998, os formulários de associação a um instituto de pesquisa na Rússia ainda continham uma seção onde se perguntava se algum membro da família do proponente estivera em um "campo de prisioneiros inimigo".

Stalin e seus marechais davam pouca atenção à vida de seus soldados. As baixas das três frentes envolvidas na Operação Berlim foram muito altas, com 78.291 mortos e 274.184 feridos. Hoje os historiadores russos reconhecem que essas perdas desnecessariamente elevadas deveram-se, em parte, à corrida para chegar a Berlim antes dos aliados ocidentais e, em parte, ao acúmulo, no ataque à cidade, de tantos exércitos que eles se bombardeavam entre si.

O tratamento conferido aos que se mutilaram enquanto lutavam por seu país foi igualmente impiedoso. Os mais afortunados tiveram de ficar na fila "longas horas à espera de membros artificiais que pareciam aqueles pedaços de madeira com que os homens que perderam uma perna em Borodino saíam mancando". Mas logo as autoridades das principais cidades decidiram que não queriam suas ruas desfiguradas por "samovares" sem membros. Assim, eles foram reunidos e deportados. Muitos foram enviados para Bielaia Zemliá, no extremo norte, como se também fossem prisioneiros do Gulag.

A RAIVA E a frustração na União Soviética tomaram várias formas naquele verão. A mais chocante foram as cruéis explosões de antissemitismo. Na Ásia Central, os judeus viram-se repentinamente atacados e surrados em mercados e escolas. Parece que a gente local gritava:

– Esperem nossos rapazes voltarem da linha de frente e aí vamos matar todos esses judeus!

As autoridades locais simplesmente chamaram isso de "ato de vandalismo e muitas vezes [deixaram] o crime impune".

O ataque antissemita mais grave ocorreu em Kiev. No início de setembro um major judeu do NKVD foi atacado na rua "por dois antissemitas com uniforme militar". Podiam bem estar bêbados. O major finalmente conseguiu sacar a pistola e matar os dois. O funeral transformou-se rapidamente em uma manifestação violenta. Os caixões eram carregados pelas ruas quando, de repente, a procissão encaminhou-se para o recém-criado mercado judeu. Somente naquele dia cem judeus foram surrados. Cinco deles morreram e outros 36 foram hospitalizados, gravemente feridos. A desordem continuou a tal ponto que uma guarda permanente teve de ser colocada no mercado judeu. Desta vez, não só os "vândalos" foram culpados. Até membros do Comitê Central do Partido Comunista da Ucrânia foram descritos como "dignos sucessores" de Goebbels. No ano seguinte, o "Livro Negro" de Grossman e Ehrenburg sobre o Holocausto foi tirado de circulação pelas autoridades.

É difícil saber até que ponto ia o antissemitismo de Stalin e que parte dele era condicionado por seu ódio a Trotski. Em parte como resultado do internacionalismo de Trotski, com certeza ele parecia ver os judeus como parte de uma rede internacional e, portanto, suspeitos. "Cosmopolitismo" significava traição. Isto chegou ao ponto mais alto na histeria antissemita deflagrada com a "Conspiração dos Médicos", pouco antes de sua morte. Stalin, apesar de georgiano, meio que se tornara um chauvinista russo. Como outros líderes de origem estrangeira, como Napoleão e Hitler, envolveu-se no manto nacional. Em um famoso discurso sobre a vitória em

24 de maio, elogiou os russos acima de todas "as nações da União Soviética" por sua "mente clara, perseverança e caráter firme". Isto visava principalmente às nações não russas do sul, muitas das quais foram brutalmente deportadas por ordem sua, levando a dezenas de milhares de mortes. Mas Stalin, em contraste com Hitler, era, em essência, um praticante do genocídio político, mais que do racial.

Embora não se permitisse nada que depreciasse o triunfo "russo", a linha do partido só pagava tributo a um único homem: "nosso grande gênio e líder de tropas, o Camarada Stalin, a quem devemos nossa vitória histórica". Stalin, de maneira desavergonhada, punha-se em primeiro plano sempre que uma batalha estava a ponto de ser vencida, e desaparecia de vista durante qualquer desastre, especialmente se fosse responsabilidade sua. Os comandantes sempre tinham de reconhecer sua sabedoria e sua mão condutora. Assumir para si os créditos era extremamente perigoso.

Stalin alimentava suspeitas caso qualquer cidadão soviético fosse louvado no estrangeiro e deve ter ficado ainda mais desconfiado quando Jukov foi elogiadíssimo pela imprensa americana e britânica. Embora Stalin temesse o poder de Beria, que logo iria restringir, estava ainda mais preocupado com a popularidade imensa de Jukov e do Exército Vermelho. Quando Eisenhower visitou a União Soviética, Jukov acompanhou-o por toda parte, chegando a voar com ele para Leningrado no avião pessoal do colega americano. Em toda parte aonde fossem os dois grandes comandantes, recebiam estrondosas boas-vindas. Mais tarde Eisenhower convidou Jukov e sua "esposa de campanha", Lídia, a visitar os Estados Unidos, mas Stalin convocou imediatamente seu marechal a Moscou para frustrar esse plano. Para ele estava claro que Jukov construíra um relacionamento genuíno com o comandante em chefe aliado.

Jukov, embora sabedor das tentativas de Beria para miná-lo, não percebeu que a maior ameaça era o ciúme de Stalin.

Em meados de junho, em Berlim, interrogaram Jukov sobre a morte de Hitler em uma entrevista coletiva. Ele foi forçado a admitir ao mundo que "ainda não encontramos um corpo identificado". Em 10 de julho, Stalin telefonou novamente a Jukov para perguntar-lhe onde estava o corpo. Jogar desta forma com Jukov dava-lhe, claramente, grande prazer. Jukov, quando finalmente descobriu a verdade, vinte anos depois, através de Rjevskaia, ainda achou difícil aceitar que Stalin o tivesse humilhado desta forma.

– Eu era muito próximo de Stalin – insistiu. – Stalin me salvou. Eram Beria e Abakumov que queriam acabar comigo.

Abakumov, chefe da SMERSH, pode ter sido a força motora contra Jukov, mas Stalin sabia exatamente o que estava acontecendo, e aprovou.

Na capital soviética, a população saudou Gueorgui Konstantinovich Jukov como "o nosso São Jorge", o santo padroeiro de Moscou. Depois das comemorações da vitória em Moscou, em 9 de maio – um dia de alegria e alívio, mas também de muitas lágrimas –, um grande desfile foi planejado para comemorar a vitória na Praça Vermelha. Um regimento de cada frente iria participar, assim como um da Marinha soviética e um da Força Aérea. A bandeira que fora hasteada no Reichstag seria especialmente trazida de volta. Já se tornara um objeto sagrado. Bandeiras alemãs também foram reunidas e trazidas com outro propósito.

Marechais e generais soviéticos supuseram que Stalin conduziria o desfile de 24 de junho. Era o comandante supremo – o *Verhovni* supostamente responsável pela grande vitória. Contudo, na tradição russa, um desfile de vitória tinha de ser realizado a cavalo.

Uma semana antes do desfile, Jukov foi convocado à *dacha* de Stalin. Este perguntou ao ex-cavalariano da Primeira Guerra Mundial e da guerra civil se ele ainda conseguia controlar um cavalo.

– Ainda monto de vez em quando – respondeu Jukov.

– Então, o que vamos fazer é o seguinte – disse Stalin. – Você conduzirá o desfile e Rokossovski vai comandá-lo.

– Obrigado pela honra – disse Jukov. – Mas não seria melhor o senhor conduzir o desfile? O senhor é o comandante em chefe e é privilégio seu conduzi-lo.

– Estou velho demais para conduzir desfiles. Você é mais novo. Você conduz. – Ao se despedir, disse a Jukov que conduzisse o desfile num garanhão árabe que o marechal Budioni lhe mostraria.

No dia seguinte, Jukov foi ao campo de pouso central para observar os ensaios do desfile. Lá encontrou Vasili, filho de Stalin, que o chamou de lado.

– Vou lhe contar um grande segredo – disse-lhe Vasili. – Meu pai estava se preparando para conduzir o desfile da vitória, mas um incidente curioso aconteceu. Há três dias o cavalo disparou na pista de treino porque ele não usou direito as esporas. Meu pai agarrou-lhe a crina e tentou manter-se na sela, mas não conseguiu e caiu. Na queda, machucou o ombro e a cabeça. Quando se levantou, cuspiu e disse: "Deixem Jukov conduzir o desfile. Ele é um velho cavalariano."

– E que cavalo seu pai estava montando?

– Um garanhão árabe branco, o que o senhor vai usar no desfile. Mas peço-lhe que não diga nada sobre isso.

Jukov agradeceu-lhe. Nos poucos dias que restavam, não perdeu uma única oportunidade de voltar à sela e controlar o cavalo.

Na manhã do desfile, chovia sem parar. "O céu está chorando por nossos mortos" era uma frase comum entre os moscovitas. A água pingava da ponta dos chapéus. Todos os soldados e oficiais tinham recebido fardas e medalhas novas. Às 9h57, Jukov montou o garanhão árabe perto do Portão Spasski do Kremlin. Pôde ouvir o troar dos aplausos quando os líderes do partido e do governo soviético ocuparam seus lugares no mausoléu de Lênin. Quando o relógio bateu, seguiu para a Praça Vermelha. A banda tocou "*Slav'sia!*" ("Glória a vós!"), de Glinka, e silenciou. Rokossovski, igualmente nervoso, mantinha controle firme de seu ginete negro. Suas palavras de comando foram ouvidas com clareza. O clímax do desfile aconteceu quando duzentos veteranos, um atrás do outro, marcharam até o mausoléu e lá, aos pés de Stalin, jogaram ao chão a bandeira nazista que levavam. Jukov, saudado pela multidão em seu magnífico cavalo árabe, não tinha ideia de que Abakumov preparava sua queda.

Instalaram-se microfones na *dacha* de Jukov. Um jantar oferecido por ele a amigos íntimos para comemorar a vitória foi gravado. Seu crime foi não ter feito o primeiro brinde ao Camarada Stalin. Mais tarde, este fato levou à tortura e à prisão o comandante da cavalaria, general Kriukov. Sua esposa, a famosa cantora popular Lídia Ruslanova, foi mandada para o Gulag quando rejeitou as propostas sinistras de Abakumov. O comandante do campo do Gulag para onde ela foi enviada ordenou-lhe que cantasse para ele e seus oficiais. Ela respondeu que só cantaria se todos os seus camaradas, os outros *zeki*, tivessem permissão de comparecer.

Uma semana depois do desfile da vitória, o marechal Stalin foi promovido a generalíssimo, "por notável serviço na Grande Guerra Patriótica". Além disso, recebeu as medalhas de Herói da União Soviética, a Ordem de Lênin e a Ordem da Vitória, uma estrela de platina de cinco pontas cravejada com 135 diamantes e cinco grandes rubis. Os banquetes de comemoração e as comendas demonstravam um desprezo verdadeiramente tsarista pela fome na Ásia Central.

No ano seguinte, a campanha de Abakumov para obter confissões sob tortura de colegas de Jukov levaram ao exílio do marechal na província e depois em sua *dacha*. Além de um curto período como ministro da Defesa no governo Kruschov, permaneceu em exílio doméstico até 9 de maio de 1965,

20º aniversário da rendição alemã a ele em Karlshorst. Um grande banquete foi realizado no Kremlin, no Palácio do Congresso. Todos os convidados, inclusive ministros, marechais, generais e embaixadores, puseram-se de pé quando Leonid Brejnev entrou à frente de seu séquito. No fundo, surgiu Jukov. Brejnev convidara-o no último instante. O líder soviético deve ter se arrependido rapidamente desse gesto, porque assim que Jukov foi avistado o aplauso rompeu e, depois, os gritos. Brados de "Jukov! Jukov! Jukov!" foram acompanhados de batidas na mesa. Brejnev ficou impassível.

Jukov teve de voltar à sua *dacha*, que ainda tinha muitos microfones. Embora oficialmente reabilitado, nunca apareceria de novo em uma ocasião pública importante nos nove anos que lhe restaram. Mas a ferida mais cruel de todas foi a descoberta de que fora enganado por Stalin no caso do corpo de Hitler.

A AMARGURA ALEMÃ na derrota baseava-se na confusão emocional e intelectual que cercava a Primeira Guerra Mundial e o período posterior a ela. A ideia de que o mundo estava contra a Alemanha tornara-se praticamente uma daquelas profecias capazes de provocar seu próprio cumprimento. Os interrogadores americanos e britânicos ficaram espantados quando oficiais superiores da Wehrmacht declararam com inocência ofendida que os aliados ocidentais os tinham compreendido erradamente. Estavam dispostos a reconhecer "erros", mas não crimes. Todos os crimes foram cometidos pelos nazistas e pelas SS.

Num eufemismo que ultrapassava qualquer circunlóquio stalinista, o general Blumentritt referiu-se ao antissemitismo dos nazistas como "acontecimentos equivocados desde 1933".

– Cientistas famosos foram, assim, perdidos – disse ele – em detrimento de nossa pesquisa, que, em consequência, declinou a partir de 1933.

O fio de seu pensamento parecia incluir a ideia de que, se os nazistas não tivessem perseguido os judeus, cientistas como Einstein poderiam tê-los ajudado a produzir melhores "armas milagrosas", talvez até uma bomba atômica, para impedir que os bolcheviques derrotassem a Alemanha. Muitas vezes Blumentritt, com sofismas ingênuos, não percebeu que estava contradizendo suas próprias tentativas de distanciar a Wehrmacht dos nazistas. Sustentou que a falta de um motim em 1945, em contraste com o torvelinho revolucionário de 1918, demonstrava claramente como a Alemanha se tornara uma sociedade unida com Hitler.

O interrogatório de generais que falavam continuamente da honra do oficial alemão revelou distorções espantosas da lógica. O comitê conjunto do serviço de informações do SHAEF atribuiu isto a um "senso moral pervertido". "Esses generais", afirmava um relatório baseado em mais de trezentas entrevistas, "aprovam qualquer ato 'bem-sucedido'. O que tem sucesso está certo. O que não tem sucesso está errado. Por exemplo, foi errado perseguir os judeus antes da guerra, já que isto pôs os anglo-americanos contra a Alemanha. Teria sido certo adiar a campanha antijudaica e começá-la depois que a Alemanha vencesse a guerra. Foi errado bombardear a Inglaterra em 1940. Caso se refreassem, a Grã-Bretanha, assim acreditavam, teria se unido a Hitler na guerra contra a Rússia. Foi errado tratar [prisioneiros de guerra] russos e poloneses como gado, já que agora eles tratarão os alemães da mesma forma. Foi errado declarar guerra aos Estados Unidos e à Rússia porque, juntos, eram mais fortes que a Alemanha. Estas não são afirmações isoladas de generais pró-nazistas. Representam o pensamento predominante em quase todos esses homens. O fato de ser moralmente errado exterminar uma raça ou massacrar prisioneiros mal lhes ocorre. O único horror que sentem com os crimes alemães é que os aliados, por alguma injustiça monstruosa, possam considerá-los envolvidos."

Até os civis, segundo outro relatório do Exército dos Estados Unidos, traíram, pelo seu uso automático de clichês de propaganda, a profundidade em que seu pensamento tinha sido influenciado. Por exemplo, referiam-se instintivamente aos ataques aéreos aliados como "*Terrorangriffe*" (ataque de terror, expressão de Goebbels) e não usariam o nome comum de "*Luftangriffe*", ou ataque aéreo. O relatório descrevia isso como "nazismo residual". Muitos civis falavam com autopiedade do sofrimento da Alemanha, devido especialmente aos bombardeios. Caíam num silêncio ressentido quando lembrados que fora a Luftwaffe que inventara a destruição em massa de cidades como tática de choque.

Havia uma evasão geral de responsabilidade pelo que ocorrera. Os membros do Partido Nazista afirmavam que tinham sido forçados a filiar-se. Só os líderes eram culpados por qualquer coisa que tivesse acontecido. Os alemães comuns, não. Tinham sido "*belogen und betrogen*", "enganados e traídos". Até os generais alemães faziam crer que também tinham sido vítimas do nazismo, já que, se Hitler não tivesse interferido de forma tão desastrosa na forma como conduziam a guerra, jamais teriam sido derrotados.

Não contentes em eximir-se de culpa, tanto civis quanto generais tentavam então convencer seus interrogadores da correção da visão de mundo da Alemanha nazista. Os civis não podiam entender por que os Estados Unidos declararam guerra à Alemanha. Quando lhes disseram que na verdade fora a Alemanha que declarara guerra aos Estados Unidos, ficaram incrédulos. Isto contradizia sua convicção de que os alemães eram as verdadeiras vítimas da guerra.

Tanto oficiais quanto civis tentaram doutrinar os vitoriosos quanto à necessidade de os Estados Unidos e a Grã-Bretanha se aliarem à Alemanha contra o perigo comum do "*Bolschewismus*", que conheciam bastante bem. O fato de que fora o ataque da Alemanha nazista à União Soviética em 1941 que levara o comunismo a todo o Centro e o Sudeste da Europa, algo que nem as revoluções entre 1917 e 1921 conseguiram fazer, estava além de sua compreensão. Assim como a minoria bolchevique tinha conseguido explorar impiedosamente o condicionamento russo à autocracia, os nazistas tinham se agarrado à tendência fatal de seu próprio país de confundir causa e efeito. Como vários historiadores enfatizaram, o país que tanto desejara a lei e a ordem em 1933 acabou com um dos regimes mais criminosos e irresponsáveis da História. O resultado foi que seu próprio povo, acima de tudo as mulheres e crianças da Prússia Oriental, enfrentaram sofrimento semelhante ao que a Alemanha impusera aos civis da Polônia e da União Soviética.

O novo alinhamento da Guerra Fria permitiu que muita gente da velha-guarda do Terceiro Reich acreditasse que só era culpada de agir no momento errado. Mas cerca de três décadas depois da derrota, a combinação de um debate histórico difícil com o milagre econômico da Alemanha permitiu à grande maioria dos alemães enfrentar o passado da nação. Nenhum outro país com herança tão dolorosa fez tanto para reconhecer a verdade.

O governo de Bonn também ficou extremamente vigilante para impedir qualquer relíquia do nazismo ou de seu líder. Mas o cadáver de Hitler permaneceu do outro lado da Cortina de Ferro muito tempo depois da campanha stalinista de desinformação, que insinuava que ele poderia ter fugido para o Ocidente nos últimos momentos da batalha. Em 1970, o Kremlin, finalmente, decidiu livrar-se do corpo, sob absoluto segredo. Os ritos fúnebres do líder do Terceiro Reich foram, na verdade, macabros. Os maxilares de Hitler, guardados com tanto cuidado por Rjevskaia na caixa vermelha durante as comemorações da vitória em Berlim, tinham ficado com a SMERSH, enquanto o NKVD manteve o crânio. Esses restos mortais foram recentemente redescobertos nos antigos arquivos soviéticos. O restante do corpo, que fora escondido sob um campo de treino do exército em Magdeburg, foi exumado à noite e queimado. As cinzas foram lançadas no sistema de esgoto da cidade.

O cadáver de Hitler não foi o único a ser privado de um túmulo identificável. Incontáveis vítimas da batalha, soldados de ambos os lados, assim como civis, foram enterrados por bombas e granadas. A cada ano, cerca de mil corpos de 1945 ainda são encontrados ao longo dos montes Seelow, nas silenciosas florestas de pinheiro ao sul da cidade e em obras da nova capital da Alemanha unificada. A matança incoerente que resultou da monstruosa vaidade de Hitler desmente por completo o desgosto de Speer com o fato de a História enfatizar "eventos terminais". A incompetência, a recusa frenética de aceitar a realidade e a desumanidade do regime nazista foram revelados com toda a clareza em sua passagem.

fim do volume 2

Fontes

12. À ESPERA DO GRANDE ATAQUE

p. 9 "Ontem", major Juhlin-Darmfel, 4 de abril, KA-FU, EI: 18, Vol. 6

p. 11 "Todo bolchevique...", relatório de 9 de abril, SHAT 7 P 102

p. 11 "Todos os homens...", relatório de 9 de abril, SHAT 7 P 102

p. 11 "Conhecemos os planos...", Staatssekretär Dr. Naumann, BA-MA RH19/XV/9a, p. 94

p. 12 "para aquela exclusivamente...", NA RG260 OMGUS, Pilha 390 41/7/5-6 A2/S4

p. 12 "Nós, alemães, não somos uma nação...", anônimo, p. 126

p. 13 "Acreditamos na vitória!", Kleine e Stimpel, p. 9

p. 14 "*Heil Hitler!*", relatório do 2e Bureau, 21 de abril, SHAT 7 P 128

p. 14 "um só pensamento à defesa...", Halder, NA RG338 Ms P-136

p. 14 "Não há mais crianças...", BA-MA MSg1/976

p. 15 "A evacuação...", Oberst i.G Hans Refior, BA-MA MSg1/976

p. 15 "miopia, burocracia...", Oberst i.G Hans Refior, BA-MA MSg1/976

p. 16 "*Muttis*", Refior, BA-MA MSg1/976

p. 16 "senso de dever", NA RG338 Ms P-136

p. 17 "obra-prima da...", BA-MA MSg1/976, p. 3

p. 17 *"Arbeitsunlustig"*, RGVA-SA 1367/1/218
p. 18 "Esses malucos de Berlim...", BA-MA MSg1/976, p. 15
p. 18 "O Nono Exército...", BA-MA MSg1/976, p. 15
p. 19 "Certa vez o Führer cunhou...", discurso de Goebbels, 20 de fevereiro, BA-B R55/916, p. 91
p. 19 Schmidtke, conversa pessoal, 15 de julho de 2000
p. 20 "Juro que serei...", IfZ MA 485, p. 20.755
p. 20 "decifrando...", "Há um clima...", KA-FU, EI: 18, Vol. 6
p. 21 Baumgart, citado em Ramm, 1994, p. 65
p. 21 *Volkshandgranate* 45, SHAT 7 P 102
p. 22 "olhos espertos", BA-MA MSg1/ 976, p. 100
p. 23 general Buniachenko, Fröhlich, p. 256
p. 23 "melhor propósito", BA-MA MSg1/976, p. 100 e BA-MA N53/ 76, p. 17
p. 24 200ª Divisão de Infantaria, N. M. Ramanitchev, "Iz opita peregrupirovki armi pri podgotovke Berlinskoi operatsii", *ViZh*, No. 8, 1979
p. 24 "só estar em Berlim...", Klotchkov, p. 72
p. 24 "Alguns desertores tomam veículos...", 7 de abril, RGVA 38686/1/ 21 p. 40
p. 24 355 desertores, RGVA 32891/1/ 120, p. 250
p. 24 "Muitos soldados...", RGVA 32925/1/100, p. 184
p. 25 "menos da metade...", de Beria a Stalin, GARF 9401/2/95, pp. 253-68
p. 25 soldados extraviados, 11 de abril, RGVA 32925/1/130, p. 240
p. 25 "Olá papai, mamãe...", citado em Shindel (ed.), pp. 158-9
p. 26 "Nosso avanço é lento demais...", TsAMO 233/2374/92, p. 331
p. 26 "Komsomolets", TsAMO 236/ 2675/440, pp. 6-8
p. 27 "todos os comunistas têm o dever...", TsAMO 233/2374/93, p. 652
p. 27 regimentos de artilharia, TsAMO 233/2374/93, p. 652
p. 27 "a população local...', TsAMO 233/2374/93, p. 695
p. 27 "pilha de pedras", Inozemtsev, p. 196

p. 28 "Os soldados cercados...", RGVA 38680/1/3, p. 68
p. 28 "A aviação é...", Inozemtsev, p. 196
p. 29 "Um Bismarck de bronze...", ibid., p. 201
p. 29 "o navio-hospital *Goya*", Duffy, p. 291
p. 29 "Na frente de batalha...", BA-MA RH19/XV/9a, p. 97
p. 29 "O Führer espera...", BA-MA RH19/XV/9a, p. 207
p. 30 "o Führer está instintivamente..." BA-MA RH19/XV/9a, p. 221
p. 30 "O concerto nos levou...", Below, p. 409
p. 30 a Juventude Hitlerista e as cápsulas de cianeto, Sereny, p. 507
p. 30 "Ordem do Dia", BA-MA RH19/XV/9b, p. 34
p. 31 "Havia terror...", Seniavskaia, 2000, p. 275

13. OS AMERICANOS NO ELBA

p. 31 "aprendendo inglês...", carta capturada, de Willi Klein ao cabo Hans Gerl, citado em Ehrenburg, *Krasnaya Zvezda,* 25 de novembro de 1944
p. 31 "a Alemanha perdeu...", interrogatório de Papen, NA 740.0011 EW/4-2445
p. 33 "Alex, para onde...", Bolling, citado em Ryan, p. 229
p. 33 "Bolcheviques perto de Viena...", GARF 9401/2/97, pp. 32-48
p. 34 massacres na área de Leipzig, relatório do capitão Claude Merry, 28 de abril, SHAT 8 P 22
p. 34 "Com base em descobertas", relatório de 8 de março, NA 740.0011 EW/3-845
p. 35 "Sem correr...", SHAT 8 P 27
p. 35 Operação Saque, Elliott, pp. 121, 125, 143
p. 35 "Monty era muito rigoroso...", anônimo, conversa pessoal, 30 de dezembro de 2000
p. 36 "uma luta de vida ou morte...", Elliott, p. 12
p. 36 "Os tanquistas americanos...", *Krasnaya Zvezda,* 11 de abril, p. 3

p. 36 "vencendo com câmeras", NA 740.0011 EW/4-1345
p. 37 "conseguir uma transferência...", NA 740.0011 EW/3-2745
p. 39 "não há provas...", NA 740.0011 EW/4-2345
p. 39 "O interrogatório de vários...", relatório de 10 de abril, SHAT 7 P 102
p. 40 "*Deutschland, dein...*", Kardorff, p. 306
p. 40 "*Hvatit*", *Krasnaya Zvezda*, 11 de abril, p. 3
p. 40 "não estavam recusando...", "politicamente prejudiciais", ver Leonid Reshin, "*Tovarisch Ehrenburg uproshchaet*", *Novoie Vremia*, nº 8, 1994
p. 41 "prometendo imunidade...", Ehrenburg, pp. 176, 177
p. 41 "O Camarada Ehrenburg simplifica demais", "*Tovarisch Ehrenburg uproschaet*", *Pravda,* 14 de abril
p. 42 "Sua esposa pode ganhá-lo...", de Abakumov a Stalin, 29 de março, citado em Reshin, *Novoie Vremia,* nº 8, 1994
p. 42 "que devemos ser duros...", TsAMO 233/2374/92, pp. 360-61
p. 43 "O que surpreendia", Soiuz veteranov jurnalistiki, p. 447
p. 43 "Em conexão com...", GARF 9401/2/95, pp. 31-5, e de Serov a Beria, 19 de abril, GARF 9401/2/95, p. 9
p. 44 43 mil soldados poloneses do Gulag, GARF 194/1/1146
p. 44 "*V Sibir ili v Armiju?*", Andrzej Rey, citado por Gerhard Gnauck em "Wie die Horden Dschingis Khans", *Die Welt,* 8 de maio de 2001, p. 31
p. 45 "extremamente rude...", "der *Katastrophengeneral*", interrogatório de 8 de abril do general von Oriola, do 13º Corpo, 2e Bureau, 21 de abril, SHAT 7 P 128
p. 46 "Você chega...", Reichhelm, conversa pessoal, 5 de outubro de 1999
p. 47 "ao longo de ambos os lados...", manuscrito não publicado, diário de Peter Rettich, comandante de batalhão, Divisão *Scharnhorst*, 12º Exército, papéis de Reichhelm
p. 48 "não havia outra possibilidade senão render-se", Reichhelm, conversa pessoal, 5 de outubro de 1999, e Humboldt, conversa pessoal, 11 de outubro de 1999

p. 48 "o Nono Exército ocupara...", relatório diário do SHAEF sobre as operações aliadas, SHAT 8 P 19

p. 48 "a futura divisão da Alemanha...", Eisenhower, p. 43

p. 49 "Os soldados e oficiais", Maizière, conversa pessoal, 9 de outubro de 1999

p. 50 "Quem é que ordenou...", citado em Ryan, p. 261

p. 50 "Meu Führer, congratulo-o!", Trevor-Roper, pp. 89-90

p. 50 "No momento...", BA-MA RH19/XV/9b, p. 34

p. 51 "balançando como um navio", Loewe, conversa pessoal, 9 de outubro de 2001

p. 51 "Todo um mundo...", Kardorff, pp. 306-7

14. A VÉSPERA DA BATALHA

p. 51 2,5 milhões de homens etc., *Sovetskaia voiennaia entsiklopedia*, Vol. i, Moscou, 1990, p. 383

p. 52 medalhas arrancadas da 20ª Divisão Panzergrenadier, *VOV*, iii, p. 272

p. 52 "Durante a noite...", V. Makarevski, "17-ya motorinjenernaia brigada v Berlinskoi operatsii', *ViZh*, nº 4, abril de 1976

p. 52 "Os membros ativos do Komsomol...", TsAMO 236/2675/440, p. 76

p. 53 "Não haverá piedade.", TsAMO 233/2374/92, p. 240

p. 53 "transmitido às claras", TsAMO 236/2675/440, p. 192

p. 53 nenhuma subunidade com permissão de usar o rádio, RGVA 32891/1/60

p. 53 comprimentos de onda e códigos, RGVA 32891/1/160, p. 232

p. 53 "instáveis moral e politicamente", TsAMO 233/2374/93, p. 454

p. 53 falar contra as fazendas coletivas, TsAMO 233/2374/92, p. 14

p. 54 ordem de Heinrici, BA-MA RH 19 XV/9b, p. 42

p. 54 "Muitos queriam ser feridos...", Kertz, conversa pessoal, 11 de outubro de 1999

p. 55 "Não dá para imaginar", TsAMO 236/2675/336, p. 57
p. 55 "Temos de manter...", TsAMO 233/2374/93,- p. 411
p. 55 "quase pacífica...", Wust, conversa pessoal, 10 de outubro de 1999
p. 56 "alma de coelho", IfZ MA 127/2, p. 12.949
p. 56 "As chaves da cidade...", Vsevolod Vishnevski, RGALI 1038/1/1804
p. 56 notícias de jornal, contradições da TASS, ver *Pravda*, 25 de abril
p. 57 "outra questão", NA RG334/ Registro 309/Caixa 2
p. 58 "Alguns deles cobriram...", Klotchkov, p. 72
p. 58 "Saudações da frente", segundo-tenente do Serviço Médico Abdul Aziz Babahanov, Soiuz veteranov jurnalistiki, p. 491
p. 59 "A lâmpada de furacões afasta a escuridão", Seniavskaia, 1995, p. 181
p. 60 "torturada até a morte...", TsAMO 233/2374/92, p. 314
p. 61 "Canção do artilheiro", citado em Seniavskaia, 1995, p. 101
p. 61 "Logo voltaremos para casa...", TsAMO 236/2675/440, p. 16
p. 62 "Parece uma grande...", Gall, conversa pessoal, 2 de novembro de 1999
p. 63 "Avisamos a todo...", Sulhanishvili, conversa pessoal, 12 de outubro de 2000

15. JUKOV NO CONTRAFORTE DE REITWEIN

p. 63 chegada de Jukov, Merejko, conversa pessoal, 10 de novembro de 1999
p. 64 "Os ponteiros do relógio...", Jukov, iv, pp. 242-3
p. 65 "Um trovão terrível...", Klotchkov, p. 73
p. 66 "*Alarm! sofort...*", Ramm, 1994, p. 33
p. 66 "Em questão...", Wagner, citado em ibid., p. 200

p. 66 "No campo de visão...", Kleine e Stimpel, p. 39
p. 66 "casas de fazenda pegando fogo...", citado em Ramm, 1994, p. 200
p. 66 "Cristo, os pobres...", Baumgart, citado em ibid., p. 67
p. 67 "barbeando oficiais...", SS Kriegsberichter Heinz Heering, BA-MA MSg2/3448, p. 6
p. 67 "Esses homens foram sacrificados...", Obersturmführer Helmut Schwarz, citado em Ramm, 1994, p. 170
p. 67 "Parecia não ter sobrado...", Jukov, iv, p. 244
p. 67 "Toda a extensão...", carta, Piotr Mitrofanovitch Sebelev, Segunda Brigada de Sapadores, 16 de abril, citado em Shindel (org.), p. 160
p. 68 "a luz era tão ofuscante...", Sulhanishvili, conversa pessoal, 12 de outubro de 2000
p. 69 "causando perdas" etc., TsAMO 233/2374/92, pp. 257-8
p. 70 "Alerta Máximo", diário de Schröder, citado em Ramm, 1994, p. 177
p. 72 "Então o senhor subestimou...", Jukov, iii, p. 245
p. 72 "Sua espantosa bravura...", BA-MA RH19/XV/24, p. 36
p. 74 "um trovão surdo e contínuo...", BA-MA MSg1/976, p. 17
p. 74 "mulheres e crianças ficavam...", Boldt, pp. 108-9
p. 76 "não era um campo de morte...", Harald Arndt, citado em Ramm, 1994, p. 270
p. 76 "Movemo-nos pelo terreno", Sebelev, Shindel (org.), p. 160
p. 76 "coberto de cadáveres", Klotchkov, p. 73
p. 77 "má organização" etc., TsAMO 233/2374/92, pp. 27-30
p. 79 "em alguns regimentos...", TsAMO 233/2374/92, pp. 31-2
p. 79 "tornavam-se muito mais frequentes", TsAMO 233/2374/92, p. 31
p. 79 nota de pé de página: pessoal médico, Seniavskaia, 1995, p. 124
p. 80 "Quantos fósforos se queimaram?", Seniavskaia, 2000, p. 227
p. 80 "Fiquei profundamente...", BA-MA MSg2/1096
p. 81 "Berlim no sexto dia...", *VOV*, iii, p. 270

p. 81 “Tem certeza de que vai...”, Jukov, iv, p. 247
p. 82 “Mesmo quando fui...”, TsAMO 233/2374/194, pp. 47-8
p. 82 “O deus da guerra...”, TsAMO 233/2374/194, p. 32
p. 82 “Ao covil fascista” etc., TsAMO 233/2374/194, p. 34
p. 83 posto de observação do 13º Exército, Konev, p. 91
p. 83 “Os barcos de assalto foram lançados”, TsAMO 233/2374/194, p. 35
p. 84 “Não tínhamos onde nos esconder”, TsAMO 233/2374/194, p. 33
p. 84 “Ivan, não atire, somos prisioneiros”, TsAMO 236/2675/336, pp. 6, 55-6
p. 85 “insuportavelmente lenta”, TsAMO 233/2374/194, p. 50
p. 85 “Jukov não está indo...”, TsAMO TsGV/70500/2, pp. 145-9, citado em Jukov, iv, pp. 226-7
p. 86 “[Antonov] disse...”, NA. RG334/Registro 309/Caixa 2

16. SEELOW E O SPREE

p. 87 “Usava um sobretudo...”, Sulhanishvili, conversa pessoal, 12 de outubro de 2001
p. 88 “claramente pouco educada”, Erickson, p. 569
p. 88 “Na opinião da infantaria”, TsAMO 233/2374/92, p. 355
p. 89 “Nós, da infantaria, éramos...”, Tillery, citado em Ramm, 1994, p. 35
p. 90 “completamente abalado...”, BAMA MSg2/1096, p. 4
p. 90 “Este é meu comandante...”, BAMA MSg2/1096 p. 5
p. 91 ataques a pontes do Oder, RGVA 32925/1/130, p. 259
p. 91 ataques suicidas de pilotos alemães, NA 740.0011 EW/4-2445
p. 91 esquadrilha *Leonidas* (2./II./KG 200), BA-MA MSg2/4429, pp. 1-44
p. 93 “se os alemães...”, TsAMO 236/2675/149, p. 258
p. 93 “Como vai dispará-la?”, TsAMO 233/2374/194, p. 56
p. 94 “Nenhuma cidade alemã...”, BA-MA RH19/XV/9b, p. 131

p. 95 "[habitantes] desempregados...", BLHA Pr. Br. Rep. 61A/443

p. 96 baixas da *Nordland*, BA-MA RH 19 XV/9b, p. 62

p. 98 "Hoje é o momento...", BA-MA RH19/XV/9, p. 264

p. 98 soldado ferido em Hermersdorf, Kleine e Stimpel, p. 35

p. 99 "426 blindados soviéticos", *Der Angriff*, Nr. 92, 20 de abril

p. 99 "E este é o exército", Kleine e Stimpel, pp. 35-6

p. 100 "Na cidade de Gusow...", TsAMO 233/2374/92, p. 356

p. 101 "a defesa da capital...", BA-MA MSg1/976, p. 18

p. 101 "Berlim será...", Interrogatório de Speer, 22 de maio, NA 740-0011 EW/ 5-145

p. 101 "o sacrifício de crianças" BA-MA MSg2/1096, p. 6

p. 102 "Os russos estão comendo...", Martin Kleint, citado em Ramm, 1994, p. 296

p. 103 "*Der Iwan kommt*", ibid., p. 96

p. 104 execuções no setor de Küstrin, Wuth, conversa pessoal, 10 de outubro de 1999

p. 104 das SS a Schleswig-Holstein, BAMA MSg2/3448, p. 6

p. 104 de Saalborn ao burgomestre de Woltersdorf, BLHA Pr. Br. Rep. 61A/ 443

p. 105 "Bem, teremos de iniciar", Jukov, iv, p. 224

17. O ÚLTIMO ANIVERSÁRIO DO FÜHRER

p. 106 "com as mais sinceras congratulações", RGVA-SA 1355/4/11, p. 54

p. 107 "Fiquei em dúvida se ele estava louco", Kardorff, p. 307

p. 108 "desapontado com a covardia...", Interrogatório de Speer, 22 de maio, NA 740-0011 EW/5-145

p. 109 "Aniversário do Führer", GARF 9401/2/97, pp. 32-48

p. 109 "Foi horrível...", Traudl Junge, citado em Sereny, p. 512

p. 110 "Eva Braun e o Dr. Stumpfegger", diário de Bormann, GARF 9401/ 2/97, pp. 32-48

p. 110 "truque muito sujo", carta de 19 de abril, citada em Gun, p. 247

p. 110 "manter viva no coração...", texto de Brandt, NA RG319/22/XE 23 11 00

p. 112 "Estava sempre...", Below, pp. 407-8

p. 112 "Já podemos ouvir...", carta a Herta Ostermayr, citada em Gun, p. 252

p. 112 "De repente, a gente lembra...", sexta-feira, 20 de abril, anônima, p. 9

p. 114 "a artilharia de longa distância...", Jukov, iv, p. 250

p. 114 "uma missão histórica: entrar em Berlim...", TsAMO 233/2307/193, p. 88

p. 114 "O Camarada Ribalko", TsAMO 236/2712/359, p. 35

p. 115 sinais de reconhecimento para o encontro com os exércitos aliados, TsAMO 132a/ 2642/38, pp. 14-15

p. 115 "Pessoal aos camaradas...", citado em Erickson, p. 578

p. 115 "*Auffanglinien*", BA-MA RH 19 XV/24, p. 119

p. 115 "estava claro para nós...", BA-MA MSg1/976, p. 18

p. 116 "Então os tanques começaram a disparar...", citado em Ramm, 1994, p. 96

p. 117 "Agora será a vez deles", ibid., p. 97

p. 118 "Quanto mais perto se chega de Berlim", papéis de Grossman, RGALI 1710/3/51, p. 240

p. 118 "principalmente por oficiais e homens...", TsAMO 233/2374/92, p. 47

p. 119 "Era tudo sem sentido", Wuth, conversa pessoal, 10 de outubro de 1999

p. 119 30ª Brigada de Artilharia de Guardas, Klotchkov, p. 77

p. 120 "Retornaram no dia seguinte...", TsAMO 233/2374/93, p. 722

p. 120 "receberam substâncias químicas", RGVA 32891/1/125, p. 289

p. 120 "rechaçar", BA-MA MSg1/ 976, p. 20

p. 120 "para pegar desertores e executá-los...", TsAMO 233/2374/93, p. 412

18. A REVOADA DOS FAISÕES DOURADOS

p. 121 "nenhum homem capaz...", BA-MA MSg1/976, p. 17

p. 121 "*Werwölfe* de Berlim e Brandemburgo", 24 de abril, NA RG 260 OMGUS, Pilha 390 41/7/5-6 A2/S4

p. 122 "O que está acontecendo?", interrogatório de Günsche, citado em Bezimenski, pp. 28-9

p. 122 "Pelo rato do Goebbels", TsAMO 233/2374/92, p. 255, e Jukov, iv, p. 258

p. 122 "o deus sangrento da guerra", K. M. Simonov, Caderno nº 8, RGALI 1814/4/7

p. 122 1,8 milhão de granadas, Jukov, iv, p. 255

p. 123 "tribo do porão", anônimo, pp. 13-16

p. 124 "*Du General?*", Kertz, conversa pessoal, 10 de outubro de 1999

p. 124 Divisão *Scharnhorst*, diário de guerra de Rettich, papéis de Reichhelm

p. 126 "uma sensação péssima", Lorenz, citado em Ramm, 1994, p. 98

p. 126 "Cuide para que todos vocês...", Tillery, citado em ibid., p. 40

p. 127 "Devido à lentidão...", 21 de abril, TsAMO 233/2374/92, pp. 359-60

p. 130 "três batalhões e alguns blindados", BA-MA MSg1/976, p. 143

p. 130 "A defesa de Berlim...", TsAMO 299/17055/4, p. 305

p. 131 "avanço de 24 horas...", Jukov, iv, p. 276

p. 131 "riozinho sujo e pantanoso", TsAMO 233/2374/194, p. 66

p. 132 "granadas soviéticas explodindo...", Wallin, citado em Ramm, 1994, p. 99

p. 134 ordem de Konev ao 28º Exército, A. Lutchinski, "Na Berlin!", *ViZh*, nº 5, maio de 1965

p. 134 "completamente surpresos...", NA RG 338, P-136, p. 49

p. 134 "quanto neve em pleno...", TsAMO 233/2374/194, p. 78

p. 135 "Pelas 17 horas da tarde", Rocolle, 1954, p. 87

p. 136 "corações dispararam de medo", DRK-Schwester Ruth Schwarz, citado em Ramm, 1994, p. 229

p. 137 soldados alemães extraviados dos montes Seelow, RGVA 32925/1/130, p. 269

p. 137 "Em 22 de abril uma cozinheira do Exército Vermelho", RGVA 32925/1/130, p. 275

p. 137 "Tudo está coberto de flores...", papéis de Grossman, RGALI, 1710/3/51, p. 239

p. 139 "Nem uma só mulher...", anônima, p. 21

p. 141 "O marechal de campo, general Keitel", extratos de anotações de Jodl, TsAMO 233/2356/5804, pp. 201-3

p. 141 "sua doença mental...", Maizière, p. 106 e conversa pessoal, 9 de outubro de 1999

p. 142 "As perdas nunca são...", citado em Trevor-Roper, p. 65

p. 142 "os líderes planejam ir...", NA 740.0011 EW/3-2245

p. 142 "Existem na Suíça...", NA RG59 740.0011 EW/4-645

p. 143 "soberbamente providos", Freytag von Loringhoven, conversa pessoal, 4 de outubro de 1999

p. 143 "No *bunker*", Maizière, conversa pessoal, 9 de outubro de 1999

p. 143 noite de 22 de abril, Below, p. 411, e Traudl Junge, entrevista na televisão

p. 145 "Perdoe-me...", carta de 22 de abril, original reproduzido em Gun, p. 176

19. A CIDADE BOMBARDEADA

p. 145 "à batalha um significado europeu", diário do Uffz. Heinrich V., 23 de abril, BZG-S

p. 145 canhões de sítio, Jukov, iv, p. 255

p. 146 "A deserção de repente...", anônima, p. 24

p. 147 "um sentimento real de desintegração", Beier, conversa pessoal, 9 de outubro de 2001

p. 148 "a seus impulsos", Kronika, pp. 98-9

p. 148 "Que coisa dar a vida por isso", Petersohn, conversa pessoal, 9 de julho de 2000

p. 149 boato da prisão de Model, NA 740.0011 EW/4-2445

p. 149 Sétimo Departamento, TsAMO 233/ 2374/93, pp. 413, 419

p. 150 "Como a claque fascista...", TsAMO 233/2374/93, p. 414

p. 150 "carta dos moradores...", TsAMO 233/2374/93, p. 415

p. 151 "um sargento excepcional...", Reichhelm, conversa pessoal, 5 de outubro de 1999, e também Humboldt, conversa pessoal, 11 de outubro de 1999

p. 151 "coveiro do exército", NA 740.0011 EW/4-1045

p. 152 "*Soldaten der Armee Wenck!*", BA-MA MSg1/976, p. 28

p. 152 "o Führer emitiu ordens...", NA 740.0011 EW/4-2445

p. 152 "Então elaboramos...", Humboldt, conversa pessoal, 11 de outubro de 1999

p. 152 "Rapazes, terão de entrar...", papéis de Reichhelm, *Das Letzte Aufgebot*

p. 153 "um sentimento de lealdade...", Genscher, conversa pessoal, 4 de setembro de 2000

p. 153 "Então vamos virar!", diário de Rettich, papéis de Reichhelm

p. 153 "tragicomédia", BA-MA MSg1/ 976, p. 22

p. 153 estado do 56º Corpo Panzer, Refior, BA-MA MSg1/976, p. 24

p. 154 números da defesa de Berlim, Willemer, "The German Defense of Berlin", NA RG338, P136, p. 46

p. 155 viagem de Speer a Berlim, NA 740.0011 EW/5-145

p. 156 "as lendas seriam difíceis de criar", interrogatório de Speer, 22 de maio, NA 740.0011 EW/5-145

p. 157 "Meu Führer - Em vista de...", citado em Trevor-Roper, p. 116

p. 158 "uma garota simples de Munique...", Sereny, p. 532

p. 158 "Hermann não está conosco...", Gun, pp. 253-4

20. FALSAS ESPERANÇAS

p. 159 relato de Krukenberg, BA-MA MSg2/1283

p. 159 SS "*Charlemagne*", Fenet, conversa pessoal, 4 de junho de 1999

p. 162 "já que só ele...", NA 740.0011 EW/5-145

p. 162 "O Reichsführer não está mais...", Trevor-Roper, p. 103

p. 163 campo de triagem da Schulstrasse, Löwenstein, conversa pessoal, 14 de julho de 2000

p. 164 "Internacional real", Konev, p. 150

p. 164 "centenas de camponeses russos...", RGALI 1710/3/51, p. 239

p. 164 "Uma velha...", RGALI 1710/3/51, p. 240

p. 165 "A União Soviética tem o direito...", NA RG218 JCS Caixa 15

p. 166 avião dos Estados Unidos atacado, correspondência de Antonov, NA RG334/Registro 309/Caixa 2

p. 167 "lambiam [nossas] botas", TsAMO 233/2374/92, p. 53

p. 167 "No decorrer de três horas", V. S. Antonov, "Poslednie dni voini", *ViZh*, nº 7, julho de 1987

p. 167 "Foi uma luta sangrenta...", Ramm, 1994, p. 102

p. 167 "Vlasov e seus homens estão participando", RGALI 1710/3/51, p. 239

p. 168 Beelitz-Heilstätten, DRK-Schwester Ruth Schwarz, citado em Ramm, 1994, p. 229

p. 169 "O senhor é o primeiro...", BA-MA MSg2/ 1283, p. 11

p. 170 condições de vida no *bunker*, Freytag von Loringhoven, conversa pessoal, 4 de outubro de 1999, e Misch, 8 de julho de 2000

p. 170 "Outro oficial...", TsAMO 233/2374/92, p. 361

p. 171 "surpreendeu imensamente os berlinenses", TsAMO 233/2374/194, p. 78

p. 171 "fenômenos anormais", TsAMO 233/2374/92, p. 362

p. 171 "pequena *babushka*", Sulhanishvili, conversa pessoal, 12 de outubro de 2000

p. 171 "violência impessoal da própria guerra", Glenn Gray, pp. 66-7
p. 171 "substitutas da derrota do inimigo", Naimark, p. 70
p. 171 ondas de violência, ibid., p. 83
p. 171 Shuljenok, TsAMO 233/ 2374/92, p. 333
p. 172 "O que contradiz nossa ideia...", papéis de Grossman, RGALI 1710/3/51, p. 240
p. 173 "Ziegler tinha ordens secretas", BA-MA MSg1/976, p. 24
p. 173 "*Meine Herren, alles Gute!*", Roman Burghart, citado em Ramm, 1994, p. 104
p. 174 "deitados em uma mesa suja de sangue...", Wallin, citado em ibid., p. 105
p. 174 relato de Krukenberg, BA-MA NISg2/1283
p. 174 "SS traidores prolongam a guerra!", Wallin, citado em Ramm, 1994, p. 103
p. 175 "O silêncio que se seguiu...", BA-MA N65/126
p. 176 "A situação deve melhorar", TsAMO 233/2356/5804, pp. 201-3
p. 176 "uma autoilusão que beira...", BA-MA N65/126, p. 165
p. 177 "O general Eisenhower deseja...", 25 de abril, de Deane a Antonov, NA RG334/Registro 309/Caixa 2
p. 177 Deutschlandsender, NA RG59 740.0011 EW/5-1045
p. 178 Tully e Irwin, NA RG334/ Registro 309/Caixa 6
p. 180 "Nas paredes...", de Serov a Stalin, via Beria, 25 de abril, GARF 9401/ 2/95, pp. 304-10
p. 182 "a atitude dos soldados do Exército Vermelho...", de Beria a Stalin, GARF 9401/2/95, pp. 317-28

21. A LUTA NA CIDADE

p. 183 "Lá ficam elas...", anônima, p. 28
p. 184 "Pegai as armas...", diário do Uffz. Heinrich V., 27 de abril, BZG-S

p. 185 "Não tínhamos ideia...", Petersohn, conversa pessoal, 9 de julho de 2000

p. 188 "*Tag, Russki!*", Boeseler, conversa pessoal, 7 de julho de 2000

p. 188 "cúlaques nem proprietários de terras", TsAMO 233/2374/93, p. 747

p. 189 "rostos de cera envoltos...", anônima, p. 29

p. 189 "quase sem antissépticos...", Rocolle, 1954, p. 73

p. 189 armas da Volkssturm, diário-carta de Toscano-Korvin, 7 de julho, BZG-S

p. 190 "Berlinense! Aguente firme...", BA-MA MSg1/ 976, p. 28

p. 190 "No momento estou...", Piotr Mitrofanovitch Sebelev, citado em Shindel (ed.), p. 161

p. 192 "caçarola", Johannes Steinhoff, citado em Steinhoff *et al.* (orgs.), p. 245

p. 192 "tática nova", TsAMO 233/ 2374/194, p. 78

p. 192 canhões antiaéreos do Terceiro Exército de Choque, Nikolai Vasiliev, "Krasnii tsvet pobedi", em *Vsem smertiam nazlo*, Moscou, 2000

p. 192 "operações ofensivas executadas", SHAT 7P 163

p. 193 pedaços de trilho com dinamite, TsAMO 233/2374/194, p. 78

p. 193 "Não tínhamos tempo...", entrevista anônima, 5 de novembro de 1999

p. 194 "casos frequentes de disparos mútuos...", A. Lutchinski, "Na Berlin!", *ViZh*, nº 5, maio de 1965

p. 195 "Pobre centro da cidade", Eva Reuss em Schwerin, p. 166

p. 195 "Agora devemos temer...", RGALI 1710/3/51, p. 241

p. 196 "os trovões do céu", papéis de Grossman, RGALI 1710/3/51, p. 240

p. 196 "Velhas lebres da linha de frente", BA-MA MSg1/976, p. 25

p. 197 "Sua proposta está perfeitamente certa...", BA-MA MSg1/976, p. 25

p. 197 tradição dos comandantes de cidade, Konev, p. 236

p. 197 "O comandante de Berlim", RGALI 1710/3/51, p. 240
p. 199 "os americanos poderiam cruzar", BA-MA MSg2/1283, p. 22
p. 203 Thiessen e Bewilogua, AGMPG 11. Abt., Rep. 1A, A2. IA 9/-Havemann
p. 204 Haus Dahlem, Rocolle, 1992, pp. 108-9
p. 204 "horrores da Idade Média", Marianne Reinold, em Bollmann *et al.*, p. 67
p. 204 eventos em Dahlem, ver também Naimark, p. 82
p. 205 "violência sob pretexto de vingança", TsAMO 233/2374/93, p. 706
p. 205 "Quando entramos em Berlim", TsAMO 233/2374/93, p. 650
p. 206 "O quê? Ora, com certeza...", anônima, p. 49

22. A LUTA NA FLORESTA

p. 206 "Quem jamais pensaria...", diário de Peter Rettich, papéis de Reichhelm
p. 207 "Expulsem os russos!", Ruth Schwarz, citado em Ramm, 1994, p. 231
p. 207 "Foi travado...", diário de Rettich, papéis de Reichhelm
p. 208 baixas civis em Beelitz, *Beelitzer Heimatverein*, p. 18
p. 208 nota de rodapé: estimativa soviética do exército de Busse, Konev, p. 181, Erickson, p. 592
p. 208 40 mil soldados alemães na floresta, NA RG 338 R-79, p. 59
p. 208 "arrastava-se para oeste como uma lagarta", citado em NA RG 338 R-79, p. 14
p. 209 "para decidir por si mesmo...", citado em NA RG 338 R-79, p. 19
p. 210 "para bloquear todas as estradas da floresta que vão de leste a oeste", TsAMO 684/492483/1
p. 210 "sem informações sobre...", A. Lutchinski, "Na Berlin!", *ViZh*, nº 5, maio de 1965

p. 210 "O Führer ordenou...", "O Führer em Berlim...", NA RG 338 R-79, pp. 37-8
p. 211 "Embora as primeiras tentativas....", TsAMO 236/2675/267, p. 186
p. 212 feridos esmagados por lagartas de tanques, Lindner, conversa pessoal, 10 de outubro de 2001
p. 213 "Pagaram por isso...", A. Lutchinski, "Na Berlin!", *ViZh*, nº 5, maio de 1965
p. 214 "2.459 missões de ataque...", Konev, p. 182
p. 214 "uma colcha de retalhos de cadáveres", Baumgart, citado em Ramm, 1994, p. 70
p. 214 "Há cinco dias", TsAMO 236/2675/267, p. 189
p. 215 SS com *panzerfaust* no porão, Buhl, conversa pessoal, 10 de outubro de 2001
p. 215 "Jamais suspeitei...", diário de Jürgs (8 de maio, em retrospectiva), citado em Ramm, 1994, pp. 159-60
p. 216 "Os tanques passaram...", citado em Ramm, 1995, p. 25
p. 217 "Levantem-se!", Kleint, citado em Ramm, 1994, p. 306
p. 217 "Naquele lugar, havia...", K. M. Simonov, Caderno nº 9, RGALI, 1814/4/8, p. 80
p. 218 "Os restos das hordas...", TsAMO 233/2374/194, p. 76
p. 218 "mais de 3 mil a 4 mil", Konev, pp. 181-2
p. 219 Fieseler Storch do Grupo de Exércitos do Vístula, Eismann, BA-MA MSg1/976, p. 138
p. 219 "mandar essas crianças...", BA-MA MSg1/976, p. 143
p. 219 "desobediência e fraqueza indignas...", BA-MA MSg1/976, p. 143

23. A TRAIÇÃO DO TESTAMENTO

p. 221 61ª Divisão de Infantaria, A. Lutchinski, "Na Berlin!", *ViZh*, nº 5, maio de 1965
p. 221 "Rosli, que em geral...", V. S. Antonov, "Poslednie dni veriti", *ViZh*, nº 7, julho de 1987, e TsAMO 301sd/ 295514/1, p. 158

p. 222 "Tinha-se uma vista...", citado em Schultz-Naumann, p. 178

p. 222 "Aguentem firme, lutem fanaticamente", 26 de abril, 4h08min, GARF 9401/2/102, pp. 13-17

p. 222 "Considero sua proposta...", 26 de abril, NA RG218 JCS Caixa 15 Pasta 94

p. 222 "Himmler e Jodl param...", GARF 9401/2/97, pp. 32-48

p. 223 execução de Fegelein, Freytag von Loringhoven, conversa pessoal, 4 de outubro de 1999

p. 224 "Um traidor jamais...", citado em Trevor-Roper, p. 152

p. 226 "apesar de todos...", ibid., pp. 156-7

p. 227 "Uma febre erótica...", Gun, p. 273

p. 229 "Salão Kitty", *Salon Kitty*, ver Peter Norden, Munique, 1970, e o documentário "Meine Oma hatte einen Nazi-Puff", de Rosa von Praunheim, sobre o neto de Kitty, Jochen Mattei

p. 230 "esta cidade cinzenta...", TsAMO 233/2374/194, p. 83

p. 230 "naquela mesma noite", Rocolle, 1954, p. 69

p. 230 Shatilov e Goebbels, Klotchkov, conversa pessoal, 25 de julho de 2000

p. 230 "olhando-nos maliciosamente...", Shatilov, "U sten Reihstaga", em *Vsem smertiam nazlo*, Moscou, 2000

p. 231 à procura de explosivos em Moabit, Sulhanishvili, conversa pessoal, 10 de fevereiro de 2001

p. 231 "logo aprendesse o que esperar", TsAMO 233/2374/194, p. 78

p. 233 ataque ao Reichstag, S. Neustroiev, "Shturm Reihstaga", *ViZh*, nº 5, maio de 1960, pp. 42-5

p. 233 lançadores de Katiúchas com pedaços de trilho, Beliaiev, conversa pessoal, 25 de julho de 2000

p. 234 "Saudações da linha de frente", citado em Shindel (org.), p. 151

p. 234 "Domingo, 29 de abril", GARF 9401 2/97, pp. 32-48

p. 235 Mensagens interceptadas, 29 de abril, TsAMO 233/2356/5804, p. 147

p. 236 "Herr General, não quero morrer...", Freytag von Loringhoven, conversa pessoal, 4 de outubro de 1999
p. 236 partida de Weiss, Freytag e Boldt, Freytag von Loringhoven, conversa pessoal, 4 de outubro de 1999
p. 236 ataque à Prinz-Albrechtstrasse, V. S. Antonov, "Poslednie dni voini", *ViZh*, nº 7, julho de 1987
p. 237 "alimentada de cima", Krukenberg, BA-MA MSg2/1283, p. 30
p. 237 rostos vazios, Weisz, citado em Ramm, 1994, p. 106
p. 237 "descida ao inferno", Berezniak, citado em ibid., p. 115
p. 237 "como um único soldado com fuzil", Fenet, conversa pessoal, 19 de maio de 1999
p. 238 "Os comunistas têm de ser...", Fenet, conversa pessoal, 19 de maio de 1999
p. 239 "Mas o Camarada Kuharev...", TsAMO 233/2374/92, p. 70

24. FÜHRERDÄMMERUNG

p. 240 "Chegou a ordem...", Shatilov, "U sten Reihstaga", em *Vsem smertiam nazlo*, Moscou, 2000
p. 241 "Há um prédio cinzento...", Vasili Subbotin, *How Wars End*, p. 131
p. 241 "paisagem de Hieronymus Bosch", Kardorff, p. 175
p. 242 bombardeio do Reichstag, S. Neustroiev, "Shturm Reihstaga", *ViZh*, nº 5, maio de 1960, pp. 42-5
p. 243 "ter fugido de um museu...", BA-MA MSg2/3448, p. 10
p. 243 "como outra qualquer...", Misch, conversa pessoal, 8 de julho de 2000
p. 244 "pendurados de cabeça para baixo", Rjevskaia, 1986, p. 44
p. 244 Medo que Hitler tinha da captura de Eva Braun, ver R. W. Leon, *The Making of an Intelligence Officer*, Londres, 1994
p. 245 capa de pele de raposa prateada, Sereny, p. 538
p. 245 "um livro sobre as tumbas egípcias", RGVA-SA 1355/1/1, p. 18

p. 246 Kempka e gasolina

p. 246 "calças pretas e um paletó militar cinza-esverdeado", protocolo de investigação da SMERSH, de Vadis a Beria, 7 de maio, GARF 9401/2/96, pp. 175-82

p. 247 *bunker* inferior logo antes do suicídio de Hitler, Sereny, p. 539, e Misch, conversa pessoal, 8 de julho de 2000

p. 247 "O chefe está em chamas" e Linge tirando o relógio, Misch, conversa pessoal, 8 de julho de 2000

p. 247 "As informações que...", Rjevskaia, 1986, p. 36

p. 248 "O ar se adensou...", ibid., p. 31

p. 249 "Ela disse que precisava...", de Vadis a Beria, 7 de maio, GARF 9401/2/ 96, pp. 175-82

p. 250 "deixou cerca de 1.800 mortos", TsAMO 236/2675/149, p. 274

p. 251 "Chegamos a uma clareira...", Gefreiter Martin Kleint, 30 de abril, citado em Ramm, 1994, p. 309

p. 252 "O menino fazia caretas dolorosas", Rjevskaia, 1986, p. 31

p. 252 "Pessoalmente, e além de...", papéis de Truman, citado em Martin Gilbert, *The Day the War Ended*, Londres, 1995, p. 41

p. 253 "um acordo secreto...", NA 740-0011 EW/4-2445

p. 253 Weidling no *bunker* do Führer, noite de 30 de abril, NA RG 338 R-79, p. ii

p. 254 "presente especial para Stalin", Klotchkov, conversa pessoal, 25 de julho de 2000

p. 255 sangue nas colunas de pedra, Beliaiev, conversa pessoal, 25 de julho de 2000

p. 255 soldados soltando granadas ao mesmo tempo, Klotchkov, conversa pessoal, 25 de julho de 2000

p. 256 "como se tivessem acabado...", Weisz, citado em Ramm, 1994, p. 120

p. 257 "O que vou dizer", Vishnevski, "Berlin Diary", em Sevruk (org.), pp. 162-93

p. 258 "O Camarada Stalin acabou de se deitar", Jukov, iv, pp. 269-70

p. 260 "Um cometa chamejante se extinguiu", BA-MA MSg2/3448, p. 15

p. 260 "Como maior prioridade...", BA-MA MSg2/1283, p. 32

p. 260 "carga oca" etc., Karen Meyer, pp. 47-83

p. 260 "entre cerca de 50 e 15 mil", Amt fur die Erfassung der Kriegsopfer, 28 de julho de 1947; também sou grato a Dietmar Arnold por seus comentários sobre o debate

p. 262 granada que ricocheteou, Beliaiev, conversa pessoal, 25 de julho de 2000

p. 262 "sorrindo como cães obedientes", Klotchkov, conversa pessoal, 25 de julho de 2000

p. 263 "Propomos que entreguem...", TsAMO 233/2374/93, pp. 458-9

p. 264 "Como esta missão...", Gall, conversa pessoal, 2 de novembro de 1999

p. 266 "Tipicamente alemão", relato de Brettschneider, exposição permanente, Zitadelle Spandau

p. 268 "fazer testes gerais...", Operation Dragon's Return, STIB, 28 de janeiro de 1954, PRO DEFE 21/42, p. 4

p. 270 "para liquidar um grande grupo...", TsAMO 236/2675/149, p. 276

p. 270 25 mil homens, NA RG 338 R-79, p. 49

p. 271 "Era isto realmente obediência...", Horst Haufschildt, citado em Ramm, 1994, p. 291

p. 271 "Um líder muito amado", ibid., p. 150

p. 271 "O que está fazendo aqui...", Reichhelm, conversa pessoal, 5 de outubro de 1999

p. 272 "para ficar à disposição imediata...", BA-MA MSg2/1283, p. 34

p. 273 "Depois de conversarmos...", de Vadis a Beria, 7 de maio, GARF 9401/2/ 96, pp. 175-82

p. 274 "Os restos de ampolas de vidro...", de Vadis a Beria, 7 de maio, GARF 9401/2/96, pp. 175-82

p. 275 "à frente de suas tropas", rádio de Hamburgo, Trevor-Roper, p. 188
p. 278 "sugestão desagradável", Jukov, iv, p. 272
p. 278 Bärenfänger, Le Tissier, 1999, p. 186
p. 278 Ernst Himmler, Beier, conversa pessoal, 9 de outubro de 2001
p. 279 "Havia sangue por toda parte...", Loewe, conversa pessoal, 9 de outubro de 2001
p. 279 "Em meio às guarnições mortas...", Jukov, iv, p. 272
p. 280 "O Führer está morto", Beier, conversa pessoal, 9 de outubro de 2001

26. O FIM DA BATALHA

p. 280 "O que sofri...", Rürup (org.), 1997, p. 184
p. 281 "Estamos poupando estes...", exposição permanente da Prinz-Albrecht-Gelände
p. 282 "o sargento Gorbatchov...", V. S. Antonov, "Poslednie dni voini", *ViZh*, nº 7, julho de 1987
p. 283 destino de Constanze Manzialy, Musmanno, p. 39
p. 284 "Vamos até lá atrás", Lothar Rühl, citado em Steinhoff *et al.* (orgs.), p. 434
p. 284 prisão de Günsche, Rjevskaia, 1986, p. 212
p. 284 comenda prometida por Berzarin, Rjevskaia, 2000, p. 286
p. 285 "Meus camaradas e eu...", Sulhanishvili, conversa pessoal, 12 de outubro de 2000
p. 285 "encolhido em tamanho...", Sulhanishvili, conversa pessoal, 12 de outubro de 2000
p. 285 a cigarreira e a insígnia de Hitler, de Vadis a Beria, 7 de maio, GARF 9401/2/ 96, pp. 175-82
p. 285 "Não me deixaram descer", Rjevskaia, 2000, p. 295
p. 286 "os alemães tinham enterrado...", Jukov, iv, p. 275
p. 286 "exemplar", interrogatório de Erna Flegel pela OSS, 23 de novembro

p. 287 repetição dos interrogatórios das testemunhas do *bunker*, Rjevskaia, conversa pessoal, 28 de outubro de 2001

p. 287 Coronel Haller, TsAMO 233/ 2374/93, pp. 458-9

p. 287 "convulsões *post-mortem*", K. M. Simonov, caderno nº 9, RGALI 1814/4/8

p. 288 fome na Ásia Central Soviética, ver GARF 9401/2/95, pp. 57-62, 92-6

p. 289 "o grupo sanguíneo tatuado...", de Beria a Stalin, 20 de novembro, GARF 9401/2/100, p. 492

p. 289 denúncias, Beliaiev, conversa pessoal, 25 de julho de 2000

p. 290 "Mas, com certeza, o senhor não é...", RGALI 1710/3/51, p. 240

p. 290 "Prisioneiros", RGALI 1710/3/51, p. 242

p. 290 "Não olham para ninguém...", RGALI 1710/3/51, p. 245

p. 291 "imenso e poderoso", RGALI 1710/3/51, p. 243

p. 291 "a escala colossal...", RGALI 1710/3/51, p. 244

p. 291 reinstituindo a saudação militar, Genscher, conversa pessoal, 4 de setembro de 2000

p. 292 "Acabou!", diário de Peter Rettich, 3 de maio, papéis de Reichhelm

p. 293 negociações em Stendal, Edelsheim, BA-MA MSg1/236 e Reichhelm, NA RG 338 B-606

p. 294 "Graças ao nosso Führer!", Robert Ohlendorf, citado em Ramm, 1994, p. 174

p. 294 9.139 Hiwis, NA RG 338 R-79, p. 58

p. 294 5 mil Hiwis chegam ao 12º Exército, Genscher, conversa pessoal, 4 de setembro de 2000

p. 294 "Nix SS...", Herbert Fuchs, citado em Ramm, 1994, p. 256

p. 295 "Muita gente...", Reichhelm, conversa pessoal, 5 de outubro de 1999

p. 295 "O verdadeiro problema", Humboldt, conversa pessoal, 11 de outubro de 1999

p. 297 "o sistema de Stalin necessitava...", Rjevskaia, 2000 p. 277

p. 299 "do tipo usado...", Rjevskaia, conversa pessoal, 28 de outubro de 2001

p. 299 "aceito com grande satisfação", de Eisenhower a Antonov, 10 de maio, NA RG334/Registro 309/Caixa 2

p. 300 Bradley e Konev, Bradley, p. 551

p. 301 "tanquistas do 25º Corpo Blindado...", Iashetchkin, relatado ao GLAVPURKKA, RGASPI 17/125/310

p. 301 Vlasov escondido sob cobertores, Konev, p. 230

p. 302 "em nome do alto comando...", de Eisenhower a Antonov, 8 de maio, NA RG334/Registro 309/Caixa 2

p. 303 "Comemoramos a vitória...", Iuri Gribov, "Igral nam v Brandenburgue grammofon", *Stroki s velikoi voini,* Moscou, 2000

p. 303 "O primeiro brinde à vitória", Inozemtsev, p. 206

p. 303 "coronel miúdo e gordo", diário de K. M. Simonov, caderno nº 9, RGALI, 1814/4/8

p. 304 "de um prédio de dois andares...", TsAMO 233/2356/5804, pp. 155-6

p. 304 "pularam, literalmente...", diário de K. M. Simonov, caderno nº 9, RGALI, 1814/4/8

27. VAE VICTIS!

p. 306 2.389 quilos de ouro, GARF 9401 2/96, p. 15

p. 306 laboratórios técnicos da polícia, RGVA 32925/1/100, p. 293

p. 307 deportação dos cientistas do foguete V-2, dos engenheiros da Siemens etc., ver PRO DEFE 41/116, e Counter Intelligence Corps NA 319/22/XEi69886 e NA 319/22/XE 257685

p. 307 "O socialismo não pode beneficiar-se...", anotações de Fedoseiev

p. 307 "a destruição sistemática...", relatório do 2e Bureau, 21 de abril, SHAT 7 P 128

p. 308 "dois *dachshunds*", RGALI 1710/3/51, p. 241

p. 308 "vinte espingardas excepcionais...", de Abakumov a Stalin, 10 de janeiro de 1948, "Portreti bez retushi", *Voiennie Arhivi Rossii,* nº 1, 1993, p. 180

p. 309 "Vamos, aceite!", diário de K. M. Simonov, caderno nº 8, RGALI 1814/4/7

p. 309 "*Uhr schon Kamerad*", diário-carta de Toscano-Korvin, 7 de julho, BZG-S

p. 309 pilhagem por garotos russos, RGVA 32925/1/121, pp. 61, 93

p. 309 "quantidade considerável...", de Murphy ao Departamento de Estado, NA 740.0011 EW/4-2445

p. 310 "Dizem até que o bispo de Munster", NA 740.0011 EWS-145

p. 311 oficial soviético e a pistola, Zbarski, p. 134

p. 311 mães salvando filhas, Kardorff, p. 358, e Lewin, conversa pessoal, 14 de outubro de 1999

p. 311 estimativas de estupro, Dr. Gerhard Reichling e Charité e Kaiserin Auguste Victoria, citadas em Sander e Johr, pp. 54, 59

p. 312 "23 soldados...", Kardorff, p. 358

p. 312 "Preciso reprimir...", Frau Irene Burchert, citada em Owings, p. 147

p. 312 "Esse sentimento...", Juliane Hartmann, citada em Steinhoff *et al.* (orgs.), p. 455

p. 312 "No geral", anônima, p. 102

p. 313 "Depois, tive de...", Hanna Gerlitz, citada em Steinhoff *et al.* (orgs.), p. 459

p. 313 "dessexualização" de prisioneiros", ver Frank Biess, "The Protracted War", *GHI Bulletin,* nº 28 (primavera de 2001)

p. 313 noivado rompido, Kardorff, p. 358

p. 313 "Vocês se transformaram em vagabundas sem-vergonha", anônima, p. 202

p. 314 filha, mãe e avó estupradas, Frau Regina Frankenfeld, citada em Owings, p. 405

p. 314 "Vá logo, pelo amor de Deus!", anônima, p. 66

p. 314 "Dieter Sahl, de 13 anos", diário-carta de Toscano-Korvin, 7 de julho, BZG-S

p. 314 "de que o serviço de inteligência alemão...", 16 de junho, RGVA 32925/1/121, p. 82

p. 314 "Alguns membros da organização...", 29 de maio, RGVA 32925/1/116, p. 428

p. 314 "o inimigo está pronto a usar...", 14 de abril, TsAMO 372/6570/ 68, pp. 17-20

p. 315 penicilina e partos em hospital, Sander e Johr, p. 17

p. 315 "O Exército Vermelho é o exército moral...", 26 de abril, TsAMO 233/2374/92, p. 240

p. 315 "mudarem de atitude...", RGVA 32925/1/100, p. 296

p. 316 "Monsieur, gosto de seu exército...", RGALI 1710/3/51, p. 244

p. 316 "roubo", "violência física" e "eventos escandalosos", RGVA 32925/1/297, pp. 30-31

p. 317 "Esta campanha canalha...", 5 de outubro, RGASPI 17/125/316, p. 81

p. 317 "Primeiro a comida...", Kardorff, p. 364

p. 318 "moeda-cigarro", Werner, conversa pessoal, 15 de outubro de 1999

p. 318 "esposas de ocupação", Naimark, p. 93

p. 318 deserção de oficiais do Exército Vermelho, OMGUS, NA, RG260 A2 B1 C3 Caixa 363

p. 319 "Talvez nós, mulheres", Kardorff, p. 341

p. 319 "convicção da catástrofe total", Loewe, conversa pessoal, 10 de outubro de 2001

p. 319 "com a docilidade e a disciplina do povo", Zbarski, p. 129

p. 319 "com obediência sem questionamentos", de Beria a Stalin, GARF 9401/2/95, pp. 395-9

p. 319 "respeito pelos poderes estabelecidos", Merejko, conversa pessoal, 10 de novembro de 1999

p. 320 "líderes de organizações fascistas...", RGVA 32925/1/121, p. 89

p. 320 "O Partido continua vivo!", 7 de maio, RGVA 32925/1/121, p. 41

p. 320 "um número desconhecido de bandidos", RGVA 38680/ 1 /4, p. 43

p. 320 "Klamottenberg", Beier, conversa pessoal, 9 de outubro de 2001

p. 321 "As pessoas estavam aceitando seu destino", Loewe, conversa pessoal, 9 de outubro de 2001

p. 321 Grossdeutscher Rundfunk, Beier, conversa pessoal, 9 de outubro de 2001

p. 322 "Não temos ideia...", Wolf, conversa pessoal, 14 de julho de 2000

p. 322 "ingênuo o bastante para esperar...",Wolf, 1997, p. 47

p. 322 "Nossos *frontoviki* criaram...", Wolf, 1998, p. 33

p. 322 "Então veio a experiência...", Wolf, conversa pessoal, 14 de julho de 2000

p. 322 "um patife capaz...", Beria, p. 88

p. 323 "uma ordem absoluta", Wolf, conversa pessoal, 14 de julho de 2000

p. 323 "temas tabus", Wolf, conversa pessoal, 14 de julho de 2000

p. 324 "tanques queimados...", Kardorff, p. 356

p. 324 rabino do Exército Vermelho, LA-B 3928

p. 324 "expresso Hamster", "Zeitung in der Zeitung", *Freie Welt*, julho de 1975, BA-MA MSg2/3626

p. 325 "garantir a eliminação...", de Beria a Stalin, GARF 9401/2/95, p. 374

p. 325 população da Prússia Oriental reduzida a 193 mil habitantes, 16 de junho, GARF 9401/2/96, pp. 343-4

p. 325 "em florestas, pântanos de turfa e canais...", relatório da Caritas, NA RG 260 OMGUS, Pilha 390 41/7/5-6

p. 326 15 regimentos do NKVD para a Polônia, de Beria a Stalin, 22 de junho, GARF 9401/2/97, pp. 8-10

28. O HOMEM DO CAVALO BRANCO

p. 327 "Assim, Ninka", TsAMO 372/6570/68, citado em Seniavskaia, 1995, p. 191

p. 328 "Naquela época...", TsAMO 372/ 6570/78, pp. 30-32

p. 328 "Não acreditamos...", TsAMO 233/2374/92, p. 288

p. 329 oficiais mortos pelas costas na batalha, Kubasov, conversa pessoal, 27 de outubro de 2001

p. 329 "declarações sistemáticas antissoviéticas", RGVA 38686/1/26, p. 36

p. 329 "divulgado sistematicamente...", RGVA 32925/1/297, p. 28

p. 329 "crimes contrarrevolucionários", GARF 9401/1a/165, pp. 181-3

p. 329 "selecionados pelo NKVD...", *VOV*, iv, pp. 191 nº. 59, e 193, nº. 65

p. 329 generais do Exército Vermelho condenados, Bezborodova, p. 15

p. 330 "longas horas à espera de membros artificiais...", V. Kardin, citado em Seniavskaia, 2000, p. 95

p. 331 "Esperem nossos rapazes...", 12 de julho, carta de judeus de Rubtsovsk, em Altai, ao presidente do Conselho de Nacionalidades da URSS, RGASPI 17/125/310, p. 47

p. 331 "por dois antissemitas...", RGASPI 17/125/310, p. 50

p. 332 "as nações da União Soviética", citado em Werth, pp. 1001-2

p. 332 "nosso grande gênio...", TsAMO 233/2374/194, p. 83

p. 333 "ainda não encontramos...", "Zeitung in der Zeitung", *Freie Welt*, julho de 1975, BA-MA MSg2/3626

p. 333 Stalin e o cadáver de Hitler, Rjevskaia, 2000, pp. 292, 301

p. 334 "Ainda monto...", Jukov, iv, pp. 297-8

p. 335 "por notável serviço...", BA-MA MS92/3626

p. 336 "Jukov! Jukov! Jukov!", Kazakova, conversa pessoal, 6 de novembro de 1999

p. 336 "acontecimentos equivocados desde 1933", interrogatório de Blumentritt, NA RG 338 B-338

p. 337 "senso moral pervertido", 7 de maio, NA 740.0011 EW/5-1045

p. 338 "nazismo residual", relatório da Divisão de Guerra Psicológica do SHAEF, passado por Murphy ao Departamento de Estado, NA 740.0011 EW/4-2445

Bibliografia

Alanbrooke, marechal de campo, *War Diaries* 1939-1945, Londres, 2001

Albrecht, Günter, e Hartwig, Wolfgang (orgs.), *Ärzte: Erinnerungen, Erlebnisse, Bekentnisse,* Berlim (Oriental), 1982

Altner, Helmut, *Berlin Dance of Death*, Staplehurst (Reino Unido), 2002

Ambrose, Stephen, *Eisenhower and Berlin: The Decision to Halt at the Elbe*, Nova York, 1967

Andreas-Friedrich, Ruth, *Der Schattenmann: Tagebuchaufzeichnungen 1938-1945*, Frankfurt am Main, 1983

______. *Schauplatz Berlin: Tagebuchaufzeichnungen 1945-1948*, Frankfurt am Main, 1984

Annan, Noel, *Changing Enemies: The Defeat and Regeneration of Germany*, Londres, 1995

Anônima, *A Woman in Berlin*, Londres, 1955

Antonov, V. S., "Poslednie dni voini", *ViZh*, nº 7, julho de 1987

Arnold, Dietmar, "Die Flutung des Berliner S-Bahn Tunnels in den letzten Kriegstagen", em *Nord-Süd-Bahn: Vom Geistertunnel zur City-S-Bahn*, Berlim, 1999

Babadshanjan, A., *Hauptstoßkraft*, Berlim (Oriental), 1981

Bacon, Edwin, *The Gulag at War: Stalin's Forced Labour System in the Light of the Archives*, Londres, 1994

Bark, D., e Gress, D., *A History of West Germany: From Shadow to Substance, 1945-1963*, Oxford, 1989

Bauer, Frank, Pfundt, Karen, e Le Tissier, Tony, *Der Todeskampf der Reichshauptstadt*, Berlim, 1994

Bauer, Magna E., *Ninth Army's Last Attack and Surrender*, Washington, DC, 1956

Beelitzer Heimatverein, *Um Beelitz harter Kampf*, Potsdam, 1999

Behrmann, Jörn, "Grundlage Forschung im totaliären Staat", em Martin Stöhr (org.), *Von der Verführbarkeit der Naturwissenschaft*, Frankfurt am Main, 1986

Below, Nicolaus von, *Als Hitlers Adjutant, 1937-1945*, Mainz, 1980

Berejkov, V., *History in the Making*, Moscou, 1982

______. *At Stalin's Side*, Nova York, 1994

Beria, Sergo, *Beria, My Father: Inside Stalin's Kremlin*, Londres, 2001

Bernadotte, conde Folke, *The Curtain Falls*, Nova York, 1945

Bezborodova, lrina, *Generale des Dritten Reiches in sowjetischer Hand, 1943-1956*, Graz/Moscou, 1998

Bezymenski, Lev, *Der Tod des Adolf Hitler: Unbekannte Dokumente aus Moskauer Archiven,* Hamburgo, 1968

Bokov, F. M., "Nastuplenie 5-i Udarnoi Armii s Magnushevskovo Platsdarma", *ViZh*, nº 1, 1974

______. *Frühjahr des Sieges und der Befireiung*, Berlim (Oriental), 1979

Boldt, Gerhard, *Die Letzten Tage der Reichskanzlei*, Hamburgo, 1947

Bollmann, Erika, Baier, Eva, Fortsmann, Walther e Reinold, Marianne, *Erinnerungen und Tatsachen – Die Kaiser-Wilhelm-Gesellschaft zur Fürderung der Wissenschaften Göttingen-Berlin*, Stuttgart, 1956

Bordzilovski, E., "Utchastic 1-I armii Voiska Pol'skogo v Berlinskoi operatsii", *ViZh*, nº 10, outubro de 1963

Borée, Karl Friedrich, *Frühling 45. Chronik einer Berliner Familie*, Darmstadt, 1954

Borkowski, Dieter, *Wer weiß, ob wir uns wiedersehen. Erinnerung an eine Berliner Jugend,* Berlim, 1991

Boveri, Margret, *Tage des Überlebens – Berlin 1945*, Munique, 1968

Bower, Tom, *The Paperclip Conspiracy*, Londres, 1987

Bradley, Omar, *A Soldier's Story*, Londres, 1951
Breloer, Heinrich, *Geheime Welten*, Frankfurt am Main, 1999
Bruyn, Günter de, *Zwischenbilanz. Eine Jugend in Berlin* Frankfurt am Main, 1991
Burkert, Hans-Norbert, e Matußek, Klaus, *Zerstört – Besiegt – Befreit. Kampf um Berlin bis zur Kapitulation*, Berlim (Ocidental), 1985
Burleigh, Michael, *Germany Turns Eastwards: A study of Ostforschung in the Third Reich*, Cambridge, 1988
______. *The Third Reich: A New History*, Londres, 2000
Busse, Theodor, "Die letzte Schlacht der 9. Armee", *Wehrwissenschaftliche Rundschau*, 1954

Chaney, O. R., *Zhukov*, Norman, Oklahoma, 1996

Davies, Norman, *White Eagle, Red Star*, Londres, 1972
______. *God's Playground: A History of Poland*, vol. 2, Londres, 1981
Deane, J. R., *The Strange Alliance*, Londres, 1947
Delpla, François, *Hitler*, Paris, 1999
Deutschkron, Inge, *Ich trug den gelben Stern*, Colônia, 1978
Diem, Liselotte, *Fliehen oder bleiben? Dramatisches Kriegsende in Berlin*, Freiburg, 1982
Dinter, Andreas, *Berlin in Trümmern*, Berlim, 1999
Djilas, M., *Conversations with Stalin*, Nova York, 1962
Doenitz, almirante Karl, *Memoirs*, Cleveland, 1958
Doernberg, Stefan, *Befreiung 1945. Ein Augenzeugenbericht*, Berlim (Oriental), 1975
Domarus, M., *Reden und Proklamationen, 1932-1945*, vol. II, Warzburg, 1962
Dönhoff, Marion Gräfin, *Namen die keiner mehr nennt*, Munique, 1964
Dragunsky, David, *A Soldier's Life*, Moscou, 1977
Duffy, C., *Red Storm on the Reich*, Londres, 1993

Ehrenburg, Ilia, *The War 1941-1945*, Nova York, 1964
Eisenhower, Dwight, *Crusade in Europe*, Nova York, 1948
Elliott, W. A., *Esprit de Corps*, Norwich, 1996
Erickson, John, *The Road to Berlin*, Londres, 1999

Faizulin, A., e Dolbrovolsky, P., "Vstirecha na Elbe", *ViZh*, nº 4, abril de 1979, pp. 51-3
Feis, Herbert, *The Atomic Bomb and the End of World War II*, Princeton, 1966
Fest, Joachim, *The Face of the Third Reich*, Londres, 1988
Feuersenger, Marianne, *Mein Kriegstagebuch: Zwischen Führerhauptquartier und Berliner Wirklichkeit*, Freiburg, 1982
Findahl, Theo, *Letzter Akt - Berlin 1939-1945*, Hamburgo, 1946
Foerster, Roland G. (org.), *Seelower Höhen 1945*, Hamburgo, 1998
Fröhlich, S., *General Vlasov, Russen und Deutsche zwischen Hitler und Stalin*, Colônia, 1978

Gall, Vladimir, *Mein Weg nach Halle*, Berlim (Oriental), 1988
Garaiev, M., "Georgi Zhukov: Life and Work After the War", em *Voiennaia misl*, vol. 6, nº 4, 1997
Gehlen, Reinhard, *The Gehlen Memoirs*, Londres, 1972
Gellately, Robert, *Backing Hitler: Consent and Coercion in Nazi Germany*, Oxford, 2001
Gilbert, Martin, *Road to Victory*, Londres, 1986
Glantz, David (org.), *Art of War Symposium. From the Vistula to the Oder: Soviet Offensive Operations - October 1944-March 1945*, US Army War College, 1986
Glantz, David, e House, Jonathan, *When Titans Clashed*, Kansas, 1995
Glenn Gray, J., *The Warriors: Reflections on Men in Battle*, Nova York, 1970
Goldhagen, Daniel, *Hitler's Willing Executioners: Ordinary Germans and the Holocaust*, Nova York, 1996
Gosztony, Peter, *Der Kampf um Berlin 1945*, em *Augenzeugenberichten*, Düsseldorf, 1970

Gribov, Yuri, “Igral nam v Brandenburge grammofon...”, em *Stroki s velikoi voini*, Moscou, 2000
Gross, Leonard, *The Last Jews in Berlin*, Nova York, 1982
Guderian, Heinz, *Panzer Leader*, Nova York, 1952
Gun, Nevin E., *Eva Braun: Hitler's Mistress*, Londres, 1969

Henning, Eckhart, e Kazemi, Marion, *Veröffentlichungen aus dem Archiv zur Geschichte der Max-Planck-Gesellschaft*, vol. I, Berlim (Ocidental), 1988
Herbert, Ulrich, *Hitler's Foreign Workers*, Cambridge, 1997
Hirschfeld, Gerhard, e Renz, Irina, *Besiegt und Befreit, Stimmen vom Kriegsende 1945*, Gerlingen, 1995

Inozemtsev, N., *Tsena pobedi v toi samoi voine*, Moscou, 1995
Irving, David, *Adolf Hitler: The Medical Diaries – the Private Diaries of Dr Theo Morell*, Londres, 1983
Isaev, S. I., “Vehi frontovogo puti”, *ViZh*, nº 10, outubro de 1991, pp. 22-5
Italiander, Rolf, Bauer, Arnold e Kraffit, Herbert, *Berlins Stunde Null*, Düsseldorf, 1979

Joachimsthaler, A., *The Last Days of Hitler*, Londres, 1996
Joachimsthaler, A. (org.), *Er war mein chef, ans dem Nachlass der Sekretärin von Adolf Hitler, Christa Schroeder*, Munique, 1985
Jukov, G. K., *Vospominaniia i razmishleniia*, vol. IV, Moscou, 1995

Kardorff, Ursula von, *Berliner Aufzeichnungen, 1942 bis 1945*, Munique, 1997
Kaskewitsch, Emanuel, *Frühling an der Oder*, Berlim (Oriental), 1953
Kee, Robert, *A Crowd is Not Company*, Londres, 2000
Kehlenbeck, Paul, *Schicksal Elbe. Im Zweifrontenkrieg 1945 zwischen Heide, Harz und Havelland. Ein Bericht nach alten Tagebüchern*, Frankfurt am Main, 1993
Keiderling, Gerhard, *Gruppe Ulbricht in Berlin*, Berlim, 1993

______. Als Befreier unsere Herzen zerbrachen: Zu den Übergriffen der Sowjetarmee in Berlin 1945", *Deutschland Archiv*, 28, 1995

Keitel, Wilhelm, *The Memoirs of Field Marshal Keitel*, Londres, 1965

Kempka, Erich, *Die letzten Tage mit Adolf Hitler*, Preussich-Oldendorf, 1976

Kershaw, Ian, *The Hitler Myth: Image and Reality in the Third Reich*, Oxford, 1989

______. *The Nazi Dictatorship: Problems and Perspectives of Interpretation*, Londres, 1993

______. *Hitler: 1889-1936, Hubris*, Londres, 1998

______. *Hitler: 1936-1945, Nemesis*, Londres, 2000

Kershaw, Ian, e Lewin, Moshe (orgs.), *Stalinism and Nazism: Dictatorships in Comparison*, Cambridge, 1998

Kireiev, N., "Primenenie tankovih armi v Vislo-Oderskoi operatsii", *ViZh*, nº 1, 1985

Kleine, Helmut, e Stimpel, Hans-Martin, *Junge Soldaten in der Mark Brandenburg 1945 – Rückerinnerungen nach einem halben Jahrhundert*, 1995 (MGFA)

Klemperer, Victor, *To the Bitter End, 1942-1945*, Londres, 1999

Klimov, Gregory, *The Terror Machine: The Inside Story of the Soviet Administration in Germany*, Londres, 1953

Klotchkov, I. F., *Znamia pobedi nad Reihstagom*, São Petersburgo, 2000

Knappe, Siegfried, *Soldat*, Nova York, 1993

Knef, Hildegard, *The Gift Horse: Report on a Life*, Nova York, 1971

Knight, Amy, *Beria: Stalin's First Lieutenant*, Princeton, NJ, 1993

Kon, Igor, *Sex and Russian Society*, Bloomington, Indiana, 1993

Kondaurov, I. A., "V 45-m mi sami iskali protivnika", em *Vsem smertiam nazlo*, Moscou, 2000

Konev, I. S., *Year of Victory*, Moscou, 1984

Kopelev, Lev, *No Jail for Thought*, Londres, 1977

Krivosheiev, G. F. (org.), *Grif sekretnosti sniat poteri voorujennih sil SSSR v voinah, boievih deistviiah i voennih konfliktah*, Moscou, 1993

Krockow, Christian Graf von, *Die Stunde der Frauen*, Munique, 1999

Kronika, Jacob, *Der Untergang Berlins*, Hamburgo, 1946

Kuznetsov, V. G., e Medlinski, V. P., "Agoniia", *ViZh*, n°s 6-7 junho-julho de 1992

Ladd, Brian, *The Ghosts of Berlin*, Chicago, 1997

Lakowski, R., *Seelow 1945, Die Entscheidungsschlacht an der Oder*, Berlim, 1999

Lakowski, R., e Dorst, K., *Berlin - Frühjahr 1945*, Berlim (Oriental), 1975

Lane, Anne, e Temperley, Howard (orgs.), *The Rise and Fall of the Grand Alliance, 1941-1945*, Londres, 1995

Lange, Horst em. H. D. Schdfer (org.), *Tagebücher aus dem Zweiten Weltkrieg*, Mainz, 1979

Laufler, Jochen, "'Genossen, wie ist das Gesamtbild?' Ackermann, Ulbricht und Sobottka in Moskau im Juni 1945", *Deutschland Archiv*, 29, 1996

Lehndorf,HansGrafvon,*OstpreußischesTagebuch–Aufzeichnungen eines Arztes aus den Jahren 1945-1947*, Munique, 1999

Lemmer, Ernst, *Manches war doch anders: Erinnerungen eines deutschen Demokraten*, Frankfurt am Main, 1968

Leon, R. W., *The Making of an Intelligence Officer*, Londres, 1994

Leonhard, Wolfgang, *Child of the Revolution*, Londres, 1956

Le Tissier, T., *Zhukov at the Oder: The Decisive Battle for Berlin*, Londres, 1996

_______. *Race for the Reichstag*, Londres, 1999

_______. *With Our Backs to Berlin*, Stroud, 2001

Liddell-Hart, Basil, *The Other Side of the Hill*, Londres, 1948

Lutchinsky, A., "Na Berlin!", *ViZh*, nº 5, maio de 1965

Luck, Hans von, *Panzer Commander: The Memoirs of Colonel Hans von Luck*, Nova York, 1989

Lumans, Valdis, *Himmler's Auxiliaries: The Volksdeutsche Mittelstelle and the German National Minorities of Europe 1933-1945*, Londres, 1992

Mabire, Jean, *La Division Nordland*, Paris, 1982
______. *Mourir à Berlin*, Paris, 1995
Machtan, Lothar, *The Hidden Hitler*, Londres, 2001
MacKinnon, Marianne, *The Naked Years*, Londres, 1987
Mackintosh, Malcolm, *Juggernaut: The Russian Forces, 1918-1996*, Londres, 1967
Maizière, Ulrich de, *In der Pflicht*, Bonn, 1989
Makarevski, V., "17-ia motorinjenernaia brigada v Berlinskoi operatsii", *ViZh*, nº 4, abril de 1976
Meinecke, Friedrich, *Die deutsche Katastrophe*, Wiesbaden, 1947
Menzel, Matthias, *Die Stadt ohne Tod. Berliner Tagebuch 1943-5*, Berlim, 1946
Merridale, Catherine, *Night of Stone*, Londres, 2000
Messerschmidt, Manfred, *Was damals Recht war... Nationalsozialistische-Militär-und Strafjustiz im Vernichtungskrieg*, Essen, 1996
Meyer, Karen, "Die Flutung des Berliner S-Bahn Tunnels in den letzten Kriegstagen", em Berliner S-Bahn-Museum, *Nord-Süd-Bahn*, Berlim, 1999
Meyer, Sibylle, e Schulze, Eva, *Wie wir das alles geschafft haben. Alleinstehende Frauen berichten über ihr Leben nach 1945*, Munique, 1984
Morozov, Boris, "Mgnovenie voini", *Stroki s velikoi voini*, Moscou, 2000
Murphy, David, Kondraschev, Sergei e Bailey, George, *Battleground Berlin*, Londres, 1987
Murphy, Robert, *Diplomat among Warriors*, Nova York, 1964
Musmanno, Michael A., *Ten Days to Die*, Nova York, 1950

Naimark, Norman, *The Russians in Germany: A History of the Soviet Zone of Occupation, 1945-1949*, Cambridge, Mass., 1995
Neustroev, S. A., "Shturm Reikhstaga", *ViZh*, nº 5, maio de 1960, pp. 42-5
Noakes, Jeremy (org.), *Nazism 1919-1945: A Documentary Reader*, vol. IV, Exeter, 1998

Oven, Wilfred von, *Mit Goebbels bis zum Ende*, vol. II, Buenos Aires, 1950
Overy, Richard, *Why the Allies Won*, Londres, 1995
______. *Russia's War*, Londres, 1998
Owings, Alison, *Frauen: German Women Recall the Third Reich*, Londres, 1993

Padfield, P., *Himmler: Reichsführer SS*, Londres, 1990
Peredelski, G., e Khoroshilov, G., "Artilleriia v srajeniiah ot Visli do Odera", *ViZh*, nº 1, 1985
Petrova, Ada, e Watson, Peter, *The Death of Hitler*, Londres, 1995
Pogue, Forrest C., "The Decision to Halt on the Elbe, 1945", em Greenfield Kent (org.), *Command Decisions*, Londres, 1960
Polian, Pavel, 'Vestarbaiterï: internirovannie nemtsy na sovetskih stroikah", *Rodina*, nº 9, 1999
Prikazi Verhovnogo Glavnokomanduiuschego v period Velikoi Otetchestvennoi voini Sovietskogo Soiuza, Moscou, 1975

Ramanichev, N. M., "Iz opita peregruppirovki armi pri podgotovke Berlinskoi operatsii", *ViZh*, nº 8, 1979
Ramm, Gerald, *Ein unbekannter Kamerad. Deutsche Kriegsgräberstätten zwischen Oderbruch und Spree*, Woltersdorf, 1993
______. *Gott mit uns – Kriegserlebnisse aus Brandenburg und Berlin*, Woltersdorf, 1994
______. Halbe – *Bericht über einen Friedhof*, Woltersdorf, 1995
Rein, Heirtz, *Finale Berlin*, Frankfurt am Main, 1981
Richie, Alexandra, *Faust's Metropolis*, Londres, 1998
Rocolle, Pierre, *Götterdämmerung – La Prise de Berlin*, Indo-China, 1954
______. *Le sac de Berlin, avril-mai 1945*, Paris, 1992
Rokossovski, K. K., *Soldatski dolg*, Moscou, 1968
Rubenstein, Joshua, *Tangled Loyalties: The Life and Times of Ilya Ehrenburg*, Nova York, 1996
Ruhl, Klaus-Jörg (org.), *Unsere verlorenen Jahre – Frauenalltag in Kriegs–und Nachkriegszeit, 1939-1949*, Darmstadt, 1985

Runov, Boris Alexandrovitch, "Znanie nemetskogo pomoglo vziat' v plen soten shest'nemtsev", em *Vsem smertiam nazlo*, Moscou, 2000

Rürup, Reinhard (org.), *Berlin 1945. Eine Dokumentation*, Berlim, 1995

______. *Topographie des Terrors, Gestapo, SS und Reichssicherheitshauptamt auf dem "Prinz-Albrecht-Gelände"*, Berlim, 1997

Russian Federation, *Velikaia Otetchestvennaia Voina*, vols. III e IV, Moscou, 1999

Ryan, Cornelius, *The Last Battle*, Londres, 1966

Rzheshevski, O. A., "The Race for Berlin", *Journal of Slavic Military Studies*, 8, setembro de 1995

______. "Der Wettlauf nach Berlin – Ein dokumentarischer Überblick", em Foerster, *Seelower Höhen 1945*

Rjevskaia, Ielena, *Berlin, Mai 1945*, Moscou, 1986

______. *Vecherni razgovor*, São Petersburgo, 2001

Sajer, Guy, *The Forgotten Soldier*, Londres, 1997

Samuel, Wolfgang, *German Boy*, Londres, 2002

Sander, Helke, e Johr, Barbara (orgs.), *Befreier und Befreite. Krieg, Vergewaltigungen, Kinder*, Munique, 1992

Schäfer, Hans Dieter, *Berlin im Zweiten Weltkrieg, Der Untergang der Reichshauptstadt in Augenzeugenberichten*, Munique, 1985

Scheel, Klaus (org.), *Die Befreiung Berlins 1945*, Berlim (Oriental), 1985

Schenk, Ernst-Günther, *Ich sah Berlin sterben. Als Arzt in der Reichskanzlei*, Herford, 1970

Schmitz-Berning, Cornelia, *Vokabular des Nationalsozialismus*, Berlim, 1998

Shultz-Naumann, Joachim, *Die letzten dreißig Tage. Das Kriegstagebuch des OKW April-Mai 1945*, Munique, 1980

Schwarz, Hans, *Brennpunkt FHQ: Menschen und Maßstäbe im Führerhauptquartier*, Buenos Aires, 1950

Schwarzer, Alice, *Marion Dönhoff, Ein widerständiges Leben*, Munique, 1997

Schwerin, Kerrin Gräfin, *Frauen im Krieg – Briefe, Dokumente, Aufzeichnungen*, Berlim, 1999

Seaton, A., *The Russo-German War 1941-1945*, Nova York, 1972

Seniavskaia, Ielena, *1941-1945 Frontovoie pokolenie*, Moscou, 1995

______. *Psihologuiia voiny v XX-m veke*, Moscou, 2000

Sereny, Gitta, *Albert Speer: His Battle with Truth*, Londres, 1995

Sevruk, V. (org.), *How Wars End: Eyewitness Accounts of the Fall of Berlin*, Moscou, 1969

Shatilov, Nikolai, "U sten Reihstaga", em *Vsem smertiam nazlo*, Moscou, 2000

Shatunovski, Ilia, "I ostanetsia dobri sled", em *Vsem smertiam nazlo*, Moscou, 2000

Shcheglov, Dmitri, "Military Council Representative", em Sevruk (org.), *How Wars End*

Shcherbakov, B., "Material'noe obespetchenie 4-i tankovoi armii v Vislo-Oderskoi operatsii", *ViZh*, nº 6, 1979

Sherwood, Robert E., *The White House Papers of Harry L. Hopkins*, Londres, 1948

Shindel, Aleksandr Danilovitch (org.), *Po obe storoni fronta*, Moscou, 1995

Shirer, William L., *End of a Berlin Diary*, Nova York, 1947

Shtemenko, S. Xl., *The Last Six Months*, Nova York, 1977

Shukman, Harold (org.), *Stalin's Generals*, Londres, 1993

Sinenko, I., "Organizatsiia i vedenie boia i 64-m strelkovim polkom za Batslov pod Berlinom", *ViZh*, nº 4, abril de 1976

Smirnov, E., "Deistviia 47 Gv. T. Br v peredovom otriade tankovogo korpusa", *ViZh*, nº 1, 1978

Solzhenitsyn, A., *The Gulag Archipelago*, vol. I, Nova York, 1974

______. *Prussian Nights* (tr. Robert Conquest), Nova York, 1983

______. *Deux récits de guerre*, Paris, 2000

Soiuz veteranov jurnalistiki, *"Jivaia pamiat": Velikaia Otetchstvennaia*, vol. III, Moscou, 1995

Spahr, W., *Zhukov: The Rise and Fall of a Great Captain*, Novato, Calif., 1993

Steinhoff, Johannes *et al.*, *Voices from the Third Reich: An Oral History*, Nova York, 1994
Studnitz, Hans-Georg von, *While Berlin Burns*, Londres, 1964
Subbotin, Vassily, em Sevruk (org.), *How Wars End*

Terkel, Studs, *The Good War*, Londres, 2001
Thorwald, Jürgen, *Es begann an der Weichsel*, Stuttgart, 1950
_______. *Das Ende an der Elbe*, Stuttgart, 1950
Tieke, Wilhelm, *Das Ende zwischen Oder und Elbe – Der Kampf um Berlin 1945*, Stuttgart, 1981
Trevor-Roper, Hugh, *The Last Days of Hitler*, Londres, 1995
Tsvetaiev, E. N. (org.), *Jukov: Kakim mi ego pomnim*, Moscou, 1988
Tully, Andrew, *Berlin – the Story of a Battle*, Nova York, 1963
Tumarkin, Nina, *The Living and the Dead: The Rise and Fall of the Cult of World War II in Russia*, Nova York, 1994

Vasiliev, Nikolai, "Krasnii tsvet pobedi", em *Vsem smertiam nazlo*, Moscou, 2000
Vermehren, Isa, *Reise durch den letzten Akt. Ein Bericht*, Hamburgo, 1947
Vishnevsky, Vsevolod, "Berlin Surrenders", em Sevruk (org.), *How Wars End*
Volkogonov, Dmitri, *Stalin – Triumph and Tragedy*, Nova York, 1991

Warlimont, W., *Inside Hitler's Headquarters, 1939-1945*, Londres, 1964
Weidling, General Helmuth, *Der Endkampf in Berlin*, Potsdam, 1962
Weltlinger, S., *Hast du es schon vergessen? Erlebnisberichte aus der Zeit der Verfolgung*, Berlim, 1960
Werth, Alexander, *Russia at War*, Londres, 1964
Wolf, Markus, *Spionagechef im geheimen Krieg*, Munique, 1997
_______. *Die Kunst der Verstellung, Berlim, 1998*

Zaloga, Steven J., *Target America - the Soviet Union and the Strategic Arms Race, 1945-1964*, Novato, Calif, 1992

Zayas, Alfred M. de, *Nemesis at Potsdam: The Expulsion of the Germans from the East*, Londres, 1989

Zbarsky, Ilya, e Hutchinson, Samuel, *Lenin's Embalmers*, Londres, 1998

Zhukov, G. K., *Vospominaniya i razmyshliniya*, vol. IV, Moscou, 1995

Ziemke, Earl, *The Battle for Berlin: End of the Third Reich*, Londres, 1969

______. *The Soviets' Lost Opportunity; Berlin in February 1945*, Londres, 1969

______. *The US Army in the Occupation of Germany 1944-1946*, Washington, DC, 1975

______. *Stalingrad to Berlin: The German Defeat in the East*, Washington, DC, 1987

PUBLICAÇÕES

Der Angriff

Der Panzerbär

Freie Welt (DDR)

Istoritcheskii Arkhiv

Krasnaya Zvezda

Pravda

EDIÇÕES
BestBolso

Este livro foi composto na tipologia Minion Pro Regular, em corpo 10,5/13, e impresso em papel off-set $56 g/m^2$ no Sistema Cameron da Divisão Gráfica da Distribuidora Record.